国家社会科学规划基金资助项目 项目批准号：05BZX039

汉学更新运动研究

——清代学术新论

陈居渊 著

凤凰出版社

图书在版编目（CIP）数据

汉学更新运动研究 : 清代学术新论 / 陈居渊著. -- 南京 : 凤凰出版社, 2013.7
ISBN 978-7-5506-1841-1

Ⅰ. ①汉… Ⅱ. ①陈… Ⅲ. ①汉学－研究－中国－清代 Ⅳ. ①K249.078

中国版本图书馆CIP数据核字(2013)第159520号

书　　名	汉学更新运动研究——清代学术新论
著　　者	陈居渊
责任编辑	韩凤冉
出版发行	凤凰出版传媒股份有限公司 凤凰出版社(原江苏古籍出版社) 发行部电话025-83223462
出版社地址	南京市中央路165号,邮编:210009
出版社网址	http://www.fhcbs.com
经　　销	凤凰出版传媒股份有限公司
照　　排	南京凯建图文制作有限公司
印　　刷	江苏凤凰通达印刷有限公司 南京市六合区冶山镇,邮编:211523
开　　本	718×1005毫米　1/16
印　　张	23.75
字　　数	342千字
版　　次	2013年7月第1版　2013年7月第1次印刷
标准书号	ISBN 978-7-5506-1841-1
定　　价	58.00元

(本书凡印装错误可向承印厂调换,电话:025-57572508)

目　录

引　论

本书构画出一幅十八世纪丰富多彩、复杂多变的"汉学"实态图景，并通过这幅图景比较客观和完整地揭示出十八世纪末至十九世纪初的那场由汉学精英自发的汉学更新运动。

清代汉学复兴的动因，它的最初源头便是明清之际社集的经学活动。对于结社，以往学者从政治层面和文学层面解释的多，而对其学术的旨趣则少有认识。事实上，明清之际的社集并非完全专事议论时政或从事文学创作，而是以"尊经复古"为其学术宗旨。

将十八世纪的汉学分派，始于近代章太炎。那么，"吴皖扬

十八世纪末至十九世纪初的汉学更新运动，汉学家们颠覆了十八世纪以来的汉学偶像，为传统经学正名。确立儒学的正宗地位，突破了传统注经的旧模式，丰富了实事求是的内涵，学术导向呈现出汉宋融合的新态势，成为汉学在跨入近代转折点上的一次质变。

十八世纪末至十九世纪初的汉学更新运动，不仅更新了经学理论，而且促成了汉学研究的多途取向。与十八世纪汉学家的经学研究相比，自有其新的特色与贡献。

十八世纪末至十九世纪初的汉学更新运动不仅打破了乾嘉以来经学官本位的传统，延续了汉学自身的学术生命，而且

引 论

经学从汉代开始，历经魏晋、隋唐、宋元、明清近二千余年的演变发展，先后呈现出神学化、玄学化、理学化、朴学化的时代特征。产生于十八世纪的“汉学”，就是中国古代经学朴学化时期的集中体现。本书构画出一幅十八世纪丰富多彩、复杂多变的“汉学”实态图景，并通过这幅图景比较客观和完整地揭示出十八世纪末至十九世纪初的那场由汉学精英自发的汉学更新运动。

经学，作为中国古代儒家文化的核心，不仅体现了古代人们所理解的“常道”“常理”，而且还被赋予所谓的“托事明义”的涵意。早在先秦时期的荀子，他就认为经学是“在天地之间者毕矣”的博大精深的圣人之学。现代学者马一浮也认为经学就是盈天地之间，聚万物之理，尽自心义理大全的“六艺之学”。因此，古代那些所谓“皓首穷经”的学者一直为世人所称颂，而那些所谓“离经叛道”的学者则将为人所抨击，经学在古代社会生活和学术领域中都具有最高权威的象征意义。

经学从汉代开始，历经魏晋、隋唐、宋元、明清近二千余年的演变发展，先后呈现出神学化、玄学化、理学化、朴学化的时代特征。产生于十八世纪的“汉学”，就是中国古代经学朴学化时期的集中体现。汉学不但在中国古代经学史，而且在古代思想史上都占有极其重要的地位。自二十世纪以来，对它的研究，不仅成果密集，而且名家辈出。如章太炎、梁启超、胡适、钱穆、余英时以及侯外庐等学者的研究，现在已被学术界认同为一种研究范式。不过，对于十八世纪“汉学”的渊源、建构、分野、转型等问题，至今仍然是见仁见智，有讨论而无定论，争议颇多。鉴于此，本书将在前辈学者研究的基础上，尝试突破现有的种种研究范式，打通思想史与社会史研究互不沟通、互有界限的惯例。既注重汉学思想传承脉络的分析，但不以“政治史”为基本框架；也重视汉学复萌、鼎盛及其转型的社会史研究，但不以“思潮史”为描述对象，偏重于从家学与学人经学圈、经学专题与哲学诠释的角度[①]，探索十八世纪汉学的建构与转型的演变轨迹与历史启示，由此构画出一幅十八世纪丰富多彩、复杂多变的“汉学”实态图景，并通过这幅图景比较客观和完整地揭示出十八世纪末至十九世纪初的那场由汉学精英自发的汉学更新运动。

梁启超在《清代学术概论》的首篇中说：“凡时代思潮，无不由‘继续的群众运动’而成。所谓运动者，非必有意识、有计划、有组织，不能分为谁主动、谁被动。其参加运动之人员，每各不相谋，各不相知。其从事运动时所任之职役，各各不同。所采之手段亦互异。于同一运动之下，往往分无数小支派，甚且相嫉视、相排击。虽然，其中必有一种或数种之共通观念焉，同根据之为思想之出发点。此种观念之势力，初时本甚微弱，愈运动则愈扩大，久之则成为一种权威。”正是基于这样一种对“运动”的理解，梁启超将清代学术的演变细分为：清初学术为“黎明运动”，清代中期的考证学为“群众化运动”，晚清学术为“今文经学运动”等。本书之所以取名“汉学更新运动”，非好大言而立异，亦踵梁氏之意，要在为读史考文之助而已。

第一节　“汉学”之名的说明

有关十八世纪中国学术思想的特征，学术界一直存有多种不同的称谓，或“朴学”，或“考据学”，又或“汉学”。“朴学”一词，最早见于《汉书》，原指质朴之学，即汉代经学中的古文经学派。如《汉书·儒林传》：“（兒）宽有俊材，初见武帝，语经学。上曰：‘吾始以《尚书》为朴学，弗好，及闻宽说，可观。’乃从宽问一篇。”后来“朴学”也被指代为经学。如苏辙在题为《和犹子迟赠孙志举》一诗中说：“我家六男子，朴学非时新。”又《宋史·杨大雅传》：“大雅朴学自信，无所阿附。”十八世纪学者崇尚汉代经学，主张研究经学应该从语言文字训诂入手。他们详考历史文献、辨别传世经注真伪、校勘古籍版本谬误、恢复汉唐注疏，对经学本身少有理论性的阐述与发挥，文章朴实无华，因而被称作“朴学”。如洪亮吉说：“我国家之兴，而朴学始辈出，处士顾炎武、阎徵君若璩首为之倡。”②《清史稿·儒林传》载：“（阮元）嘉庆四年，偕大学士朱珪典会试，一时朴学高才搜罗殆尽。”有关“朴学”的特性，梁启超在其所著《清代学术概论》中曾经将它归纳为以下十项：

> 1. 凡立一义，必先凭证据；无证据而以臆度者，在所必摈。
>
> 2. 选择证据，以古为尚。以汉唐证据难宋明，不以宋明证据难汉唐；据汉魏可难唐，据汉可以难魏晋，据先秦西汉可以难东汉。以经证经，可以难一切传记。
>
> 3. 孤证不为定说。其无反证者姑存之，得有续证则渐信之，遇有力之反证则弃之。
>
> 4. 隐匿证据或曲解证据，皆认为不德。
>
> 5. 最喜罗列事项之同类者，为比较的研究，而求得其公则。
>
> 6. 凡采用旧说，必明引之，剿说认为大不德。
>
> 7. 所见不合，则相辩诘，虽弟子驳难本师，亦所不避，受之者从不以为忤。
>
> 8. 辩诘以本问题为范围，词旨务笃实温厚。虽不肯枉自己意见，同时仍尊重别人意见。有盛气凌轹、或支离牵涉、或影射讥笑者，认为不德。
>
> 9. 喜专治一业，为窄而深的研究。
>
> 10. 文体贵朴实简絜，最忌言有枝叶。

以上十项几乎概括了“朴学”所有狭义与广义的内涵。从具体内容上看，前五项概述的是“狭义”的朴学特征，即做学问必须重视证据，反对主观臆说。后五项概述的是“广义”的朴学特征，即强调做学问必须具备高尚的道德品质，追求“窄而深”与朴实文风的能力与欲望。可以说，梁启超对“朴学”的概括具有一定的代表性。

“考据”，也称“考证”、“考核”、“考订”，是指对古代文献中的文字音义以及古代的名物典章制度等进行考核辨证。“考据”一词，根据史书记载，大致出现在宋、金时期，此后历代都有使用。如《宋史·吕大防传》：“契丹通好八十余年，盟誓、聘使、礼币、仪式，皆无所考据，但患修书者迁延不早成耳。”《金史·张行信传》：“崇庆中，既以参知政事梁䌹兼之，复命翰林承旨张行简同事，盖行简家学相传，多所考据。”又《元史·历志》：“今衡、恂、守敬等所撰《历经》及谦《历议》故存，皆可考据，是用具著于篇。惟《万年历》不复传，而《庚午元历》虽未尝颁用，其为书犹在，因附著于后，使来者有考焉。”再《明史·乐韶凤传》：“未几，复起为祭酒。奉诏定皇太子与诸王往复书答礼，考据精详，屡被褒答。”这表明，“考据”实际上是研究历史、语言的一种手段与方法，并为历代学者所重视。将“考据”方法明确视为一种专门性的学问，则始于清代。如昭梿说：“本朝诸儒皆擅考据之学，如毛西河、顾炎武、朱竹垞诸公，实能洞彻经史，考定鸿博。其后任翼圣、江永、惠栋等，亦能祖述渊源，为后学津梁，不愧其名。”[3]又如在现存清人所作的一些传记类著作中，经常出现诸如某君“博闻强识，精考据之学”之类的评价即是明证。

“汉学”之名，出自何时？至今学术界没有定说。章太炎在《与叶德辉书》中说：“焕彬先生足下：与足下同治古文，而执守往往异趣。仆言小学，以疏通中夏语言，本之《说文》。《说文》者，语言之纲纪，贯古今而范围之，不应标识汉学以自拘挛。汉学之名，本起明时七子，特以文辞异宋，假为斯号，及惠定宇，以是为说经准绳。是时，儒言庞杂，如百诗、朏明诸公，犹沾沾滞于俗论，定宇所以定一尊者，蔽遮谰言，固不得已也。时极势迁，其门下又守残不悟。东原、晓徵、怀祖诸公，追而正之。自兹以降，学者虽同名汉师义法，然皆假其训诂度制还以相攻，若所谓以矛刺盾者是也。”[4]刘师培在《近代汉学变迁论》一文中也辨析说：“古无汉学之名，汉学之名始于近代，或以笃信好古该汉学之范围。然治汉学者未必尽用汉儒之说；即用汉儒之说，亦未必用以治汉儒所治之书。是则所谓汉学者，不过用汉儒之训诂以说经，及用汉儒注书之条例以治群书耳。”[5]其实，“汉学”之名古已有之，它专指汉代的象数《易》学。如宋代学者刘克庄在总结汉魏时期的《易》学研究时就指认“汉学”专为象数《易》学。他认为：“京房、费直诸人，皆舍章句而谈阴阳灾异，往往揆之前圣而不合，推之当世而少验，至王辅嗣出，始研寻经旨，一扫汉学，然其弊流而为虚矣。”同样，元代学者袁桷也说：“《易》学以辞象变占为主，得失可稽也。王辅嗣出，一切理喻，汉学几于绝息。”⑥汉魏时期象数《易》学的消解，是否可以归结于王弼对于《易》学的重建，那是另外一个学术问题，这里姑且不作深论，但是刘、袁之说可证章、刘二说失考。

“汉学”泛指汉代的经学，那是在十八世纪经学家所提倡的盛行于东汉的古文经学之后。如十八世纪以惠栋为代表的江苏吴地学者，或稍后的以戴震为代表的安徽皖地学者与江苏扬州籍学者的经学研究，他们都以“汉学”相号召而独树一帜。虽然当时江藩作《汉学师承记》为汉学家立传，方东树作《汉学商兑》维护宋学尊严，从而掀起了汉宋学术之争的大浪。即便是如此，仍有学者未曾将汉学与宋学视为对峙的学术分野。如龚自珍不仅表示《国朝汉学师承记》不但有“以汉与宋为对峙，尤非大方之言”的瑕疵，而且还认为汉学实际是十八世纪的经学，所以他建议江藩改为《国朝经学师承记》⑦。晚清学者皮锡瑞甚至认为十八世纪的汉学传承了宋学的传统，他在《南学会讲义》第七讲中说“汉学出自汉儒，人皆知之，汉学出自宋儒，人多不知”，这也成为后来钱穆提出清代学术事实上是从宋学转换而来的观点之滥觞。

由于“朴学”、“考据学”、“汉学”等名词虽异，但其涵义往往有其相通的一面，三者之间的学术指向并无明确的歧义，所以从清代起三名便一直混用，并且沿用至今，这在学术界中早已约定俗成。不过，如果从使用的频率来看，“汉学”无疑高于“朴学”与“考据学”。而“朴学”之名过于宽泛，它的学术指向比较模糊。“考据学”严格地说，它只是历来学者所普遍使用的一种整理历史文献的技能和方法。诚如江藩所说：“考据者，考历代之名物、象数、典章、制度，实而有据者也。”所以“考据”之名，仍然不足以涵盖十八世纪的学术思想特征。考之清人著述，学者也每每以“汉学”自诩。如汪中之子汪喜孙在阅读了江藩的《汉学师承记》后总结说：

国朝汉学昌明，超轶前古。阎百诗（若璩）驳伪孔，梅定九

(文鼎)定历算，胡朏明(渭)辨《易》图，惠定宇(栋)述汉《易》，戴东原(震)集诸儒之大成，裒然著述，显于当代，颛门之学，于斯为盛。至若经史、词章、金石之学，贯穿勃穴，靡不通擅，则顾宁人(炎武)导之于前，钱晓徵(大昕)及先君子继之于后，可谓千古一时也[⑧]。

这表明，“汉学”的内容，实际上综合了当时经学、史学、文学、历算学、金石学等多种专门之学，具有一定的代表性，所以梁启超曾将其形象地描述为“家家许郑，汉学如日中天”。胡适更是将“汉学”包容的范围确立为四个方面：一是文字学，二是训诂学，三是校勘学，四是考订学。前三者可视为“朴学”，后者即是所谓的“考据学”。同时，又考虑到晚清以来，学术界常常视“汉学”之名与“宋学”之名作为两种不同的学术取向。如皮锡瑞在《南学会讲义》第七讲中便说：“汉学专门精到之处，自较宋儒所得更深，然觞源导自前人，岂宜昧所自出。则汉宋两家之交哄，夫亦可以解纷矣。”这表明“汉学”之名似乎更能体现出十八世纪的学术思想特征。有鉴于此，本篇叙述则采用“汉学”一名。不过，为了行文的方便，有时也间用“朴学”、“考据学”等称谓，并不完全限于“汉学”一词。

第二节　二十世纪“汉学”研究范式的回顾

对十八世纪“汉学”的研究，在中国学术史研究领域中，堪称成果最为丰硕，理论观点可谓绚丽多彩。自二十世纪以来，章太炎的“文字狱说”、梁启超与胡适的“理学反动说”、钱穆的“每转益进说”、余英时的“内在理路说”以及侯外庐的“早期启蒙说”等，它们作为研究汉学史的范式，在近百年的学界中影响深远。本节通过回顾与评述上述五个重要理论观点的形成及其基本涵义，探讨汉学史研究范式在二十世纪的转换与变迁，目的在为本书的研究提供一个新的探索起点[⑨]。

一、从“文字狱说”到“理学反动说”

将十八世纪汉学产生的原因，归结于清廷频繁兴起的文字狱，始于章太炎(1869—1936)。1902年因遭清廷通缉追捕而流亡日本的章太炎,在重订《訄书》时新增的《清儒》篇中指出:十八世纪的学术之所以由宋明理学转向汉代经学、考据学,它的主要动因是当时一般学者都深受清朝政府大兴文字狱的压迫,由于内心的恐惧,致使他们论学撰文不敢正面触及学术问题,为了避免由文字狱带来的迫害与学术上的禁忌,于是不得不转向考证一名一物的经典考证之学,这就是章太炎所说的"家有智能,大凑于说经,亦以纾死"。同时,章太炎又在《学隐》一文中再度阐明了自己这个基本观点:

> 处无望之世,炫其术略,出则足以佐寇。反是,欲与寇竞,即网罗周密,虞候迦互。执羽籥除暴,终不可得。进退跋疐,能事无所写,非施之训诂,且安施邪?

正是根据这一"文字狱说",章太炎将十八世纪汉学发展的主要脉络分为:清初汉学复萌、乾嘉考据学鼎盛、嘉道今文经学、晚清的调和汉宋等四个阶段。所谓"汉学复明",是指清初顾炎武为汉学开山,阎若璩、张尔岐、胡渭等人继之,他们提倡汉学,堪称硕儒。他们的功绩在于开创新的学风,其本身的学术研究与理学乃有藕断丝连的联系。所谓"乾嘉考据学",即为章太炎所确认的汉学自成系统的初始阶段。其标志便是吴地与皖地学者将汉学研究推向极盛,其代表人物是惠栋与戴震,其治学特色是"渊乎古训"与"缜密严瑮"。所谓"嘉道今文经学",是指与乾嘉古文经学立异,崛起于嘉道年间的今文经学,其代表人物是龚自珍与魏源,其治学特色是"务为瑰意眇辞,以便文士"。至于晚清的"汉宋调和",其代表人物,章太炎仅指名陈澧。其实,早在乾嘉后期的阮元、焦循、凌廷堪等汉学精英对汉学的自我反省中已见端倪,他们的学术研究并不完全囿于汉学。这里我们颇能发现,章太炎对清代学术所分的四个阶段,实是由其表彰清代汉学传统为出发点的,而这个出发点正是基于他的政治上"反满"与学术上"尊汉"的双重立场。

章太炎"文字狱说"的提出,是有其社会历史原因的。二十世纪初,中国社会正经历着剧烈的变动,特别是在1901年丧权辱国的《辛丑合约》签订后，点燃了多数爱国知识分子救国保民、力挽神州陆沉的热情。反映在学界的则是倡导“国粹”。如 1905 年“国学保存会”在上海成立，出版《国粹学报》，设立藏书楼，搜罗珍贵古籍，广征会友，刊印《国粹丛编》、《国粹丛书》，并拟建立国粹学堂等，从而在学界形成了一股较有影响的学术思潮。而此时的章太炎也正割掉辫子，公开与清廷决裂，投身反清活动。这一时期他发表的《正仇满论》就明确指出“汉族之仇满洲，则当仇其全部”。又如他在《序种姓》一文中，通过对古代姓氏演变的考察，阐述华夏民族的形成史与胡汉姓氏的同化史，藉此唤起种姓意识，大造排满兴汉的革命舆论，声称“上天以国粹付余”，慨然以弘扬中国“闳硕壮美之学”自任，提倡“用国粹激动种性，增进爱国热肠”。可以说，章太炎以“文字狱说”来解释清代汉学史，既有在当时民族危机中延续民族文化的使命感，也有他强烈的国粹意识。

不过，十八世纪的汉学与清代政治高压固然有关系，但学术的发展仍有其自身发展的客观规律，未必单一受政治的支配。因此章太炎以“文字狱说”解释清代汉学，仅是提供了一种政治性的判断，因而是一种外缘性的研究。但是“文字狱说”作为二十世纪研究十八世纪汉学史的首出观点，却将汉学研究引向了一个新的方向，并为稍后的梁启超(1873—1929)提出的“理学反动说”作了重要的铺垫。

1920 年，即“五四运动”以后，已经步入晚年的梁启超，此时一反以往那种热衷于政治活动的情怀，毅然将自己生命中的最后九年献身于清代学术史的研究，其代表性的作品，就是广为士林所推重的《清代学术概论》与《中国近三百年学术史》两种。前者是关于清代学术史的通论性诠释，后者则是对前者的具体展开与专题论证。梁启超著名的“理学反动说”就是出自《清代学术概论》一书。这一理论观点的主要见解是:清代学术的主流是一种经典考证运动，其特征是消除由宋代学者曲解圣人立教的本意而给儒学的原始经典带来误读与理解上的混乱。在梁启超看来，宋明理学的根本缺点就在于“指鹿为马，淆乱真相，于学问为不忠实”。就学术本质而言，“乃纯在绍绍灵灵不可捉摸之一物”，这种虚学所带来的直接弊端，便是“学问饥饿至于此极，则其反动安得不起?”[10] 四年后，即 1924 年，梁启超在《中国近三百年学术史》一书中，从学术思潮的角度，列举五种学术取向来论证他所提出的“理学反动说”：(一) 王学自身的反动；(二) 自然界探索的反动；(三) 西学输入之反动；(四) 讲学风气之反动；(五) 佛学反禅之反动。所谓“王学自身的反动”，是指明末刘宗周等人以“慎独”观念，对王阳明后学(王畿、罗汝芳、王艮)痛加针砭，提倡“舍空谈而趋实践”的新学风。所谓“自然界探索之反动”，是指徐霞客的《徐霞客游记》和宋应星的《天工开物》，二书虽非儒学专著，但它一洗明人好空谈而不读书的恶习，显示了学者求实求真的精神。所谓“西学输入之反动”，是指西方传教士如利玛窦、庞迪我、熊三拔、艾儒略以及汤若望等人传入的西方自然科学知识，开拓了当时学者的知识面和视域。所谓“讲学风气之反动”，是指明人对先秦古籍、宋元刻本的重视。如焦竑的《国史经籍志》，范钦创建的“天一阁”，毛晋、毛扆父子经营的“汲古阁”等，为当时扭转空疏的读书风气起了关键作用。至于“佛学反禅之反动”，则指晚明袾宏、德清、智旭等反对禅宗末流的参话头，背公案，掉弄机锋，而提倡净土宗，以极平实的地方立定，从事极严肃的实践工夫。总之，这五种所谓的“反动”，也正是梁启超建构其“理学反动说”框架的主要内涵。

正是基于上述五种学术取向，梁启超将清代学术的发展进程分为：复宋之故，对于王学而得解放；复汉唐之古，对于程朱而得解放；复西汉之古，对于许、郑而得解放；复先秦之古，对于一切传注而得解放等四个阶段。按照梁启超的这个四段划分，清代学术的发展顺序应该是：首先是打倒王学而恢复宋学，其次是反程朱理学而恢复汉唐经学的活力，再次是推倒东汉的古文经学的权威而恢复西汉的今文经学传统，最后是摒弃一切传注式的传统经学而恢复百家争鸣时代的先秦诸子学，这也就是梁启超将其概括为“以复古为解放”的诠释。从中我们不难发现，无论是五种学术取向，还是复古的四个阶段，都体现了清代学术由形式到内容的反动，然而决定了由内容到形式的解放。依照梁启超这一反动—解放的模式，清初学术是对王学的反动，清代乾嘉时期的考据学，便是汉学对宋学的反动，而晚清的今古文之争，则是今文经学对古文经学的反动，清末诸子学的复兴，又是诸子学对今文经学的反动。换言之，清代三百年学术史，实际上就是一部遵循由反动到解放，即经由启蒙、全盛、蜕分、衰弱四个历程递相流转的学术演化史。

正如学者早已注意到的，此时的梁启超正倾注极大的热情研究佛学，而佛典所谓生、住、异、灭的流转也启迪了他藉此比附清代学术的发展。如他在《清代学术概论》中明确指出：

> 佛说一切流转相，例分四期，曰：生、住、异、灭。思潮之流转也正然，例分四期：一、启蒙期（生），二、全盛期（住），三、蜕分期（异），四、衰落期（灭）。无论何国何时代之思潮，其发展变迁，多循斯轨[11]。

然而细加考察，梁启超关于清代学术四段说却另有渊源。那就是作于1904年的《近世之学术》一书中所提出顺康、雍乾嘉、道咸、光绪为清代学术发展的"四期说"。就分期的性质而言，它当然比上述"四段说"模糊。就学术而言，梁启超所作的评价也不高。如他认为："综举有清一代之学术，大抵述而无作，学而不思，故可谓之学术最衰时代。"但是就上述理学反动的五种学术取向而言，却相对清晰。他曾认为："本朝二百年之学术，实取前此二千年之学术，倒影而缫演之，如剥春笋，愈剥而愈近里；如啖甘蔗，愈啖而愈有味。"[12]这虽为一种描述性的比喻，却无疑为他在十六年后提出的反动—复古—解放的模式奠定了学术基础。

如果我们再加追究，更不难发现，梁启超的"理学反动说"，实由章太炎的"文字狱说"脱胎而来。论年辈，梁启超与章太炎相仿，但是他研究清代学术史的起步，却在章太炎之后，因此在一定程度上深受章太炎"文字狱说"的影响。如他在《近世之学术》一书中屡引"余杭章氏谓"，又如《清代学术概论》中也同样注意到了清代学术的发展与清廷政治高压的关系："吾尝言当时经世学派之昌，由于诸大师之志存匡复。诸大师始终不为清廷所用，固已大受猜忌。其后文字狱频兴，学者渐惴惴不自保，凡学术之触时讳者，不敢相讲习。然英拔之士，其聪明才力，终不能无所用也。诠释故训，究索名物，真所谓于世无患、与人无争，学者可以自藏焉。"[13]这与章太炎的"文字狱说"如出一辙。

梁启超无疑是汲取了章太炎的学术观点，但是他所崇尚的却是汉代的今文经学，而此时的章太炎已经是饮誉四海的古文经学大师。不同的学术取向，最终导致了梁、章对清代学术评价的异趣。如被章太炎推尊为清初汉学硕儒的阎若璩，在梁启超看来是“粗枝大叶，瑕类很多”，而清初以批判宋儒图书《易》学而称名的胡渭则“破坏之功过于建设”，即便是他一生中最为敬慕并且推崇为人师的顾炎武也是“若论专精完整，自然比不上后人”[14]等等。这些都与章太炎独崇汉学相去甚远。不过，作为二十世纪的重要范式之一，梁启超的“理学反动说”仍应予以充分的肯定。首先，就思想而言，梁氏扬弃了乃师康有为那种神秘的“公羊三世”进化史论，提出了较为客观的兴衰发展史观念，应该说是一种进步。其次，就清代学术的诠释而言，它已由学术的政治性判断逐渐转向学术的价值性判断，无论广度与深度，较之章太炎的“文字狱说”更为细化，显示其富有原创性与系统性。也正因此，“理学反动说”并没有因梁启超的病逝而中断，后来在美国获得哲学博士学位的胡适(1891—1962)便以它为继续研究清代学术的起点。

胡适一生对清代学术情有独钟，早年便自称有所谓的“考据癖”。1921、1925、1928年胡适分别撰写了《清代学者的治学方法》、《戴东原的哲学》与《几个反理学的思想家》三篇关于清代学术的重要论文，较为集中地体现了他对梁启超“理学反动说”的继承与修正。胡适认为，近世的学术可以分为理学与反理学两个时期，前者从1050年到1600年，即从宋仁宗皇祐元年到明神宗万历二十八年为理学时代；后者自1600年到1930年为反理学时代。据此，胡适认为反理学时期的开山人物是顾炎武，发展时期的代表人物是颜元、戴震，二十世纪初则以吴稚晖为首席。其基本特色是“反玄学运动”，其基本方法是破坏与建设。就破坏方面而言，即通过顾炎武、黄宗羲、毛奇龄、费密、颜元、戴震乃至袁枚等人对性心之学的学理批判与消除人们对宋儒图书《易》学的迷信，起到了“能转移风气，使人渐渐瞧不起宋明的理学”。就建设方面而言，即强调实用主义和提倡经学复兴。在胡适看来，清代学术是一个全面恢复传统经学的时代，亦可称“古学昌明时代”。其标志就是他在《国学季刊发刊宣言》一文中所提出的著名的“三古说”，即“整理古书”、“发现古书”与“发现古物”。所谓“整理古书”，是指乾嘉汉学精英所从事对先秦古籍的校勘、文字的训诂以及考订辨伪等工作。其中包括：戴震、段玉裁、王念孙、王引之、崔述以及阮元等学者的专经研究，钱大昕、赵翼、王鸣盛与洪亮吉等学者的经史考证，俞樾、孙诒让等学者的诸子研究，郝懿行、钱绎、王筠、朱骏声等学者的专攻语言文字等。所谓“发现古书”，是指翻刻宋元刻本以及辑佚早已失传的经籍，如余萧客的《古经解钩沉》、《小学钩沉》、马国翰的《玉函山房辑佚书》等。至于“发现古物”，则泛指在鼎彝、钱币、碑版、壁画、雕塑、古陶器，尤其是甲骨文的发现等领域作出了超越前人的突出成就。因此，胡适所倡言的“古学昌明时代”或“古学复兴时代”，其内涵也就是他的“三古说”。然而仔细分梳胡适的所谓“破坏与建设”，其主要特色有二：一是放宽了梁启超将反理学局限于清初，即由明末清初延续到民国初期；二是汲取了章太炎以乾嘉汉学为清学主流的见解。当然，胡适特别推崇清代乾嘉汉学，既有别于章太炎的“文字狱说”，也有别于梁启超的“理学反动说”，而是他颇为自负地认为只有他才是第一个发现了乾嘉学者用于校勘与整理古籍的技巧与西方科学方法相通，即所谓“中国旧有的学术，只有清代的朴学确有科学的精神”[15]。在胡适看来，做学问就是一种“有证据的探讨 ”、“根据证据的探讨”，这表明胡适推崇乾嘉汉学，实际上是赞赏其具有“大胆的假设与小心的求证”的方法论意义。而“大胆的假设与小心的求证”的方法与西方实验主义哲学的本质相通，即归纳与演绎同时并用的科学方法。胡适明确指出：

> 近来的科学家和哲学家渐渐地懂得假设和证验都是科学方法所不可少的主要分子，渐渐地明白科学方法不单是归纳法，是演绎和归纳相互为用的，忽而归纳，忽而演绎，忽而又归纳，时而由个体事物到全称的通则，时而由全称的假设到个体的事实，都是不可少的[16]。

显然，胡适虽然是继承了梁启超的“理学反动说”，然而他却将具有现代意识的西方科学思想纳入其中，并赋予乾嘉汉学具有现代西方科学内涵的新的形象。这一见解，不仅改变了晚清以来一般学者视乾嘉汉学为“支离破碎，毫无趣味”的负面形象，而且直接推动了由他本人提倡的具有“科学万能”意义的实证主义思潮，从而对梁启超的“理学反动说”作了重大的修正，具有“新理学反动说”的特质。

二十世纪初，在反传统的思想运动与信仰危机中，章、梁、胡对十八世纪的汉学遗产所作出的理性检讨与评价，虽然未能摆脱传统的兴衰交替观念的束缚，但无论是“文字狱说”、“理学反动说”或者是“新理学反动说”，都证明他们对十八世纪汉学的再三致意。然而作为一种研究范式，它们之间的张力在当时并不突出。进入三十年代后，由于社会历史都发生了深刻的变化，研究范式之间的张力也随之显现，那就是来自钱穆的“每转益进说”与余英时的“内在理路说”的有力挑战。

二、“每转益进说”与“内在理路说”

正值梁启超、胡适的“理学反动说”在学界赢得一片掌声之际，以自学成才的江苏无锡学者钱穆（1895—1990），在1937年完成了与梁启超同一书名的《中国近三百年学术史》，试图以“继承与发展”的观点重新解释清代学术史。与章太炎、梁启超等每每不自主地卷入现实政治的漩涡难以拔足相比，钱穆却是一位专精于史学研究的学者。据钱穆自述，他编撰《中国近三百年学术史》的最初动机，是不满意梁启超在当时清华研究院讲授清代学术史时所采用“理学反动说”的观点。于是自编讲义，并在顾颉刚的支持下，在北京大学讲授同样的课名，最终成为长达七十五万余字的煌煌巨著。因此，单就同一书名而言，钱穆决意与梁启超立异的意向，昭然若揭。

钱穆认为，十八世纪学术的发展取向，客观上是由理学转变为汉学的过程，但是并不能因为其汉学成为主流而反过来抹去理学对汉学形成所产生的影响。他指出：

> 治近代学术者当何自始？曰：“必始于宋。”何以当始于宋？曰：“近世揭橥汉学之名以与宋学敌，不知宋学，则无以平汉宋之是非。”且言汉学渊源者，必溯诸晚明诸遗老。然其时如夏峰、梨洲、船山、桴亭、亭林、蒿庵、习斋，一世魁儒耆硕，靡不寝馈于宋学。继此而降，如恕谷、望溪、穆堂、谢山乃至慎修诸人，

皆于宋学有甚契诣。而于时已及乾隆。汉学之名，始悄悄起。而汉学诸家之高下浅深，亦往往视其所得于宋学之高下浅深以为判。道咸以下，则汉宋兼采之说渐盛，抑且多尊宋贬汉，对乾嘉为平反者。故不识宋学，即无以识近代也[17]。

在钱穆看来，严格意义上的清代汉学，是乾隆、嘉庆二朝的学术，清初虽然出现了汉学的萌芽，但它并非是纯粹的汉学。这一见解，早在1928年他所撰写的《国学概论》第九章《清代考证学》中有过详细的说明："言清代学者，率盛夸其经学考证，固也。然此在乾嘉以下则然耳。若夫清初诸儒，虽已启考证之渐，其学术中心，固不在是，不得以经学考证限制也。"至于清初学术与乾嘉汉学之间的差别，钱穆解释说："盖当其时，正值国家颠复，中原陆沉，斯民涂炭，沦于夷狄，创钜深痛，莫可控诉。一时魁儒畸士，遗民逸老，抱故国之感，坚长遁之志，心思气力，无所放泄，乃一注于学问，以寄其守先待后之想。其精神义气，自与夫乾嘉诸儒，优游于太平禄食之境者不同也。"[18]这里颇能发现，钱穆多少也汲取了章太炎的"文字狱说"的观点。然而，钱穆与梁启超不同，他并未因此而推演出"理学反动说"，而是认为清初学术应该追朔到明末东林名士舍虚务实的学风与志在世道的经世精神。换言之，清初学术的主流不是汉学复萌，而是延续了东林的遗绪，而东林本由宋学发展而来，因此，清初学术的特征就是对宋学的继承与发展。根据这个观点，钱穆在《中国近三百年学术史》中首列黄宗羲，次列王夫之，而曾被章太炎、梁启超视为清学开山的顾炎武则位列第三。这样一种排序，那是因为黄宗羲曾经受业于被誉为明末王学殿军的刘宗周，而王夫之的思想渊源可追溯至北宋的张载，两人的学术在本质上都是从宋明理学发展而来。至于顾炎武，其学术虽留有宋明理学的痕迹，但他并不擅长讨论性心等形而上问题，他的贡献在于提倡"行己有耻"与"博学于文"的经世精神。值得注意的是，梁启超曾将清初颜元定格在"实践实用主义"，并把他安排在"程朱学派及其依附者"之后讨论，排斥于启蒙期之外，而钱穆则在顾炎武之后接着讨论颜元，原因在于颜元所强调的习行经世思想，并没有走出宋明理学经世明道的传统。诚如他所说的，"颜学未能超出旧传统卓然自拔之所由也”[19]。

当然，钱穆本人在1937年出版的《中国近三百年学术史》中，对自己采用继承与发展的观点研究清代学术并没有明确的表述。然而在五年之后，即1942年所撰的《清儒学案序》一文中，他将较为笼统的继承与发展的观点概括为相当具体的“每转益进说”。他认为“学术之事，每转而益进，图穷而必变”。按照钱穆的见解，中国历史上每一次重大学术的变迁过程，实际上是产生于每个时期不同层次或形态的诠释过程，每一种形态都体现了原有学术功能的一个方面，而每个时期不同层次的诠释都是对原有学术功能的一次调节，而这种调节，表面上是原有传统意识的开始瓦解，但略经转换，却能在“山穷水尽疑无路”的困境中开出“柳暗花明又一村”的新局。如汉代的章句之学为魏晋的玄学所取代，魏晋的玄学为隋唐的笺注之学所取代，隋唐的笺注之学又为宋明的理学所取代，其学术变迁无一不是“图穷而必变”的转进，而不是仅以“反动”所能解释。因此他将清代学术划分为：晚明诸遗老、顺康雍、乾嘉、道咸、同光五个时期。这与章太炎、梁启超的四期说，可谓大相径庭。

钱穆“每转益进说”的提出，是由其特定的时代背景所促成的。从1915年到1920年的文化领域持续进行的新旧文化之争，特别是在五四运动后，传统文化，即儒家文化价值受到前所未有的严峻挑战，以儒学为主导的旧文化最终丧失了原有的主导地位。适逢其时并对传统文化怀有浓厚情感与信仰的钱穆，一方面要批判国内呼声渐高的全盘西化论对传统文化的冲击，另一方面还须抵制来自传统文化研究中崇尚“考据”而鄙视代表儒学主要精神的“义理之学”的倾向。他在自述其为学宗旨时说“余之所论每若守旧，而余持论之出发点，则实求维新”。这种表白，正说明钱穆研究清代学术史是基于他强烈的民族文化主义思想，诚如他所说“一民族文化之传统，皆由其民族自身递传数世数十世数百世血液所浇灌，精肉所培壅，而始得开此民族文化之花，结此民族文化之果。非可以自外巧取偷窃而得”，“我民族国家之前途，仍将于我先民文化所贻自身内部获得其生机”[20]。

然而，钱穆并没有超越梁启超，如他早年编撰的《国学概论》中所论清代考据学部分，便是袭用梁启超的旧说而加以发挥。至于同名异趣的

《中国近三百年学术史》之间的差别，梁启超以汉学为主线，侧重于学术的宏观分析；钱穆则以宋学为导向，致力于学术内在联系的微观探究。如果说钱穆的"每转益进说"是出自消解梁启超、胡适"尊汉黜宋"的"理学反动说"在学界的广泛影响力，并重塑宋明理学在清代学术史上的传统，那么它的客观社会效应，却是有意识地促成了二十世纪清代学术史研究范式的对立与紧张。于是在二十世纪七十年代，便由其弟子余英时(1930—)教授在兼取梁、钱二种范式之长的基础上，提出了"内在理路说"的新范式。

所谓"内在理路"，是余英时教授在《从宋明儒学发展论清代思想史》、《清代思想史的一个新解释》两文中提出的。根据余英时教授的见解，每一个特定的思想传统本身都有一套问题，需要不断地解决，这些问题，有的暂时解决了，有的没有解决，有的当时重要，后来不重要，而有的旧问题又衍生出新问题，如此流转不已[21]。这中间是有线索条理可寻的。正是基于"有线索条理可寻"的这一原则，余英时教授试图通过跨度从十七、十八两个世纪中国学术由理学的衰弱到汉学的鼎盛的历史表象中，重新梳理出同属理学内部核心"尊德性"与"道问学"的两种学术取向，并确认清代学术是理学的一种发展，是由理学内部"道问学"与"尊德性"之间争论的延伸，从朱熹、陆九渊至罗钦顺、王阳明之争都是两派对峙的表现。而清初顾炎武"经学即理学"，反心性玄谈的主张，标志着"尊德性"转入"道问学"阶段，是儒家传统中反智识主义让位于智识主义的转折点。这也是一般学术史上所谓"回向原典"(return to source)的普遍现象的一个例证。众所周知，"尊德性"与"道问学"一组观念，本是指宋代理学家两种不同的治学和伦理修养方法。如朱熹明确表示"尊德性"特指存心养性的道德修养，而"道问学"则是格物致知的道德学习。陆九渊却偏重"尊德性"，认为"不知尊德性，焉有所谓道问学"。朱、陆对"尊德性"、"道问学"虽有不同理解，但它作为宋明理学内核的重要组成部分，余英时教授认为"便有如车之两轮，是不能分割的"。正是有鉴于宋明以来儒者对这一组观念不同理解而出现的争执，这就逼出将义理是非取决于经典本义，也就是余英时教授所说的"回向原典"。余英时教授曾引罗钦顺的话："学不取证于经书，一切师心自用，未有不自误者也。"

然后分析说:“根据智识主义的观点发展下去,则最后必然会导致义理的是非取决于经典的结论,看看谁的话是真正合乎圣贤的本意,这就走上了清儒训诂考证的路子上去了。”[22]也正因此,余英时教授将由德性与问学之辩到“回向原典”的过程分三个不同阶段,一是由晚明开始引发的对《大学》真伪的辨论,二是清初学界对宋代图书《易》学的批判,三是清代中期陆王系统的知识化,三者共同构成了余英时教授“内在理路说”的主要立论依据。

也正因此,按照余英时教授的“内在理路说”的思路,清代学术的发展,必然是继续沿着宋明以来“性即理”与“心即理”两者异同的义理辨析为其目的。诚如余英时教授认为的“从义理的战场转移到考证的战场”。然而清代学者孜孜不倦地追寻经书文本的原义(“回向原典”),走的是东汉古文经学的路子。两者的区别,前者讲训诂,后者谈考据。清代学术之所以又称汉学,显然是由其特定的学术内涵所决定的。同时,清代学者的学术研究,是恢复在他们看来可以信从的汉代经注。虽然汉学家也讨论宋学,但往往是建筑在他们否定理学的基础上的。换言之,清代学者的“回向原典”,并不着意于理学的义理是非,而是以汉学与宋学立异,方东树对江藩严立汉宋界限的耿耿于怀,甚至对汉学的嘲骂和攻击,就是一个证明。所以单就“内在理路”来解释清学史,也只是提供了一种新的视角。

不过,从“范式变迁”的角度来理解,余英时教授的“内在理路说”,自有其特色。首先,他企图跳出上述“文字狱说”与“理学反动说”的窠臼而另辟蹊径。在他看来,“文字狱说”与“理学反动说”虽然是一种解释,但它着眼于政治角度,即根据“政治迫害”立论,淡化了清代学术内部的巨大活力与动力,而忽视了它所可能(与应该)具有的正面价值。因此是一种远离学术本身所具的生命与活力的外缘性研究。其次,他在论证自己观点的同时,尽管也确认清代学术起源于清初顾炎武、黄宗羲等学者提倡实事求是地研究古经汉疏的学风,但他认为这并非是对宋明理学的反动,而恰恰是一种学术的继承与发展的辨证关系。再次,余英时教授的“内在理路说”,从理论本质上说,是从钱穆的“每转益进说”中推衍而出,走的仍是乃师提倡的继承与发展的路子。

从章太炎到梁启超、胡适，又从钱穆到余英时，他们都试图通过各自对清代学术的理解，来探明十八世纪学术发展的动因与线索，但是他们所作出的不同选择，严格地说仍在同一学术传承的窄小圆圈内打转，虽然余英时教授曾尝试接纳传统以外的新因素，但正如他自己明确表示的那样，他的“内在理路说”也没有全盘否定“理学反动说”的意向，仅仅是对它的一种补充与修正[23]。然而真正敢于超越传统，开创新范式的则是侯外庐(1903－1987)先生于二十世纪四十年代初期提出的“早期启蒙说”。

三、马克思主义:“早期启蒙说”

“早期启蒙说”，是侯外庐在原题《中国近世思想学说史》一书中提出的，1947 年改书名为《近代中国思想学术史》，1956 年将其中从明末到鸦片战争前的部分单独修订成书，改书名为《中国早期启蒙思想史》，1963 年以《中国思想通史》第五卷的书名再版。全书共三编，十七章，具体分为:十七世纪的启蒙思想，十八世纪的启蒙思想，十八世纪末叶和十九世纪初叶的启蒙思想。因此单就书名及篇名，就表明侯外庐对清代学术的理解有别于上述的章、梁、胡、钱等人。在侯外庐看来，“早期启蒙思想”才是清代学术发展的真正脉络。根据侯外庐的见解，所谓“早期启蒙思想”，主要来自两个层面:一是十六、十七世纪表现出土地日趋国有化的倾向，而私人土地经营也在进一步的持续性发展；国有手工业因官方层层盘剥而处于停滞状态，而城市私人手工业的大量涌现，却成为国民经济的主要承担者。二是城市商业与对外贸易的发展，推动了私有化的发展。这种新旧矛盾交织在一起，历史面临着“活的东西要冲破死的，而死的东西在束缚着活的”这样一种变革时期。它反映在思想领域的便是既有适应历史发展的进步要求，又深受传统思想的束缚，他们的进步思想不仅仅是“反理学运动的量变，而是按他们自己的方式表现出对资本主义世界的绝对要求，从而透射出预示近代社会即将来临的曙光，具有早期启蒙性质”。为了进一步说明“早期启蒙思想”对清代学术解释的有效性，侯外庐以社会史为基础，结合社会思潮加以全面考察。如十七世纪的启蒙思想，其内涵首先是新的社会经济关系及矛盾决定了当时启蒙还处于一种初级阶段，其次是启蒙者表现出初步的民主意识，第三则体现市民阶层的觉醒。据此三点，侯外庐一反将顾炎武列为清代学术开山的贯例，而是首列王夫之，然后是黄宗羲、顾炎武，又异乎寻常地增入朱之瑜、傅山、唐甄而摒弃了阎若璩、胡渭等清代汉学的先驱人物。他认为王夫之之所以在清初最具早期启蒙思想的特色，那是因为王夫之以古色古香的古代语言形式，在貌似理学的外表中，表达了具有近代思想意识的内容。而黄宗羲与顾炎武因都具有民主意识，所以仅次于王夫之。至于朱之瑜、傅山、唐甄，则都不同程度体现出个人自觉的启蒙要素，因此也可作为清初启蒙思想的代表。根据这一特殊安排，实际上体现了侯外庐试图运用马克思主义的阶级分析理论，以具有经济史观特色的"市民阶级"说来指导清代学术史的研究。如上述早期启蒙思想的三种内涵，侯外庐就是借鉴列宁分析有关俄国启蒙运动的三个基本特点。他指出：

> 第一，对于农奴制度及其在经济、社会和法律方面的一切产物满怀着强烈的仇恨；第二，热烈拥护教育、自治、自由、西欧生活方式和一切俄国全面欧化；第三，坚持人民群众底利益，主要是坚持农民底利益……他们衷心相信农奴制度及其残余一经废除就会有普遍幸福，而且衷心愿意促进这一事业。自然，中国十七世纪的情况是不同于俄国的十九世纪的情况，但是启蒙思想的性质是共通的[24]。

此后，侯外庐在论述十八世纪、十九世纪的启蒙思想时，基本遵循了这一相同的模式。正是依据马克思主义原理为指导学术，侯外庐将清代学术的发展分为"经世致用"、"专门汉学"、"今文经学的兴起"三个阶段。所谓"经世之用"，侯外庐解释说："十七世纪中国学者所提倡的经世致用之学或实际实物实效之学，是中古绝欲思想的对立物，是进步的资产阶级先辈的先进思想，他们所提倡的个人实践实质上是进步的市民的世界观，而实用主义的唯心论所标榜的个人主义却是代表大资产阶级的腐朽的世界观。"[25]这显然与梁启超、胡适等人立足于学术文化层面的所谓"经世致用"的内涵判然有别，而是熔注了具有对正统学术的批判，互相渗透，联成一气，要求变革，并与近代启蒙思潮接轨的早期启蒙思想。所谓“专门汉学”，即指清代乾嘉时期，由江南的苏州、徽州及其扬州地区等学者先后组成的群体性专门从事汉代经学的研究。对于它的成因，侯外庐虽然也注意到了清廷所施行的高压政治的文化政策，但是他不认为这是导致产生“专门汉学”的直接原因。他提出乾隆实行对外闭关封锁与对内的“钦定”封锁，两者互相配合，最终促成了乾嘉汉学的见解。侯外庐认为乾嘉汉学作为清代学术的主流，早在康熙时代已呼之欲出，那就是康熙招募当时知识精英从事《古今图书集成》的编撰，它的社会效应有二：升华了经世致用之学，却也削弱了清初的知识武器，此后乾隆又以汉学作为理学的补充，倡导笺注与烦琐并行的文化政策。也正因此，侯外庐认为这一阶段的主要代表人物是戴震、汪中、章学诚、焦循与阮元，尽管他们的学术研究各异，但他们的思想都程度不等地体现了市民阶级的意识，而惠栋、钱大昕、王鸣盛等乾嘉汉学精英，尽管他们作出的学术成就足以炫世，但其思想深度，却远逊他们的同辈，故未入侯外庐的视野。至于“今文经学的兴起”，侯外庐从学术思潮的角度，认为它是相对于乾嘉时期“专门汉学”思潮的总结。认为今文经学实际上是通过传统经学的学术材料来设计中国的命运。换言之，今文经学的兴起，恰值鸦片战争前夕，学术研究已交临于个性自觉的关头，它既是对汉学的清算，也是与迷离宋学者的告别。这一阶段时间，侯外庐重点讨论的是魏源与龚自珍的学术思想。认为魏源之所以强调“公羊”义法，是基于他强调“富国强兵”的具体政见；而龚自珍的今文经学研究，重申“三世”“三统”的大义、决狱观变的微言，实是为他的变法理论张目，两人同为近代洋务和维新运动的历史先行者。侯外庐将清代学术分为“经世致用”、“专门汉学”、“今文经学的兴起”三个阶段，表面上是根据清代学术发展的一般趋向，实质上是勾画出由十七世纪早期思想启蒙到十九世纪近代思想启蒙的一条主线。

侯外庐“早期启蒙说”的提出，不仅扬弃了古代社会“学案派”的研究范式，而且也超越了章、梁、胡、钱等人以学术传承为特征的研究范式，开创了以马克思主义唯物史观创造性地运用于清代学术史研究的新范式。他在《中国古代思想学说史·序言》中曾指出：“社会历史的演进与社会思想的发展，关系何在？人类的新的范畴与思想的具体变革，结合何存？人类思想自身的过程与一时代学说的个别形式，环链何系？学派同化与学派批判相反相成，其间吸收排斥，脉络何分？学说理想与思想术语，表面恒常掩蔽着内容，其间主观客观，背向何定？方法论犹剪尺，世界观犹灯塔，现实的裁成与远景的仰慕恒常相为矛盾，其间何者从属而何者主导，何以为断？"这种从政治背景、阶级结构、经济水平、社会思潮等方面探求清代学术的发展与演化的规律，既克服了章、梁偏重政治视角的外缘性研究之病，也避免了钱、余强调内在理路的纯学术研究之偏。从这一意义上说，侯外庐的"早期启蒙说"才真正具有"范式变迁即意味着范式革命"的意义。

综观二十世纪清代学术史研究领域相继出现的"文字狱说"、"理学反动说"、"每转益进说"、"内在理路说"以及"早期启蒙思想说"等五种研究范式的转换与变迁，可以得出如下几点结论：

首先，我们之所以将上述五种理论观点称为"范式"，是因为这些理论观点，不仅在当时具有对原有范式的有力挑战，而且对后来的学术研究产生了相当大的影响。如章太炎"文字狱说"提出后，很快在当时清代学术史研究领域中得到回响。刘师培作于1907年的《清儒得失论》，便是在"文字狱"的基础上对清代学术的通论性论著[26]。萧一山作于1923的《清代通史》中的清学部分，则全盘接纳了梁启超的"理学反动说"。容肇祖作于1925年的《戴震说的理及求理的方法》，认为戴震的学术，是对程朱陆王等末流的反动，继承和支持了"理学反动说"。至于钱穆的"每转益进说"，由于其理论的形成和提出正值中国抗日战争时期，它在学界的影响自然受到某种程度的限制。然而吕思勉在1940年编撰的《中国通史》(上册)，在专门讨论学术发展的部分，沿用了钱穆的主要观点，认为清代的考证学不过是宋学的一个支派。顾颉刚于1945年编撰的《当代中国史学》，也能见到钱说的若干影子。至于余英时的"内在理路说"，自二十世纪七、八十年代风行海外后，迅速引起大陆内地学界的广泛关注，因此也曾引起过若干争论。侯外庐的"早期启蒙说"，不仅是新中国成立后清代学术史研究的主要范式，而且也给海外学者带来不小的震动。

其次，上述研究范式之间没有严格意义上的时间界限。当一种尚未被确认为真正的研究范式时，人们总是不断地寻求值得效仿的研究范式，然而一旦研究范式形成权威后，人们又试图摆脱它的制约而创拟新范式。然而每一种研究范式从酝酿到形成，往往是对前一种研究范式的理解或者扬弃。如梁启超对清代学术史的研究在章太炎之后，但梁启超说他本人的“理学反动说”却在章太炎提出“文字狱说”时已初具雏形[27]。胡适表面上是继承了梁启超的理论观点，但实质上已经变味，而是以西方实证主义修正了“理学反动说”，企图用现代哲学去解释中国古代学术，又用中国固有的学术去解释现代哲学，这对于“五四”以后力图在现代中国恢复儒家学术主导地位，重建儒家价值体系的新儒家来说，无疑提供了一个理论意义上的合理化基础，其背后正深藏着重新估定一切价值的理念。钱穆提出“每转益进说”之前，冯友兰早已注意到清代汉学表面上是反道学，“实则系一部分道学之继续发展”这一清代学术史发展的内在脉络。余英时的“内在理路说”，显示了他以西方的诠释学理论来抵制渗透于清代学术史研究的经验主义倾向。由于他们的兴趣始终是如何更为合理地解释清代学术史的形成，而不是单一地进行理论方面的探讨与说明。因此在一个同一的文化体内，研究范式形成过程中时间界限的模糊性，反而为范式的转换提供了必要的理论前提。

最后，从“学术传承”到“早期启蒙”，二十世纪清代学术史研究范式的变迁，典型地反映了二十世纪中国社会思潮的变迁。如“文字狱说”所体现的“反满”意识，正与二十世纪初“排满革命”，以振兴国学、申论“种族大义”而弘扬国粹的社会思潮相呼应，诚如梁启超所说的“养成国民，以当保国粹为主，取旧学磨洗而光大之”。而“理学反动说”那种敢于怀疑一切、重证据、讲归纳，几乎与当时广为流行并操纵学界的科学主义思潮相契合。至于“每转益进说”与“内在理路说”，前者构建于三、四十年代民族主义普遍高涨的时代，体现了作者对传统文化难以割舍的情结；后者则明显烙有西方实证主义的释解理论向哲学诠释学的解释理论转换的印记。“早期启蒙说”的提出，也正是马克思主义在中国蓬勃发展之际，特别是在二十世纪五十年代后，马克思主义成为新中国政治和学术的指导思想，它之所以成为大陆最具影响的清学史研究范式，除了其范式本身所富有的科学性品格之外，自有其具体的历史原因。

总之，通过对上述十八世纪汉学研究的种种范式的回顾，虽然还很难说汉学的历史面纱已经被完全揭开，但是这些范式不仅为本书的研究提供了重要的借鉴，而且也为本书的研究视角及其研究方法提供了新的起点。

第三节　新的研究视角及其宗旨

二十世纪初，梁启超在《清代学术概论》中曾谈到“清学分裂的原因”，陈述了汉学发展至乾嘉时极盛之后，便直接进入了所谓道咸的分裂时期。按照梁启超的见解，造成清学分裂的主要原因有两点：一是本学派自身的问题，二是由当时环境的变化所促成。其中在阐明本学派自身的问题时，梁启超指出：“学派自身，既有缺点，而复行以专制，此破灭之兆矣。”这表明乾嘉汉学由于自身的弊端与独断的学风，最终导致了在道咸间的彻底解体。随即梁启超又补充分析说：

> 盖清学经乾嘉全盛以后，恰如欧洲近世史初期，各国内部略奠定，不能不有如科仑布其人者别求新陆，故在本派中有异军突起，而本派之命运，遂根本摇动，则亦事所必至、理有固然矣[28]。

梁启超的这个观察，不能说是全无根据，但是并不尽然。如他对乾嘉至道咸年间思想与学术变迁的判断，是不是属过分的简单化处理？是不是可用全盛—破灭来绝然分界？其中除了梁启超所谓的今文经学的“异军突起”之外，是否还存有一个上承乾嘉下启晚清学术的转换环节？如果有，那么这个转换环节在十八世纪汉学史上又当如何解释？对此，不仅梁启超本人没有提供出更为明确的答案，而且考之前述各家研究范式，也未见有专门的讨论。那么这个转换环节究竟是什么呢？笔者认为，这个转换环节就是出现在十八世纪末至十九世纪初的“汉学更新运动”[29]。

就清代学术思想而言，人们习惯上把乾隆、嘉庆两朝崇尚汉代经典诠释的经学研究称作“考据学”，或“汉学”；又以地缘的特征区分为吴派、皖派和扬州学派。然而对它们进行探索与评价时，论者较多的将目光投注于他们的学术成就，而对其内部的思想变化与学术开新却注意不多。从清代思想与学术演变的一般过程来看，每一次新的学术思想的转折，必然能在旧有的学术思想中找到它的萌芽，从旧有观念到新观念，由新观念取代旧观念，观念的更新每每始于新旧观念的冲突，而这个新旧观念的转换过程，往往也是复杂曲折的。相对于乾隆时期的学术，嘉庆以后的经学研究，虽然浸渍于当时风靡学界的汉学热，但是这股汉学热浪，在十八世纪末期已显退潮端倪，学者在重塑乾嘉汉学传统的努力中，对它曾提供的学术形象与价值取向有了新的感悟。他们在对先行者的总结与比较中扬长避短，体现出异同交织的独特追求，从而孕育出新的变动，汉学面临着自身求变更新的挑战。以阮元、焦循、凌廷堪等为代表的经学研究，逐渐偏离了十八世纪原有的学术传承轨迹。经学发生了易帜，经学理论趋于变异与更新，经学研究呈现多途取向，由纯粹的经典考证，逐渐转向对人生理想的探求与对现实社会的关注，从而在学界出现了一场由汉学家内部发起的汉学更新运动。由于这场汉学更新运动恰值晚清与近代之交，而且就延续时间而言，它在整个清代汉学的流变过程中，也仅显现于十八世纪末至十九世纪初的瞬间。但是这一汉学更新运动给中国十九世纪以后思想文化领域所带来的一系列重大变动，无论在思想史、经学史和汉学史上，都有其不可低估的学术价值。近年来，虽已引起学术界的注意，但至今未见海内外学者对这一课题总体性的专题研究。

首先，十八世纪汉学研究的考据化，虽然是在清初回归元典学术取向下的继续与延伸，但是在汲取与选择原初的、还不成熟的理论时，往往忽视它后来发展和比较完善的理论，吸纳它的负面反倒将其正面的、有价值的东西弃之不顾，推崇或膜拜一家之言，却未能博采众家之长，而撷取一鳞半爪。由于考据所擅长的逻辑严密，取证确凿的研究方式及其“笃于尊信，缀次古义，鲜下己见”的特征，致使经典本身所蕴涵的义理价值反而不彰。乾隆后期，虽然经学著述如林，汉学名家辈出，但是纯粹考证终使学术研究逐渐走入补苴缀拾的死胡同。汉学考据不但遭到当时尊宋学者如姚鼐、方东树等人的抨击，在汉学家内部也出现了不满和检讨。乾嘉之际一批以考据自期的汉学精英，无视朴学所自持的训诂考据方法的特有价值坐标，开始反思由清初顾炎武影响下形成的汉学，检讨汉学的学风、理论和研究方式。他们认为顾炎武不是清代汉学的唯一源头，而是应该追溯到清初毛奇龄坚决反对程朱理学的方向。如焦循、阮元、凌廷堪等都一致表彰毛奇龄在清代考据学中的地位和实际影响，肯定他对清代学术的形成有着“通神智而开蒙塞”的启蒙之功，推崇他的学术为经学研究的范式，显示出十八世纪末至十九世纪初的学术研究正在走出纯汉学考据化的趋向。

其次，由于他们的学术活动，始终是在十八世纪原有的汉学框架内进行的，所以同样未能翻出解释古经的藩篱。从学术思想的立场看，一方面需要调整纯汉学考据化的学术研究方式，以适应更新学术的时代需要，同时也必须考虑到弥补汉学自身理论的种种缺陷。因此，为了表达自己的经学理念，提出新的经学理论，寻求新的研究方式，一些被汉学家蔑视的理学经典与理论被再度重新论证。如焦循的《论语通释》、《性善解》、《格物解》，阮元的《论语论仁论》、《孟子论仁论》、《性命古训》、《论语一贯说》、《大学格物说》，凌廷堪的《复礼论》、《好恶说》、《慎独格物说》等，对宋学中关于人的自然欲望与社会道德责任的命题进行新的诠释。同时，他们重提义理出于典章制度，并将其提升到“得圣贤立言之旨，以正立身经世之法”的高度，激活了十八世纪被考据家所淡化了的经术经世观念，弥补了汉学家重考据、轻义理的倾向，恢复经世致用之学。他们明确提出恢复古代礼学，否定宋明理学存在的合法性，希望通过人的行事与活动来协调纷至沓来而不易解决的人际关系，从而凸显出“礼”的道德意义，唤起人们的道德意识。这不仅反映了当时现行社会伦理准则的失效，而且试图通过以礼学取代理学的途径，寻求和确立孔孟行事原则，具有沟通、打破汉学与宋学壁垒的学术史意义，成为近代学术汉宋兼采的先行者。

再次，他们提出了科学“乃儒流实事求是之学”的经学思想，深化了经学研究的内涵并赋予评判通儒的标准。他们根据传统算学中所蕴涵的“实测”思想，认为与他们理解的“圣贤实践之道”相通不悖。焦循、汪莱、李锐、凌廷堪等人对中西算学的发掘、汲取与研究，并将其纳入经学研究，一方面固然是为了维护传统，纠正当时汉学家认为西方自然科学的成就都能在中国传统科学中找到萌芽的“西学中源”说。另一方面，他们一再强调“实测”，则说明他们仍能较为理性地采取实事求是的通达态度对待西学，显示出开放的心态。既展示了他们对知识与价值，特别是对传统经学的重新审视，又体现了科学正逐渐走向儒学化的历史进程。

十八世纪末至十九世纪初的汉学更新运动，也导致了学术研究的变异和更新，为乾嘉之际的经典诠释突破原有考据范围的限制提供了可能，并促进了经典诠释的多途取向。其表现主要有以下几个方面：

一、对现存《十三经注疏》再作新的诠释。乾隆年间因提倡汉学，学者对于唐人、宋人所作的经典诠释工作甚为不满。如汉学家邵晋涵《尔雅正义》、江声《尚书集注音疏》、王鸣盛《尚书后案》三部，大都遵循汉儒特别是郑玄的注释。乾嘉之际，新疏的编撰蔚成风气，呈现出新的特色。一是重视经典的义理发挥。如焦循的《孟子正义》虽自云以训释训诂名物为主，但其特点却试图以《易》学的通变理论来诠释《孟子》，发挥自己的思想。二是还经典之真。陈奂的《诗毛氏传疏》，认为《诗序》为孔子弟子子夏所作，《毛诗故训传》的作者毛亨之学源自子夏，是孔门正传。郑玄虽宗毛而为之笺，但其中间杂齐、鲁、韩三家诗义，并参以己意，已远离《毛诗》的旨趣。因此他将《郑笺》删去不用，以《毛诗序》代之，藉此表示他修正郑注，还《毛诗》之真的原则。三是补郑注之不足。如胡培翚《仪礼正义》认为《仪礼》为周公所作，有残阙而无伪托。郑注以后便成绝学。而盛行的贾公彦疏“解经而违经旨，申注而失注意”，唐代以后“其颠倒错乱于冥心空腹者之手，视他经尤酷”。因此在广集前人对《仪礼》的校勘成果，对郑注补充、发明。至于郝懿行的《尔雅义疏》，则以声音贯穿训诂和据目验考释名物见长。上述新疏的编撰，尽管主观上确有呵护汉学的个人动机，但是客观上却是更新了原有的注经模式，不仅为乾嘉之际经学研究注入了新的活力，而且拓展了新的研究领域，从而导致了道咸以后的《论语正义》、《春秋公羊传义疏》、《左传旧注疏证》、《周礼正义》等新疏的相继出现，标志着经学由群经研究转向专经的综合研究的新取向。

二、回归西汉今文经学。乾嘉之际，经学研究虽然仍崇尚以郑玄、许慎为代表的东汉古文经学，但已注意到以董仲舒、何休为代表的西汉今文经学所包涵的义理价值。阮元不仅在为孔广森《春秋公羊经传通义》所作序中追溯了公羊学的源流，重提公羊学大师何休与郑玄争论《左传》是非的旧案，甚至认为《公羊传》在阐发孔子精心发挥于《春秋》的微言大义方面要优于《左传》，而且采纳著名今文学家刘逢禄的建议，在《学海堂经解》中收入了庄存与的《春秋正辞》，孔广森的《春秋公羊经传通义》，刘逢禄的名著《春秋公羊何氏解诂笺》及《春秋左传考证》。焦循则对《公羊传》的"反经为权"理论作了《易》学的重释，而且将《周易》六十四卦中除《乾》、《坤》两卦外的六十二卦演绎成一个由洪荒之世、小人之世、更化之世、大同之世、天开治运之世周而复始的循环过程。从《易》学的角度理解，显然是他的"旁通"、"相错"、"时行"，特别是"当位"、"失道"、"再当位"爻位运动法则的道德义理化诠释。然而在他强调"大一统"的复古循环论后面，正暗示了他已由原来的古文家立场转向探求今文家的微言大义。此外，如张惠言的易学研究，以虞翻为宗而求孟喜之义。又如凌曙、陈寿祺都从阮元问学，走的也都是"明训诂"、"详考证"的东汉古文经学的路子。但他们对今文经学表现出浓厚的兴趣，也都从事对今文经学的研究。如凌曙的《公羊礼疏》与《公羊礼说》，以礼来疏解《公羊传》；陈寿祺则专辑西汉《今文尚书》及齐、鲁、韩《三家诗》遗说。然而他们并不属于常州公羊学派，章太炎说他们"皆具扶微补绝之心，而非守一家以概六艺进，与常州家法绝殊；要之，皆吴派之变迁而已"[30]。因此，从经学史的角度考察，清代乾嘉之际的考据学已呈现出对古文经学自身否定的态势。

三、诸子学的研究。乾嘉之际，汉学研究虽未完全走向今文经学一路，但它希望"起而变之"的则是三代之"礼"的复兴，从而超越两汉直接先秦诸子，如《荀子》、《墨子》、《老子》、《庄子》等，经过学者全面整理和考订，都成为善本，其中尤以对荀学的重新评估更为引人注目。如王昶的《荀子跋》，钱大昕的《跋荀子》，汪中的《荀卿子通论》、《荀卿子年表》，卢文弨的《书荀子后》，张惠言的《读荀子》，顾广圻辑《荀子异同》、《荀子佚文》，郝懿行、刘台拱各有《荀子补注》，陈奂《荀子异同》、陈昌齐《荀子正误》、王念孙《读荀子杂志》、凌廷堪《荀卿颂》等，都确认荀子有功圣门。而且自认是接续了荀子的传礼之功。因此，他们推尊荀子，不仅与当时诸子学复兴的时代要求相契合，而且也有努力缓和当时学界尊荀与黜孟的日趋激化，为清末梁启超发动的“排荀”运动播下了种子，开启了晚清诸子学研究的复兴。

正是鉴于上述这些新的思考，本书拟从“汉学复兴的初始形态”、“汉学建构的地域渊源”、“汉学鼎盛的经学表征”、“汉学面临的两难困境”、“汉学的更新运动”以及“汉学研究的多元格局”等六个方面，对十八世纪末至十九世纪初的汉学更新运动作一些尝试性的探索和诠释。

注释：

① 有关十八世纪的家学和经学、清人书札和学人经学圈，可参见拙作《清代的家学与经学——兼论乾嘉汉学的成因》(《汉学研究》第十六卷第二辑，台北：1998年版，第197页)、《清人书札与乾嘉学术——从〈昭代经师手简〉二种谈起》(《汉学研究》第二十五卷第二辑，台北：2007年版，第265页)二文。

② 洪亮吉：《卷施阁文甲集》卷九《邵学士家传》，清光绪三年(1877)洪氏授经堂刊本。

③ 昭梿：《啸亭续录》卷二《考据之难》，北京：中华书局1997年版，第428页。

④ 章太炎：《与叶德辉书》，载《文献》，1986年第2期，第113页。

⑤ 刘师培：《近代汉学变迁论》，《刘师培论学论政》，上海：复旦大学出版社1990年版，第33页。

⑥ 朱彝尊：《经义考》卷十，《文津阁四库全书》本。

⑦ 龚自珍说：“大著读竟。其曰《国朝汉学师承记》，名目有十不安焉，改为《国朝经学师承记》。敢贡其说：夫读书者实事求是，千古同之，此虽汉人语，非汉人所能专。一不安也。本朝自有学，非汉学，有汉人稍开门径，而近加邃密者，有汉人未开之门径，谓之汉学，不甚甘心。不安二也。琐碎饾饤，不可谓非学，不得为汉学，三也。汉人与汉人不同，家各一经，经各一师，孰为汉学乎？四也。若以汉与宋为对峙，尤非大方之言。汉人何尝不谈性道？五也。宋人何尝不谈名物训诂？不足以概服宋儒之心，六也。近有一类人，以名物训诂为尽圣人之道，经师收之，人师摈之，不忍深论，以诬汉人，汉人不受，七也。汉人有一种风气，与经无异，而附于经，谬以裨灶梓慎之言为经，因以汩陈五行，矫诬上帝为说经，《大易》、《洪范》，身无完肤，虽刘向亦不免，以及东京内学，本朝何尝有此恶习？本朝人不受矣。八也。本朝别有绝特之士，涵咏白文，创获于经，非汉非宋，亦惟其是而已矣，方且为门户之见者所摈，九也。国初之学，与乾隆初年以来之学不同，国初人即不专立汉学门户，大旨欠区

别，十也。有此十者，改其名目，则浑圖无一切语弊矣。”(《龚自珍全集》第五辑《与江子屏笺》，上海：上海古籍出版社 1975 年版，第 346—347 页)

⑧ 汪喜孙：《汉学师承记跋》，上海：上海书店出版社 1983 年版，第 149 页。

⑨ 按：此文讨论的议题，可参见拙作《20 世纪清代学术史研究范式的历史考察》，载《史学理论研究》，2007 年，第 1 期。

⑩ 梁启超：《清代学术概论》，上海：上海古籍出版社 1998 年版，第 8—9 页。

⑪ 梁启超：《清代学术概论》，上海：上海古籍出版社 1998 年版，第 2 页。

⑫ 梁启超：《清代学术概论・自序》，上海：上海古籍出版社 1998 年版，第 2 页。

⑬ 梁启超：《清代学术概论》，上海：上海古籍出版社 1998 年版，第 28 页。

⑭ 梁启超：《中国近三百年学术史》第六《清代经学之建设》，《梁启超论清学史二种》，上海：复旦大学出版社 1985 年版，第 163 页。

⑮ 胡适：《清代学者的治学方法》，《胡适文存》卷 2，合肥：黄山书社出版社 1996 年版，第 280 页。胡适说：“很少人曾想到现代的科学法则和我国古代的考据学、考证学，在方法上有相通之处。我是第一个说这句话的人。”《胡适哲学思想资料选》下册，上海：华东师范大学出版社 1981 年版，第 109 页。

⑯ 胡适认为：“多学点自然科学的知识与技术，寻条路是活路。这条故纸的路是死路。三百年前的第一流的聪明才智消磨在这故纸堆里，还没有什么好成绩。我们应该换条路走了。等你们在科学实验室里有了好成绩，然后拿出你们的余力，回来整理我们的国故。”(《治学的方法与材料》，《胡适文存》2 集卷 3)

⑰ 钱穆：《中国近三百年学术史》第 1 章《引论》，北京：商务印书馆 1997 年版，上册，第 1 页。

⑱ 钱穆：《国学概论》，北京：商务印书馆 1997 年版，第 246 页。

⑲ 钱穆：《中国近三百年学术史》第 5 章《颜习斋李恕谷》，北京：商务印书馆 1997 年版，上册，页 200 页。

⑳ 钱穆：《国史大纲》，北京：商务印书馆 1997 年版，第 30—32 页。

㉑ 余英时：《清代思想史的一个新解释》，《中国思想传统的现代诠释》，南京：江苏人民出版社《海外中国研究丛书》本，1989 年版，第 209 页。

㉒ 余英时：《从宋明儒学的发展论清代思想史》，《中国思想传统的现代诠释》，南京：江苏人民出版社《海外中国研究丛书》本，1989 年版，第 191 页。

㉓ 余英时说：“‘反理学’之说虽然好象是从学术史发展的本身来着眼的，但事实上也是外缘论的一种伸延。因为追溯到最后，‘反理学’的契机仍然是满洲人的征服中国激起了学者对空谈心性的深恶痛绝。我虽然批评了以上各种解释，但我自己

提出的‘内在理路’的新解释，并不能代替外缘论，而是对他们的一种补充、一种修正罢了。”(《清代思想史的一个新解释》,《中国思想传统的现代诠释》，南京：江苏人民出版社《海外中国研究丛书》本，1989 年版，第 237 页。)

㉔ 侯外庐：《中国早期启蒙思想史》,《中国思想通史》第 5 卷，北京：人民出版社 1980 年版，第 27 页。

㉕ 侯外庐：《中国早期启蒙思想史》,《中国思想通史》第 5 卷，北京：人民出版社 1980 年版，第 33 页。

㉖ 刘师培曾说：“清儒之学，用以保身。明儒直而愚，清儒智而谲。明儒尊而乔，清儒弃而湿。盖士之朴者，惟知诵习帖括，以期弋获。才智之士，惮于文网，迫于饥寒，全身畏害之不暇，而用世之念汩于无形。”(《清儒得失论》)刘师培论及清学的其它论著还有：作于 1905 年的《南北学派不同论》、《学术异同论》与作于 1907 年的《论近世文学之变迁》、《近儒学术系统论》、《近代汉学变迁论》等。

㉗ 梁启超说：“余于十八年前，尝著《中国学术思想变迁之大势》，刊于《新民丛报》，其第八章论清代学术……余今日之根本观念，与十八年前无大异同。”(《清代学术概论自序》)按，《中国学术思想变迁之大势》作于 1902 年，初拟十六章，写到第七章时，因有欧洲之行而中断。1904 年夏，梁启超续写第八、九章，题《近世之学术(起明亡以迄今)》，重刊于《新民丛刊》。内容：第一节永历康熙间，第二节乾嘉间，第三节最近世。据此，梁启超对清学基本见解的形成，最早也只能在“十六年”前。所云“十八年前”，不确。

㉘ 梁启超：《清代学术概论》第二十，上海：上海古籍出版社 1998 年版，第 70 页。

㉙ 关于清代乾嘉之际汉学内部的重大变化，早已有学者注意及之。如朱维铮先生曾指出：“十八世纪的那种初始意义的汉学，在十九世纪初已呈现出内部更新的取向。”(《求索真文明》，上海：上海古籍出版社 1996 年版，第 35 页)然而将其称之为“汉学更新运动”，则是笔者近年来致力于清学研究所提出的一个尝试性观点，可参见拙作《论乾嘉汉学的更新运动》，载《中国史研究》2002 年第 4 期，第 101 页。

㉚ 支伟成：《清代朴学大师列传》卷首《章太炎先生论订书》，长沙：岳麓书社 1998 年版，第 3 页。

第一章　汉学复兴的初始形态

清代汉学复兴的动因，既不是渊源于顾、黄、阎等少数学者的学术性判断，也不是直接出自当时的政治性刺激，它的最初源头便是明清之际社集的经学活动。对于结社，以往学者从政治层面和文学层面解释的多，而对其学术的旨趣则少有认识。事实上，明清之际的社集并非完全专事议论时政或从事文学创作，而是以"尊经复古"为其学术宗旨。

二十世纪以来，论及十八世纪汉学的兴起，清初顾炎武、黄宗羲、阎若璩等"三大家"理所当然地成为三座重镇。然而，揆之史实，这个似成定论的结论，并不完全符合历史的本来面目。从中国经学发展的历史进程来看，无论是魏晋时代扬弃汉代的"由辞以通道"而倡言玄学，还是中唐以后学者突破《五经正义》"疏不破注"的束缚而阐发经书义理，甚至宋代以后经学的走向理学化，无不与当时的社会文化环境息息相关。十八世纪传统经学的复兴，同样有它特殊的文化背景。已故学者蒋逸雪认为清代经学之所以发达，其原因可以追溯到明清之际的"五经应社"[①]，而钱穆则认为"清代经学皆从抄书工夫中来"[②]。二者虽然视角不同，但是所揭示的正是明清之际学人社集的主要学术形态，而顾、黄、阎等早年都是社集人物，也曾积极参与社集的经学活动，深受社集学风的影响。可以这样说，十八世纪汉学的复兴，早在明清之际已呼之欲出了。本章的内容，就是通过明清之际学人经学信仰的转变、宋元经注的回归、汉唐经学的复萌等三个方面对此予以论证。

第一节　经学信仰的转换

十八世纪经学信仰的转换，始于明清之际的学人社集的经学活动。在中国历史上，学人社集可以追溯到中唐，历经晚唐、五代、宋、元、明，承接风气。学人社集大致可以分为二种类型：一为诗社，一为文社。诗社往往起于诗人之间的诗酒兴会，互相酬唱，抒发意气，多为意趣相通、情怀相谐的浪漫结合。文社则“以文会友，以友辅仁”，它的主要活动是专研时艺，揣摩风气，最终目的是为了科举考试，求取功名。虽然诗社也都做文，文社也都做诗，但是前者更多的是投注个人的生活情趣，而后者却是以功名利禄为其主要目的。到了明清之际，从东林党人的“以清议格天下”，到复社的订盟，学人社集风靡一时。对它的研究，以往的学者每每将其称之为“党社”或者“文社”（文人结社）。也正因此，从政治层面和文学层面解释的多，而对其学术的旨趣则少有认识。如谢国桢先生的《明清之际党社运动考》一书的“自序”中就说过：“以党争和结社为背景，来叙述明清之际的历史，以起民族之精神。”[3]事实上，明清之际的社集并非完全专事议论时政或从事文学创作，而是以“尊经复古”为其学术宗旨。如江苏常熟的“应社”，又称“五经应社”。又如被当时称为“小东林”的“复社”的命名，就表征“兴复绝学之意”，而明清之际的经学研究也常常被史家称为“绝学复萌”。黄宗羲说：“士子之为经义者，亦依仿之而立社，自余涉事至今，目之所睹，其最著者，云间之几社，有才如何刚、陈子龙、徐孚远，而不能充其所至。武林之读书社，徒为释氏之所网罗。娄东之复社，徒为奸相之所訾謷。……丁未、戊申间，甬上陈夔猷创为讲经会，搜故家经学之书，与同志讨论得失。”[4]可见，明清之际社集的经学取向，对十八世纪的汉学复兴起着导夫先路的重要作用。

明清之际以“尊经复古”相号召的社集，始于江苏常熟杨彝、顾梦麟等人创立的“应社”。应社又称“五经应社”，其《五经征文序》谓：“应社之所以立也，所以志于尊经复古者，盖其志也。”朱彝尊认为应社的经学活动主要表现在“分主五经文字之选”[5]，即《诗》、《书》、《春秋》、《礼》、《易》五经各有人分讲。此后应社声誉日隆，社中人再加以推扬广大，吸纳南社等社团，于是而有广应社之设。崇祯初年，夏允彝、陈子龙等在江苏松江创立“几社”，取“绝学有再兴之几，得知几其神之义”。此后江苏太仓人张溥等人的复社，则继承了应社“复兴古学”的学术取向，并进一步提倡“尊遗经，砭俗学”。同时，苏州冯梦龙的韵社[⑥]，以专治《春秋》著称，社集人员文震孟、姚希孟都是冯梦龙《麟经指月》的参阅者和负责第七卷的校订工作。而冯梦龙本人也是当时《春秋》学研究的积极提倡者，著有多种经学著作。其弟冯梦熊说：“余兄犹龙，幼治《春秋》，胸中武库，不减征南。”[⑦]将冯梦龙比喻为晋代著名经学家杜预，显然失之夸张，但也说明韵社与应社、几社（后均统一为复社）一样都是以经学为学术宗旨的社集。吴江的惊隐社，也是名家聚集、群彦荟萃。其中顾炎武、朱鹤龄、吴炎、潘柽章等都是经史名家。朱鹤龄弟子张尚瑗在刊刻朱氏遗著《诗经通义》序文中称赞他们的经学研究时说：“亭林、愚庵二氏，穷经复古，起考亭而相对，当乐与扬榷，以益衷于无弊。”如朱鹤龄所作的《读左日钞》，《四库全书总目提要》认为“虽瑕瑜并陈，不及顾炎武、惠栋诸家之密，而会稡众长，断以新义，于读《左传》者要亦不为无补”，章太炎则认为“朱鹤龄、陈启源于《诗》独尊毛、郑，扫徽国《集传》之芜，其功不在阎百诗之下”[⑧]，认同他同属清初学术大师，对清代经学影响很大。

与江苏吴中地区一样，当时浙江杭州有“读书社”，虽然社会影响远不如复社的传播那样广泛，但是“多通经学古之士”、所学内容则长于考索而“皆经生之不讲者”。清代康熙初年，浙江宁波学者万泰、陆文虎组织“文昌会”，提倡穷经读书，如陆文虎“取近代理明义精之学，用汉儒博物考古之功，加以湛思，直欲另为传注”[⑨]。陈赤衷创立“讲经会”，“搜故家经学之书，与同志讨论得失。”[⑩]黄宗羲说：“先是甬上有讲经会，君与陈赤衷等数人尽发郡中经学之书，穷求崖穴，以立一哄之平，盖龂龂如也。自君出而诸子亦散，至时复集，甬中多志行之士，由此会为之砥砺耳。”[⑪]

此外，江苏淮安有“望社”，虽然以“饮酒赋诗，朝夕行吟”著称，但是其中也不乏有热衷于精研“三礼”之学的学者。阮葵生《茶余客话》说：“陈碧涵先生为望社名诸生，专精‘三礼’之学，淮士治《礼经》者多从之游，与阶陆黄门为兄弟行，名誉并著，陈定生称为吾家二夫子。按碧涵先生名美典，顺治戊戌进士，官山东沂水。”[12]可见望社是以“三礼”之学为尚。据李元庚《望社姓氏考》所载，当时望社人员达三十余人，其中便有大名鼎鼎的《尚书古文疏证》的作者阎若璩。文末附李钟骏跋云：“吾淮张、勒诸考，与同志立望社，名几与吴中埒，高才宿学，多出其间。亦只里中人士，风雨晨夕，饮酒赋诗，各行其抑郁不平之气，以追古之作者，非有裁量人物，讥刺得失，故不致如娄东之贻祸。”[13]这说明望社的学术性质重于其它各社，并不以专议论时政为首务。

与“望社”性质相似的还有安徽桐城方以智创建的“泽园永社”，该社虽然规模不大，可考者也仅六七学子，但是他们读书其中，“学耕会友而歌以永言”，持续时间达七年之久。其中方以智编写的《通雅》、《物理小识》对名物训诂的考证，提出“藏理学于经学”，以六经统领理学，被誉为“卓然独立”。钱澄之对《周易》与《诗经》二书的研究颇为自负，曾说：“平生怀抱，毫发未申，惟少有著述，妄谓足传。四十年心血，尽于《诗》《易》两书，颇发先儒所未发。”[14]《清儒学案新编》于“密之学案”文中认为：“泽社中一群有朝气的青少年，往往慷慨酣歌，论天下大事。方自述说：‘处泽园，好悲歌……好言当世之务，言之辄慷慨不能自止。’（《浮山文集·孙武公集序》）这个团体与当时东南一带的会社一样，不仅研究文学，也带上政治色彩。”这样的判断虽然可以说是符合当时的实际情况，但是却忽略了泽社的学术史意义。如方以智的《周易》研究，以象数易学为核心，遵循《河》、《洛》之数，用以揭示自然界的种种现象和规律。钱澄之的《诗经》研究则“考证之切实，尤可见矣”。可见，泽社对后人产生重大影响的也正是其经学造诣，诚如《四库全书总目提要》所说：“惟以智崛起崇祯中，考据精核，迥出其上。风气既开，国初顾炎武、阎若璩、朱彝尊等沿波而起，始一扫悬揣之空谈。”

与这一时期学人社集“尊经复古”思潮相适应的是，一些以“尊经”、“经社”、“昌古”命名的社集相继涌现。如原属“山左大社”的左懋第，在崇祯初年出任陕西韩城知县时，即与当地学人创立了“尊经社”，有所谓“二年以来，通三经者彬彬矣”一说。韩城地处西北，而已濡染当时江南学人社集尊经之风。山东张尔岐的“经学社”，一以穷经为务，对《仪礼》的名物制度作了详尽的历史复原工作。他在《经学社疏》中说：“大人之学，首先格物，格物莫切于究经”。江西瑞金人杨以任在南京创立“五经社”，有“苏湖之风”。江苏南京著名藏书家丁雄飞与千顷堂主人黄虞稷订立“古欢社”，则以考证典籍见长。浙江绍兴澹生堂主人祁承㸁有“合辙社”，其经学研究“先笺疏而后辨论”，其读史则“先证据而后发明”。此外如诸士奇的“昌古社”，徐乾学的“经史会”等等。所以全祖望不无感慨地说：“是时社会方殷，四方豪杰，俱游江浙间，因尽交天下诸名士。”[15]

当时深受学人社集这一股尊经复古思潮影响，一些社集人员和著名藏书家的堂名和他们所编撰的藏书目录的命名也显示出这种特有的文化倾向。如常熟毛晋的“汲古阁”与编撰的《汲古阁书目》、钱曾的“述古堂”与编撰的《述古堂书目》、姚际恒的“好古堂”与编撰的《好古堂书目》，海宁马思赞的“道古楼”，海盐胡震亨的“好古堂”，嘉兴高承埏的“稽古堂”等等。甚至还有以建宗祠为讲经之所，如仁和卓火传的“传经堂”“藏其遗经，使子孙日讲习于中”就是一例[16]。明清之际学人社集之所以表现出如此崇尚经学的取向，是有其特定的社会历史原因的。

首先，明清之际是被当时知识分子称为“天崩地解”的大动荡时代，在思想文化领域，一方面是作为官方“正学”的程朱理学的泛化，并且在新的历史形势下出现了“尊朱抑王”和“崇王黜朱”的两股思潮；但两派之间的攻驳、争辨，却日趋激烈，最终导致理学自身的瓦解。另一方面，一批以誓死报效先朝遗民为代表的在野儒者，被明末的残酷现实粉碎了自我中心的幻象，通过总结社会更迭和学术演化的历史，将明代灭亡的原因归咎于理学的空疏，从而再度探身于传统经学，寻求救世良方，自晚明以来的通经致用也因此再度演化为经世思潮。复社的张溥就认为“自世教衰，士子不通经术，但剽耳绘目，几倖弋获于有司，登明堂不能致君，长郡邑不知泽民，人材日下，吏治日偷，皆由于此。溥不度德，不量力，期与四方多士共兴复古学，将使异日者务为有用，因名曰复社。”[17]几社陈子龙“负韬世之才，怀救时之术”，编撰《皇明经世文编》，一洗“士大夫经济阔疏之耻”。顾炎武将其总结为“人苟遍读《五经》，略通史鉴，天下之事自可洞然”。顾炎武早年入复社，与陈子龙、杨廷枢等交往密切，就在陈子龙编撰《皇明经世文编》的同年，顾炎武有感于“四国之多虞，耻经生之寡术”而撰写了《肇域志》、《天下郡国利病书》。同样，黄宗羲早年也曾加入复社，并于崇祯元年与张溥相遇北京，崇祯三年又与张溥、陈子龙、杨廷枢、吴伟业同试于南京，相会于秦淮舟中。崇祯七年黄宗羲与冯研祥前往太仓拜访张溥，曾闻某家有藏书，一起“提灯而往观之”。从而提出“六经皆载道之书”、“经术所以经世，方不为迂儒之学”。可见，顾、黄的思想虽然在清初大放异彩，但是他们深受社集经世致用思想的影响也极明显。当然，他们强调“经术经世”，不仅仅是为了发思古之幽情，而是他们都意识到经学与经世有着不可分离的内在联系，即经世与读经的结合，才能治国平天下。而当时学者轻视实践，只重空言，致使三代之治的愿望成为无可奈何的期待，不复再现。不过，若从经学思想史的角度来评判，它并非明清之际的主流。如黄宗羲提倡经世的最终目的是“固守名教”，顾炎武则是“意在拨乱涤污，法古用夏”，二者同以复古为指归。随着清人入关，建立了新的专制王朝，在政治和文化的双重压迫下，这股“经术经世”思潮在明清之际昙花一现之后，也就迅速消解，从而折入“尊经复古”一途。

其次，由于强调“经术经世”，而经术经世的关键是培养人才，因此对经世人才匮乏原因的检讨通常被反思者落实到科举。明代是科举制度的鼎盛时期，特别是在明初永乐十三年颁布了由胡广、杨荣等编撰的《五经大全》、《四书大全》、《性理大全》三部钦定的官方解经之书后，三部《大全》成为当时学人读书治学的蓝本，学人参加科举考试的必读教科书。尤其八股文是一种从内容到形式都严格程序化了的考试文体，它不允许考生有越雷池一步的突破，考生为了获取功名，被迫走上揣摩经义的“终南捷径”上去，它不仅束缚了考生的思想，而且导致弃经不读，“学问由此而衰，心术由此而坏”。顾炎武说“八股盛而六经微”，黄宗羲说“制科盛而人才绌，于是当世君子，立讲会以通其变，其兴起人才，学校有所不逮”[18]。江藩曾指出：“元明之际以制义取士，古学几绝。而有明三百年，四方秀艾困于帖括，以讲章为经学，以类书为博闻。长夜悠悠，视天梦梦，可悲也夫。”[19]朱鹤龄结合自己的体会说：“余也四十以前关荒弃于疢疾，关汩没于制科。后虽欲发愤，精智已渐消亡矣。然则今之空疏颓落而无所成，曷足怪矣。”[20]与朱鹤龄一样，张履祥也有同样的体验：“尝叹世教之衰，自七岁就塾，即授《四书》，师之为教，弟子为学，无非举业文字而已，却不知经书之传是何道理。”㉑抨击科举八股弊端之时，也正是学人抛弃时文倡明经学之始。张溥说：“学者之通经，由奇以反平，因辞以达本，其道亦犹是也。”㉒钱谦益认为“诚欲正人心，必自反经始；诚欲反经，必自正经学始”㉓。张尔岐说自己在“崇祯皇帝大行之年，予始焚弃时文不复读，思一其力于经与史”。㉔浙江海宁张次仲在甲申之变后，便“屏迹萧寺，昼夜细绎”，终于完成《周易玩辞困学记》一书，被黄宗羲赞为“遭丧乱而能以经术显”的典范㉕。陆世仪说：“自近世科名之士咸贵捷得，而一时末学放失旧闻，汩乎篇章，于是有志者，力尊古学，而天下复知有典籍之美，闾巷小儒有不通经史者，则众哂之。”㉖这种由热衷科举求取功名到最后放弃仕进而力尊经史之学的变化过程，才真正为明清之际社集崇尚经学提供了新的学术氛围。

再次，社集是由师友、门生组合而形成的学术组织形态，因此社集内部重视经学研究，并能为其成员提供良好的经学环境。特别是社集内部师友之间的砥砺切磋，如顾梦麟与杨彝分别为常熟人与太仓人，由于有共同的学术旨趣，二人相善甚密，顾梦麟客居杨彝家“久与子常处而忘其为娄东”，当时称为“杨顾”。《明遗民录》说：“万历之季，士子喜倡新说，畔传注。彝与太仓顾梦麟力倡先儒之说，天下翕然从风，称‘杨顾学’。”其门生弟子达数百人。又如张溥、张采两人既是同乡，又是同在张溥的“七录斋”读书长达五年之久，形影相依，互推畏友，成为复社经学研究的开创人，被当时称为“娄东二张”。常州蔡仲全曾徒步三百里亲访陈瑚于太仓，“娄中诸贤与仲全接席者无不咋舌称叹。仲全归，益以绝学自任，其族人请公进士聚友十人从之讲五经异同，仲全南面踞高座，言如河汉，听者俱屏息”㉗。陈赤衷的讲经会，“搜故家经学之书，与同志讨论得失。一义未安，迭互锋起，贾、马、卢、郑，非无纯越，必使倍害自和而后已，思至心破，往往有荒途为先儒之所未廓者，数年之间仅毕《诗》、《易》、三礼”㉘。万言说他与万斯大、万斯备、万斯同诸叔及郡中诸友“凡二十九辈，皆年少勤学，更十日或十五日，会试二义，必剧饮尽欢而散，郡中传为盛事，即他邑多闻而效之者”㉙。这说明万氏兄弟是生活在一个相互砥砺切磋的经学社集中。因此“说经无双，甬上八龙”也不是无根之谈。李文胤曾描述当时社集讲经时说：“里中诸贤倡为讲经之会，一月再集。先期于某家，是日晨而往，抠衣登堂，务执经以次造席。先取所讲覆诵毕，司讲者抗首而论，坐上各取诸家异同相辨析，务择所安。日午进食羹二器，不设酒，饭毕续讲所乙处，尽日而罢。诸家弟子自十岁以上，俱得侍听，揖让雍容，观者叹息。”[30]事实表明，社集的学术研究，有着异于一般学人的丰富资源和深厚的文化底蕴，明清之际崇尚经学的社集大量涌现，客观上说，正是渊源于社集内部经学气氛浓厚的这一社集文化的特殊背景。

第二节　宋元经注的回归

正因为社集所崇尚的学术是经学，所以社集的经学研究也呈现出独特的个性。众所周知，明代的经学一向被史家称为“经学积衰时代”，特别是在弘治以后，荒经蔑古，经学已成绝响。皮锡瑞曾经有这样的观察：

> 明时所谓经学，不过蒙存浅达之流，即自成一书者，亦如顾炎武云：明人之书，无非盗窃。弘治以后，经解皆隐没古人名字，将为己说而已。其见于《四库存目》者，新奇谬戾，不可究诘，《五经》扫地，至此而极[31]。

皮锡瑞所述是有历史根据的。如复社的张溥就表达过这样的一种意向，他说：“经学之不明，讲说害之也。予心恻焉，意欲废讲说而专存经解。夫注传之学盛于汉，疏义之学盛于唐，南宋以后道学兴，注疏稍屈。成、弘以来，学者尊尚《大全》，久而讲学滋烦，人便剽记，沦弃《大全》亦复不论。”[32]这里需要补充的是，当时不仅仅是“《五经》扫地”，而且连宋、元经注也同样被束之高阁，无人问津。顾炎武在《日知录》中说：“一时人士尽弃宋、元以来所传之实学，上下相蒙，以饕禄利而莫之问也。经学之废，实自此始。”[33]顾炎武所说的所谓“实学”，即指被废弃的宋元以来解释儒家经典的经学注疏传统。清初叶梦珠在描述那个时代“子史佛经，尽入圣贤口吻”的“狂禅”风气时也说：“《六经》、四子，任意诠解，周、程、朱注，束之高阁。”[34]有鉴于此，社集的经学活动，首先便是从恢复宋、元经注着手。如张溥就认为“宋、元诸儒，解经最详，然师门相因，语言不休，复说枝谈，往往而有，不得不少辨得失，郑重去取”[35]，于是拟作《经学通解》。黄宗羲在谈到当时宁波讲经会热衷于搜辑宋、元经注的情境时说：“于是为讲经会，穷搜宋元来之传注，得百数十家，分头诵习。”[36]近代学者汪辟疆说：“大抵康、雍之间，学术渐趋正轨，而明季余习尚未湔除，故治经主宋、元，语史喜明季……其时丛书著闻于时者，如张潮《昭代丛书》，纳兰性德之《通志堂经解》。”[37]《昭代丛书》凡甲、乙、丙三集，每集各五十卷，为清初学人杂著的结集。《通志堂经解》则是清代最早出现的一部阐释儒家经义的大型丛书，收录先秦、唐、宋、元、明经解 138 种，共计 1800 卷。它一经问世，就引起人们的重视。从内阁武英殿到厂肆书籍铺，一版再版。经师、通儒都以拥有这么一部大型丛书为幸。尤其是乾隆皇帝，他认为“是书荟萃诸家，典赡赅博，实足以表彰六经。”因此，他借助编修《四库全书》之际，命令馆臣将《通志堂经解》“版片漫漶断阙者，补刊齐全，订正讹谬，以臻完善”。并作为《四库》底本刊布流传，用以“嘉惠儒林”。其中所保留的宋、元经注，也正是学人社集着意寻觅与研索的对象。所以万经说：“宋、元来经学未见之书，吴中成刻已久，余方将求之以归，与诸子辨论商榷，所得当有异于前日者。”[38]所谓“吴中成刻已久”，是指署名纳兰性德而实由徐乾学、何焯等人在苏州刊刻完成的《通志堂经解》[39]；而所谓“异于前日者”，是指阅读了《通志堂经解》中的宋、元经注后能使人有耳目一新之感。导致后来方苞三读其书，“一意穷经，其于通志堂徐氏所雕九经，凡三度芟剃之，取其粹言而会通之”[40]。可见，明清之际学人社集对宋、元经注表现出如此的热情与关注，说明他们的经学活动的宗旨就在于恢复宋、元经学。

当然，学人社集恢复宋、元经学，并不意味着完全排拆宋、元“语录”。如张溥认为“欲明《论语》，必先行《集注》；欲明《集注》，必先诸儒语录”。所谓“必先诸儒语录”，意思是说在熟悉“经注”的基础上，还必须兼顾其阐发经典思想的“语录”。生活在宋、元时期的许多学者，他们的学术研究，往往都是集理学与经学一身的。如程颐、朱熹等人既有重要的经注类经学著作，也有一定数量的语录体理学选本。然而，由于经注在一定程度上会受到“注疏” 体裁的限制，难以全面准确地阐发自己的思想，所以“语录”也就成为“经注”最为理想的一种重要补充。诚如顾炎武说的“今之言学者必求诸语录，语录之书，始于二程，前此未有也”[41]。换言之，宋、元学者的一些重要的经学理念或者思想闪光点，往往是借助其所著的语录体理学选本来体现的。如记录程颢、程颐言行的《二程遗书》，朱熹的《朱子语类》等堪称语录体的典范。从这一意义上说，学人社集的恢复宋、元经学，实际上仍然包括宋、元语录，而宋、元经注和语录都是理学家诠释经典的门径，所以社集的经学活动从根本上说并没有走出理学。然而相对于当时群趋《五经四书大全》、《四书集注》的社会风气而言，显然是在提倡一种新的学风，具有经学信仰转变的意义。

既然是恢复宋、元经学，那么首要的工作，便是寻觅、搜辑有关传世的宋、元注经著作。由于当时宋、元刊本往往为一些藏书家所独有，并且视为珍品，秘不示人，流通渠道并不畅通，导致那些热衷于收藏古书的藏书家每每以高价争相收购。如江苏常熟毛晋的汲古阁则在门前贴有告示：“有宋刻本至者，门内主人计叶酬钱，每叶出二百；有以旧抄本至者，每叶出四十；有以时下善本至者，别家出一千，主人出一千二百。”以至有持宋元刊本的书商纷纷前来卖书，一时“湖州书舶云集于门”。又如钱谦益花了一千二百金的重金买下了宋刻本的两《汉书》，花二千金买下了高诱注释的《战国策》。正因为当时宋元注经著作得之不易，所以学人社集的经学研究的方式，通常就是借书抄录。如张溥每读经书，必钞录六、七遍方止，故名其书斋为“七录斋”。顾炎武也提出过“著书不如钞书”的名言，他曾经自述“抄书”时说：“炎武之游四方，十有八年，未尝干人。有贤主人以书相示者，则留。或手抄，或募人抄之。”[42]黄宗羲不仅自己穿梭于祁氏澹生堂、范氏天一阁、徐氏传是楼等著名藏书家那里读书、从事抄录工作，而且名其藏书处为“续钞堂”。全祖望在《梨洲先生神道碑文》记载黄宗羲的读书、抄书状况时说：“既治经，则旁求之九流百家，于书无所不窥者。愤科举之学锢人生平，思所以变之。既尽，发家藏书读之，不足，则抄之同里世学楼钮氏、澹生堂祁氏，南中则千顷斋黄氏，吴中则绛云楼钱氏，穷年搜讨，游屐所至，遍历通衢委巷，搜鬻故书。……公晚年益好聚书，所抄自鄞之天一阁范氏、歙之丛桂堂郑氏、禾中倦圃曹氏，最后则吴之传是楼徐氏。”不仅如此，黄宗羲还从其弟子那儿转借抄录，又复从弟子那儿再抄录。他在谈到万斯大时说:“余于经史诗文,多所钞节,君必借之手录,至于等身,未见之书,余或失其原本,反从君处钞之。”[43]李文胤说万斯同也“遍从里中大家借得异本,数童子往来道中。一时诸君欲叩经史疑义则造季野”[44]。张士埙的抄书,往往“过于佣书者”。杭州读史社则“借金陵焦氏藏书,缮写勘雠,盈箱堆几”[45]。常熟毛晋发明的影抄法,使众多的宋、元刊本得以流传。史称丁雄飞的古欢堂“手录者,虽未等身,然已盈箸”。徐乾学在陈述自己发奋读书、抄录经籍时有感而发为诗云:“发愤购遗书,搜罗探秘笈。从人借抄写,甀甌日不给。”这种废寝忘食的抄录图书,可以说是明清之际所特有的一种文化景象。甚至在这种搜书、借书、抄书过程中,原来关系融洽的好友反目成仇。如黄宗羲购买山阴祁氏澹生堂藏书时,尤其留意“世间流传颇少”的宋、元解经之书,其中有宋人卫湜所编撰的《礼记集说》一书,就是黄宗羲极其盼望得到的宋人经注之一。《礼记集说》一百六十卷,《四库全书总目》认为,该书“盖首尾阅三十余载,故采摭群言,最为赅博,去取亦最为精审”。卫氏采自郑注以下凡说解《礼记》者共一百四十四家,至他书涉及《礼记》而被采录者尚不在此数。由于当时流传的仅仅是郑注孔疏,而早先一些注礼之作也因时代久远而亡佚,仅赖此书以传,被学者视为研究《礼记》的集大成著作。此时黄宗羲的学生万斯大正需要参考该书来纂辑《礼记注疏》,不料“中途为书贾窃去”,黄宗羲怀疑友人吕留良从中做了手脚,于是两人友谊由此中断。据全祖望《礼记辑注序》介绍说:“吾乡万先生充宗湛于经学,《六经》自笺疏而下皆有排纂,《三礼》为最富,三经之书,其成帙不一种,《礼记》为最富。方昆山《通志堂经解》之未刻也,栎斋之本,世间流传颇少,先生求之不可得。会姚江黄徵君自山阴祁氏书阁见之,遽售以归,踔急足告先生,而中途为书贾窃去。先生曰,以吾所见,未必较栎斋为少。乃自注疏,暨陈马方陆而下,错陈而贯穿之,毫钞摘抉,裒然成编。”这从一个侧面说明,当时经学研究的抄录与纂辑方式是一项十分严肃的工作,否则何以解释因失去一、二宋人经注而导致黄、吕两人的终身争执不已呢?[46]

当然,学人社集如此热衷于抄书,并非出自个人的兴趣爱好,而是着眼于“参以宋、元、明诸家之书,而裁以己意”的纂辑工作。如黄宗羲“尝欲推广房审权、曾稑、卫湜诸君之绪，大修群经”，张溥著《周易注疏大全合纂》、《尚书注疏大全合纂》、《诗经注疏大全合纂》等，张采的《周礼注疏合解》、杨彝的《四书大全节要》、顾梦麟的《诗经说约》等，杨梧的《礼记说义纂订》、葛世扬的《周易述解辨义》等。这种以钞录与纂辑方式编撰的经籍，虽然不能说是严格意义上的经学专著，诚如《四库全书总目提要》将其鄙视为“亦钞撮之学，无所考证”，甚至被江藩讥为“以讲章为经学”，但是作为经学的一个组成部分，仍具有经学的价值，它反映出明清之际学人社集的经学研究，出现了观念上的变化，即由原来“学者尊尚《大全》”视“注疏等为闲书”的观念，开始转向注重对经典原著的阐释、补充和发挥，而不提倡另辟蹊径、自创新说的汉唐注疏之学，所以张溥说“不读注疏无以知经学之渊源”[47]。徐乾学曾为杨梧的《礼记说义纂订》作序，认为它“不苦其繁，而《礼》学不遂歇绝”[48]，从而直接诱发了十八世纪三礼之学的复兴。又如海昌陈子文北上京师，“检其行囊，累累则《仪礼》与《周礼》之注疏也”[49]。顾炎武的《日知录》、黄宗羲的《易学象数论》、朱彝尊的《经义考》、万斯大的《礼记注疏》、阎若璩的《潜邱劄记》等经学名著，显然都深受学人社集抄录与纂辑学风的影响。钱穆先生所说的“清代经学从抄书工夫中来”，显然是有历史理由的。

不过，从经学史的角度来看，明清之际学人社集的经书抄录与纂辑工作也极具经学意义。首先，它否定了《五经四书大全》的合法性，重新整合宋、元经注。早在明初洪武年间，学者选择经书的传统，基本上是宋、元兼顾，即《周易》主程颐《传》、朱子《本义》，《尚书》主蔡沈《传》及古注疏，《诗经》主朱熹《集传》，兼用古注疏。《春秋》分别用《左氏》、《公羊》、《谷梁》三传及胡安国、张洽《传》，《礼记》参用古注疏，并不限定于某一家。然而自明初永乐十三年颁布了由胡广、杨荣等编撰的《五经四书大全》(即《周易大全》、《书传大全》、《诗传大全》、《礼记大全》、《春秋大全》和《四书大全》)作为官方钦定的经书文本后，宋人经注中所保留的古注已不为学人重视。如《周易大全》便是选择宋、元人董楷、董真卿、胡炳文的《周易传义》附录、《周易会通》与《周易本义通释》三书的部分内容组合而成。《书传大全》抄袭元人陈栎、陈师凯的《书蔡传旁通》和《尚书集传纂疏》。《诗传大全》抄袭元人刘瑾的《诗传通释》，《春秋大全》抄袭元人汪克宽的《胡传纂疏》，仅改其中“愚按”为“汪氏按”，《礼记大全》主要录自陈澔的《礼记集说》。顾炎武曾指出：“纂辑《大全》，并本义于程传，去《春秋》之张传及四经之古注疏，前人小注之文稍异于大注者不录，欲道术之归于一，使博士弟子无不以《大全》为业，而通经之路愈狭矣。”[50]尤其是到了明代后期，经典诠释的“心学化”倾向日益突出，个人对经书的主观理解取代了以客观文献为基础的传统注疏之学。如吕留良一生坚守“不信章句传注”的信条就是显例。这表明宋、元以来的经注已完全被学人所抛弃。也正因此，学者对于《大全》各经所辑宋、元诸家经注的真实性也深表怀疑。陆元辅说：“当日诸经《大全》，皆攘窃成书，以罔其上。此亦必元人之成书，非诸臣所排纂”[51]。皮锡瑞认为“明人又株守元人之书，于宋儒亦少研究”，由此推论出“宋、元、明三朝经学，元不及宋，明又不及元”[52]的结论，这无疑是一种较为客观的历史评估。所以学人社集对宋、元经注的抄录、纂辑仍至整合，不仅突破了当时“心学”笼罩学术界的格局，而且成为衔接由宋、元至明以来一度所中断了的经典注疏传统的纽带，其有益于经学自身发展的意义是显而易见的。

其次，明清之际学人社集的经书钞录与纂辑工作，虽然旨在恢复宋、元的经注，但是并不意味着在宋明理学溺没之时而弘扬理学。在他们看来，宋、元经注固然比明代的《四书集注》、《大全》之类较为完备，然而并不是唯一的选择。与汉唐注疏相比较，宋、元经注尽管有创造性地阐发经典义理的一面，但是在理解经典文本的过程中，往往漠视客观文献的精确性，成为一种空泛的议论，甚至以“拥卫朱子，固于金汤”为前提，其结果是“十三经复整栉悬设”而名存实亡。后来黄宗羲也批评当时“以一先生之言为标准，毫秒摘抉，于其所不必疑者而疑之，而大经大法，反置之而不道”[53]，这显然是针对当时盲目抄录、纂辑宋、元经注倾向所提出的质疑。而这样的一种质疑，正表明学人集社的经学活动，虽然仍以抄录、纂辑宋、元经注为主职责，但是已呈现出翻越宋、元回归《六经》的意向。如应社就倡言“遵遗经，砭俗学”，所谓“遗经”，是指传世的儒家《六经》，而所谓“俗学”则显然是指宋、元经注，也包括语录。张溥明确提出“今右文之世，学始《五经》”，并且“探赜远近，通怀彼我，私出拟议，为《易》、《书》、《诗》、《春秋》、《三礼》、《孝经》通论，以寓已志，庶微言获明，前人不泥”[54]而拟作《六经通论》。张溥、张隗专治《周易》,杨彝、顾梦麟专治《诗经》,杨廷枢、钱旃专治《尚书》,张采、王启荣专治《礼》,周铨、周钟专治《春秋》。陕西左懋第的尊经社同样以“《五经》应制科者居一,外必业一经,月朔核之,一经通,复进一经,其三年,《五经》俱乃已,二年来,通三经者彬彬焉”[55]。山东张尔岐的《经学社疏》也说“经不限乎大小,分漕而治,计月为程,循环细绎”[56],所谓“分漕治之”,即由经社学人具体分工,专治一经;所谓“循环细绎”,即由经社学人不再局限于每人专治一经,而是与经社学人共同研习其它诸经。黄宗羲在杭州读书社时“上穷《六经》之源,下泛百氏之海”。后来由他和万斯同主持的宁波讲经会也摹仿应社的做法,一人专治一经,每月会讲两次,各出所长,以相灌输切磨,则《五经》皆通,而所专之经,更能精深独到。“每讲一经,必尽搜郡中藏书,先儒注说十种,参伍而观,以自然的当不可移者为主。而又积思自悟,发先儒之所未发者”[57]。万斯大“埋首《六经》”,“博通经学,每读一经,辄尽集古今先儒诸说经家”[58]。陈锡嘏“读书之法,《六经》其渊源也,次而及于先儒之语录文章”[59],张仁庵“于《易》、《诗》、《春秋》皆有论著,不尚雷同。凡先旧诸家,盘滞之处,显发开张使昭然可了,即游方外,尚究《六经》”[60],仁和卓火传的传经堂则以“儒者不信《六经》,则其学不坚”[61]为宗旨。这说明,明清之际学人社集的抄录、纂辑宋元经注的经学活动,尽管成果一度颇为壮观,但是恢复宋、元经学的旨趣却已由崇尚《六经》逐渐转向汉唐经学了。

第三节　汉唐经学的复萌

在中国传统经学的框架内,提倡《六经》,否定宋、元经注的经学价值,便意味着回归汉唐的注疏之学。因此,崇尚汉代经学,便成为明清之际学人社集的经学理念。如复社的钱谦益就明确强调为学惟“以汉人为宗主”,提出“治经复汉”圣学才能晦而复明的深刻见解。他在《与卓去病论经学书》一文中指出:

六经之学,渊源于两汉,大备于唐、宋之初。其固而失通,繁而寡要，诚亦有之，然其训诂皆原本先民，而微言大义，去圣贤之门犹未远也。学者之治经也，必以汉人为宗主，如杜预所谓原始要终。寻其枝叶，究其所穷，优而柔之，餍而饫之，涣然冰释，怡然理顺，然后抉摘异同，疏通凝滞。汉不足求之于唐，唐不足求之于宋，唐、宋皆不足，然后求之近代。庶几圣贤之门仞可窥，儒先之钤键可得也[62]。

汉代经学"有物"、"有脊"，内容朴实，虽苟于章句琐碎，但依经注疏，发挥圣人之言，未尝远离圣人之门，这与以思辨自诩的理学家的空言说经、高头讲章有着天壤之别。顾炎武也认为"经学自有源流，自汉而六朝，而唐而宋，必一一考究，而后及于近儒之所著，然后可以知其异同离合之指。如论字者必本于《说文》，未有据隶楷而论古文者也。"[63]又如参加韵社的丁宏度，他以研究《周易》、《春秋》而称名一时，"每成一艺，辄为两社知名士推服"，被称为"经圣"。黄宗羲在杭州武林读书社时就专事名物度数，他说："余时读《十三经注疏》，刻意于名物易数。"他著《易学象数论》，明确指出该书的任务就在于把依附于《易》以行的九流百家之说，剥离出去，还《易》以《易》，还象数以象数。而象数易学正是汉代易学的特征。他在该书的序中说：

康节上接种放、穆修、李之才之传，而创为河图先天之说。是亦不过一家之学耳！晦庵作《本义》，加之于开卷，读《易》者从之。后世颁之学官，初犹兼《易传》并行，久而止行《本义》。于是经生学士，信以为羲、文、周、孔其道不同，所谓象数者，又语焉而不详。将夫子之韦编三绝者，直等之卖酱箍桶之徒，而《易》学之榛芜，盖仍如焦、京之时矣。自科举之学一定，世不敢复议。稍有出入其说者，即以穿凿诬之。夫所谓穿凿者，必其与圣经不合者也。摘发传注之讹，复还经文之旧，不可谓之穿凿也。河图洛书，欧阳子言其怪妄之尤甚者，且与汉儒异趣。不特不见于经，亦是不见于传。先天之方位，明与"出震齐巽"之文相背，而晦翁反致疑于经文之卦位生十六、生三十二，卦不成卦，爻不成爻，一切非经文所有，顾可谓之不穿凿乎！

在这一篇对邵雍、朱熹先天易学发难的著名文字中，黄宗羲不仅持论有据，而且对宋、元、明以来学术界图书之学盛行，迷信先天易说，不敢议论朱子作了纲领性的批判，成为清初第一部抨击《易》学异端的著作。而他的"摘发传注之讹，复还经文之旧"，对清初汉学的复萌起了关健性的作用，对后来乾嘉汉学考据化的兴起，也具有启蒙的意义。

此外，宁波讲经会也同样崇尚汉代经学。万言说："稍长学举业，初治《周易》，继治《礼记》，既复治《尚书》，顾其解皆讲章训诂，虽习其说，意殊未惬。尝欲旁求诸家解经之书而贯通之，自家叔辈与诸君设为讲经之会，言时客袁州，闻之亟归，共业《毛诗》、《戴记》，追随朔望，遂得闻所未闻。"[64]《毛诗》、《戴记》正是盛行于汉代的经典注本。明清之际学人社集之所以由恢复宋、元经学而转向追慕汉学，实际上是表明了一种经学态度，即看到儒家经典随着时代的变迁，经书的历史内涵与真实性也相应发生了变异。尤其是《四书集注》通过"改经更注"而阐发理学思想，更造成经典内容的紊乱，所以希望通过复兴汉唐经学的途径来取代宋明理学。

明清之际学人社集崇尚汉学的学术取向，不仅影响了当时的学者，而且也开启了清初经典研究回归汉学的学术走向。如常熟学者冯班就认为"经学盛于汉，至宋而疾汉如仇；玄学盛于晋，至宋而诋为异端。注疏仅存，讹缺淆乱，今之学者，至不能举其首题"[65]。毛奇龄认为《六经》自汉迄今从来误解者十居其九，其门人方柔如伸其师说："此经说之可疑，于汉十之一，于唐十之二，于宋十之七。盖前儒说经，解说而已。至宋而说之，不足论而议，议而辨，往往于无可疑者而疑，既疑之则遂以身质疑事，小则改张前说，大则颠倒经文。"[66]陆嘉淑在为陆元辅《十三经注疏类钞》所作的序中更为明确地指出："名物器数之学，莫备于经。考核形状制度，比类指象，探颐穷变，莫详于汉、唐诸儒。"[67]费密也说："舍汉唐注疏，论人心道心，致成虚浮杳冥，皆非圣人本旨也。"[68]朱彝尊说："汉之经师，用力勤而训诂艰，有功于经大矣。而又兢兢各守师说，遇文有错互，一字一句不敢移。其尊经也，至莫有侮圣人之言者。平心以揆之，汉人亦何罪之有！乃宋人之论《诗》因序而亡，经因穷而绝。以至训诂之害，等于秦火之燔，毋难过与。呜呼！帖括盛而经义微，语录多而经义少，于是孔子之庑配食，祧汉而跻宋，说经者退而高谈性命者始得进矣！”[69]这些从历史的角度反复地论证汉学重要性的主张，其实是强调汉代经学是正宗的孔孟之学。也正因此，他们从汉学的立场出发，对被宋人所依托附会了的经典，作了一番去伪存真、溯源归汉的工作：

一、批判与抵制宋儒的图书易说

在中国易学的发展史上，自北宋以后，《周易》的研究方法，大致可以分为两种途径：一是突破汉代象数易学的体系，另辟新途，强调易学中的一些思想观念的发挥。如张载的《横渠易学》，程颢、程颐的《二程易传》等。二是以画图说《易》，跳出汉代象数易学的家法师法传统，开创了新的象数易学模式。如邵雍的《皇极经世》拟制了“先天八卦图”，以此推测自然与人事之变，认为“天地万物之理尽在其中”，周敦颐的《易通》中的“太极说”，朱熹的《周易本义》则在邵、周的基础上熔铸“先天太极说”等，无不借助易图来研究《周易》而阐发其理学思想。对此，晚清今文经学者皮锡瑞将之概括为宋人“图书”之学。

不过，就方法而言，“图书”易学是从汉代至北宋的众多易学研究中较为特殊的易学研究，一方面它并没有完全摒弃《周易》卦象的符号体系，而是将其符号作为表述《周易》思想的拓展，使《周易》中一些抽象的概念与其所显示的图象更为简单完整地呈现，这在一定程度上可以克服那些用语言文字所难以解释的限制，从而也就更为容易演绎《周易》的意义，否则就无法理解朱熹为什么盛赞邵雍之《易》为“乃是《易》之宗祖，尤不当率尔妄议”[70]。

正是在“图书”易学的影响下，宋、元、明时期的《易》学研究领域，几乎为图书易学所包览，有所谓“舍图书无以见易”、“专以图书为作易之由”。清初“图书”易学不仅充当了易学界领头羊的角色，而且还被赋予理学正统的崇高地位。康熙间学者耿介就指出：“太极之说……至朱子表彰而发明之。由是太极一图，遂为天命源头、圣教统宗，理学真传。学者须先识此。”[71]潘耒就认为“古之学者，左图右书，书藉图以明，而《易》

为象数之书，尤非图不明。谓有《易》可无图者，不知《易》者也。《易》图无虑数百种，而希夷所著诸图最为切要，是作《易》之本原也。朱子取而置之《易》前，为功大矣。”[72] 王懋竑则竭力为朱熹洗刷，认为其《周易本义》所冠“九图”非朱熹本所作，系为后人所为，即所谓“尝反复考九图，断断非朱子之作，而数百年以来未有觉其误者，盖自朱子既没，诸儒多以其意改易《本义》，流传既久，有所窜入亦不复辨。”[73] 其间虽有[illegible]者如元代陈应作《爻变易蕴》指出先天诸图为道家假借《易》理以为修炼之术而作，明代归有光作《易图论》亦予以排击朱熹的先天太极之说，而杨慎更将视之为“道士之学，茅塞一世，眩惑千古，莫此为大”。但当时应者寥寥。随着清初学界对宋学的反思，“图书”易学才出现了广泛的怀疑、抵制与批评。如顾炎武明确批评朱熹“圣人之所以学《易》者，不过庸言庸行之间，而不在于图书象数也。今之穿凿图象以自为能者，叛也！”[74] 又如《四库全书》所收清初王夫之的《周易稗疏》、查慎行的《周易玩辞集解》、周渔的《加年堂讲易》、晏斯盛《楚蒙山房易经解》、沈起元的《周易孔子集说》等对先天诸图都进行了抨击。特别是继黄宗羲之后，浙江学者黄宗炎、毛奇龄、黄百家、胡渭等人对“图书”易学的抨击可谓不遗余力。如黄宗炎著《图学辨惑》，专辨《先天太极图说》之非。稍后的黄百家进一步发挥了父叔的观点（黄宗羲与黄宗炎），认为“朱熹过于笃信，谓程演周经、邵传牺画，缀入《本义》中，竟压置于文象、周爻、孔翼之首，则未免奉螟蛉为高曾矣。”[75] 进一步确认邵朱之学为道士之学。胡渭从经学史的角度，通过对“河图”“洛书”的考证，指出易图并非是孔子真传，不得与圣人经典相混淆，以《易》还诸羲、文、周、孔；以图还诸陈、邵，不仅使《九图》从此永废，而且为儒经考证张目。

清初学者在抨击易图的同时，对宋儒的“太极”学说也进行了批评。朱彝尊作《太极图授受考》，认为《太极图》不是周敦颐首创，其原型脱胎于道士修炼术的图解。朱彝尊所描述《太极图》传授关系的真实性到底有多少，姑且不论。但这一见解却为清初学者所接受[76]。毛奇龄从道教丛书《云笈七谶》中发现五代人彭晓的《参同契分章通真义》与《明镜图诀》所载诸图中，有周敦颐《太极图》的原型。因此得出周敦颐的《太极图》出自道士结论。胡渭则认为它是唐代《真元妙经品》的《太极先天图》

发展而来，纯系朱熹藉此图以说宇宙造化，实际是将道教援入儒学。这种共识也一直影响到乾嘉汉学家，如惠栋认为“濂溪之太极，朱子之先天，实皆道家之学。”[77]戴震也表示“周子之学，得于老氏者深，而其浑然与孔孟相比附，后儒莫能辨也。”[78]

正是经过清初学者的穷源竟委，考证辨驳，以“先天说”与“太极图说”为代表的宋《易》也失去了易学界的主导地位，虽然仍有官方理学家李光地奉敕编纂的《周易执中》，一依朱熹《周易本义》的体例，卷首冠以《太极图说》，书末附有朱熹的《易学启蒙》，然而从李光地的一些列案语来看，不仅与康熙“圣裁”相悖，而且与程朱学说也相抵牾。如他引元代学者胡炳文的易学观点与朱熹错简说进行商榷，而且又以汉易“互体说”来论证“先天图”就是显例。因此该书的宗旨与其说是褒集宋儒易说和弘扬理学，还不如说为宋代“图书”易学唱挽歌，反映出清初经学变迁过程中的易学研究，将通过批判宋易这一途径从而完成向汉易探求的转换。

二、重新确立汉儒诗教传统

《诗经》作为儒家“六经”之一，从春秋起就被人们不断的进行研究与诠释，并赋予种种不同的蕴意。《左传》襄公二十八年记载说：“赋诗断章，余取所求焉。”杜预注：“譬如赋诗者，取其一章而已。”这证明以取《诗》的内容宛转的表达自己的思想感情，在当时已蔚成风气。《诗经》经孔子的整理，虽被赋予“温柔敦厚”的权威涵意，但同时也多少曲解了《诗经》的内容。西汉时有所谓的齐、鲁、韩“三家诗”盛行，由鲁国人毛亨编撰的《毛诗故训传》并不为人重视。东汉时，著名经学家郑玄撰《毛诗传笺》为“毛诗”作“笺”，毛诗由是独盛，三家诗趋于衰微。唐贞观十六年(642)，孔颖达奉命“因郑笺为正义，乃论归一定，无复歧途”、“融贯群言，包罗古义”，以疏不破注的原则而作《毛诗正义》。至唐永徽四年(653)，《毛诗正义》作为官书颁行全国，从此毛诗郑笺取代诸家而一跃成为研究《诗经》的官学。但是随着北宋庆历以后学术风气的转变，毛诗郑笺的官学地位开始动摇。宋代学者认为“诗三百篇，各有其旨，传注之学，多失本意”。批评毛亨、郑玄：“毛之传欲简，或寡于义理，非一言以蔽之也；郑之笺欲详，或远于性情，非以意逆志也。是可以无去取乎？”[79]一时间欧阳修、苏辙、程颐等人群起而攻之，遍纠毛、郑之失，王质、郑樵以及朱熹，相继对《毛诗序》和《毛传》发起过抨击，其中反映宋代研究《诗经》成就最大的莫过于朱熹的《诗集传》。《诗传集》论者一般认为是朱熹为批评《毛诗序》而作，如他废弃《毛诗序》，提出著名的“淫诗说”以驳斥《诗序》的“美刺说”就是一个证明。朱熹曾说过“凡诗之所谓风者，多出于里巷歌谣之作，所谓男女相与歌咏，各言其情者也”。不过，在文字训诂方面，朱熹大部分继承了毛诗郑笺，对诗的评论也都囿于传统的说教，未见有新义。《诗集传》的最大特点，在于完全改变了汉代学者以《诗》为“美刺”和“谏书”的传统，以理学的涵咏道德、修身、齐家作为解读《诗》的终极目的。从南宋开始，《诗集传》取代了《毛诗正义》，在诗界长期居于支配地位。至明代永乐中，胡广等奉敕撰《诗经大全》后，《诗集传》正式作为科举考试的定本。清初，重新确认毛诗郑笺的学术贡献，成为清初反汉学复萌思潮中的一个重要方面。

清初研究《诗经》最为重要的一部著作，要推陈启源的《毛诗稽古编》。这部书以复兴汉学为宗旨，文字训诂依据《尔雅》，题解依据《诗序》，诠释以《毛传》、《郑笺》为主，名物依据陆玑的《毛诗草木鸟兽虫鱼疏》，专驳朱熹《诗集传》，兼及宋元其他诸家之说。如《小雅·鹤鸣》，陈启源谓：“毛、郑以为诲宣王用贤，说必有本。朱子弃而不用，自立新解，分为四章而文义各不相蒙。夫古人作诗皆有为而发，语意定有专指，安得一诗而分四章乎？其云诚不可掩，理无定在，乃平居谈理之言，非因事纳诲之语也。”批评朱熹以理言诗。由于该书意在专取唐以前各家之说，故名“稽古”。所以他的《毛诗稽古编》也被公认为清初汉学萌发时期的重要著作。《四库全书总目提要》说：“其间坚持汉学不容一语之出入，虽未免或有所拘，然引据赅博，疏证详明，一一皆有本之谈。盖明代说经喜骋虚辞，国初诸家始变为征实之学，以挽颓波，古义彬彬，于斯为盛，此编尤其最著也。”[80]这意味着清初《诗经》研究领域的汉宋对立已日趋表面化。

三、辨证《尚书》真伪

《尚书》是中国最早一部历史文献。它作为中国进入文字记载的历史时期以后最早的三个王朝夏、商、周的官方记录，既是唯一保存下来的夏商周政治活动最早的历史见证，又是研究这三代思想文化的第一手文献资料，其中不乏中国古代丰富的人文科学和自然科学的各类重要资料。《尚书》在汉初已散佚。后由济南学者伏生传授，仅存二十八篇，因以汉代流行的隶书文体书写，故名《今文尚书》。相传在汉武帝时，从孔丘旧宅壁中得书，较《今文尚书》多十六篇，因以汉代以前的古文字书写，故名《古文尚书》，一称《逸书》，已佚，传世的仅篇目和少量佚文。正因为相继出现过今文和古文两种不同的《尚书》本子，所以它与《左传》、《周礼》等都引起了经学史上长期的今古文之争。到了晋代又出现了梅赜所献伪古文《尚书》二十五篇和汉孔安国《尚书传》，纠葛更多。《尚书》在唐代初被尊奉为“五经”之一，作为历代帝王和封建士大夫必读的政治道德教科书，始终雄踞在意识形态领域的最高宝座上，给汉以后全部封建时代的政治和思想以巨大的影响。

《古文尚书》五十八篇，出自晋代。自宋代学者吴棫、朱熹起，即开始怀疑其中晚出的二十五篇经传为伪作。后经元明的吴澄、梅鷟、赦敬的进一步论证。明末清初的学者论辨《古文尚书》蔚成风气，如黄宗羲《授书随笔》提出“十六字心传”抄自《论语》、《荀子》。顾炎武认为古文二十五篇出于梅赜，《尧典》篇前二十八字出于姚方兴。朱彝尊、胡渭等也都从考证地名着手，确认《古文尚书》中的《孔安国传》为伪书。不过，清初最为系统进行考辨《古文尚书》的则是阎若璩。阎著《古文尚书疏证》八卷，首辨篇数不合。据孔安国所述二十九篇，与东晋梅赜所献《古文尚书》增多二十五篇篇数不合。次辨篇名不合。据汉代杜林、马融、郑玄所传《今文尚书》的篇目，与晚出的古文，少《汨作》、《九共》、《典宝》等篇。再辨章句异同。认为古文传自孔子，后人信从郑注，而今文唯有蔡邕《石经》得其正。将梅书与《石经》残碑文字相校，不同者甚多。如碑文“高宗飨国百年”，梅书作“五十有九年”；梅书所述三宗，一般以年代先后为序，而碑文则以传叙为次第，这与《今文尚书》又合。由此得知，梅赜所献既非《古文尚书》，又不是《今文尚书》，而系伪书。又辨史实地名不合。认为古代未有“夷族”之刑，虽然《荀子》和秦文公曾言及实行过，但梅书却将其窜入晚出古文的《泰誓》中。又如金城郡是汉昭帝时期所设，孔安国死于汉武帝时，而《尚书孔氏传》则称“积石山在金城西南”。这些都足以证明梅书之伪。同时还分析了皇甫谧、孔颖达等人过于偏信《古文尚书》，以至使伪书得以广为流传等等。全书列举一二八条证据，“引经据典，一一陈其矛盾之故”，终于使梅书之伪大白于天下，彻底了结了在经学史上历经一千二百年的疑案。尤其是考证出理学家所谓“虞廷十六字”乃抄撮《荀子》和《论语》而成，从而使理学家崇奉为“圣学心传”失去了经书依据而黯然失色。所以《四库全书总目提要》说“反复厘剔之，祛千古之大疑，考证之学，则固未之或先矣”。由于《尚书古文疏证》采用的是言必求依据，旁参互证，以求贯通的历史考据方法，所以阎若璩也被后人推崇为清代汉学的先驱之一。

值得指出的是，清初以著述等身且又高寿的毛奇龄作《古文尚书冤词》，批评阎若璩的《古文尚书疏证》，力辨《古文尚书》为真。其实，毛奇龄之所以著《古文尚书冤词》，实是基于他一贯反对宋学的经学态度。皮锡瑞《经学历史》说：“毛务与朱子立异，朱子疑伪孔古文，而毛以为伪孔可信；朱子信《仪礼》，而毛以《仪礼》为可疑。”他本人也明确表示：“《古文尚书》之冤始于朱氏，而元明以来，又苦无通儒善读书为之刮晰，其在古学，则卤莽蔑略，但抄窃词句；其在今学，则名为通经而实无一经可通，且尊朱氏，宁得罪先圣贤，不敢一字道朱氏之谬；加之入明至今，立学取士皆用其所注书，虽孔子复出无如之何？致使陋劣之徒，旁搜曲引，吹毛求瘢，锻炼成狱，古经之冤，至此极矣。”[81] 自南宋历经元明两朝，五百余年来一直是官方取士标准，朱熹本人也因此被奉为圣人，因此毛奇龄对朱学的抨击，也就是廓清宋明理学，复兴汉学，所以到了乾嘉之际学者如阮元、凌廷堪等人称他为清代汉学的开山决非偶然。

四、论辨《周礼》与《大学》及《中庸》

《周礼》汉代称《周官》或《周官经》，后由刘歆改为《周礼》。自从郑玄对《周礼》、《仪礼》、《礼记》作了注释后，《周礼》便成为儒家经典的“三礼”

之一。《周礼》全书内容由《天官冢宰》、《地官司徒》、《春官宗伯》、《夏官司马》、《秋官司寇》、《冬官司空》六篇组成。其中《冬官司寇》早佚，汉代补以《考工记》。作为搜集周王室官制和战国时各国制度，添附儒家政治理想，增减排比而成的汇编，《周礼》自成书以来颇多争议。古文经学家认为周公所作，今文经学家则认为《周礼》是战国时期的作品，甚至指斥刘歆伪造。到了宋代，王开祖、张载、苏轼、苏辙、范浚等学者怀疑周公说，而晁说之、胡宏、洪迈、黄震、罗璧等学者确认周公作，明代方孝儒、王炜、陈仁锡等人也提出了种种疑点。清初浙江学者万斯大作《周官辨非》通过对《周礼》天、地、春、夏、秋等五官中官职的考证，怀疑《周礼》非周公亲撰，系晚周作品。其弟万斯同深嫉宋儒执一迂理曲解古经而作《周正辨》四篇，批评宋儒在论述古代历法问题上的"不信传，并不信经"，指责朱熹治经"始终无下论"。毛奇龄《周礼问》则拟设十三条理由，遂条论证，力辨《周礼》非刘歆伪作，竭力为刘歆洗刷。

《大学》与《中庸》是儒家经典中《礼记》中的二篇，宋代理学家予以特殊的关注，分别将其从《礼记》中抽出，独立成篇，与《论语》、《孟子》并列，并以注释的形式阐发理学思想。如程颢、程颐都有《大学》的改本，朱熹继之作《大学章句》，遂有定本。明代王阳明则认为朱熹的改本对诸工夫先后秩序的排列非圣门本旨，于是主张恢复古本《大学》。清初陈确作《大学辨》，以"无所顾虑"的学者态度，否定《大学》的经书地位，其宗旨是抄没宋儒家当，清算程朱曲解和否定了传统儒学注重现世道德修养实践和人的努力的实质，"为后世开荡平之路"，从而主张"还《学》、《庸》于《戴记》"，以息自宋五百余年来纷争。《大学辨》敢于蔑视权威，打破传统偏见，其怀疑精神和求实学风，在一定程度上可与阎若璩的《古文尚书疏证》相媲美。由于该书在清初流传不广，其影响则在近代思想史上始著。至于《中庸》，则有毛奇龄的《中庸说》，虽由其弟子编辑而成，但亦系多驳朱熹而立论，与其扬汉抑宋的经学思想相吻合。

总之，明清之际的学人社集的经学活动，是在明清之际特定的社会历史条件下形成的。当学者面对国势日蹙，内忧外患纷沓而来的社会格局，试图通过研习经典来寻觅人生答案时，发现二千余年的经典早已失去原有的面貌，为了纠正这种经典研究的偏失，他们摒弃了以禅学思想直接解释经典的宋明理学，恢复《六经》的经典地位，重新确立汉代经学的范式，这些经学活动，在中国经学思想史、经学发展史以及清代学术史上都有其不可忽视的意义。

首先，明清之际学人社集的经学活动表明，自晚明王学的禅学化以后，非章句式的以"心"诠释《六经》，成为经典研究的主要范式。"心"的主观理解，超越了客观"文献"的权威，造成了"文献"与"心"之间的紧张。因此，学人社集通过抄录和纂辑宋、元以来传世的古代经注，在很大程度上恢复了以文献为依据的经典诠释传统，在当时应该说是一种新的尝试。同时，他们搜书、买书、藏书，提倡汉代注疏之学，表明他们已走出宋明理学盛行的时代，预示儒家重视知识的传统再次复活。

其次，明清之际学人社集的经学活动，经历了一个否定式或颠覆性的经学批评结构，并在回归《六经》的价值取向下，由否定明代官方裁定的《五经四书大全》、《四书集注》，破除朱子功令之学对经典解释的权威，从而恢复了已被颠覆了的宋、元经注的经典价值和经典地位。同时，又以抄录与纂辑的方式，重新整合宋、元经注，接续了宋、元以来所中断了的经典注疏传统。最后又因宋、元经注参入禅佛思想而缺乏客观文献依据，于是反过来埋葬原先崇尚的宋、元经注的诠释传统，重新回归汉唐的注疏传统。

最后，明清之际学人社集的经学活动，证明清代汉学复兴的动因，既不是渊源于顾、黄、阎等少数学者的学术性判断，也不是直接出自当时的政治性刺激，它的最初源头便是明清之际社集的经学活动。学人社集研索经典的名物度数，发掘久被遗忘的汉代经注，抄录宋、元时代的经书刻本或手钞本，追求文献的真实性，这样的学术研究，实际上成为乾嘉考据学鼎盛时期学界以汉为学，以汉学为帜志的源渊所在。从这一意义上说，明清之际学人社集的经学信仰的转变、回归宋元经注以及复兴汉唐经学的实践，无疑可视为十八世纪汉学建构的先驱。

注释：

① 蒋逸雪：《张溥年谱》"天启四年"条，《民国丛书》刊本。

② 钱穆：《中国近三百年学术史》上册，北京：商务印书馆1997年版，第174页。

③ 谢国桢认为“明代末年，政治和社会里有一种现象：一般士大夫阶级活跃的运动，就是党；一般读书青年人活跃的运动，就是社。党和社，名词虽然不同，但都是人民自觉的现象。”(《明清之际党社运动考》，沈阳：辽宁教育出版社 1998 年版，第 1 页)

④ 黄宗羲：《南雷文约》卷二《陈夔献墓志铭》，《四部丛刊》刊本。

⑤ 朱彝尊《静志居诗话》二十一卷，嘉庆二十四年(1819)扶荔山房刊本。

⑥ 有关冯梦龙参加的社集，一般都主“复社”说。但是细检陆世仪的《复社纪略》、吴应箕的《复社姓氏前、后编》及吴铭道的《复社姓氏补录》等，均不载其名。近人据上海图书馆所藏墨憨斋自刻本《古今笑》前有匿名氏所撰《题古今笑》，考证出冯氏为韵社社长，社员有钱谦益、文震孟、姚希孟等人。见金德门《冯梦龙社籍考》，载《中华文史论丛》1985 年第一辑，上海：上海古籍出版社 1985 年版。

⑦ 冯梦龙：《冯梦龙全集》第二十册《麟经指月序》，南京：江苏古籍出版社 1993 年版，第 2 页。

⑧ 支伟成：《清代朴学大师列传》卷首《章太炎先生论订书》，长沙：岳鹿书社 1998 年版，第 2 页。

⑨ 黄宗羲：《南雷文约》卷二《陆文虎先生墓志铭》，《四部丛刊》刊本。

⑩ 黄宗羲：《南雷文约》卷二《陈夔献墓志铭》，《四部丛刊》刊本。

⑪ 黄宗羲：《南雷文约》卷二《陈锡嘏墓志铭》，《四部丛刊》刊本。

⑫ 转引谢国桢《明清之际党社运动考》，沈阳：辽宁教育出版社 1998 年版，第 147 页。

⑬ 转引谢国桢《明清之际党社运动考》，沈阳：辽宁教育出版社 1998 年版，第 147 页。

⑭ 钱澄之：《田间尺牍》卷四《与余诠庐》，清光绪三十四年(1908)铅印本。

⑮ 全祖望：《钱蛰庵徵君述》，《鲒埼亭文集选注》上编，济南：齐鲁书社出版社 1982 年版，第 249 页。

⑯ 李文胤：《杲堂文钞》卷五《卓氏传经堂记》，《杲堂诗文集》，杭州：浙江古籍出版社 1988 年版，第 493 页。

⑰ 陆世仪：《复社纪略》卷一，《续修四库全书》本。

⑱ 黄宗羲：《南雷文约》卷二《陈夔献墓志铭》，《四部丛刊》刊本。

⑲ 江藩：《汉学师承序》，上海：上海书店 1983 年根据商务印书馆 1935 年版复印版，第 2 页。

⑳ 朱鹤龄：《传家质言》，《愚庵小集》附录，上海：上海古籍出版社 1979 年影印康熙刊本。

㉑ 张履祥:《杨园先生全集》卷四十《杨园先生备忘》,清同治十年(1871)江苏书局刊本。

㉒ 张溥:《七录斋集》卷二《房稿表序》,明崇祯间刊本。

㉓ 钱谦益:《牧斋初学集》卷二十八《新刻十三经注疏序》,上海:上海古籍出版社 1985 年版,第 851 页。

㉔ 张尔岐:《蒿庵集》卷二《日记又序》,清乾隆三十八年(1773)胡德琳刻本。

㉕ 黄宗羲:《南雷文定前集》卷七《张元岵先生墓志铭》,《续修四库全书》本。

㉖ 陆世仪:《桴亭先生文集》卷三《古今文选要序》,清光绪二十五年(1899)《桴亭先生文集遗书》刊本。

㉗ 陆世仪:《陆陈二先生文钞·桴亭先生文钞》卷六《毗陵蔡仲全先生小传》,清同治九年(1870)太仓安道书院刻本。

㉘ 黄宗羲:《南雷文约》卷二《陈夔献墓志铭》,《四部丛刊》刊本。

㉙ 万言:《管邨文钞》卷一《李重明墓志》,《四民丛书》第二集,民国二十六年(1937)鄞县张氏约园刊本。

㉚ 李文胤:《杲堂文钞》卷三《送范国雯北行序》,《杲堂诗文集》,杭州:浙江古籍出版社 1988 年版,第 445 页。

㉛ 皮锡瑞:《经学历史》第九"经学积衰时代",北京:中华书局 1981 年版,第 278 页。

㉜ 张溥:《古文存稿》卷二《五经注疏大全合纂序》,《七录斋诗文合集》,明崇祯九年(1636)刊本。

㉝ 顾炎武:《日知录》卷十八"四书五经大全"条,上海:上海古籍出版社 1985 年影印《日知录集释》本。

㉞ 叶梦珠:《阅世编》,台北:木铎出版社 1982 年版,第 183 页。

㉟ 张溥:《古文近稿》卷二《五经注疏大全衡纂序》,《七录斋诗文合集》,明崇祯九年(1636)刊本。

㊱ 黄宗羲:《南雷文案外卷》卷一《陈夔献五十寿序》,《四部丛刊》刊本。

㊲ 汪辟疆:《目录学研究》,台北:文史哲出版社 1983 年版,第 99 页。

㊳ 万言:《管邨文钞》卷三《登高什序》,《四民丛书》第二集,民国二十六年(1937)鄞县张氏约园刊本。

㊴ 据叶德辉《书林清话》所载,《通志堂经解》本为徐乾学所刻,何焯所校刊,并引乾隆五十年二月二十九日所颁布的上谕曰:"朕阅成德所作序文,系康熙十二年,计其时成德年方幼稚,何以即能淹通经术?向时即闻徐乾学有代成德刊刻《通志堂

经解》之事，兹令军机大臣详查成德出身本末，乃知成德于康熙十一年壬子科中式举人，十二年癸丑科中式进士，年甫十六岁。徐乾学系壬子科顺天乡试副考官，成德由其取中。夫明珠在康熙年间，柄用有年，势焰薰灼，招致一时名流如徐乾学等互相交结，植党营私。是以伊子成德年未弱冠，即夤缘得取科名，自由关节，乃刊刻《通志堂经解》，以见其学问渊博。古称皓首穷经，虽在通儒，非义理精熟毕生讲贯者，尚不能覃心阐扬，发明先儒之精蕴。而成德以幼年薄植，即能广收博采，集经学之大成，有是理乎?"事实上，纳兰成德本人也参了该书的校订工作。朱彝尊《曝书亭集》卷三四《合订大易集义粹言序》谓："吾友纳兰侍卫容若，以韶年登甲科，未与馆选，有感消息盈虚之理，读《易》渌水亭中，聚《易》义百家插架。于温陵曾氏种《粹言》、隆山陈氏友文《集传》精义一十八家之说有取焉，合而订之，成八十卷。择焉精，语焉详，庶几哉有大醇而无小疵也乎。刑部尚书昆山徐公嘉其志，许镂版，布诸通都大邑，用示学者。"故叶氏又有："然则《通志堂经解》一书，或不尽为徐氏代刻之，百年公论，后世自有知者。"(《书林清话》卷九《纳兰成德刻通志堂经解之二》，沈阳：辽宁教育出版社1998年版，第201—201页)

㊵ 全祖望：《前侍郎桐城方公神道碑铭》，《鲒埼亭文集选注》上编，济南：齐鲁书社1983年版，第159页。

㊶ 顾炎武：《亭林文集》卷六《下学指南序》，《顾亭林诗文集》，北京：中华书局1983年版，第131页。

㊷ 顾炎武：《亭林文集》卷二《抄书自序》，朱氏槐庐校刊本。

㊸ 黄宗羲：《南雷文约》卷二《张仁庵先生墓志铭》，《四部丛刊》刊本。

㊹ 李文胤：《杲堂文续钞》卷三《送万季野北上序》，《杲堂诗文集》，杭州：浙江古籍出版社1988年版，第642页。

㊺ 钱谦益：《初学集》卷五四《王淑士墓志铭》，上海：上海古籍出版社1985年版，第1351页。

㊻ 在清初学术史上，黄宗羲与吕留良无疑是两位最具影响力的学者。然而两人的关系，却匪夷所思。始由赋诗唱酬情谊融洽，继而互相攻击感情破裂，最后谩骂不止终身争隙，成为清代学术史一桩颇为引人注目的学术公案。为了探究其真相，自清初以来，陆陇其、朱彝尊、沈冰壶、全祖望、严鸿逵等学者纷纷论说，莫衷一是。如陆陇其说："己巳正月初六，往府，会晋州陈名祖法，言：'黄梨洲居乡甚不满于众口，尝为东庄买旧书于绍兴，多以善本自与。'"(《三鱼堂日记》卷十)吴光酉《陆稼书先生年谱定本》卷下"康熙二十八年往府会陈公条"说："陈名祖法，山阴人。时为晋州牧，言'黄梨洲居乡甚不满于众口，尝为晚村买旧书于绍兴，多以善本自与'。品可

知已。”沈冰壶《黄梨洲小传》也说：“石门吕留良与先生素善，延课其子，既而以事隙。相传晚村以金托先生买祁氏藏书，先生择其奇秘难得者自买，而以其余致晚村，晚村怒。”(李慈铭《越缦堂日记》,《桃华圣解盦日记·甲集》同治八年十月十三日条)其中最具影响的是，全祖望在《小山堂藏书记》及《小山堂祁氏遗书记》二文中，提出造成黄、吕龃龉的直接原因，那是双方为了争购山阴祁氏“澹生堂”藏书一事而引发的。由于全祖望是黄宗羲私淑弟子，所以文中一味袒护黄宗羲的意向随处可见。因此引起了吕留良弟子严鸿逵等人的竭力为乃师洗刷，诋毁黄宗羲的不实之词。因此，“黄吕龃龉”，是否出自购书，抑或另有隐情，终成迷案。近代以来，钱穆和容肇祖两位先生提出新说，认为导致黄、吕感情破裂的真正原因，是由于他们学术思想之间的差异，即黄宗羲专崇陆王心学，而吕留良坚守程朱理学。这也是目前学术界认可的一个结论。然而对于钱、容二位先生的这样一种判断，细细想来，仍有疑窦。那是因为黄、吕学术思想方面的差异，早在两人购书事件发生之前，双方都能够坦率面对，并没有因此阻碍两人之间曾经结成的深厚友谊。如康熙四年(1665)(购书一事在康熙五年)，黄宗羲就陪同吕留良拜谒了南宋朱熹传人辅广之墓，为了表示对这位乡先贤的崇敬之心，黄宗羲不仅提出为辅氏立碑，而且还亲撰《辅潜庵传》，表示对吕氏的理解。而吕留良也曾资助黄宗羲三百金刊刻乃师刘宗周的遗书，弘扬师说。这表明学术之间的差异，并不能成为“黄吕龃龉”的主要因素。近年来，徐定宝先生在《黄宗羲评传》一书中指出，造成黄、吕两人的感情破裂的先决条件是“惟有华夷之辨影响下的政治态度，才可能从根本上动摇亦由此基础建立的私人友谊。因此可以推断，是黄、吕两人对清廷政治态度的差异，即在反清的所谓坚定性上的差别，造成了这两位清代著名遗民间友好关系的最终破裂，其他的离心因素，则都显次要。”这种从政治态度的视角切入，探究“黄吕龃龉”的原因，给人以很多启迪。然而，“华夷之辨”本是清初遗民中普遍存有的一种民族偏见。即便如此，吕留良也曾经在入清后读书、应试，成为清朝的秀才，而他的儿子吕葆中也是一甲登第。虽然吕留良后来痛悔前非，坚持“华夷之辨”的政治立场，但是生前与吕留良始终保持着深厚友谊的众多友朋之中，也有相当一部分人走上与清廷合作一途。如南京著名藏书家黄虞稷、周在浚也都为清廷效力。前者因徐文元的推荐，入翰林院，参与了《明史》的编撰，而后者是周亮工之子，也在清朝做官。所以很难说，由于政治态度的不同，就一定会促使友情破裂，甚至反目成仇。

不过，就上述各家的讨论而言，虽然说法不一，但是各有理据，所以难以判定孰是孰非。然而有一点是可以确定的，那就是他们都注意到“黄吕龃龉”出于购买澹生堂藏书这一基本历史事实。然而迄今为止，似乎还未曾有人留意到，黄、吕所争之书在当时学术史或思想史上的意义。据黄宗羲《天一阁藏书记》载:“祁氏旷园之书,初庋家中,不甚发视。余每借观,惟德公知其首尾,按目录而取之,俄顷即得。乱后迁化鹿寺,往往散见市肆。丙午,余与书贾入山翻阅三昼夜,余载十捆而出。经学近百种,稗官百十册,而宋元文集已无存者。途中又为书贾窃去卫湜《礼记集说》、《东都事略》。中山所存,唯举业讲章,各省地书,尚二大橱也。”文中所说的“旷园之书”,即指明末浙东绍兴人祁承㸁耗费巨资修建“旷园”中的澹生堂藏书,以所藏古今秘籍达十余万卷著称。然而在祁氏病逝后不久,因明末发生战乱,澹生堂藏书全部转移到云门山化鹿寺。从此,祁氏所藏秘籍开始散失。朱彝尊说:“参政(祁氏)富于藏书。将乱,其家悉载至云门山寺,惟遗元明来传奇多至百余部,而叶儿乐府不与焉。予犹及见之。其手录群书目八册,今存古林曹氏。寺中所储,已尽流转于姚江、御儿乡矣。”(《明词综》卷五十九)所以待黄宗羲等人进山入寺访书时,仅剩经学、稗官等少数图书,而他着意寻觅的宋元文集,已荡然无剩,虽然尚有卫湜的《礼记集说》、王偁的《东都事略》等宋人著作,但因“书贾”从中做了手脚,最终得而复失,引起了黄宗羲的极其愤怒。对此,全祖望在《小山堂祁氏遗书记》中说:“呜呼!吾闻澹生堂书初出也,其启争端多矣。初南雷黄公讲学石门,其时用悔父子,俱北面执经。已而以三千金求购澹生堂书,南雷亦以束修之入参焉。交易既毕,用晦之使者,中途窃南雷所取卫湜《礼记集说》、王偁《东都事略》以去,则用悔所授意也。南雷大怒,绝其通门之籍。用晦亦遂反而操戈,而妄自托于建安之徒,力攻新建。”全祖望的记述不免有夸张之词,因为当时同样有人认为黄、吕在此番购书过程中,得益的是黄宗羲,而非吕留良。即所谓的“多以善本自与”,并且“择其奇秘难得者自买,而以其余致晚村”。对此,全祖望也确认“旷园之书,其精华归于南雷,其奇零归于石门”。所以此举也曾引起吕留良本人的强烈反弹,认为黄宗羲的做法有负朋友之托。然而黄宗羲因失去宋人卫湜的《礼记集说》而迁怒于吕留良,指责他为“书贾”,语气虽然刻薄,但是恐怕也是实情,并非空穴来风,而当时社会上确实盛传该书为吕留良所得。如黄虞稷、周在浚在《徵刻唐宋秘本书目》一文中称:“宋卫湜《礼记集说》一百六十卷,湜字正叔,号栎斋,昆山人。集诸家说,自注疏而下。凡一百四十五家,小戴之学,莫备于是。近从□□□□得之。”四字空白,或指祁班孙,因祁氏曾以魏耕事而遣戍辽左而讳之。然而魏耕一案尚在康熙元年(1662),此与黄虞稷等编撰书目相隔时间不长,如果说是出于讳忌,不敢直接明言,但也不必明著阙文,而且黄宗羲、朱彝尊等都已有明文,言之凿凿,所以此阙文显然不是指祁班孙。按,康熙十二年(1673),吕留良曾为搜集图书出游南京,这期间他得交徐州来、黄虞稷、周在浚、张芳等人,并借抄黄、周二家藏书。吕留良《东皋续选附录》说:“癸丑夏,余寻宋以后书于金陵。得借钞黄氏千顷斋、周氏遥连堂藏本数十种。又与诸友倡和饮酒乐甚，留秦淮再阅月。”这表明，吕留良在逗留南京抄书期间，很可能将自己藏有宋人卫湜的《礼记集说》告知黄、周两人，所以他们都有“近从□□□□得之”一说。也正因此，宋人卫湜的《礼记集说》确为吕留良所得，大致不诬。

需要指出的是，“黄吕龃龉”，不只是有着上述的学术背景，而且还有其思想史上的意义。当时正值明清易代之际，许多故家大族的藏书大量散出，黄宗羲、吕留良等学者四处搜寻，不失时机地购书、抄书，这与晚明心学盛行之时，学者“不专以读书为务，近乎禅学”，视书如土苴的学风，形成了鲜明的对比。如澹生堂藏书之所以散出，其中的一个重要原因，那就是澹生堂后来的主人热衷于参禅学佛，对于书的渴求已转变为视书为心理负担。所以吕留良在购得澹生堂藏书三千余本后曾作诗示其儿子吕无党：“阿翁铭识墨犹新，大担论斤换直银。说与痴儿休笑倒，难寻几世好书人。宣绫包角藏经笺，不抵当年装订钱。岂是父书渠不惜，只缘参透达磨禅。”诗的最后两句，无疑是证明祁氏继承人由于信从曹洞宗，祖传藏书对他来讲已成累赘，故由僧人以廉价自由出售。这一事例，从一个侧面说明，儒家所强调的知识论传统，虽然在晚明一度被摒弃，但是到了清初，却再度成为浙东学者学术研究的新方向。因此，“黄吕龃龉”从根本上说，就是渊源于这一学术转向的背景。拙作《学术、学风与黄宗羲吕留良关系之新解》对此有专门的考证和论述，载《史学史研究》2006年第2期。

㊼ 张溥:《古文近稿》卷二《五经注疏大全合纂序》,《七录斋诗文合集》,明崇祯九年(1636)刊本。

㊽ 徐乾学:《礼记说义纂订序》,《礼记说义纂订》卷首,清康熙十四年(1675)刊本。

㊾ 黄百家:《学箕初稿》卷二《赠陈子文北上序》,《四部丛刊》刊本。

㊿ 顾炎武:《亭林文集》卷三《与友人论易书》,《顾亭林诗文集》,北京:中华书局1983年版,第41页。

(51)《四库全书总目提要》卷二十一,经部礼类三《礼记大全》引。

(52) 皮锡瑞:《经学历史》第九“经学积衰时代”,北京:中华书局1981年版,第283页。

(53) 黄宗羲:《南雷文定前集》卷八《万充宗墓志铭》,《续修四库全书》刊本。

(54) 张溥:《古文近稿》卷二《五经注疏大全合纂序》,《七录斋诗文合集》,明崇祯九年(1636)刊本。

(55) 左懋第:《左忠贞公集》卷四《重修文昌祠碑记》,《乾坤正气集》刊本。

(56) 张尔岐:《蒿庵集》,济南:齐鲁书社1991年版,第142—143页。

57 黄宗羲:《南雷文集》卷二《陈夔献偶刻诗文序》,《四部丛刊》本。

58 李文胤:《杲堂文钞》卷一《历代史表序》,《杲堂诗文集》,杭州:浙江古籍出版社1988年版,第405页。

59 陈锡嘏:《兼山堂集》卷四《与门人顾在瞻书》,济南:齐鲁书社,1997年影印本。

60 黄宗羲:《南雷文约》卷二《张仁庵先生墓志铭》,《四部丛刊》刊本。

61 李文胤:《杲堂文集》卷五《卓氏传经堂记》,《杲堂诗文集》,杭州:浙江古籍出版社1988年版,第493页。

62 钱谦益:《牧斋初学集》卷七十九,上海:上海古籍出版社1985年版,第1706页。

63 顾炎武:《亭林文集》卷四《与人书四》,朱氏槐庐校刊本。

64 万言:《管邨文钞》卷一《与诸同学论尚书疑义书》,《四民丛书》第二集,民国二十六年(1937)鄞县张氏约园刊本。

65 冯班:《钝吟文稿·经典释文跋》,民国刊本。

66 徐世昌:《清儒学案》附录《与全绍房书》,1939年中楷斋刻印本。

67 朱彝尊:《经义考》卷二百五十一引,《文津阁四库全书》刊本。

68 费密:《弘道书》卷中《先王传道述》,《怡兰堂丛书》刊本。

69 朱彝尊:《经义考》卷二百九十七,《文津阁四库全书》刊本。

70 朱鉴:《文公易说》卷二十三《杂问答》,《四库全书》刊本。

71 唐鉴:《国朝学案小识》卷三《翼道学案· 睢州汤先生传》,上海:中华书局据原刻校刊本,第33页。

72 潘耒:《遂初堂文集》卷二《易图论》,清康熙间刊本。

73 王懋竑:《白田草堂存稿》卷一《易本义九图论》,乾隆十七年(1752)刊本。

74 顾炎武:《日知录》卷一《孔子论易》,上海:上海古籍出版社1985年影印《日知录集释》本。

75 黄宗羲:《宋元学案》卷十《百源学案下》,北京:中华书局1989年版,第413页。

76 朱彝尊说:"自汉以来,诸儒言《易》,莫有及《太极图》者。唯道家者流有《上方大洞真元妙经》著太极三五说。唐开元中,明皇为制序。而东蜀卫琪注《玉清无极洞仙经》,衍有无极、太极诸图。……陈抟居华山,曾以《无极图》刊诸石,为圆者四,位五行其中。自上而下,初一曰玄牝之门,次二曰炼精化气,炼气化神;次三五行定位,曰五气朝元,次四阴阳配合,曰取坎填离,最上曰炼神还虚,复归无极。故谓之

'无极图',乃方士修炼之术尔。相传抟受之吕嵒,嵒受之钟离权,权得其说于伯阳,伯阳闻其旨于河上公。在道家未尝诩为千圣不传之秘也。……南轩张氏谓:元公自得之妙,盖以手授二程先生者,自孟子以来未之有也。晦庵子谓:先生之学,其妙具在《太极》一图。山阳度正作《元公年表》书,庆历六年知虔州兴国县,程珦假倅南安,因与先生作《太极图》,独手授之他莫得而闻焉。考是年元公以转运使五逵荐,移知郴县。自是而后,二程未闻与元公睹面,然则从何地手授乎!"(《曝书亭集》卷五八《太极图授受考》,《四部丛刊》本)又如黄宗炎认为:"周子《太极图》,创自河上公,乃方士修炼之术也,实与老、庄长生久视,又属旁门。老、庄以虚无为宗,无事为用,方士以逆成丹,多所造作,去致虚笃静远矣。周子更为《太极图说》,穷其本而返于老、庄,可谓拾瓦砾而得精蕴。但缀《说》于图,而又冒为《易》之太极,则不侔矣。盖夫子之言太极,不过赞《易》有至极之理,专以明《易》也,非别有所谓太极而欲上乎羲、文也。周子之无极而太极,则空中之造化,而欲合老、庄于儒也。朱子得图于葛长庚,曰:包牺未尝言太极而孔子言之,孔子未尝言无极而周子言之,未免过于标榜矣。"(《宋元学案》卷一一《濂溪学案下》,北京:中华书局 1989 年版,第 514—515 页)

⑰ 惠栋:《松崖笔记》卷三《道学》,清光绪间《聚学轩丛书》刊本。

⑱ 戴震:《孟子私淑录》下,《孟子字义疏证》,北京:中华书局 1982 年版,第 155 页。

⑲《宋史》卷四百三十二《儒林传·周尧卿传》,北京:中华书局 1985 年版,第 12846—12848 页。

⑳ 康熙时由王鸿绪等奉敕编撰的《诗经传说汇纂》,虽然卷末附有《毛诗序》和朱熹的《诗序辨说》。但在其按语中批评朱熹的意图也相当明显。《豳风·伐柯》、《九罭》二篇,《毛诗序》皆曰:"美周公也。周大夫刺朝廷之不和也。"朱熹《诗序辨说》则反驳曰:"二诗东人喜周公之至而愿其留之词,序说皆非。"本书"按语"曰:"《伐柯》、《九罭》二篇,序说以为皆周大夫美周公而责在朝之人不速迎公之词,朱子改为东人爱慕公之词,以末章语气而定之也。然当时人情,周大夫则愿速迎公归,以相王室;东人则望公少留以尽私情,要为美周公,其义一也。""按语"的这一安排,表面上似有同存毛、朱二说之嫌,但对朱熹改序的批评也是十分明显的。因此从这些"按语"本身,也可理解清初对《诗经》的研究,何以从尊朱逐渐转向尊毛。

㉑ 毛奇龄:《古文尚书冤词》卷三,《文津阁四库全书》刊本。

第二章　汉学建构的地域渊源

将十八世纪的汉学分派，始于近代章太炎。那么，“吴皖扬常”分野说是否可以成立？是否可以概括十八世纪学术？从十八世纪的学人书札中可以看出，学者之间虽然有互相驳难，甚至是对立，但往往又是互相启发，互相吸收，你中有我，我中有你，他们之间并不具有严格的分派意识，更多的是对经典本义的反向回溯。从这意义上说，任何将十八世纪学术判定为“吴皖扬常”的分野，不符合十八世纪时期学术演进的历史轨迹。

地域与家学，是中国经学史上的一个重要现象。自汉代武帝定儒术一尊后，研究经学便成跻身仕途获取功名的重要途径。至东汉时，出现了所谓弘农杨氏、汝南袁氏累世服膺儒术的经学世家。自那以后，地域与家学成为古代经学研究中的一个特有现象。如魏晋南北朝时，又有以地域区分“荆州学派”、“青州学派”、“交州学派”以及“北学”与“南学”等经学流派。著名史家陈寅恪先生曾经指出：“东汉以后学术文化，其重心不在政治中心之首都，而分散于各地之名都大邑。是以地方之人族盛门乃为学术文化之所寄托。中原经五胡之乱，而学术文化尚能保持不坠者，固有地方大族之力，而汉族之学术文化变为地方化及家门化矣。故论学术，只有家学之可言，而学术文化与大族盛门常不可分离也。”[①] 十八世纪是中国传统经学最为繁荣的时期，汉学研究为当时的学术界所瞩目，作为汉学重要组成部分的家学与地域性学派，也随着经学研究的空前繁荣而激增。它先后涌现出诸如浙江余姚黄氏、鄞县的万氏、江苏吴县惠氏、嘉定钱氏、安徽绩溪胡氏、桐城方氏等著名的汉学世家。同时也产生了“吴学”、“皖学”、“扬州学”、“常州学”等从事经学研究的地域性学派。正是这些经学世家与地域性学派之间频繁的学术互动，形成了以江南为主体的汉学网络，从而完成了十八世纪的汉学建构。本章通过对有关史志、碑传、家乘等史料的勾稽，对清代五十余家具有研究汉学传统家庭的学术追溯，从而就作为儒家文化特征之一的经学何以在清代凸现，并导致经学的家学化，家学与清代地域性学派的形成，家学与十八世纪汉学派的成因等问题，作一些客观的分析探讨。

第一节　家学传承与汉学建构

所谓“家学”，是指某个家族世代相传的学术研究传统。综观十八世纪的经学研究，虽然仍遵循汉代以来通过师承、传授二种主要途径，但经学上颇有建树的那些名家，更多的却来自于少秉庭训与自幼濡染家学。又因为同一家族中经学家的大量涌现，从而形成了众多的“文学萃于一门”的经学世家。近代学者刘师培在总论清代学术时指出：“自汉学风靡天下，大江南北治经者，以百计。或守一先生之言，累世不能殚其业。”[②]所谓“累世”，即指经学研究世代相传，实际已具有经学家学化的蕴意。胡韫玉也指出：“国朝学术可称极盛，余姚黄氏、鄞县万氏、高邮王氏、嘉定钱氏，其父子兄弟类能著书立说成一家言。家学之盛，超轶前古。”[③]家学，作为十八世纪汉学史上的一个特有现象，主要呈现出以下几种特征：

一是以近亲组成的家学传统。如浙东鄞县的万氏，从万泰到万斯选、万斯大、万斯同等兄弟八人，再由万言、万经，父子相承，兄弟相及。而后汇成家族的一群。江苏嘉定的钱大昕、钱大昭兄弟及其从子钱塘、钱坫、钱东垣、钱铎、钱侗，儿子钱东壁、钱东塾，一门群从，皆治古学，时有“嘉定九钱”之称，成为当时吴中地区著名的经学世家。又如江苏常州的庄存与、庄述祖、刘逢禄、庄绶甲、庄大久不仅都是江苏常州人，而且庄述祖是庄存与的亲侄，刘逢禄是庄存与的亲外孙，庄绶甲是庄存与的孙儿，庄大久则是庄存与的族孙；出生江苏吴县的宋翔凤，虽不属常州籍，但他也是庄存与的外孙，他们同属一个学派。二是继承祖父辈研究经学的传统。如方以智、惠栋、焦循的易学研究，其渊源来自曾祖、祖父和父亲的代代相传。而刘文淇对《左传》的研究，开启了刘氏四世同治一经的传统。三是父子兄弟叔侄乃至舅甥之间的经学传承。如黄宗羲、黄百家父子、王鸣盛、王鸣昭兄弟、刘台拱、刘宝楠叔侄等。根据笔者目前掌握的史料，能考证清代学者从事经学研究来于家学的就有四十余家。为了简明起见，兹将他们的主要研究经典、传承，列表予以说明。资料均取自于正史、清人传记及有关方志，不再一一注明出处。

清代经典研究家庭传承状况④

姓　名	籍贯	研究经典	家庭主要传承人	备注
黄宗羲 1610—1695	浙江 余姚	周易	弟宗炎、宗会、子百家。	子百家能传家学，曾从梅文鼎习算学。康熙中，参修《明史》。
方以智 1611—1671	安徽 桐城	周易	曾祖学渐、祖大镇、父孔召、子中通、中德、中履。	方密之著有《通雅》，为世所重。中通克承家学。
万斯大 1633—1683	浙江 鄞县	春秋	父万泰、兄斯选、弟斯同、子经、言。	万泰八子，皆受业黄宗羲，称高坐弟子。
梅文鼎 1633—1721	安徽 宣城	历算	弟文鼐、文鼏，子以燕、孙瑴成、重孙钫。	宣城梅氏俱以算学世其家。
宋鉴 不详	山西 安邑	尚书	子葆淳。	重辑《尚书考辨》。认为小学不讲，则形声莫辨，训诂无据。
顾栋高 1679—1759	江苏 无锡	春秋	舅华学泉。	穷经之功，《春秋》为最。
吴鼎 不详	江苏 金匮	周易	弟吴鼐。	吴氏兄弟皆以经学进身。
惠栋 1697—1758	江苏 吴县	周易	曾祖有声、祖周惕、父士奇。	惠周惕曾师从吴县丁宏度，研究《周易》、《春秋》。
任启运 1670—1744	江苏 宜兴	周易	子翔。	乾隆间有“研穷经术，敦朴可嘉”之语。
胡匡衷 不详	安徽 绩溪	仪礼	弟匡宪、从子秉虔、孙培翚、族孙绍勋。	胡氏之学，综核名实，辨析异同，皖派戴氏之后劲，时称绩溪“三胡”。
王鸣盛 1722—1797	江苏 嘉定	尚书	弟王鸣韶。	幼从长洲沈德潜受诗，后从惠栋问经义，遂通汉学。
钱大昕 1728—1804	江苏 嘉定	群经	弟大昭、子东壁、东塾、从子塘、坫、东垣、绎、侗。	其学求之《十三经注疏》及唐以前子史小学诸书，发古人所未发，时有“嘉定九钱”之称。

续 表

姓 名	籍贯	研究经典	家庭主要传承人	备注
任大椿 1738—1789	江苏 兴化	尔雅	祖陈晋、族弟任兆麟、振基、外甥顾九苞、顾凤毛。	祖官徽州府教授，以通经闻。时有“三任”之目。
宋绵初 不详	江苏 高邮	诗经	子保。	精声音训诂之学。邃深经术，著《韩诗内传徵》四卷。
段玉裁 1735—1815	江苏 金坛	说文	婿龚丽正、外孙龚自珍。	师从戴震。笃耆经术，喜训诂考订，穷微极博。
江声 1721—1799	江苏 吴县	尚书	兄筠、子廖、孙沅	师事惠栋，以惠栋《周易述》，搜讨古学，世传其学。
邵晋涵 1743—1796	浙江 余姚	尔雅	族祖廷采、孙懿辰。	兼采舍人樊光、李巡、孙炎诸家之注，有未详者，摭他书补。
孔广森 1752—1786	山东 曲阜	公羊	叔父继涵。	少从戴震受经，又师事庄存与研究《公羊传》。
刘台拱 1751—1805	江苏 宝应	论语	族兄履恂、从子宝树、宝楠、从孙恭冕。表弟朱彬。外孙朱士彦、朱士端。	比之徵君阎百诗，先师戴庶常，亡友程易畴，学识盖相伯仲。
臧庸 1767—1811	江苏 武进	尚书	曾祖琳、弟礼堂、子相。	臧琳曾谓：不通训诂，无以明经，治经当以汉唐注疏为主。
洪榜 1745—1780	安徽 歙县	周易	兄洪朴、弟洪梧、侄洪宾华。	与其兄洪朴、其弟洪梧有“同胞三中书”之誉，时称“三凤”。
王念孙 1744—1832	江苏 高邮	小学	父安国、子引之。	师事戴震，受声音、文字、训诂，遂通《尔雅》、《说文》。
汪中 1744—1794	江苏 江都	周礼	子喜孙。	喜孙博学好古，于文字、声音、训诂，多所究心，能绍家学。
梁履绳 1748—1793	浙江 钱塘	左传	舅陈树华、兄玉绳、外孙汪远孙。	玉绳不慕富贵，与弟履绳切磋经义，时有“二梁”之目。
庄存与 1719—1788	江苏 常州	公羊	侄述祖、孙绶甲、族孙有可、外孙刘逢禄、宋翔凤。	庄述祖称：“吾诸甥中，若刘甥可师，若宋甥可友也。”
丁杰 1738—1807	浙江 归安	说文	子授经、传经。	授经与传经，皆能世其家学，有“双丁”之目。
张惠言 1761—1802	江苏 常州	周易	子成孙、甥董士锡。	张著《说文谐声谱》未竟，由张成孙续成。
陈寿祺 1771—1834	福建 闽县	尚书	子乔枞。	乔枞撰述多准寿祺遗训。

姓　名	籍贯	研究经典	家庭主要传承人	备注
马瑞辰 1782—1853	安徽 桐城	毛诗	父宗琏。	宗琏少事姚鼐，后从邵晋涵、任大椿、王念孙游，遂通汉学。
焦循 1763—1820	江苏 扬州	周易	曾祖源、祖父镜，父葱、子廷虎。	江都焦氏世传易学。
阮元 1764—1849	江苏 扬州	群经	子阮福。	命福撰《孝经义疏》，以《曾子》十篇相互发明。
李富孙 1764—1843	浙江 嘉兴	周易	从祖集、伯兄超孙、从弟遇孙。	李富孙学有原本，与伯兄超孙、从弟遇孙，有“后三李”之目。尤好读《易》，深斥图谶之说。
洪颐煊 1765—1833	浙江 临海	群经	兄坤煊、弟震煊。	洪氏兄弟精于经术，时有“三洪”之称。
钱仪吉 1783—1850	浙江 嘉兴		从弟泰吉，子宝惠、炳森。	自幼刻苦好学，与从兄仪吉以学业相勉，有“嘉兴二石”之目。
朱骏声 1788—1858	江苏 苏州	说文	祖焕、父德垣、子孔彰。	十三岁受许氏《说文》，一读即通晓。师从钱大昕。钱一见奇之。曰：衣钵之传，将在子矣。
刘文淇 1789—1856	江苏 仪征	左传	子毓崧、孙寿曾、曾孙师培。	仪征刘氏四世同注一经。
费密 1625—1701	四川 新繁	毛诗	父经虞，子锡琮、锡璜。	密父邃于经，以汉儒注说为宗。密尽传父业，又博证学士大夫。
汪光爔 不详	江苏 仪征	周易	父棣。	汪棣与惠栋、戴震、王昶、王鸣盛、钱大昕为莫逆交。光爔承庭训，饫闻诸老绪论，遂通经史。
黄式三 1789—1862	浙江 定海	仪礼	从子以恭、子以愚、以周，孙家岱。	兄弟间以经史大义相质难。
董桂新 不详	安徽 婺源	毛诗	父右周、兄桂敷、桂科。	董右周殚心六艺，父根柢经术。桂新伤父绩学未成，思绍绪光而大之。
侯康 1798—1837	广东 番禺	谷梁	弟度。	少贫困，佣书于外，夜归，灯下读书，儿女鸡犬环绕之，不顾。
邹汉勋 1805—1854	湖南 新化	左传	父文苏、兄汉纪、汉潢、弟汉嘉、汉池，侄孙代过等。	邹氏世承朴学，不事制举。兄弟六人，少秉庭训，皆以才称。

续 表

姓　名	籍贯	研究经典	家庭主要传承人	备注
孙诒让 1848—1908	浙江 瑞安	周礼	父依言，兄锵鸣。	誉为“有清三百年朴学之殿”。
郑珍 1806—1864	贵州 遵义	仪礼	子郑知同。	与独山莫友芝并称“西南巨儒”。
莫友芝 1811—1871	贵州 独山	说文	父与俦。	友芝承先训，会通汉宋学术。

在上述所列40余家中，按其家学传承关系又可以分为如下三类：第一类以近亲组成的家学传承有8家，占20%；第二类以祖孙三代一脉相承的有10家，占25%；第三类以父子兄弟叔侄间相传承的有22家，占55%。上述三类几乎包揽了十八世纪汉学研究的主要代表人物。清代家学何以如此的繁荣？其中包含着十分复杂的社会历史原因。

首先，清朝立国后，为了强化专制政体，进一步笼络汉族地主阶级以扩大统治基础，除了尊奉理学为基本国策，支持和扶植程朱学说外，还承认儒经的合法地位。如康熙认为“治天下以人心风俗为本，欲正人心、厚风俗，必崇尚经学”。并且开设博学鸿儒科以网罗汉族名士，一时朱彝尊、毛奇龄等经学名家也纷纷入选。同时，还公开表彰阎若璩、胡渭对《尚书》和《周易》研究所作出的突出贡献，分别予以“一字无假”和“耆年笃学”的高度评价”，致使当时儒者“咸以为荣”。又如乾隆十年(1745)十一月颁谕，责成九卿、督抚举潜心经学的纯朴淹通之士。十五年(1750)，十八世纪汉学先驱，无锡学者顾栋高对《春秋左氏传》的研究，被乾隆赞为“绩学之功”[⑤]，以经明行修之士，授国子监司业。乾隆曾召见吴鼎、梁锡屿面谕云：“汝等以经学保举，朕所以用汝等去教人。大学士、九卿公保汝等，是汝等绩学所致，不是他途幸进。”[⑥]著名汉学家惠栋也以“博通经史，学有渊源”，为两江总督黄廷桂、陕甘总督尹继善列名荐牍。对此，惠栋声称“为汉魏六朝，唐宋以来所未行之旷典”。同时，乾隆又以开四库馆整理、考订古典文献为契机，提倡探求“先圣先贤之微言大义”，强调“穷经为读书根本”，鼓励和支持经学研究。戴震首以布衣入翰林，一时上自名公巨儒，下逮博士学究，无不以考订经籍为己任。所谓“海内骎骎然趋实学矣”[7]。正是在这样一种时代氛围中，经学自然成为衡量学者才能的主要评判标准。一大批有经学专长的学者先后被选入各级政府机构。据笔者统计：从乾隆十年到嘉庆二十四年的各次会试中，所取进士中的著名经学家就有庄存与（乾隆十年）、卢文弨（十七年）、王鸣盛、钱大昕、纪昀、朱筠、王昶（十九年）、毕沅（二十五年）、赵翼（二十六年）、任大椿（三十四年）、邵晋涵、孔广森、程晋芳、孔继涵（三十六年）、金榜（三十七年）、王念孙、戴震（四十年）、章学诚（四十三年）、钱塘、武亿、庄述祖（四十五年）、顾九苞（四十六年）、孙星衍（五十二年）、洪亮吉、阮元、凌廷堪（五十五年）、张惠言、王引之、郝懿行、胡秉虔、莫与俦（嘉庆四年）、董桂新（七年）、胡承珙、马瑞辰、黄承吉（十年）、刘逢禄（十九年）、胡培翚（二十四年）等三十五人，他们几乎囊括了十八世纪汉学研究的全部精锐。而其中的纪昀、朱筠、王昶、毕沅、阮元等不仅经学造诣精湛，而且还仕宦显达，内列卿贰外任督抚。成为当时推动经学研究的领袖人物。清人张星鉴说：“乾隆中，大兴朱氏（朱筠）以许、郑之学为天下倡，于是士之欲致身通显者，非汉学不足见重于世，向之汉、宋并行者，一变而为专门名家之学。”[8]后来李慈铭也有类似的观察。他说：“高宗盛时，首辟经学，荐书两上，鹤车四出。然得官者五人：顾、陈、吴、梁。”[9]可见，经学在某种意义上不仅仅是一种名誉的象征，实际上已成为谋取功名的一种途径。

正是因为在名利和地位的双重刺激下，一方面诱发了学者皓首穷经不辍的强烈热情，另一方面也使学者中普遍存有以经学显名，提高家族声望的自尊心理。如浙江鄞县的万氏兄弟有“说经无双，甬上八龙”之誉。开创吴派的惠栋，其祖辈便是吴中以经义名家取科第的著名世族。祖父惠周惕康熙三十年（1691）进士，由庶吉士改授直隶密云知县。父亲惠士奇，康熙四十八年中式，曾出任广东学政。同时他们又都是研究《易》学和《春秋》的著名学者。然而惠栋本人却不曾有祖父辈的荣耀，不仅科举考试屡困场屋，而且在经学荐举中颇受挫折。但他继承父祖未竟之志，毕生致力于汉经的研究和表彰，以绍门风。因此“遇虽益蹇，名益高”，南来北往的士大夫 ，无不以不识惠栋为耻辱，被十八世纪学者推为一代儒宗。江苏嘉定钱大昕、钱大昭兄弟及其从子钱塘、钱坫、钱东垣、钱铎、钱侗，儿子钱东壁、钱东塾，一门群从，以研究经学见长，成为当时吴中著名的经学世家。安徽桐城方氏"自先曾祖明善为纯儒，其后廷尉（方大镇）、中丞（方孔炤），笃守前钜，至先生（方以智）乃一变为宏通赅博，其三子中德、中通、中履，并传父业，于是方氏后以淹雅之学世其家矣。"[10]安徽绩溪胡氏，自明诸生东峰以来，世传经学。胡匡衷、胡秉虔、胡培翚专治《礼》学，有"绩溪三胡"之目。章学诚对挚友邵晋涵的族祖邵廷采的学问甚为推重，叹为"五百年来罕见"。对此，邵晋涵的弟子章贻选（章学诚的儿子）也认为"不免过誉"。但邵晋涵却因此不仅自己为族祖亲撰行状，而且为提高家族声望，还特请当时久负盛名的朱筠撰写《墓表》以示表彰。可见其时家族间对自己家族中研习经籍人员的多少已与家族的地位和声望联系在一起。经学不仅仅是一种纯粹的学术研究，而已具有衡量社会价值的功能。也正因此，以经学显名，提高家族声望，也成为其家族所致力的奋斗目标。如被誉为"读书种子"的常州学者臧琳。虽然自己不以"骤获科名为幸"，但因侄婿受族人轻视，不仅倾心课其学业，而且自筹行李银两资助侄婿游学京师，并勉励侄婿"学不成名勿归也"。侄婿果然不负所望，得中雍正八年（1730）进士。而臧琳的学术直到他的玄孙辈臧庸、臧礼堂兄弟时得以再度复兴。戴震三十三岁进京，一时名流王鸣盛、钱大昕、王昶、朱筠等，观其书，莫不击节叹赏。于是声重京师，"名公卿争相交焉"。然而戴震在乾隆二十七年（1762）中举后，仍发愿考进士。先后六次参加会试，但都功亏一篑。十年之后，有乾隆亲赐同进士出身，授翰林院庶吉士，才算圆了进士梦。梁玉绳对其弟梁玉履说："后汉襄阳樊氏显重当时，子孙虽无名德盛位，世世作书生门户。愿与弟共勉之！"[11]由此可见，这种自上而下的以经学显名和提高家族声望的自尊心理结合在一起的社会风气，正是清代产生文学"萃于一门"的家学现象的重要原因

其次，家学是由血缘的纽带联系在一起而形成的学术组织形态，因此家族内部重视经学研究，并能为其成员提供良好的经学环境，特别是家族内部的各类经义赏会，父子兄弟叔侄之间的砥砺切磋，以及经学人材的早秀早慧，家训、家诫中注重经学等也都是家学得以发展的内在因素。史载万斯同幼时"时时随诸兄后，听其议论。会家课，先生欲预焉，

诸兄笑曰：'汝何知?' 先生曰：'观诸兄所为，易与耳。' 因杂出经义日试之，千言立就。伯兄大惊。"[12]这说明万氏兄弟是生活在一个相互砥砺切磋的经学家族中，因此"说经无双，甬上八龙"也不是无根之谈。洪颐煊苦志力学，与兄洪坤煊、弟洪震煊，读书僧寮，夜每借佛灯围坐，谈经不辍。父子兄弟叔侄之间往往在酒酣之际，则钩析经疑、闲以歌诗，往牒旧闻，凡演旁出，嘲噱风生，戏而不虐等也屡见不鲜，成为家学中的主要内容。惠栋在父祖辈的影响下，自幼笃志向学，家多藏书，日夜讲诵。于经史诸子、稗官野乘，及七经毖纬之学，靡不肄业及之。王鸣盛、钱大昕生而颖悟，被称为神童。汪中与顾九苞的经学造诣都来自母亲的传授。称名一时的浙江杭州著名藏书家振绮堂主人汪宪的曾孙汪远孙，不仅侍祖父受经，其父病危之际还指着楹书训诫他研读经书。陈寿祺临死告诫儿子陈乔枞说："汝好汉学，治经知师法。他日能成吾志，九原无憾矣。"[13]庄存与对外孙刘逢禄寄于厚望说："家学不可废也。"[14]事实表明，清代家学的大量涌现，客观上说，正是渊源于家族内部经学气氛浓厚的这一家族文化的特殊背景。

正因为家学是以血亲、祖先的关联为基础而形成的学术组织形态，因此同出一个家族的学者，他们必然会受到共同家族的遗传和影响，他们的学术研究也必然会打上共同家族的印记。这种特征，在清代十八世纪之际变得尤为明显。惠栋曾直言不讳地说："余家四世传经，咸通古义。因述家学，作《九经古义》一书。"[15]焦循也说："循三世习《易》，循幼秉父教，令从《十翼》求经。"[16]又如刘文淇研究《左传》，草创历四十余年，仅仅完成了《左传旧疏考证》，而《左传旧注疏证》身前则写定一卷，后由他的儿孙刘毓松、刘曾寿父子绍承家学余绪，继续研究《左传》，至刘师培已是四世同注一经了。此外如绩溪胡氏对《三礼》的研究，宝应刘氏对《论语》的研究，高邮王氏父子的训诂学研究，闽县陈寿祺、陈乔枞对今古文《尚书》的研究等，都程度不等的体现了类似经学研究的家学化趋向。然而，由于每个家族的文化背景不同，因此也带来了每个家族经学研究内容的异趣。限于篇幅，现以《易》、《书》、《礼》、《春秋》、《论语》分述如下：

一、《周易》

清初由黄宗羲倡言汉《易》，著《易学象数论》，指出宋代的河图、洛书系道家的作品，不是先秦以来的正统《易》说。认为《易》有八卦之象、六画之象、象形之象、爻位之象、反对之象、方位之象和互体之象等七种象说。否认《易》有纳甲、爻辰、卦变、先天四象。主张还《易》以《易》，还象数以象数。其弟黄宗炎所著《周易象辞》、《图书辨惑》，对宋《易》的"先天说"和"河图洛书"作了进一步的批判，指出把"先天"置于文王、周、孔之前，背离了儒家的传统。八卦之前，并无文字，因而认为宋儒的先天之说"一切颠倒"和"种种可疑"，破坏了《易》学本身所含有的蕴意。而黄百家则继续发挥父叔的观点，抨击宋儒"奉螟蛉为高曾"，判定宋《易》为"道士之学"，从而形成了黄氏"僻宋扬汉"的《易》学特色。又如安徽桐城方氏四世传《易》，方以智的曾祖方学渐(1540—1616)著有《易蠡》，祖父方大镇(1558—1625)著有《易意》，父亲方孔(1591—1655)明亡后归隐不仕，研究儒经，著有《周易时论》。方以智的外祖父吴应宾也精于易学，著有《学易全集》。方以智不仅著有《周易时论几象图表》以阐发家传"象数"易学，而且还著有主要是荟萃方氏世代家传易学精髓的《易学纲宗》一书[17]。惠栋一家，四世传《易》。他的曾祖惠有声，即立意表彰汉儒《易》说。惠栋说："栋曾王父朴庵先生，尝闵汉学之不存，取李氏《易解》所载者，参众说而为之传。天、崇之际，以其说口授王父，王父授之先君子，先君子于是成《易说》六卷。又尝欲别撰汉经师说《易》之源流，而未暇也。"[18]惠栋继承父祖未竟之业，致力于汉代《易》学的整理与研究，著有《周易述》、《易汉学》、《易例》等。他的《易汉学》专考汉代《易》说，于乾隆九年(1744)完成初稿。全书八卷，前七卷辑录汉、魏、晋《易》学家孟、虞、京、郑、荀等诸家《易》说，旨在梳理汉《易》象数系统中的"卦气"、"卦变"、"飞伏"、"爻辰"、"纳甲"等源流。第八卷是继清初黄宗羲、胡渭之后，进一步辨析宋儒图书《易》说的弊端。此书一出，被誉为"汉学之绝者千有五百余年，至是而粲然复章矣"。因此，专意表彰汉《易》，成为惠氏的《易》学特色。此外，焦循也是在祖辈研究《易》学的基础上，所著《易学三书》(《易图略》、《易通释》、《易章句》)，发明了所谓"旁通"、"时行"、"相错”等解《易》法则，被誉为“石破天惊”之作。张惠言则在惠栋研究汉《易》的基础上，致力于虞翻的《易》说研究，对象数易学作了系统的论证。

二、《尚书》

清初首先由阎若璩受到黄宗羲《授书随笔》的启迪，作《尚书古文疏证》，判定东晋《伪古文尚书》和伪孔安国传为伪书后，惠栋在此基础上又撰《古文尚书考》，再度考订东晋晚之二十五篇为伪书，而以郑玄所传二十四篇为孔壁真古文。惠栋在该书前言中说：“今世所谓古文者，乃梅赜之书，非壁中之文也。赜采摭传，记作为古文，以给后世。后世儒者靡然信从，于是东晋之古文出而西汉之古文亡也。”惠栋的考证比阎若璩更加精密，被当时认为伪古文之伪的最后定谳。惠栋的学生江声亦张大师说，作《尚书集注音疏》十二卷，另附《尚书补谊》及《经师系表》二卷。他说：“吾师惠松崖先生《周易述》融会汉儒之说以为注，而复为之疏，其体例固有自来矣。声不揆梼昧，综核经传之训诂，故采摭诸子百家之说，与夫汉儒之解以注《尚书》。”[19]全书虽为专辑汉儒说为“集注”，然而主要取自“马、郑之注及大传（《伏生大传》）异谊（许慎《五经异义》），参酌而辑之，更旁采他书之有涉于《尚书》者以益之”。稍晚于《音疏》成书的是王鸣盛的《尚书后案》三十卷。王鸣盛曾问学于惠栋，所以也继承了惠氏研究《尚书》的传统。其书一宗郑玄。他说：“《尚书后案》何为作也？所以发挥郑康一家之学也。”又表示：“余编次群书，搜罗郑注，惜已残缺，聊取马、王、《传》、《疏》益之。”[20]显然，《尚书后案》实际上是结集了有关东汉古文经学派及其传衍《古文尚书》经说的资料集。所以杭世骏称之为“凡一言一字之出于郑者，悉甄而录之，勒成数万言，使世知有郑氏之学”[21]。江、王对《尚书》的研究，虽未有自家的传承关系，但他们信从的是惠氏经说，所以实际上同样具有家学化的倾向。又如庄存与的《尚书既见》，庄述祖的《尚书今古文考证》，庄有可的《尚书经文集注》，刘逢禄所著《书序述闻》，认为“《书》三科，述二帝三王之业，而终于《泰誓》，志秦以狄道代周，以霸统继帝王，变之极也。《春秋》拨乱反正，始元终麟，由极变而之正也，其为致太平之正经，垂万世之法戒一也”[22]。这也正是其外祖庄存与对《尚书》的基本意见。所著《尚书今古文集解》，凡订条有五：一、正文字，二、征古义，三、祛门户，四、崇正义，五、述师说。所谓“述师说”，就是弘扬外祖庄存与和舅氏庄述祖的学说。所以同样也体现了《尚书》学研究的家学化。

三、三礼

清代研究古代礼制的首推万斯大，万斯同兄弟。万斯大著有《学礼质疑》、《周官辨非》、《仪礼商》、《礼记偶笺》和万斯同的《庙制图考》；后有惠氏父子的《礼说》、《禘说》、《明堂大道录》对某项礼制的专门考索。最为著名的是安徽绩溪、泾县的胡氏家族。胡匡衷的《仪礼释官》、《郑氏仪礼目录校正》，胡培翚的《仪礼正义》，族孙胡培系的《周礼述义》、《大戴礼记笺正》和胡承珙的《仪礼今古文疏义》。诸胡中，数胡培翚成就最大。他是胡匡衷的孙儿，自幼濡染家学，又受业于当时著名《仪礼》学家凌廷堪，一生致力于《仪礼》的研究。他认为《仪礼》一书系周公所作，有残缺而无伪托。自汉代郑玄注释《仪礼》后，学界盛行的是唐代学者贾公彦的《周礼义疏》和《仪礼义疏》两种，而且比较简略。由鉴于此，胡培翚以郑玄注本为蓝本，“覃精研思，积四十余年”，终于完成了四十卷本的《仪礼正义》。自述其体例有四：曰补注，补郑君所未备也；曰申注，申郑君注义也；曰附注，近儒所说虽异郑旨，义可旁通，广异闻祛专己也；曰订注，郑君注义偶有违失，详为辨正，别是非，明折衷也[23]。此书一出，被学界推为“二千余岁绝学”复现于世。稍后则有浙江黄式三、黄以周父子对“三礼”的研究，特别是黄以周的百卷本《礼书通故》，成为清代礼学集大成的作品。

四、《春秋公羊传》

清代公羊学研究，发端于江苏常州的庄存与，所著《春秋正辞》，据西汉董仲舒、东汉何休的“公羊学”，专力发挥《春秋》的“微言大义”，它是常州学派公羊学研究的先导著作。他的侄子庄述祖和族孙庄有可都恪遵庭训，从事今文经学和《春秋》的研究。庄存与的外孙刘逢禄，进一步发展了外家“庄氏之学”，所著《公羊何氏释例》、《公羊春秋何氏解诂笺叙》，也是一脉相承地阐抉《春秋》的“微言大义”为宗旨。《春秋公羊传》是一部传解《春秋》著作，又称《公羊春秋》或简称《公羊传》，作为今文经学的重要典籍，从唐代起，被列为儒家经典之一。《公羊传》对整个《春秋》书法进行了寻绎，并以“大一统”为宗旨，以“尊王攘夷”为着眼点来阐释《春秋》义理，如庄存与认为“大一统”，要“以诸夏辅京师，以蛮夷辅诸夏”，才是“天无二日，世无二王，国无二君，家无二尊，以一治之”。显然大一统的核心是“尊君”，是拱奉王室。也正是因此，得到了乾隆皇帝的赏识。不过，公羊学的微言大义的重点是所谓的三科九旨（三科指“存三统”、“张三世”、“异内外”；每科三旨，即三个说明科的细目），其中尤以“存三统”、“张三世”诸例作为解《春秋》微言大义的统贯。所谓“三统”，是西汉董仲舒把夏、商、周三代的正朔，涂上神秘色彩，以夏寅月（农历正月）为岁首，称建寅，以黑色为上色，叫黑统；商以丑月（农历十二月）为岁首，称建丑，以白色为上色，叫白统；周以子月（农历十一月）为岁首，称建子，以赤色为上色，叫赤统，是为三统。继周而兴的朝代必须用夏正，尚黑色，这样循环不已。刘逢禄认为《春秋》就是“立百王之制，通三统之义，损周之文，益夏之忠，变周之文，从殷之质”，从而“百世以俟圣人而不惑”。清朝去古虽远，但只要“继体守文”，就能深刻理解《春秋》之法以制驭其政。唯有如此，“三代之治未尝不可复，其乱未尝不可弭”。这就表明，刘逢禄继承了外祖庄存与研究公羊意在“后王有作”的传统。所谓“张三世”，是把《春秋》所记自鲁隐公元年（前722）至哀公十四年（前481）的二百四十二年，以孔子的见闻为基准，分为所见、所闻、所传闻三世。三世又主要有三说：（一）何休《春秋公羊解诂》以昭、定、哀所传闻世。（二）孔广森《春秋公羊通义》接受颜安乐的主张，改所见世为襄、昭、定、哀；所闻世为僖、文、宣、威、成，所传闻世为隐、桓、庄、闵。（三）《孝经援神契》又以隐元年至僖十八年为一世，僖十九年至襄十二年又为一世，襄十三年至哀公十四年又为一世。上述所区别的“三世”，如按照现在鉴别文献的观念来看，所见世近于第一手资料，所闻世近于第二手资料，所传闻世近于第三手资料。这是由《公羊传》的“所见异辞，所闻异辞，所传闻异辞而来”。董仲舒认为春秋之时，浸为乱世，诸侯征伐，周朝名存实亡，孔子在《春秋》中，“于所见微其辞，于所闻痛其祸，于传闻杀其恩，与情俱也”。这是将“三世”秩序的最早诠释，后经何休的进一步推演，把“三世说”演绎成有系统的发展史观。刘逢禄继承了这个传统，十分重视阐释公羊学以三世说为中心的变易理论，他重新梳理和明确了公羊学的“统绪”。强调公羊学说必须以“张三世，通三统之义经贯之”。依托儒家经典，“复三代之治”，这也正是庄氏家学的经学理想。所以庄述祖不无感慨地说：“吾诸甥中，若刘甥可师，若宋甥（宋翔凤）可友也。”[24]

五、《论语》

清代《论语》的研究，以江苏宝应刘台拱、刘宝楠伯侄为代表。刘台拱是著名汉学家，于天文、律吕，至声音、文字，靡不该贯。尤以《论语》、《礼经》的研究为世人瞩目。刘宝楠自幼受经于刘台拱，并与其兄刘宝树切磋讨论。对当时通用的由宋代学者邢昺所作的《论语注疏》颇为不满。于是仿照焦循《孟子正义》的体例，先编成长编，然而荟萃汉唐以来研究《论语》的各家精华，作《论语正义》二十卷。但刘宝楠身前仅完成了《正义》的十四篇，最后由他的儿子刘恭冕继成。与刘逢禄同时的宋翔凤，不仅认为“《春秋》之义，夫法也，其不随正朔而变，所谓天不变也”。指出探索《春秋》之义，“舍今文末由”，“当用《公羊》”[25]又以公羊学的理论诠释《论语》、《礼运》等书，认为《论语》二十篇的主题是“太平之治，素王之业备焉”，都寓有去杞、故宋、新周、王鲁等三统微言。与《春秋》相通。他认为“通三统……此据鲁、亲周、故殷、绌夏之说也。《论语》为微言，故与《春秋》之辞同”[26]这表明宋翔凤对《论语》的研究同样来自家学。

上述诸经研究的家学化是不言而喻的。如果考察一下《清史稿·艺文志》所著录的清人经部作品，更能得到证实。现以《易》、《书》、《诗》、《礼》、《春秋》列表如下：

清代经典研究家学化概率比较

经名	艺文志注录	家学类作品	百分比
周易	246	55	23
尚书	110	32	32
诗经	131	30	30
三礼	240	63	26
春秋	73	22	30

除了上述诸经外，在清代学者引以自豪的九种十二部著名的新疏中，有六种七部出自家学，实际涵盖了乾隆、嘉庆二朝经学领域中的主要研究成果[27]。晚清刘禺生说："有清一代，经史、词章、训诂、考定各种有用之学，名家蔚起，冠绝前朝，皆从事学问，而不事举业。论其原因：一、继承家学，如二钱、三惠、王氏父子之列。二、各有师承，读《汉学师承记》、《宋学渊源记》诸书自知。"[28]也正因此，刘师培论定清代学术是"惟有私学无官学，有家学无国学"[29]。此论与其说是刘师培对清代学术的感慨，还不如说他对十八世纪经学研究家学化的认同。可以毫不夸张地说，十八世纪汉学的建构正是渊源于家族内部经学气氛浓厚的这一家族文化的特殊背景。

不过，在中国古代社会，家庭是以自给自足的自然经济为基础的，社会的结构仍然是以一家一户的家庭为单位。因此它的学术研究，虽然有上一辈所积累的研究成果和经验，可以有所继承与发展，即在家庭内设馆授徒，通过其弟子的一传再传，藉以扩大影响，争得学术地位和获得社会的认可。而弟子中又每每坚持和信奉师说，并以此作为自己家庭教育的主要内容，从而形成新的家学。但是传统封闭式的家庭教育，又往往固步自封。如果一个有家学传统的家庭中没有顶尖的继承人，就有可能成为绝响。如焦循的《易》学，虽然有四世的积累，但传至他本人终因后继乏人从此湮没不彰。但是"大吾门"、"亢吾宗"，光耀门第，提高家族的社会地位，本是古代社会每一个读书人共同追求的理想。因此作为家学的补充，便是及时通过各种渠道，向社会积极传播，其中主要的途径便是学人之间的书札往来。

第二节　学人书札与汉学网络

书札之名，最早可以追溯到中国的先秦时期，《文选・古诗十九首》就有"客从远方来，遗我一书札"的记载。以书札的形式，传播自己的学术见解，则见于《三国志・谯周传》："研精六经，尤善书札。"这说明，远在三国时期，书札与经学研究已有了密切的联系。宋明时期，由于理学盛行，讲学频繁，学人之间的雁鱼往返，一般都属于酬答、问候、吊丧等礼俗活动，学术趣味并不突出。十八世纪随着传统经学的复兴，学者的学术信仰与经学理念，往往体现在他们的往来书札之中。梁启超在总论清代学术时曾指出："此类函札，皆精心结撰，其实即著述也。此种风气，他时代亦间有之，而清为独盛。"[30] 据笔者的粗略考察，现存清代文集收录的清人书札达六千余通，所涉领域非常广泛，其中所贮存的学术信息量，尤以经学最为丰富。民国初年，罗振玉编有《昭代经师手简》二种（初编、二编），所录二十八位十八世纪著名汉学家的七十二通书札，其内容均属经学专论。由于这些书札大部分不见于现存清人文集，而且书札本身墨迹烂然不一，不易辨认，至今未见有总体性的研究。本节以《昭代经师手简》二种为中心，对清代十八世纪学人书札做一较全面的统计性研究，略析其原因；并就十八世纪学人书札的经学化、学人经学圈与汉学网络的形成等问题，作一些新的探讨，以期更为直观地映现十八世纪汉学研究的实态。

《昭代经师手简》二种，就是汇集了部分清代十八世纪学者撰写自己研究经学心得的书札。据罗振玉《昭代经师手简》自序，该书编于民国七年（1918），"初编"所收书札均属"其人皆儒林之彦，其事皆商量学术，言皆驯雅，有裨来学"，其中收录了汪中、钱大昕、段玉裁、刘台拱等十二位著名汉学家与王念孙的书札，共二十六通。"二编"所收书札，则为乾、嘉、道时期学人"亦皆讨论学术，无及它事者"，其中收录了朱彬、张敦仁、阮元、焦循等十六位著名汉学家与王引之的书札，共四十三通。"初编"与"二编"共收录二十八位十八世纪学人的六十九（实为七十二）通书札。为了简明起见，兹将他们的个人简历、撰写的时间和学术主题，列表说明。资料均来自《昭代经师手简》二种，不再注明出处。

表一 《昭代经师手简初编》所撰书札目表

手简作者	字号	籍贯	手简名称	手简日期	手简学术主题
汪中 1744—1794	字容甫	江苏江都	与王念孙书	乾隆五十九年六月二日[31]	告知正在编撰《左传春秋释疑》一书。
钱大昕 1728—1804	字晓徵 号竹汀	江苏嘉定	与王念孙书	嘉庆七年四月三日[32]	言："《广雅疏证》，体大思精。不在许慎、张揖之下。"商讨毛传郑笺。
段玉裁 1735—1815	字若膺 号茂堂	江苏金坛	与王念孙书	嘉庆十年[33]	言：入幕为人作嫁，荒废学业。

续 表

手简作者	字号	籍贯	手简名称	手简日期	手简学术主题
同上	同上	同上	与王念孙书	嘉庆十一年[34]	告知《说文注》即成，请王氏作序，并与钱大昕、刘端临、程瑶田商酌经义。
同上	同上	同上	与王念孙书	嘉庆九年十二月二十二日[35]	告知《说文注》已由阮元助刊一卷，并请王氏资助。
同上	同上	同上	与王念孙书	嘉庆九年十月[36]	告知《说文注》为阮元所赞赏。
同上	同上	同上	与王念孙书	嘉庆十一年[37]	手抄《经义述闻》，讨论《说文》中的转注与假借。
同上	同上	同上	与王念孙书	嘉庆十五年[38]	告知《孟子字义疏证》所以正人心，因见得宋儒流弊甚大。
刘台拱 1751—1805	字端临	江苏 宝应	与王念孙书	嘉庆九年九月[39]	问候王氏丧偶之忧。
同上	同上	同上	与王念孙书	嘉庆八年十一月[40]	言疏通黄河运道事。
朱彬 1753—1834	字武曹 号郁甫	江苏 宝应	与王念孙书	嘉庆十年六月[41]	告知刘台拱病逝，推崇王氏为五邑之望。
同上	同上	同上	与王念孙书	嘉庆八年[42]	请王氏撰写治河方略书。
同上	同上	同上	与王念孙书	未详	告知撰成《经传考证》、《汉书校正》两种。
同上	同上	同上	与王念孙书	道光二年[43]	感谢王念孙对己书肯定。
同上	同上	同上	与王念孙书	道光十年[44]	告知正致力于编撰《礼记训纂》四十九篇。
同上	同上	同上	与王念孙书	道光三年[45]	送《礼记训纂》，请求指正。
孔广森 1752—1786	字仲众 号撝约	山东 曲阜	与王念孙书	乾隆四十六年三月二十六日[46]	与之讨论古人诗韵、韵法。
卢文弨	字召弓 号矶渔	浙江 杭州	与王念孙书	乾隆五十七年三月二十七日[47]	告知曾研究《广雅》，惜未成。索王氏《广雅疏证》。
丁履恒	字道久 号东心	江苏 武进	与王念孙书	道光元年[48]	就文字音声之学云："此事体大，虽曰小学，实一代之鸿业。"
臧庸 1767—1811	字在东 号庸堂	江苏 武进	与王念孙书	嘉庆十年八月二十日[49]	与王氏讨论《诗经》诸篇，自言寓于京师，无所作为。

续 表

手简作者	字号	籍贯	手简名称	手简日期	手简学术主题
同上	同上	同上	与王念孙书	嘉庆十一年九月二十一日[50]	告知应阮元、伊墨卿之邀，至扬州参纂《扬州图经》。
孙星衍 1753—1818	字渊如号季逑	江苏武进	与王念孙书	嘉庆十二年[51]	说明编撰《尚书今古文疏证》意图，并奉上《皋陶谟》一篇，请王氏指正。
同上	同上	同上	与王念孙书	乾隆六十年[52]	手抄《经义述闻》。
陈鳣 1753—1817	字仲鱼号简庄	浙江海宁	与王念孙书	未详	告知抄录《埤仓》，并请示书中之疑。
汪喜孙 1786—1847	字孟慈号喜荀	扬州	与王念孙书	嘉庆十七年五月十九日[53]	手录《九经三传沿革例》，请示王氏鉴定。
同上	同上	同上	与王念孙书	嘉庆十七年十二月九日[54]	恳请将先君入《儒林传》。

表二 《昭代经师手简二编》所撰书札目表

手简作者	字号	籍贯	手简名称	手简年月	手简学术主题
朱彬 1753—1834	字武曹号郁甫	江苏宝应	与王引之书	道光十年[55]	讨论《荀子杂志》、《经义述闻》两书。
同上	同上	同上	与王引之书	未详	告知为刘台拱编《论语注》、《荀子》、《汉书》各一卷。
孙星衍	字渊如号季逑	江苏武进	与王引之书	乾隆五十二年[56]	告知《一切经音义》中所存讹误。
同上	同上	同上	与王引之书	未详	谓“读三代之书，当知三代时之训诂。”
同上	同上	同上	与王引之书	嘉庆十二年[57]	盛赞《经义述闻》，告知正在编撰《尚书今古文疏证》。
同上	同上	同上	与王引之书	嘉庆四年[58]	认为朴学为一时之风气。
同上	同上	同上	与王引之书	未详	回答王氏所引《埤仓》所问，并及研究《尚书》事。
王绍兰 1760—1835	字畹馨号南陔	浙江萧山	与王引之书	道光四年四月十七日[59]	讨论郑玄所注《三礼》的错误原因。
同上	同上	同上	与王引之书	道光十年一月二十五日[60]	提出以众经诂一经，而经之本义以立，经之通义明。

续 表

手简作者	字号	籍贯	手简名称	手简年月	手简学术主题
张敦仁 1754—1834	字古余 号古愚	山西 阳城	与王引之书	嘉庆十年	据相台岳氏本与王氏讨论《诗·正月》，驳正郑笺。
同上	同上	同上	与王引之书	嘉庆十年[61]	向王氏索求《广雅疏证》、《周秦名字解诂》两书。
焦循 1763—1820	字里堂 号理堂	江苏 甘泉	与王引之书	嘉庆三年三月十五日[62]	认为一味考据，非失之愚，即失之伪。提倡研究算学。
同上	同上	同上	与王引之书	嘉庆十年[63]	批评惠栋《周易述》拘于汉代经师，不复穷圣人之经。
臧庸 1767—1811	字在东 号庸堂	江苏 武进	与王引之书	嘉庆十六年[64]	告知因校刊《说文旧音》、《小学钩沈》而身体欠佳。
阮元 1764—1849	字伯元 号云台	江苏 仪征	与王引之书	嘉庆十年	讨论一贯之义，附赠《诂经精舍文集》与《曾子注释》。
同上	同上	同上	与王引之书	道光十三年	要求助刊《广韵》一书。
同上	同上	同上	与王引之书	嘉庆十三年	回复王刊刻朱珪诗稿诸事。
同上	同上	同上	与王引之书	嘉庆元年	讨论经中虚字，意作《词气释例》一书。
同上	同上	同上	与王引之书	乾隆六十年	讨论经义，并述作《尔雅名义考》、《毛诗补笺》、《山左金石志》三书。
同上	同上	同上	与王引之书	道光十二年	谓“本朝戴氏等发明汉学固透矣，而自晋、宋以来蒙锢之疾尚未说明。”提出儒家造佛经的观点。
同上	同上	同上	与王引之书	道光十三年	略述自己研究《说文》的心得体会。
同上	同上	同上	与王引之书	道光十三年	考论《说文》“有”字之义。请王氏代为校正《广雅》。
同上	同上	同上	与五引之书	乾隆六十年[65]	
陈寿祺 1771—1834	字恭甫 号左海	福建 闽县	与王引之书	道光九年[66]	赞叹王氏《经义述闻》为“博辨之精”。
同上	同上	同上	与王引之书	嘉庆二十年[67]	请王氏代觅孔广森《春秋公羊传通义》与《礼学卮言》两书。

续 表

手简作者	字号	籍贯	手简名称	手简年月	手简学术主题
同上	同上	同上	与王引之书	道光九年十二月二十六日[68]	称阮刻《皇清经解》为“学海经神”，并录出《井田沟洫考》、《千乘万乘考》、《夹室考》、《九拜辨》、《大夫士寝庙考》五篇。
同上	同上	同上	与王引之书	嘉庆八年五月二十九日[69]	略述总编《经郛》体列，恳望王氏提供意见并给予指导。
同上	同上	同上	与王引之书	道光七年二月初七日[70]	自述所著《左海经辨》缺失。
同上	同上	同上	与王引之书	未详	讨论《左传》、《潜夫论》、《广韵》关于“棠”字的注解。
同上	同上	同上	与王引之书	未详	订正《尚书大传》的失误，作《汉书艺文志辨证》。
许宗彦 1768—1818	字周生 号积卿	浙江 德清	与王引之书	嘉庆二十三年三月[71]	告知对朱彬谢世惋惜，对陈寿祺大病后康复而高兴。
庄述祖 1751—1816	字葆琛 号珍艺	江苏 武进	与王引之书	未详	与王氏辨《尚书·梓材》涂与怿之本字。
郝懿行 1757—1825	字恂九 号兰皋	山东 栖霞	与王引之书	未详	奉上《山海经笺疏》，请王氏教正。
宋翔凤 1779—1860	字虞庭	江苏 苏州	与王引之书	未详	讨论《尚书》真伪等问题。
严杰 1763—1843	字厚民 号鸥盟	浙江 钱塘	与王引之书	道光八年[72]	请王氏补正《仪礼述闻》中十三字。
顾广圻 1770—1839	字千里 号涧宾	江苏 元和	与王引之书	道光二年[73]	请王氏授读《读书杂志》各种校本。并呈文一篇，求诲正。
同上	同上	同上	与王引之书	道光十一年[74]	病中录出前读《荀子》各条，请王氏参考。
同上	同上	同上	与王引之书	未详	请求王氏为吴志忠所著《释名》作序。
同上	同上	同上	与王引之书	嘉庆二十五年[75]	就校刊《淮南子》一书，与王氏交换意见。
陈奂 1786—1863	字硕甫 号师竹	江苏 苏州	与王引之书	道光八年十月	言校对《淮南子·天文训》事。

续　表

手简作者	字号	籍贯	手简名称	手简年月	手简学术主题
同上	同上	同上	与王引之书	道光七年三月	言校正《毛诗传》十则事。
同上	同上	同上	与王引之书	道光七年十二月	言打算校订《管子》、《淮南子》、《列子》等书事。
同上	同上	同上	与王引之书	道光六年正月[76]	商讨《诗经》中的训诂问题。
汪喜孙 1786—1847	字孟慈 号喜荀	江苏 江都	与王引之书	道光十年十一月七日[77]	建议刊书以宋版书精印模式。

从上述二表中可以看出，其中吴中地区学人占居九席之多，其次为扬州地区学人占六席、浙江学人占五席、山东学人占二占席、山西与福建学人各一席，共计二十四家六十九通（实际七十二通）。这些书札大致涵盖了乾隆末期，经嘉庆一朝，延至道光前期主要汉学精英与王氏父子的经学对话。当然，仅以上表所列学者，尚不足以说明学人书札与十八世纪学术的关系，但如果对上述学人书札再作追踪考察，那么它实际所反映的正是十八世纪经学研究的实态。现列表如下：

书札撰者另有书札数量一览表

撰者姓名	所撰书札（通）	书札对象	资料来源
钱大昕	37	戴震、段玉裁、孙星衍、卢文弨、梁玉绳、谈阶平、王鸣盛、洪亮吉等。	《潜研堂文集》卷 33—36 《湖海文传》卷 40—44
段玉裁	25	阮元、严杰、孙星衍、钱大昕、程瑶田、梁玉绳、顾广圻、陈鳣等。	《经韵楼集》卷 3—12
卢文弨	38	秦惠田、钱大昕、汪中、周永年、王念孙、梁玉绳、臧庸等。	《抱经堂文集》卷 17—21
丁履恒	24	王念孙、孙星衍等。	《思贤阁文集》卷 2
臧庸	44	卢文弨、钱大昕、段玉裁、陈寿祺、庄述祖、阮元、王念孙、王引之、洪亮吉、孙星衍、郝懿行、江声、王鸣盛、王昶、毕沅等。	《拜经堂文集》卷 3、5。
孙星衍	19	段玉裁、朱筠、王昶、江声、钱大昕、毕沅、王念孙、王引之、洪亮吉等。	《岱南阁集》卷 1—2，《平津馆文稿》卷上，《问字堂集》卷 4—5，《五松园文稿》卷 1，《孙渊如外集》卷 5，《湖海文传》卷 41。

续 表

撰者姓名	所撰书札(通)	书札对象	资料来源
洪亮吉	24	臧庸、邵晋涵、孔广森、卢文弨、章学诚、钱大昕、毕沅、庄述祖、孙星衍等。	《更生斋文甲集》卷1、《卷施阁文甲集》卷7—8、《卷施阁文乙集》卷3—6。
焦循	28	王昶、程瑶田、朱休承、孙星衍、刘端临、江声、钱大昕、李锐、汪莱、段玉裁、黄承吉、王引之等。	《雕菰集》卷13,《焦里堂先生佚文》卷1,《湖海文传》卷43、45。
阮元	9	程瑶田、臧庸、王鸣盛等。	《研经室》一、二、三集
陈寿祺	66	阮元、臧庸、段玉裁、王念孙、王引之等。	《左海文集》卷3—5
凌廷堪	23	焦循、阮元、孙星衍、王昶、钱大昕、程瑶田等。	《校礼堂文集》卷23—25
庄述祖	19	孙星衍、张惠言、王引之、臧庸、刘逢禄、宋翔凤等。	《珍艺宧文钞》卷6
郝懿行	37	阮元、王引之、陈寿祺等。	《晒书堂文集》卷2,《晒书堂外集》卷上。
宋翔凤	19	段玉裁、陈寿祺、王引之等。	《朴学斋文录》卷1
顾广圻	10	段玉裁、阮元、孙星衍等。	《思适斋集》卷6
王念孙	11	刘端临、陈奂、桂馥等。	《王石臞先生遗文》卷4
王引之	15	焦循、陈奂等。	《王文简公集》卷4

此表所列学者虽然仅有十七人,但所撰书札达四百四十八通之多,与上二表七十二通相加,总计为五百三十通,所涉学者几乎囊括了十八世纪时期的所有汉学精英,而所讨论的内容,正是十八世纪学人之间的经学对话。学人书札何以在十八世纪之际如此的突显?大致有以下三方面的社会历史原因。

首先,这是与清初以来重经学著述,淡化明人讲学的社会风气是分不开的。如雍正十一年谕内阁云:“聚集生徒讲诵肄业者,但实有裨益者少,浮慕虚名者多。近见各省大吏,渐知崇尚实政,不事沽名邀誉之为,而读书应举者,亦颇能屏去嚣浮奔竞之习。”[78]理学家张履祥也指出当时“主讲者多不务己,徒骋口辩,深疾其所为”。由于讲学活动受到了公开的批评和限制,所以学者只能走向著述一途来表达自己的学术理念,正如顾炎武所强调的“今日只当著书，不当以讲学”。然而在著述过程中，往往会不断的遇到种种疑难问题，为了寻求合理的解释，弥补缺乏正常的学术交流途径，学者之间以互通书札来告知自己的学术发明，从而获取新的学术信息。如清初阎若璩编撰《尚书古文疏证》，其中考证《古文尚书》真伪的一些证据与线索，就是参考了由毛奇龄给阎若璩的《寄阎潜丘古文书冤词书》、《与阎潜丘尚书疏证书》两通书札，表面上是毛奇龄与阎若璩关于《古文尚书》正伪的辨论，但实质上是通过书札来表明他对《古文尚书》的认识早于阎氏。诚如毛氏所说：“昨承示《尚书疏证》一书，此不过惑前人之说，误以《尚书》为伪耳。”[79]又如王引之在编撰名著《经传释词》时，曾与书札征求阮元的意见。而阮元则在给王引之的回札中通报了“有意作《词气释例》一书，凡经典中用词气体例，逐一解释本训，又以经典中向来注疏之误会者附于下”[80]，此书最后虽未见有成，但亦可视为王氏《经传释词》的先导。可见，阮元与王引之的往来书札，虽然是讨论经典中的虚词问题，但是两人都委宛地表示出先于对方发现了新的研究课题，所以卢文弨感慨地说“赐札可交彼处是望”[81]。

其次，当时学者虽然皓首穷经，经学著作汗牛充栋，但是学术著作的出版和传播渠道并不畅通。当时泛滥于图书市场的著作，主要是那些专供习举业者应试比文用的坊刻制义讲章和时艺选本。同时，学术著作的刊印，每每由私人集资刊刻，由于经济方面的原因，每刊刻一部书，时断时续，耗时较长。如果是一部经术深湛、考证精审之作，往往需要花去几十年时间，甚至通过几代人的努力才告完成。如焦循的《孟子正义》，刘宝楠的《论语正义》，在他们的生前都未能完成，分别由他们的儿子焦廷琥和刘恭冕续成。刘文淇的《左传注疏》则历经子刘毓崧、孙刘寿曾、曾孙刘师培四世尚未完成定本。此外，由于当时闭塞的地理环境也扼制了学人的广泛流动，所以一旦书稿刊出，它的流通渠道，莫过于族人、弟子、友朋之间的赠送，产生的社会效应不大，犹如藏之名山的“帐中秘册”。因此利用书札及时通报自己的学术发明与传递学术信息，便成为学人最为便捷的选择。梁启超说：“清儒既不喜效宋明人聚徒讲学，又非如今日之欧美有种种学会学校为聚集讲习之所，则其交换知识之机会，自不免缺乏。其赖以补之者，则函札也。”[82]这是有历史根据的。

再次,清代学人之间频繁地互通书札,固然有上述学术方面的原因,但也不能忽视十八世纪学人对书札之所以如此重视,在某种程度是为了赢得学界的尊重和提高社会知名度。焦循《与朱椒堂兵部书》:"迩年专力易学,著有《雕菰楼易学》一书,尝手写两通,一就正于阮宫保,一就正于英大冢宰,均蒙奖掖,以为可存。"[83]臧庸《与王念孙书》说:"庸流落京师,益觉无聊,先生将何以教之?倘悯其学行,一字之褒,荣于华衮矣。"[84]汪喜孙在其父(汪中)究竟归属"儒林"或"文苑"时,则写信给王念孙,恳请王氏为其"一言论定,可以信今,可以传后……绍述先人之业,今日以万世不朽之令名,待老伯一纸以为定论"[85]。这类书札,虽然与那种一味假借达官显贵与学术权威来沽名钓誉的学术掮客不可同日而语,但他们尝试以自己的学术精品而获得万世不朽美名的企图,也正是十八世纪学人所共有的自尊心理的真实写照。因此,十八世纪学人书札之所以特盛,客观上说,正是渊源于十八世纪学者这一特殊的文化心态。

正因为学人书札是以经学作为衡量学术价值取向的,因此他们的书札内容始终未能跳出传统经学的框架。然而,由于每一位学人的文化背景不同,他们之间互通的书札也必然会打上各自经学研究的印记。如朱彬、王念孙专论《说文》、《尔雅》,焦循探讨《周易》,孙星衍评议今古文《尚书》,陈奂校正《毛诗》等,从而程度不等地体现出类似学人书札经学化的倾向。限于篇幅,现以分述如下:

一、学人书札的专经专题研究

利用书札对儒家经典的《易》、《诗》、《书》、《春秋》作一番探索与整理,是学人书札的特征之一。早在清初,顾炎武有《与友人论易书》二通,探讨易学与经学的关系,详论了历代易学的特色,不啻为一篇关于从汉代到明代易学流变的简史。毛奇龄《寄阎潜丘古文尚书冤词书》、《与阎潜丘论尚书疏证书》、《与黄梨洲论伪尚书书》三通书札,就古文《尚书》的真伪问题的论辨不遗余力,而朱彝尊《答萧山毛检讨书》则确定古文《尚书》为伪书而支持阎说。钱大昕《与程秀才书》批评宋明图书易学是"求《易》于空虚,故多高深窈妙之论","今舍象占而求卦画,又舍卦画而求画前之《易》"[86],这显然与十八世纪学界全面恢复汉代象数易学的学术取向是一致的。焦循《与朱椒堂兵部书》、《与王伯申书论易书》则对其研究易学的主旨、方法、特征等作了新的探讨,从中亦窥见焦循易学的精华所在。钱大昕《与段玉裁论尚书书》、庄述祖《答孙季逑观察书》也都从今古文的角度阐明各自的观点。其中最具特色的是宋翔凤的《与王引之书》,主要讨论了《尚书》的篇数、今古文的差别及家法问题,引经据典,反复辨说,洋洋洒洒,字数达一千五百余字,虽为一通书札,但其体现的显然是一位专精于今文经学者的经学专论。又如臧庸在给王念孙的书札中,先后考证出戴震的《毛郑诗》是"好逞臆说以夺旧学",惠栋的易学研究是"私改李氏《集解》"[87]。焦循在给刘台拱、孙星衍、王引之的书札中反复辨论"考据"名目之非[88],王绍兰在给王引之的信中集中讨论了段玉裁《说文注》与《尔雅》关于"速"字的考证等等[89]。可见,学人书札在某种意义上已超越了纯粹礼俗(应酬)的功能,显示出学人书札已具有衡量个人学术水准的取向。

二、学人书札对名物制度的考订

与专经专题研究一样,对经典中的名物制度的考订,也是清代学人书札中涉及经学内容较多的一种。清初顾炎武的《与友人论服制书》,黄宗羲的《答万充宗问乡射侯制》、《答万季野丧礼杂问》,朱彝尊的《答陆修撰问》等都是关于丧服制度的释难解疑之作,首开以书札的形式讨论礼学。十八世纪后期,程瑶田、凌廷堪、焦循等皆嗜好名物制度的考订,其往来书札每每对某项礼制的专门考索。如凌廷堪《与程易畴先生书》,对"饮酒之礼,必立而饮之"提出疑义,又表示"《礼经》数事,倘有未当。原先生极论之。盖学问之道,愈辨愈精耳。"[90]在《与阮伯元侍郎论乐书》中说:"承询近来心得,唯于乐律似稍稍有所得,但苦书少,又精力不继,不能用心探讨耳。"[91]焦循《复蒋徵仲书》则详细考订了《论语》所载有关制度。他说:"接来札,知用力于《论语》之学甚勤,仆向亦尝用力于是经,为《论语答记》二卷。所说'过位'及'立中门'二条,已举其大略入《群经宫室图》中,去年夏间江艮庭先生书来,辨此二条之误。仆当以书复之。秋末又有书来。仆念草野著书,各信所是,非可以相攻诘。遂受之不复置辨,然而私意则辨之久也。请录与足下参之。"[92]江艮庭,即江声,他是惠栋的亲炙弟子，论年辈，他是焦循的长辈，以著《尚书集注音疏》、《六书说》著名。他在《与焦理堂论宫室书》一札中，对焦循《群经宫室图》深表不满，以至辩诘再三。此处焦氏虽表示“遂受之不复置辩，然而私意则辩之久也”，此非实情。事实上，焦循还有《复江艮庭处士书》一札，对江氏之说一一辨正，现仍保存在《雕菰集》中。不过，从焦循接蒋徵仲的来札询问，并告知与江声的往来辩诘，到焦循全文移录所辩内容再寄蒋徵仲，可知当时书札不仅仅是起到阐明自己学术观点的作用，实际上已具有经学作品的意味。

三、学人书札的语言文字研究

语言文字的研究，是在清代学人书札中讨论最多的议题之一，也最具特色。自清初顾炎武在《答李子德书》中倡导“读九经自考文始，考文自知音”后，经学研究首先从文字入手，弄清字音和字义问题，已成为学人治经的基本原则。十八世纪时期，学人之间讨论古音古字意义的往来书札颇多。如戴震《答江慎修论小学书》、《答卢侍讲召弓书》、《与是仲明论学书》都强调治经当先以“六书”为途径。王引之也曾表示：“吾之学，于百家未暇治，独治经。吾治经，于大道不敢承，独好小学。夫三代之语言与今之语言，如燕越之相语也；吾治小学，吾为之舌人焉。其大归曰：用小学说经，用小学校经而已矣。”特别是在前面表一、表二中所列学人书札，似乎无一例外的是与王氏父子讨论所著的《广雅疏证》、《读书杂志》、《经义述闻》、《经传述闻》等书中涉及的文字语言问题。如臧庸在给王念孙一札中说：“近读《经义述闻》，疑《仪礼》冠婚辞命，亦字字有韵，窃著其说，陈恭甫编修斥为破碎烦乱，移书再争，言《三百篇》无其例，尝举《匏有苦叶》、《鸱鸮》、《卷阿》等篇复之，亦未能信。”[93] 又如孙星衍《与王引之书》引证古籍，考证“几”字的本义说：“弟又疑《尚书》‘几’字，俱应训‘事’；据《易》‘几事不密则害成’，是‘几’亦‘事’。则《书》之‘万几’，即‘万事’；《皋陶谟》之‘惟时惟几’，言敕谨天命，惟是思事也。下文‘万事康，万事丛脞’之语，知其指事言之，释‘几’为‘微’，殊不确矣。”按，“几事不密则害成”，语出《系辞传上》，意思是事情在几微之时不可泄漏，若不慎密，则必造成祸害。考孙氏所撰《周易集解》卷八，此条则引郑玄曰：

"几,微也;密,静也。言不慎于微而以动作,则祸变必成。"[94]这显然与此札所说自相矛盾,不能自圆其说。也正因此,与其是说一通书札,还不如说是一篇考订"几"字的经学短文。此外如王绍兰、张敦仁、焦循、阮元等人与王引之的书札中,也有此类经学短文。十八世纪后期,对《说文》、《尔雅》的专门研究,是学界最为引人注目的亮点。如段玉裁的《说文解字注》、桂馥的《说文解字义证》、王筠的《说文释例》、朱骏声的《说文通训定声》、王念孙的《广雅疏证》、王引之的《经传释词》、阮元的《经籍纂诂》等。因此,学人书札与其说对语言文字的倍加关注,还不如说它直接导向经学研究小学化的趋势。

学人书札的经学化,不但使学者显示了个人的经学造诣,而且也成为学者交流考据心得和切磋学问的媒介,为经学研究提供了不竭的流动资源,从而促进了各区域学人经学圈之间的经学对话,形成十八世纪以苏州、徽州、扬州和常州为轴心基地的经学研究网络。所谓学人经学圈,是指以某一区域以经学大师为核心,集合一些较高素质的学人所组成的经学研究群体。他们师承不同、学术理念接近、并在志同道合的气氛中,对彼此的学术观点互相切磋、反复论证,并及时地向同行传递各自研究的最新成果。这些学人经学圈,往往不受地域与学派的限制,少则几人,多则几十人,乃至百人。如清初就有以徐乾学为师长,刘献廷、万斯同、胡渭、阎若璩、王源等学人组成的学人经学圈。李塨在《王子传》中说:"三藩平后,竞尚笔墨文学,馆阁徐乾学等,招与天下名士,排缵词章,一时如刘继庄,以及万斯同、胡渭、阎若璩辈皆集阙下,而王子亦与焉。"[95]十八世纪则有朱筠学人经学圈,卢见曾经学圈、毕沅经学圈、谢启昆经学圈等等。

然而细加考察,这些学人经学圈的组成,往往是被圈定在大员幕府之内,他们尚属幕主与宾客的关系,他们的经学研究取决于幕主的好尚,而幕主的好尚是以官方的学术形态为其背景的,因此学术水准良莠不齐。如徐氏学人经学圈,就被顾炎武讥为"欲延一二学问之士以盖其群丑",甚至被视为"彼蝇营蚁附之流"[96]。又如两淮盐运使卢见曾经学圈中就有如惠栋、戴震等著名汉学家,他们刊刻了被称为"世间罕见之本,卷帙宏富,楮墨精好,洵足珍秘"的《雅雨堂丛书》。再如当时的安徽巡抚朱筠的经学圈，虽然结集了十八世纪前、中期一流的汉学精英，如洪亮吉、孙星衍、邵晋涵、王念孙、汪中、黄景仁、武亿、钱坫等，在学人中间享有崇高的威望。江藩说他“博闻宏览，于学无所不通。说经宗汉儒，不取宋元诸家之说”，其学“可谓地负海涵，渊渟岳峙矣”[97]。一时“学者以不得列门墙为憾”。他们或“考古讲学”，或“酾酒尽醉而已”。但是他们每每为生计所驱使，长寄门下，有的长达二三十年之久；学术研究随人仰俯，代人作嫁，缺乏个性。如段玉裁曾因入阮元幕府而追悔莫及，他曾在致王念孙的信中云：“弟七十余耳，乃昏眊如八九十者，不能读书。惟恨前此之年，为人作嫁衣，而不自作，致此时拙著不能成矣。所谓一个错也。”[98]所以，沈尧有“书札每多沉痛语”，告诫“后人观之当深悲其所遇”[99]。因此，大员幕府中形成的经学圈，实际上是陪同长官谈经论史，盱衡时局，所以难能称为严格意义上的学人经学圈。

十八世纪，首先由学人组成经学圈的，是苏州“三惠”（惠周惕、惠士奇、惠栋）。其中尤以惠栋毕生致力于汉代经学的研究和表彰，强调经学研究“当以汉经师之说与经并行”，因此“遇虽益蹇，名益高”，南来北往的士大夫，无不以不识惠栋为耻辱，在他周围形成了一个专治“汉学”的学人经学圈。王昶说：“吴江沈君彤，长州余君仲霖、朱君楷、江君声等先后羽翼之，流风所煽，海内人士无不重通经，无不知信古，而其端自先生（惠栋）发之。”[100]与惠栋一样，地处松江府嘉定地区的则有以钱大昕为核心的学人经学圈。钱氏早年仕途顺畅，乾隆十九年中进士后，先后为翰林院庶吉士、翰林院编修、翰林院侍读学士、广东学政。致仕后，分别执教于钟山、娄东、紫阳三书院。他不仅与同年纪昀、朱筠、王鸣盛等人论经谈艺，又与惠栋、沈彤等引为挚友。在他的推动下，钱氏一门群从，成为当时嘉定著名的经学世家。江藩称之为：“先生之弟大昭，从子塘、坫、东垣、绎、侗、子东壁、东塾。一门群从，皆治古学，能文章，可谓东南之望矣。”[101]现今保存在《潜研堂文集》中的三十九通书札，就是他与学人之间或答问、或质疑、或论辨等专论经学的部分，段玉裁称他为“其气和，故貌不矜张，辨论而无叫嚣攘袂之习”[102]，王昶称他“门下士积二千余人，其为台阁、侍从，发名成业者，不可胜计。盖皆钦其学行，乐趋函丈，即当事亦均以师道尊礼之。”[103]他与惠栋顺风呼唱，推波助澜，成为十八世纪吴中地区最为活跃的两个学人经学圈[104]。

与苏州、嘉定一样，地处安徽歙县富商汪梧凤的“不疏园”，则由郑牧、汪兆龙、戴震、汪梧凤、程瑶田、方矩、金榜等“江门七子”所组成的学人经学圈。“七子”不仅都师从江永研习六经，而且全是徽州府人。郑文虎在《明经汪肇龙家传》说：“传江氏之学者，首称休宁东原戴氏震，歙松麓汪氏肇龙及郑氏牧、程氏易田、汪氏在湘、方氏原、金氏蕊中，六七君皆知名。”[105]与歙县近邻的还有绩溪胡氏（胡匡衷、胡秉虔、胡培翚）学人经学圈，他们“每夜读书必尽烛二条，或日间酬应纷纭而夜课不减，勤学不辍，无异寒素，其所以之深也。”[106]此外，在扬州地区，则有以传承“皖学”学脉的王念孙、王引之父子学人经学圈。刘寿曾在论及扬州学术的传承及发展原因时说：“戴氏弟子，以扬州为盛；高邮王氏，传其形声训诂之学；兴化任氏，传其典章制度之学；仪征阮文达公，友于王氏、任氏，得其师说，风声所树，专门并兴，扬州以经学鸣者，凡七、八家，为江氏之再传。”[107]刘氏所谓“七、八家”，正暗示了当时确有众多的学人经学圈活跃在扬州地区。从现存《昭代经师手简》二种七十二通书札来看，当时在王氏父子周围形成的学人经学圈，是毫不夸张的。不过，在扬州地区还有以焦循、阮元为核心的学人经学圈，如黄承吉在《孟子正义序》中说：“予与里堂，弱龄缔交，中岁论艺，俦辈中昕夕过从尤契洽者，则有江君子屏、李君滨石，当时以予四人嗜古同学，辄有江、焦、黄、李之目，或遗子屏而列钟君葳厓，则称钟、焦、黄、李也。”[108]又如阮元在《江都春谷黄君墓志铭》中说：“（黄承吉）与同郡焦理堂、李滨石钟泗、江郑堂藩诸先生友善，日以经义文事相切劘，当时有江、焦、黄、李四友之目。”[109]此外常州武进地区的孙星衍、洪亮吉与庄存与学人经学圈、福建地区闽县陈寿祺、陈乔枞父子学人经学圈和浙江临海洪颐煊、洪震煊兄弟学人经学圈等等。

当然，如果这些学人经学圈本身不具有开放性和流动性，经学圈内部或经学圈之间不积极地从事学术交流与传播，不及时地反馈和传递经学信息，不能形成学人经学圈之间的互动格局，那么其学人经学圈仍是封闭式的，是没有生命力的，充其量是地处不同区域的经学研究群体而已。因此，学人经学圈内部与学人经学圈之间进行横向、纵向的经学对话，也就为十八世纪学术的形成起着重要的铺垫作用。

所谓学人经学圈内部进行横向的经学对话，即指学者之间就某些经学问题或某一经学专题进行讨论、交换研究心得、研究信息或研究成果。如在惠栋经学圈内，余萧客与惠栋探讨宋人陆佃《埤雅》和罗愿的《尔雅翼》在经学史上的学术价值与历史价值，因叹服惠栋的见解，便“矍然，遂执贽受业，称弟子焉”[10]。钱大昕、王鸣盛与惠栋讨论经义，彼此都在“训诂必以汉儒为宗”的治经原则上达成共识。“江门七子”则“久处昕夕无他语，语必经义；义疑辄辩，辩必力持不相下，则辩亦疾”以至患有“口吃”的汪凤梧每每因“口吃，尝咽塞不能出气，须眉动张，童仆往往背立睨视匿笑。已乃复辩，必彼我意通乃已”[11]。汪灼叙述戴震说：“先严同学不疏园，南东异室处。偶读书有得，未尝不来先严处，分榻坐，执掌谈道，欢声达墙外。”[12]又如浙江临海洪熙煊、洪坤煊、洪震煊兄弟学人经学圈，苦志力学，读书僧寮，夜每借佛灯围坐，谈经不辍。酒酣辄钩析经义，间以歌诗，往牒旧闻，泛演旁出，嘲噱风生，戏而不谑。这些都成为学人经学圈内部的学术风尚。

所谓学人经学圈之间纵向的经学对话，即指经学圈学人与其他经学圈学人就某一学术问题或会面互相探讨，或以书札相互诘辩，从而达到学术资源共享。如钱大昕与戴震则以书札往来，力辩“西学”之非[13]。焦循与孙星衍，孙星衍与袁枚也都以往来书札交换各自对“考据学”的理解。汪莱、李锐、谈泰不时与焦循会面，“互相订正古算学，甚获朋友讲习之益”。丁履恒“见段若膺先生，继又与庄潍县述祖、张编修惠言为师友，益得扩其新知”。如果我们结合上面第三表中所列学人书札的往来情况，就会发现：钱大昕学人经学圈九十一通，占总数的20.3%；孙星衍、洪亮吉学人经学圈六十七通，占总数的15%；庄述祖、宋翔凤学人经学圈三十八通，占总数的8.4%；王氏父子学人经学圈八十八通，占总数的19.6%；焦循、阮元学人经学圈六十通，占总数的13.4%；陈寿祺学人经学圈六十六通，占总数的14.7%；这说明学人经学圈之间纵向的经学对话，在十八世纪时期正趋于一种群体流通的规模。

学人经学圈内部或学人经学圈之间的横向、纵向的经学对话活动，无论是直接的、面对面的，或者是间接的、书札形式的，但它所包涵的学术信息或学术资源都是共通的，他们处于同一个价值坐标系统之内，从而促成了以苏州、徽州、扬州、常州等为中心的区域性经学群体互动的态势，并由此向外辐射，遂渐形成了十八世纪以江浙皖三地为一体的交叉互融、密布纵横的汉学研究网络。

第三节 吴皖扬常汉学一体化

在分析了十八世纪区域性学人经学圈的频繁的经学对话活动，并由此形成了以江南一隅为主体的汉学研究网络后，我们也就可以进一步探讨人们常说的所谓“吴皖扬常”分野的问题了。

章太炎在论及古代学术流派的成因时曾经指出“地齐、政俗、材性”是构成古代学派的三大因素[114]，“地齐”就是地理环境，这里是指地域的人文性历史文化的积淀（家学与学人经学圈）。梁启超曾经认为这些地域性学派代表了“近代人文之渊薮”，又声称“浙江与江南——江苏、安徽同为近代文化中心点”[115]。这样的一种观察，大致是有历史理由的。不过，十八世纪的学派，从总体上而言，都未能走出汉学的框架，仅仅是在汉学的框架中从事不同的学术研究和追求不同的社会理想，所以如果以地域称名的不同而视其学术的相异，则不符合当时的实际历史情况。

将十八世纪的汉学分派，一般认为始于近代章太炎。他在《清儒》一文中说：“其成学著系统者，自乾隆始。一自吴，一自皖。吴始惠栋，其学好博而尊闻。皖南始戴震，综形名，任裁断，此其所异也。”此后，梁启超又加以阐明，认为吴派以惠栋为中心，以信古为标帜；皖派以戴震为中心，以求是为标帜。并有意识的提出以焦循、汪中为代表的扬州学派，“此外尚有扬州一派，领袖人物是焦理堂（循）、汪容甫（中），他们的研究范围比较广博”[116]。支伟成编撰《清代朴学大师列传》，更确立了十八世纪学派吴、皖、常的分野。张舜徽著《清代扬州学记》又分别以“专”、“精”、“通”来概括吴、皖、扬三派学术特征，俨若定论。后来的清学史研究者几乎都无例外的以此作为评判十八世纪汉学的前提，少有疑议。那么，“吴皖扬常”分野说是否可以成立？是否可以概括十八世纪学术？笔者认为值得再作新的探讨。

首先，提出“吴派”的概念，并不始于章太炎，清代学者早有论说。如十八世纪学者任兆麟说:“吴中以经术教授世其家者,咸称惠氏。惠氏之学大都考据古注疏之说而疏通证明之,与六籍之载相切。传至定宇先生,则尤多著纂,卓卓成一家言,为海内谈经者所宗。”[117]晚清学者冯桂芬说:“国朝右文稽古,鸿儒硕学辈出相望,遂驾于宋元明而上,而有开必先,实惟吾郡人为多,惠氏四世传经,为讲汉学之首。”[118]这说明清人虽然没有明确提出“吴派”一词,但“吴派”这个概念已为清代学者所认同。然而我们继续追溯一下苏州惠氏的学术渊源和学术宗旨,那就可以上溯至惠栋曾祖惠有声四世传经的家学传统。据江藩介绍:惠有声字朴庵。明贡生,与同里徐枋友善,以九经教授乡里,并从事汉经的研究。其中尤以惠栋的祖父惠周惕和父亲惠士奇最为著名。如他们对《易》学和《春秋》学的研究,被当时督学江南的田雯赞为“其论采于六经,旁搜博取,疏通证明,虽一字一句必求所有而改其义类,晰其是非,盖有汉儒之博而非附会”[119]。田雯是当时力崇古学的官僚,可以认为正因有了惠周惕的经学造诣,才有可能导致孙儿惠栋的后来居上。因此,逻辑的推演,惠周惕必然成为吴派汉经研究的直接导源人。有关惠周惕经学师承,仅见《吴县志》“少传家学,又从徐枋及汪琬游,究心经学”寥寥数语的记载。江藩《汉学师承记》则说:“研溪先生少传家学,又从徐枋及汪琬游,工诗古文词。既壮,危于贫,遍游四方,与当代名士交,秀水朱彝尊极称之,文名益著。著有《易传》、《春秋问》、《三礼问》、《诗说》、《研溪诗文集》。”[120]江藩既为惠氏经说的嫡传,他对惠周惕的简明介绍是可信的。但问题是,徐枋和汪婉虽系当时著名文士,但经学非其所长。前者是擅长荆浩、关仝笔法的著名画家,后者是与魏禧、侯方域齐名的文学家。汪婉在晚年虽然有志于经学,然而不仅见闻遗忘,而且抚卷叹息,并没有特出的经学成就。然而长期以来因没有确凿的材料证明,因而每每论及吴派,必然上溯到惠周惕与徐、汪的师承关系,造成吴派与徐枋、汪琬之间存有某种必然的逻辑的假象。其实,不仅惠周惕有明确的经学师承,而且吴派的导源发轫者可追溯到明清之际吴中名士丁宏度,他首次尝试汉儒经说的系统研究,并在他的带动下,苏州地区形成了一个不小的汉学研究学人经学圈,而惠周惕便是其中的佼佼者。丁宏度,字临甫,一字子临,别号舆舍,苏州人。明末儒生,以研究《周易》、《春秋》而称名一时。据《苏州丁氏宗谱》记载：

> 先生丁姓讳宏度，字临甫，一字子临，别号舆舍，苏之长洲人也。幼颖敏，治《易》、《春秋》世家学，有闻于时。鼎革后，绝意举业，教授其徒专门经学，以汉时说经各有师承，贯穿钩穴，口诵如澜翻，执经问难者，接踵门墙，愿得先生一言论定，时人尊之曰经圣。亲炙弟子惠周惕、顾丁瑮、顾嗣立其选也。世多以章句训诂之学推重先生。[121]

此外，在该宗谱的《祖德传》、《名贤录》、《史志录》等篇也都有惠周惕师从丁宏度的相同记载。更值得注意的是，冯勖为丁宏度《漫吟稿》所作的序中说：

> 先生少敏慧，能以孝悌自植，授经予曾叔祖犹龙公。青年以《春秋》噪黉序比，时浮薄之习毫不湔染。温恭醇朴，工于文章，拙于驰骛。先生之志大矣。奈数奇不偶，屡蹶棘闱。至癸未、甲申，国祚潜移，先生功名之念淡，进取之愿违。举向之专精于文者，不得已而寄乎诗，故《漫吟稿》一编始自癸甲也。……更以秘授为麟经师，争相设绛，负笈门墙者，皆一时之俊，先后俱掇科名，而先生竟一颤老矣。[122]

这证明在惠氏之前，苏州地区已形成了研究汉学的学人经学圈。对此，丁宏度本人也极为自负地声称"今葑溪文学之盛，实余家启之也"。值得指出的是，冯勖所谓的"授经予曾叔祖犹龙公"，即指丁宏度师从冯梦龙学经。《丁氏家谱》又载："年十五，入长洲庠，从吕公子传、管公振之、冯公犹龙诸先生游，学日益邃，每成一艺，辄为两社知名士推服。"[123]文中的管振之即管玉音，他是明代天启四年(1621)举人，曾与同乡文震孟、姚希孟俱为吴中《春秋》学名家，又是冯梦龙《麟经指月》的参阅者和负责第七卷的校订工作。而冯梦龙更是当时《春秋》学研究的积极提倡者，著有多种经学著作。其弟冯梦熊说："余兄犹龙，幼治《春秋》，胸中武库，不减征南。居恒研精覃思，曰：‘吾志在《春秋》。’”[124]因此从学术渊源的角度来理解，吴派的经学研究形成于明清之际的吴中地区。至于奠定吴派规模的，则是经过了惠氏祖孙三代的努力才告完成。

不过，就学术性质而论，“吴派”也不是一个独立意义上的地域性学术群体。据支伟成《清代朴学大师列传》所列吴派学者五十四人，其中吴县籍学者 9 人，占总人数的 16.6%；嘉定籍学者 17 人，占总人数的 31.1%；扬州籍 10 人，占总人数的 18.4%；浙江籍 6 人，占总人数的 11.1%；常州籍 4 人，占总人数的 0.8%；其他 6 人则分属福建、山东、江西，占总人数的 11.1%。显然，所谓“吴派”，实际上由来自不同区域的学术群体如吴县惠栋、嘉定钱大昕、扬州汪中、常州孙星衍等为代表的学人经学圈所组成。而这些学人经学圈也都有各自的特色。如惠栋经学圈是以汇辑汉代经说为主，钱大昕经学圈则以经史考证为其特色。章太炎曾指出：“吴派之起，盖以宋学既不足尚，而力攻宋学，如毛奇龄辈，其谬戾又甚焉。故纯取汉学，不敢出入，所以廓清芜障也。至钱大昕出，实与三惠异趣。盖其所得实深于惠也。”[125]梁玉绳则称钱大昕为“今之竹汀，犹古之郑康成也”[126]。其名望不在惠栋之下。汪中更不局限对古经的整理，而是探身于先秦诸子学的研究，取得了令人瞩目的成就，被誉为“石破天惊的议论”[127]。因此，仅以“吴派”来概括吴地学人经学圈的多元性，显然是不全面的。

至于“皖派”，虽有上面提到的“江门七子”的学人经学圈，但是随着戴震远游京师，不疏园主人汪凤梧早逝，其他人员先后“业成散去”。其后继者虽还能发扬皖学精神，但滞留皖地者寥寥，很难再现当年不疏园那种游走论学、切磋问难的动人场面，其总体趋势呈现个人流动的趋向。如“江门七子”之一的程瑶田往返于扬州、江阴之间，一度出任嘉定县教谕，被钱大昕、王鸣盛引为挚友。金榜中进士后，在京师为官。他们对“皖派”的学风无大影响。后起的皖籍经学名家如凌廷堪则长期客寓扬州，与焦循、江藩、阮元友善，并为阮元“延之课子”[128]，实可视为焦循、阮元经学圈的人物。歙县“三胡”之一的胡培翚及其稍后的黟县学者俞正燮则在江苏、浙江从事讲学活动，尤其是戴震病逝后，被称为“四大弟子”的王念孙、段玉裁、孔广森、任大椿，无一为皖人。如以支伟成《清代朴学大师列传》所载皖籍经学家在各类所占比重也远逊于“吴派”。如清代朴学先导大师类一人，占总人数十九人中的5%；皖派经学家类17人，占总人数七十七人中的22%；小学家类二人，占总人数二十六人中的7.6%；考史家类二人，占总人数二十六人中的2.6%；金石学家类二人，占总人数29人中的6.8%；校勘目录学家类一人，占总人数二十一人中的4.7%；治事学家类一人，占总人数五人中的20%；历算学家类六人，占总人数二十七人中的22%；提倡朴学诸显达类一人，占总人数十一人中的9%。朱彬在谈及当时的皖学时说：“彬在皖城二年，日日尘世中，与深山穷谷无疑。”[129]这就证明，所谓“皖派”，实际已不具备一个地域性学派的独立象征意义。

其次，就学术传承而言，“皖派”实是吴地学人经学圈的延伸与拓展。戴震早年主张汉宋并举，无所轩轾。曾强调“圣人之道在六经，汉儒得其制数，失其义理，宋儒得其义理，失其制数。”[130]后因在卢见曾雅雨堂谒见惠栋，深受惠栋学术的影响，于是改弦易辙，论学由原来的汉宋分说，义理、制数互有得失转为义理统于故训，即所谓“理义不存乎典章制度，势必流入异学曲说而不自知，其亦远乎先生之教矣。”[131]惠栋曾著有《易微言》，共列六十二条目，用考据的方法，对宋儒“理”、“道”、“天理”、“人欲”、“人心”、“道心”等概念作了易学的疏理。戴震《孟子字义疏证》则沿用这种方法，如上卷解释“理”字，中卷解释“天道”、“性”，下卷则分释“才”、“道”、“仁义礼智”、“诚”、“权”等，而又以“疏证”，名其书，正表明他与惠栋一样，对宋儒抱着鄙夷的态度。凌廷堪在评述清初学者毛奇龄抨击理学不遗余力时说：“元和惠氏、休宁戴氏继之，谐声诂字必求旧音，援传释经必寻古义，盖彬彬乎有两汉之风焉。浮慕者，袭其名而忘其实；得其似而遗其真。”[132]洪榜称他“其学信而好古，于汉经师贾、马、服、郑诸儒，散失遗落，几不复传于今者，旁搜广摭，裒集成书，谓之古义。”[133]戴震的亲炙弟子段玉裁更是认为“汉注可读，而经可读”。可见，皖学基本遵循吴学以古文经形式的纯汉学研究。钱穆说：“盖十八世纪以往诋宋儒之风自东原起而愈甚，而东原论学之尊汉实有闻于苏州惠氏之风而起也。”[134]从这一意义上说，皖学充其量是吴学遮蔽下的一个区域性学人经学圈而已。所谓十八世纪学派吴皖分野说，不符合当时的实际情况。

稍后于吴、皖的"扬州学派"，因其学派主要成员都系扬州府籍人而得名，又因其以继承皖派学脉而著称。支伟成《清代朴学大师列传》将扬籍学人归诸皖派学术体系说："自戴震崛起安徽，皖派经师，头角崭露。顾其同学及弟子，率长于礼，独程瑶田兼通水地声律工艺谷食之学。及戴氏施教于京师，而传者愈众。声音诂训传于王念孙、段玉裁，典章制度传于任大椿。既凌廷堪以歙人居扬州，与焦循友善；阮元问教于焦、凌，遂别创扬州学派。"民国初年，尹炎武在《刘师培外传》中认为"扬州学派于乾隆中叶，任、顾、贾、汪、王开之，焦、阮、钟、李、汪、黄继之，凌曙、刘文淇后起，而刘出于凌，师培晚出，席三世经传之业，门风之盛，与吴中三惠九钱相望，而渊综广博实有吴皖两派之长，著述之盛，并世所罕见也。"[135]因此，所谓"扬州学派"，实际上滥觞于乾隆中后期，鼎盛于嘉庆至道兴年间，并一直延续至近代仍有其流风余韵，时间跨度为十八世纪中叶至整个十九世纪。这种由崇尚个人学术继而考索其学脉确定的学派概念，不是说没有理由，而是被过分渲染所致。揆之史实，当时扬州虽然有以王念孙、王引之父子为代表，包括刘台拱、朱彬、李淳、汪中、邵晋涵等学者在内的学人经学圈，但是严格意义上的扬州学派，是指乾隆末期至嘉庆朝，由焦循、阮元、江藩等扬籍学者组成的学人经学圈。刘文淇在为黄承吉的《梦陔堂文集》作序时说："吾乡黄春谷先生早负重名，与焦里堂、江郑堂、钟保岐、李滨石诸先生声应气求，极一时之盛。"[136]他们中间或为戴震弟子，或为私淑，或由吴学辗转而来。如被称为吴学嫡传的江藩，原是焦循经学圈的人物，被称为"江都二堂"。但他师从余萧客，是惠栋的再传弟子，治学恪守吴学的学术宗旨与治学方法，且门户森严，学术风格也与吴学一脉相承。但是他恰恰又与钟褱、李宗泗、徐复等焦循经学圈学人交谊深厚，曾与李宗泗就《丧礼》"往复问难，发人所未发"[137]。刘师培说："江藩受业萧客，作《周易述补》以续惠栋之书。藩居扬州，由是钟褱、李宗泗、徐复之流均闻风兴起。"[138]据此，扬学的另一个源头，似可直接追溯到吴学，其学风并非独尊皖学。

不过，十八世纪后期，原分属吴皖两地的经学大师如惠栋、钱大昕、江永、戴震等先后谢世，继起的程瑶田、段玉裁、王念孙等，虽仍健在，但已入耄耋之年，其影响力已非昔日可比。段玉裁在《与王念孙书》中备述自己晚景的落寞、惆怅："弟春夏多病，秋冬稍可，欲读书而欠精力；数年以来，以文章而兼通财之友，惟藉阮公一人。"[139]如此凄凉的晚年，自然也谈不上为人景仰了。就经学研究而言，扬学的内涵已经发生了相当大的变化，由惠栋、戴震等早先以反理学为主题的汉学研究而折入古代语言文字学的研究一途。如王氏父子学人经学圈的专攻《说文》，被当时学界赞为"高邮王氏一家之学，海内无匹"。王筠曾说："今天下治《说文》者多矣，莫不穷思毕精以求，为不可加矣。"[140]研究《说文》，固然是经学中的重要一环，但它不能涵盖全部经学，过分夸大扬学在语言文字学方面的建树，也就意味着淡化扬学在十八世纪学术史上的经学意义。笔者认为，对当时经学发展真正具有重要影响的，不是王氏父子学人经学圈，而是阮元、焦循学人经学圈。他们从学风、理论、研究方式等方面，对吴、皖学术作了全面、深刻的反思。他们的经学研究，更多的是以强调汉宋学术会通的面目见称于世的。它既是吴、皖经学的继承者，又是十八世纪学术的终结者。

至于"常州学派"，论者都以今文经学视之，又因它注重《春秋》三传中的"公羊传"，认定它与吴学、皖学、扬学为异趣，每每将其排斥于十八世纪学派之外。如支伟成说："自武进庄方耕始治《公羊》，作《春秋正辞》，渐及群经，务明微言大义，不落东汉以下，一门并承其绪。申受、于庭复从而张之，海内靡然，号称常州学派。"[141]钱穆则认定常州之学起于庄存与"不屑屑于考据"的考据学衰微之际，即所谓"考据既陷绝境，一时无大智承其弊而导之变，彷徨回惑之际，乃凑而偶泊焉。其始则公羊，又转而为今文，而常州之学，乃足以掩胁晚清百年来之风气而震荡摇撼之。"[142]这一见解，值得商榷。首先，庄存与与戴震、钱大昕等经学考证大师都生活在同一时代，且同朝为官。他的经学研究，被称为"乾隆间经学之正汇"[143]，这意味着常州之学的初兴，似与吴、皖考证学风同步，不存在先后之分。其次，作为常州今文经学奠基人的刘逢禄，主要学术活动在乾隆晚期，其主要经学著作完成于嘉庆时期，这时经典考证方兴未艾，正值鼎盛之际，并非是"考据陷于绝境"，它不免受到考证学风的影响。江苏武进人程中行说：

我悲乾隆以后，吾乡士风之变，乃屈于帝王之淫威，异族之腥毒。使我直迈往之士气，一变而至于声音文字，埋首故纸，又肆其精力之消磨，名曰汉学、常州学派。此有清一代盛衰所关，又岂仅吾常一邑之得失已[144]。

程氏以"声音文字、埋首故纸"来描述常州士风，又将"汉学、常州学派"并举，说明常州学术与吴学、皖学、扬学一样，也是以治汉学而得名。刘师培《近儒学术系统论》论述"常州学派"时，涉及其学风与"常州学派"的关系指出："常州之学，复别成宗派，自孙星衍、洪亮吉之初喜词华，继治掇拾校勘之学，其说经信汉说，近于惠栋、王鸣盛。洪氏之子饴孙，传其史学。武进张惠言久游徽歙，主金榜家，故兼言礼制，惟说《易》则同惠栋，确信谶纬，兼工文词。庄存与与张同里，喜言《公羊》，侈言微言大义。兄子述祖传之，复倡言钟鼎古文。述祖之甥有武进刘逢禄、长洲宋翔凤从惠言游，得其文学，而常州学派以成。"[145]这表明，形成常州学派的除庄氏家族之外，主要还有以孙、洪为代表的学宗吴学的学人经学圈和以张惠言为代表的学宗皖学的学人经学圈。如果我们再考察一下庄氏家族的学术崇尚，会同样发现，他们与吴皖学术一样讲究汉人家法、重考证、贵校刊。如庄存与"幼传山西阎若璩之学，尤长于《书》而善于别择，立论平允。"[146]治学特征是"甘盘旧学，老成典型，经说皆非空言"[147]，所著《周官说》"本郑氏学，又遍览晋唐宋明以来说《礼》之书，捃经中大典"。所著《毛诗说》"凡毛郑异说者，皆是毛非郑"。其孙庄绶甲不仅"与同郡张皋闻（惠言）、丁若士（履恒）、刘申受（逢禄）早夕研咏，上下其论"[148]，而且明确表示自己对《尚书》的研究，以吸收阎若璩、惠栋、钱大昕、王鸣盛、孙星衍、段玉裁、臧琳等考据家的研究成果为荣。刘逢禄则认为"清之有天下百年，开献书之路，招文学之士，以表彰六经为首，于是人耻向壁虚造，竟守汉师家法。若元和惠栋氏之于《易》，歙金榜氏之于《礼》，其善学者也"[149]。刘逢禄还运用考据方法考证出《春秋》是太史公所据旧名，冒名的《春秋左氏传》仍是东汉以后的以讹传讹，而其作俑者实为刘歆[150]。庄述祖则博考三代、秦汉韵文以明许学，也没有完全放弃汉学，而是同汉学有着若明若暗的联系。所以恽敬曾回忆说："同州诸前达，多习校录、严考证、成专家。”[151]晚清今文学者谭献曾对清代学者作过一次系统的分类，如列入“绝学”类的除庄氏家族外，尚有学宗吴学的汪中、江藩与学宗皖学的焦循、黄承吉。列入“名师”类的则是苏州“三惠”及弟子、嘉定钱氏一门与扬州王氏父子等[152]。可见，时至晚清，在学人的心目中，常州学术与吴、皖、扬并没有明确的分野，仍被视为十八世纪经学的主力。这与后来的今文经学家重提今文、古文的界限，并形成森严壁垒的学术取向相去甚远。钱玄同说：“他们（常州公羊学者）对于古文经，但揭破其作伪之根源并删削其伪造之部份而已；至于汉之古文说，则并非全不采用。他们对于今文经，但因其本子可信，故依据之而已；至于他们自己解经，则并非专宗汉之今文说。”[153]因此，常州学派本质上也是由学人经学圈所组成，并且是十八世纪之际区域性经学网络的重要组成部分。

总之，十八世纪的学人书札，作为流动的学术媒介，既是十八世纪之际江南学人经学圈之间多元对话的经学形态，也是汉学考据化思潮运作过程中的一种重要选择。在这些书札中，虽然有互相驳难，甚至是对立，但往往又是互相启发，互相吸收，你中有我，我中有你，他们之间并不具有严格的分派意识，更多的是对经典本义的反向回溯。从这意义上说，任何将十八世纪学术判定为“吴皖扬常”的分野，不符合十八世纪时期学术演进的历史轨迹。当然，笔者并不想就此简单地否定十八世纪学派“吴皖扬常”分野说，在清代学术史的研究史上，主张或崇尚“吴皖扬常”分野说的学者，也曾有过辉煌的成就，如章太炎、梁启超、钱穆等前辈学者都将清代学术史研究推向新的高度就是证明。但是，如果我们现在仍以同一种路径分析或思维模式来研究清代学术或评价十八世纪汉学的话，那么无形中也就远离了历史的本来面目。

注释：

① 陈寅恪：《崔浩与寇谦之》，《金明馆丛稿初编》，上海：上海古籍出版社 1982 年版，第 131 页。

② 刘师培：《左盦外集》卷二十《扬州前哲画象记》，刘申叔先生遗书本，1936 年宁武南氏排印本。

③ 闵尔昌：《碑传集补》卷四十《胡秉虔传》，《清碑传合集》第 4 册，上海：上海书

店出版社 1988 年版,第 3574 页。

④ 本表所选,主要以具有家学渊源或研究经典传统的家庭为主。因此,表中所提供的例证,也只是提供了清代家学的一种概貌,并不以一世、二世、三世作为依据而严加区别。

⑤《大清高宗纯皇帝实录》卷三百九十六"乾隆十六年八月丙申"条,第八册,华文书局 1968 年版,第 5920 页。

⑥《清史列传》卷六十八《梁锡嶼传》,第 17 册,北京:中华书局 1987 年版,第 5478 页。

⑦ 李元度:《国朝先正事略》卷三十五《邵二云先生事略》,下册,长沙:岳麓书社 1991 年版,第 980 页。

⑧ 张星鉴:《赠何原船序》,《仰萧楼文集》,清光绪六年(1880)刊本。

⑨ 李慈铭:《越缦堂读书记》同治甲子四月初二日《戴氏遗书》,北京:中华书局 1963 年版,第 1026—1028 页。

⑩ 马其昶:《桐城耆旧传》卷五,宣统三年(1911)刊本。

⑪《清史列传》卷六十八《梁玉绳传》,第 17 册,北京:中华书局 1987 年版,第 5540 页。

⑫《国朝先正事略》卷三十二《万季野先生事略》,下册,长沙:岳麓书社 1991 年版,第 910 页。

⑬《清史列传》六十九《陈寿祺传》,第 18 册,第 5576 页。

⑭ 刘逢禄:《刘礼部集》卷十《先妣事略》,清道光十年(1830)家刻本。

⑮ 惠栋:《松崖文钞》卷一《九经古义述首》,清光绪间《聚学轩丛书》刊本。

⑯ 焦循:《雕菰集》卷二十四《告先圣先父文》,清道光间《文选楼丛书》刊本。

⑰ 方以智在《周易时论后跋》中说:"家君子特蒙召对,此两年中,又会扬京邵以推见四圣,发挥旁通,论诸图说。自晋以后,右王左郑,而李鼎祚集之,依然皮传钩鈲也,至康节乃明河洛之原,考亭表之。学易家或凿象数以言占,或废象数而言理,岂观其通而知时之义哉。大无外,细无内,以此为徵,不者洸洋矣。观玩環中,原其始终,古今一呼吸也。杂而不越,旁行而不流,此《时论》以折衷诸家者乎!"(《周易纵横录》,武汉:湖北人民出版社 1986 年版,第 392 页)

⑱ 惠栋:《松崖文钞》卷一《易汉学自序》,清光绪间《聚学轩丛书》刊本。

⑲ 江声:《尚书集注音疏后述》,皇清经解本,清光绪十七年(1891)上海鸿宝斋石印本。

⑳ 王鸣盛:《尚书后案序》,清乾隆四十五年(1780)礼堂刊本。

㉑ 杭世骏:《道古堂文集》卷四《尚书后案序》,清乾隆四十年(1775)汪氏振绮堂刊本。

㉒ 刘逢禄:《刘礼部集》卷六《书序述闻》,清道光十年(1830) 思误斋刊本。

㉓ 胡培翚:《研六室文抄》卷首《族兄竹村先生事状》,清光绪四年(1878)世泽楼重刊本。

㉔ 刘承宽:《申受公行述》,《武进西营刘氏家谱》卷 6,转引汤志钧《近代经学与政治》,北京:中华书局 1989 年版,第 71 页注 3。

㉕ 宋翔凤:《过庭录》卷四,《清经解续编》卷三百九十,第 2 册,上海:上海书店出版社 1988 年版,第 543 页。

㉖ 宋翔凤:《论语说义》卷二,《清经解续编》,卷四百十一,第 2 册,上海:上海书店出版社 1988 年版,第 602 页。

㉗ 清人的九种十二部新疏分别是:《尚书》有江声《尚书集注音疏》,王鸣盛《尚书后案》和孙星衍《尚书今古文注疏》。《诗经》有陈奂《诗毛氏传疏》。《仪礼》有胡培翚《仪礼正义》。《左传》有刘文淇《左传旧注疏证》。《公羊传》有陈立《春秋公羊传义疏》。《论语》有刘宝楠《论语正义》。《孟子》有焦循《孟子正义》。《尔雅》有邵晋涵《尔雅正义》和郝懿行《尔雅义疏》。《周礼》有孙诒让《周礼正义》。

㉘ 刘禺生:《世载堂杂忆》"清代之教学",北京:中华书局 1997 年版,第 13 页。

㉙ 刘师培:《南北考证学不同论》,《刘师培论学论政》,上海:复旦大学出版社 1990 年版,第 65 页。

㉚ 梁启超:《清代学术概论》第十七,《梁启超论清学史二种》,上海:复旦大学出版社 1985 年版,第 52 页。

㉛ 按:该书札末未署年月,据书札中称"六月二日,汪中敬问怀祖大兄无恙",又说"端临生子已二岁",检刘文兴《刘端临先生年谱》乾隆五十八年生长子刘源岷,知此札写于乾隆五十九年,故将此札系于乾隆五十九年。

㉜ 按:该书札末署"壬戌四月三日","壬戌"即嘉庆七年,故将此札系于嘉庆七年。

㉝ 按:该书札末未署年月,今据书札中称"弟七十余耳",考王念孙出任山东运河道,时在嘉庆九年,由此推之,该书札当作于是年,故将此札系于嘉庆十年。

㉞ 按:该书札末未署年月,今据书札中称"竹汀、端临皆游",即指钱大昕、刘台拱分别于嘉庆九年、嘉庆十年病逝,而书札又称"易田今岁来",易田即程瑶田,病逝于嘉庆十九年,故该书札当作于嘉庆十一年至十八年之间。

㉟ 按:该书札末仅署"嘉平廿二",嘉平即腊月的别称,亦即十二月。今据书札

中称“竹汀已仙游，十月事也。易田八十，常有书来”，则说明书札作于嘉庆九年十二月二十二日。

㊱ 按：该书札末仅署“十月望日”，今据书札中自称“年祗七十而老耄过于八九十者”，段氏生于雍正十三年，顺推之，则书札当作于嘉庆九年或嘉庆十年十月十日。

㊲ 按：该书札末未署年月，今据书札中称“兰泉少寇六月仙逝，海内又少一个”，兰泉即王昶，病逝于嘉庆十一年，故将段氏此札系于是年。

㊳ 按：该书札未署年月，据书札中称“弟今年七十有六，以脉甚虚，既不能读书，又不喜闲坐，其苦”，段氏病逝于嘉庆二十一年，逆推五年，此札正作于嘉庆十五年。

㊴ 按：该书札末未署年月，今据书札中称“月前闻执事有安仁之戚，窃不胜惊怛之至”，考王氏元配吴夫人卒于嘉庆九年七月二十九日，此札当作于嘉庆九年九月。

㊵ 按：该书札末仅署“冬至前一日”，据前札作于嘉庆九年，疑此札当作于嘉庆八年之冬至前一日。

㊶ 按：该书札末仅署“六月初八日”是，今据书札中称“端临……已五月二十二日弃人间，海内通人又弱一个”，端临即刘台拱，病逝于嘉庆十年，由此推断，此札作于是年六月。

㊷ 按：该书札末未署年月，据书札中称“顷闻来南视运河一带”，王念孙视查运河事在嘉庆八年，又云“阔别二年”，以前札推之，是札作于嘉庆八年，故系此札于嘉庆八年。

㊸ 按：该书札末未署年月，今据书札中称“明年三月为八十览揆之辰”，考王念孙寿辰时在道光三年，知书札作于道光二年，故将此札系于道光二年。

㊹ 按：该书札末未署年月，今据书札中言“彬近辑《礼记训纂》四十九篇，方草创甫就，俟一二年后，便可写定呈上教削”，考《礼记纂疏》自序写定于道光十二年，以此推测，故将此札系于道光十年。

㊺ 按：该书札末未署年月，据书札中称“回忆壬辰、癸巳间，与孝臣、容甫诸君相征逐，辄称诵先生不去口中，岂知五十年来，诸君墓木已拱”，壬辰、癸巳，即乾隆三十七年和乾隆三十八年，由此顺推五十年，是札当作于道光三年。

㊻ 按：该书札末署“惟辛丑三月二十六日”，辛丑即乾隆四十六年，故将此札系于是年。

㊼ 按：该书札末署“壬子三月廿一日”，壬子即乾隆五十七年，故将此札系于是年。

㊽ 按：该书札末未署年月，今据此札亦云“昨奉于教，履恒窃论文论文字音声之学”云云，考刘盼遂《高邮王氏年谱》“道光元年”条谓“与丁履恒书，并签正其《形声类

编》三十五条”，此札显然为答王念孙而作，故将此札系于道光元年。

㊾ 按：该书札末署“乙丑八月廿日”，乙丑即嘉庆十年，故将此札系于是年。

㊿ 按：该书札末仅署“九月廿一日”是，据上札推之，当作于嘉庆十一年九月二十一日。

51 按：该书札末署年月，今据书札所言“舟中为《书今古文义疏》，成《皋陶谟》一篇”，张绍南《孙渊如先生年谱》载：“嘉庆十二年二月督运北上，舟中著《书今古文义疏》，成《皋陶谟》。”故将此札系于嘉庆十二年。

52 按：该书札未署年月，据书札中称“客年因足疾卧床，屡承存问”，《阮元年谱》乾隆六十年条载，孙星衍出任兖沂曹济道，因足疾仍逗留京城。又书札中称“令郎高栖”，即指王引之于乾隆六十年恩科顺天乡试中举人，故将此札系于乾隆六十年。

53 按：该书札末仅署“五月十九日”，今据书札称“上年下第南归”，又称“浮湛流俗，入赀为吏”，考汪氏系嘉庆十二年得中举人，后数次参加会试不第，所谓“上年”，当指嘉庆十六年会试事。由此推之，故将此札系于嘉庆十七年五月十九日。

54 按：该札前首书“十二月九日”，今据书札称“哀求老伯大人寄书漕督阮元辨正之”，考阮元于嘉庆十七年接任漕运总督，似承上札而言，故将此札系于嘉庆十七年十二月九日。

55 按：该书札末未署年月，今据书札中称“鄙《礼记训纂》本拟呈政，因有新增各条，重加厘次，岁暮方能卒业，再呈请览”，知朱氏自序于道光十二年七月，则所谓“岁暮”当在道光九年，故将此札系于道光十年。

56 按：该书札末未署年月，据王章涛先生《王念孙王引之年谱》中的考证，此书札系孙星衍致王念孙书，时间在乾隆五十二年十一月，见《王念孙王引之年谱》，扬州：广陵书社出版社 2006 年版，第 60 页。

57 按：该书札末署年月，据书札中亦称“比为《尚书今古文义疏》，甫成《皋陶谟》一篇，《泰誓》逸篇一帙”，知与他《致王念孙书》为同年事，故将此札系于嘉庆十二年。

58 按：该书札末未署年月，今据书札中称“前闻大魁捷报，喜不自胜，同辈以朴学受上知，一时必多弃华就实之士耳”，王引之于嘉庆四年以一甲三名进士及第，故将此札系于嘉庆四年。

59 按，该札末未署年月，仅署“四月十七日”，今据书札中称“去年十月间，汤少农回里，奉到手书”，汤少农即汤金钊，汤氏于道光三年丁忧回萧山，即于时年收到由汤氏捎来王引之的信，知王氏回复王引之之札当在道光四年，故将此札系于道光四年四月十七日。

60 按：该书札末署“庚寅孟春二十五日”，庚寅即道光十年，孟春即正月，故将此札系于道光十年一月二十五日。

㉛ 按:张敦仁与王引之书两通的书写日期,本文采纳王章涛先生《王念孙王引之年谱》中的考证,见《王念孙王引之年谱》,扬州:广陵书社出版社 2006 年版,第 146 页、第 149 页。

㉜ 按:该书札末署"嘉庆三年三月望",故将此札系于嘉庆三年三月十六日。

㉝ 按:该书札末未署年月,今据书札中称"循自壬戌年出都后,一游于越,即以母疾,遂训蒙里中,兼之患湿之疾,闭门不出者近三年矣"。壬戌即嘉庆七年,顺推三年,即嘉庆十年,故将此札系于嘉庆十年。

㉞ 按:该书札末未署年月,仅署"初六日"。今据书札所称"刻拟附舟南还调治"、"贱恙或未能即愈"等语,知臧氏此时正患病故。考臧氏病卒于吴其彦幕中,尚未南归,时在嘉庆十六年,故将此札系于嘉庆十六年。

㉟ 按:此阮元与王引之书九通的书写日期,本文均采纳了陈鸿森先生《阮元与王引之书九通考释》一文中的考证,见《中国典籍与文化论丛》,北京大学出版社 2005 年版,第 246—265 页。

㊱ 按:该书札末未署年月,今书札中称"《闽中通志》夏初开局,大府邀祺与少穆方伯总理",道光九年,道光九年(1829 年),通志馆开局,陈寿祺为通志创立义例,并自撰《形势》、《山川》二门和《儒林》、《文苑》后传,故将此札系于道光九年。

㊲ 按:该书札末署"乙亥孟陬",乙亥即嘉庆二十年,孟陬即农历正月,故将此札系于嘉庆二十年。

㊳ 按:该书札末未署年月,仅署"腊月二十六日",今据书札称"仪征夫子在岭南编辑《皇清经解》,今秋刻竣,亦艺林大观也",《皇清经解》刻成于道光九年,故将此札系于道光九年十二月二十六日。

㊴ 按:该书札末署"癸亥夏五月二十有九日",癸亥即嘉庆八年,故将此札系于嘉庆八年五月二十九日。

㊵ 按:该书札末未署年月,仅署"二月初七日状",今据书札称"去腊奉到钧札",又云"仪征夫子移节滇南",阮元于道光六年调任云贵总督,知此札作于道光七年,故将此札系于道光七年二月初七日。

㊶ 按:该书札末未署年月,仅署"三月上巳后一日",今据书札所称"陈恭甫去冬亦大病濒危,闻近尚未复元也",考阮元道光元年致陈寿祺札云"夏初接到手翰,具稔堂上康健"云云,知陈氏发病当在嘉庆二十二年。又知许宗彦于嘉庆二十三年十一月病逝,故将此札系于嘉庆二十三年。

㊷ 按:该书札末未署年月,今据书札称"至《仪礼述闻》中应增一十三字,如谕补

正。以下各卷，务祈早为广，现在将次竣事，十一月内即拟编卷矣”，严杰应阮元之邀在广州主持刊刻《皇清经解》事，道光九年事竣，由此推之，严氏致王引之书不迟于道光八年，故将此札系于道光八年。

⑬ 按：该书札末未署年月，仅署“二月一日上启”，今据书札称“客冬得《淮南》续刊，想《读书杂志》均有校本，现在刊成若干种，除已见赐外，仍望授读”，考《读书杂志》刻成于道光二年，而王引之赴浙主持乡试返京过扬州时在道光元年，在舟中会晤顾广圻，所以顾氏札中有“兼怅舟次匆匆拜谒，未克将积年所畜疑义一一叩请发蒙”一语，并于次年作答，故将此札系于道光二年。

⑭ 按：该书札末未署年月，仅署“正月二十七日”，今据书札称王引之“简转春官，深为忭庆”，即指王引之于道光十年九月由工部尚书改任礼部尚书事，又称“去冬，寄到惠颁《经义述闻》叁拾贰册”，知此札作于道光十一年，故将此札系于道光十一年正月二十七日是。

⑮ 按：该书札末未署年月，今据书札中称“宋刊《淮南子》已归此地汪氏，承命借到，校勘一过实《道藏》之上”，考顾氏作于嘉庆庚辰中秋前十日跋《淮南鸿列解》亦云“汪君阆源收藏宋刊《淮南子》，余借读一过，以上诸条，实远出《道藏》本之上，而他本无论矣”，故将此札系于嘉庆二十五年。

⑯ 按：陈奂与王引之书四通的书写日期，本文采纳王章涛先生《王念孙王引之年谱》中的考证，见《王念孙王引之年谱》，扬州：广陵书社出版社 2006 年版，第 290 页、第 149 页、303 页。

⑰ 按：该书札末署“庚寅长至前一日”，庚寅即道光十年，长至即冬至，故将此札系于道光十年十一月七日。

⑱《世宗宪皇帝圣训》卷十“雍正十一年癸丑正月壬辰”条，《文津阁四库全书本》刊本。

⑲ 毛奇龄：《西河合集》卷二十《与阎潜丘论尚书疏证书》，清书留草堂刻本。

⑳ 阮元：《与王引之书》，《昭代经师手简》二编，民国间罗振玉影印墨迹本。

㉑ 卢文弨：《与王念孙书》，《昭代经师手简》初编，民国间罗振玉影印墨迹本。

㉒ 梁启超：《清代学术概论》第十七，《梁启超论清学史二种》，上海：复旦大学出版社，1985 年版，第 52 页。

㉓ 焦循：《雕菰集》卷十三《与朱椒堂兵部书》，清道光间《文选楼丛书》本。

㉔ 臧庸：《与王念孙书》，《昭代经师手简》初编，民国间罗振玉影印墨迹本。

㉕ 汪喜孙：《与王念孙书》，《昭代经师手简》初编，民国间罗振玉影印墨迹本。

㉖ 钱大昕：《潜研堂文集》卷三十六《与程秀才书》，上海：上海古籍出版社 1989

年版,第649页。

⑧⑦ 臧庸:《与王念孙书》,《昭代经师手简》初编,民国间罗振玉影印墨迹本。

⑧⑧ 焦循:《与刘端临教谕书》、《与孙渊如观察论考据著作书》,《雕菰集》卷十三,清道光间《文选楼丛书》本。

⑧⑨ 王绍兰:《与王引之书》,《昭代经师手简》二编,民国间罗振玉影印墨迹本。

⑨⓪ 凌廷堪:《校礼堂文集》卷二十五,北京:中华书局1998年版,第227页。

⑨① 凌廷堪:《校礼堂文集》卷二十三,北京:中华书局1998年版,第206页。

⑨② 焦循:《雕菰集》卷十四,清文选楼丛书本。

⑨③ 臧庸:《与王念孙书》,《昭代经师手简》初编,民国间罗振玉影印墨迹本。

⑨④ 孙星衍:《与王引之书》,《昭代经师手简》二编,民国间罗振玉影印墨迹本。

⑨⑤ 李塨:《恕谷后集》卷六,清《畿辅丛书》本。

⑨⑥ 顾炎武:《亭林余集》卷一《与潘次耕札》,清朱氏槐庐校刊本。

⑨⑦ 江藩:《国朝汉学师承记》卷四《朱筠传》,上海书店出版社1983年版,第62页。

⑨⑧ 段玉裁:《与王念孙书》,《昭代经师手简》初编。按:段玉裁此说,一般都认为是指他受阮元委托主编《十三经注疏校勘记》之事,从而耽误了《说文解字注》的撰稿工作,所以信中称作"作嫁衣",而"拙著"则是指《说文解字注》。如刘盼遂所作的《段玉裁先生年谱》说"或出先生手定",汪绍楹《阮氏重刻宋本十三经注疏考》一文所说"段氏主其事"。事实上,从刘氏的"或出先生手定"的不确定推测,到汪氏的推断"段氏主其事",都无法证明段玉裁一定担任过《十三经注疏校勘记》的主编。然而汪文引证的证据,主要来源是:一、段玉裁的《与刘端临书》,二是《与王怀祖书》,三是《跋黄尧圃蜀石经毛诗残本》,四是《与孙渊如书》,而其中明确表示为阮元校定《十三经注疏校勘记》的则是第三中的"余为阮梁伯定《十三经校勘记》"与第四中的"昔年余为阮梁伯修《十三经校勘》记,据《文苑英华》补之"二句,后来黄丕烈《士礼居重雕严州本仪礼经注缘起》也据此变为:"段若膺先生定《校勘记》,既胪陈之。"其实,无论是段玉裁本人或者是黄丕烈都是说得非常模糊,如段玉裁既说是"定",又说是"修",自身就有矛盾。根据张鉴《雷塘庵弟子记》提供的资料,阮元发愿为《十三经注疏》重新作校勘的过程,大致体现在以下三个时段。一、乾隆四十八年(1783),阮元20岁,即有校勘《十三经注疏》的志向。《雷塘庵弟子记》载"先是,先生弱冠时,以汲古阁本《十三经注疏》多讹谬,曾以《释文》、《唐石经》等书手自校改。"此可视为阮元发愿为《十三经注疏》重作校勘的第一时段.二、乾隆五十六年(1791)阮元28岁,为石经校勘官,分校《仪礼》。《雷塘庵主弟子记》载:"十一月,奉诏充《石经》校勘官,时先生

分校，得《仪礼》。而那祭酒以《尔雅石经》、彭大司空以《毛诗石经》属先生襄理，亦多所商正。”那祭酒即那彦成(1764—1833)，姓章佳氏，字韶九，一字东甫，号绎堂，满洲正白旗人。大学士阿桂之孙。乾隆五十四年(1789)进士，官陕甘总督，谥文毅。彭大司空即彭元瑞(1731—1803)，字掌仍，一字揖五，号芸楣。江西南昌人。乾隆二十二年(1757)进士。官至工部尚书，协办大学士，卒谥文勤。曾著有《十三经考文提要》。又阮元《恭进〈十三经注疏校勘记〉折》载：“乾隆五十六年，奉敕分校太学《石经》，曾以《唐石经》及各宋板悉心校勘，比之幼时所校，又加详备。”又阮元《〈仪礼石经校勘记〉序》：“总《汉石经》残字、陆德明《释文》、《唐石经》、杜佑《通典》、朱熹《经传通解》、李如圭《集释》、张淳《识误》、杨复《图》、敖继公《集说》、明监本、钦定《义疏》、武英殿《注疏》诸本，以及内廷天禄琳琅所收诸宋元本、曲阜孔氏宋本，综而核之，经文字体择善而从，录成四卷，用付经馆。”此可视为阮元发愿为《十三经注疏》重作校勘的第二时段。三、嘉庆五年(1800) 阮元 37 岁。阮元在《臧拜经别传》中说：“五年，元巡抚浙江，新辟诂经精舍于西湖，复延拜经至精舍，补订《籑诂》，校勘《注疏》。”臧拜经即指臧庸。陈康祺《阮刻十三经校勘记》：“盖公抚浙时，出旧藏宋版十行本十一经，及《仪礼》、《尔雅》单疏本为主，更罗致他善本，属诂经精舍高才生分撰成书。《易》、《谷梁》、《孟子》属元和李锐，《书》、《仪礼》属德清徐养原，《诗》属元和顾广圻，《周礼》、《公羊》、《尔雅》属武进臧庸，《礼记》属临海洪震煊，《春秋左传》、《孝经》属钱塘严杰，《论语》属仁和孙同元。”此可视为阮元发愿为《十三经注疏》重作校勘的第三时段. 在这些资料中，第三时段都提到了参与各经校勘的具体人物，却没有提到段玉裁为《十三经注疏》总编辑这一事实。不过，段玉裁在当时可以说是德高望重，虽然没有担任总编辑，但是他还是接受了阮元的邀请参与了《十三经注疏校勘记》初稿完成之后的复校工作。如段玉裁在给刘端临的一封信中说“今年一年，《说文》仅成三页，故虽阮元盛意，而辞不敷文。初心欲看完《注疏考证》，自顾精力尤万不能。近日亦荐顾千里、徐养原两君而辞之”，这说明段玉裁虽然答应了阮元聘请他担承复校《十三经注疏校勘记》的工作，但终因年岁已大，精力不济，不得不寻找帮手来共同完成。尽管如此，段玉裁还是校定了其中的《诗经》部分，所以嘉庆十三年(1808)，段玉裁为阮元编撰的《校勘记》作序称：“(阮元) 而以官事之暇，篝灯燃烛，定其是非……犁然悉当，成此巨编。”按照段玉裁个人的好胜秉性，如果真担任了该书主编，何以不在该序中和盘托出？又如阮元自言“诸经皆旧有复本，复就江浙经生授经分校，复加新勘，定其是非，以成是记”。所谓“复加新勘，定其是非”，事实上是指履行主编最后把好关的职责。由此可见，《十三经注疏校勘记》的真正主编仍是阮元，而不是段玉裁。因此仅凭推测而没有充分的证据情况下，一定要把段玉裁说成是《十三经注疏校勘记》的主编是困难的。然而清人萧穆的《记方植之先生临卢抱经手校十三经注疏》一文却给我们提供新的信息。据文中称，道光四年，方东树客寓广州阮元督署，曾经一度借阅阮元所藏卢文弨所校宋刊十三经的批校本，并与《十三经注疏校勘记》作了一番详细的互校工作，而且还录有校记。然而该书后来悉遭焚毁，基本面貌现在难以确指，所幸仍有数卷校记为其子所保存下来，其中恰恰有为阮元《十三经注疏校勘记凡例》所言"复加新勘，定其是非"一句的批记，为我们确认究竟谁是《十三经注疏校勘记》的主编提供了新的证据。该文说："阮《序》'臣复定其是非'，按严云'复定其是非'，此语专为段氏驳《诗经》而设，因以施于群序云尔。按《校勘记》成，芸台寄于段懋堂复校，段见顾所校《诗经》引用段说未著其名，怒之，于顾所订，肆行驳斥，随即寄粤付凌姓司刻事者开雕，而阮与顾皆不知也。故今《诗经》独不成体。此事当时无人知者，后世无论也。乙酉八月，有严厚民杰见告，盖以后诸经乃严亲赍至苏共段同校者也。"(《敬孚类稿》卷八，安徽：黄山书社 1992 年版，第 211—212 页)方东树的这一段批记，至少说明了三点：一是段玉裁从未担任《十三经注疏校勘记》的主编，而只参加了其中部分的复校工作，主要是《诗经》，这与段氏上面自言"据《文苑英华》补之"句相吻合。二是顾广圻在校勘《诗经》中汲取了乃师的成果而未能加以说明，从而引起了段玉裁的愤怒。三是现在保存在《十三经注疏校勘记》中的《诗经》部分，最后未经阮元的审核便已刊行，遗留下"独不成体"的缺憾。批记中所提到的严氏，即严杰，字厚民，号鸥盟，浙江余杭人，清监生，曾经帮助阮元编写《经籍籑诂》、《皇清经解》等，而且这次又负责《孝经》的校勘工作，作为当事人，他说阮元对段玉裁所表现出的固执已见相当不满应该是可信的。如阮元确实曾经批评段玉裁说："然智者千虑，必有一失，况书成之时，年已七十，精力就衰，不能改正，而校雠事，又属之门下士，往往不参检本书，未免有误。"正是出于对该书的负责，所以才有阮元最后对《十三经注疏校勘记》"定其是非"、"考其颠末"履行主编的举措。

⑲ 沈尧：《落帆楼文集》卷十《与丁子香》，清嘉业堂刊本。

⑳ 王昶：《春融堂集》卷十五《惠定宇先生墓志铭》，清嘉庆十二年(1807)青浦王氏塾南书舍刊本。

㉑ 江藩：《汉学师承记》卷三《钱大昕传》，上海：上海书店 1983 年版，第 40 页。

㉒ 段玉裁：《潜研堂文集序》，《潜研堂文集》，上海古籍出版社 1989 年版，第 2 页。

㉓ 王昶：《春融堂集》卷五十五《钱大昕墓志铭》，清嘉庆十二年(1807)青浦王氏塾南书舍刊本。

㉔《钱辛楣年谱》："一时受业于门下者不下二千人，悉皆精研古学，实事求是。

如李茂才锐之算术，夏广文文焘之舆地，纽布衣树玉之《说文》，费孝廉士玑之经术，张徵君燕昌之金石，陈工部稽亭之史学。几千年之绝学萃于诸公，而一折衷于讲席。”(《竹汀居士年谱续编》第四十七，《十驾斋养新录》卷首)

⑮ 钱仪吉：《碑传集》卷一百三十三，北京：中华书局1993年版，第11册，第4001页。按，不疏园是清乾隆至道光时期，安徽歙县西溪汪氏的一所私家园林。据《歙县志》(民国二十六年丁丑印)载：“不疏园在西溪，汪梧凤故宅，梧凤藏书甚富，江慎修于此著《乡党图考》并讲学，戴东原辈时来就学。郑虎文、刘大槐、汪容甫、黄仲则均尝集此，咸丰时园毁。”汪中在《大清故贡生汪君墓志铭》一文中说：“国初以来，学士陋有明之习，潜心大业，通于六艺者数家，故于儒学为盛，追乾隆初纪，老师略尽，而处士江慎修崛起于婺源，休宁戴东原继之，经籍之道复明，始此两人自奋于末流，常为乡俗所怪，又孤介少所合，而地僻陋，无以得书，是时歙西溪汪君独礼而致诸其家，饮食供具惟所欲。又斥千金置书，益招好学之士日夜诵习讲贯其中，久者十数年，近者七八年，四五年，业成散去。其后江君没，大兴朱学士来视学，遂尽取其书上于朝，又使配食于朱子。戴君游京师，当世推为儒宗。后数岁，天子修四库之书，任领局事。是时天下之士益彬彬向于学矣。”(引自汪中《述学别录》，同治间扬州书局重刊本)乾嘉经学是否肇端于江永、戴震对儒学的提倡，姑且不论，但汪中在该墓志铭中却概述了皖派汉学研究的起源与成因，值得清学史研究者重视。

⑯ 闵尔昌：《碑传集补》卷四十《胡秉虔传》，《清碑传合集》，上海：上海书店出版社1988年版，第4册，第3576页。

⑰ 刘寿曾：《传雅堂文集》卷一《沤宧夜集记》，1937年徐乃昌刊本。

⑱ 黄承吉：《梦陔堂文集》卷五《孟子正义序》，清道光二十三年(1843)刊本

⑲ 据阮元《定香亭笔谈》所载，当时焦循、阮元经学圈主要学人还有黄文旸、林道源、钟褱、徐复、汪光爔、汪光烜、方士杰、黄承吉、焦循、方士燮、汪澍、李钟泗、濮朝衡、符士铃、李斗、江藩、周采璞、郑兆珩、何元锡等学者。

⑳ 江藩：《汉学师承记》卷二《余萧客传》，上海：上海书店出版社1983年版，第30页。

⑪ 郑文虎：《汪明经梧凤行状》，钱仪吉《碑传集》卷一百三十三，北京：中华书局1993年版，第11册，第3999页。

⑫ 汪灼：《渔村文集》卷五《四先生合传》，清嘉庆十四年(1809)不疏园刻本。

⑬ 钱大昕对戴震一味弘扬师(江永)说曾提出委婉的批评，希望戴震与江永乃至西学划清界限，坚守中学立场。他在给戴震的一封信中说：“足下盛称婺源江氏推步之学不在宣城下，仆唯足下之言是信，恨不即得其书读之。顷下榻味经先生邸，始得尽观所著《翼梅》者，其论岁实、定气大率祖欧罗巴之说而引伸之，其意颇不满于宣

城，而吾益以知宣城之识见之高。何也？宣城能用西学，江氏则为西人所用而已。……西士之术，固有胜于中法者，习其术可也，习其术而为所愚弄不可也。……向闻循斋总宪（梅珏成）不喜江说，疑其有意抑之。今读其书，乃知循斋能承家学，识见非江所及。当今学通天人者莫如足下，而独推江无异辞，岂少习于江而特为之延誉耶？"（《潜研堂文集》卷三十三《与戴东原书》，上海：上海古籍出版社1989年版，第595—597页）

⑭ 章太炎：《訄书》第一《原学》，《章太炎全集》第三册，上海：上海人民出版社1984年版，第133页。

⑮ 梁启超：《近代学风之地理分布》，载《饮冰室专集》第九册，台湾：中华书局版。

⑯ 梁启超：《清代学术概论》第三，《梁启超论清学史二种》，上海：复旦大学出版社1985年版，第115页。

⑰ 任兆麟：《有竹居集》卷十《余仲林墓志铭》，清嘉庆二十四年两广节署刊本。

⑱ 冯桂芬：《显志堂集》卷二《思适斋文集序》，清光绪二年(1876)校邠庐刊本。

⑲ 田雯：《研溪先生诗说序》，《璜川吴氏经学丛书》，清道光十年宝仁堂刊本。

⑳ 江藩：《汉学师承记》卷二《惠周惕传》，上海：上海书店出版社1983版，第18页。

㉑ 丁有铭：《苏州丁氏宗谱》卷二十二《孝介先生传略》，清光绪间刊本。

㉒㉓ 丁有铭：《苏州丁氏宗谱》卷二十《著述考》，清光绪间刊本。

㉔ 冯梦龙：《冯梦龙全集》第二十册《麟经指月序》，南京：江苏古籍出版社1993年版，第2页。

㉕ 章太炎：《吴派经学大师列传叙目》"批注"，支伟成《清代朴学大列传》，长沙：岳麓书社出版社1998年版，第26页。

㉖ 梁玉绳：《清白士集》卷二十八《寄弟处素书》，清白士集刊本。

㉗ 侯外庐：《中国思想通史》第5卷，北京：人民出版社1956年版，第471页。

㉘ 江藩：《汉学师承记》卷七《凌廷堪传》，上海：上海书店出版社1983年版，第122页。

㉙ 朱彬：《与王念孙书》，《昭代经师手简》初编，民国间罗振玉影印墨迹本。

㉚ 戴震：《戴东原集》卷九《与方希原书》，清经韵楼刻本。

㉛ 戴震：《戴东原集》卷十一《题惠定宇先生授经图》，清经韵楼刻本。

㉜ 凌廷堪：《校礼堂文集》卷二十三《与胡敬仲书》，北京：中华书局1998年版，第203页。

㉝ 洪榜：《戴东原行状》，钱仪吉《碑传集》卷五十，北京：中华书局1993年版，第

4 册，第 1439 页。

⑭ 钱穆:《中国近三百年学术史》，上册，北京:商务印书馆 1997 年版，第 355 页。

⑮ 尹炎武:《刘申叔遗书》卷首，民国二十五年(1936)，武宁南氏校刊本。

⑯ 刘文淇:《青溪旧屋文集》卷六，光绪九年(1883)刻本。

⑰ 江藩:《汉学师承记》卷七《李钟泗传》，上海:上海书店出版社 1983 年版，第 121 页。

⑱ 刘师培:《近代儒学系统论》，《左盦外集》卷九，民国二十五年(1936)武宁南氏校刊本。

⑲ 段玉裁:《与王念孙书》，《昭代经师手简》初编，民国间罗振玉影印墨迹本。

⑳ 王筠:《说文释例序》，光绪九年(1883)成都御风楼重刊本。

㉑ 支伟成:《清代朴学大师列·常州派今文经学家列传叙目》，长沙:岳麓书社出版社 1998 年版，第 127 页。

㉒ 钱穆:《中国近三百年学术史》，下册，北京:商务印书馆 1997 年版，第 582 页。

㉓ 董士锡:《齐物论斋文集》卷一《庄氏易说叙》，《问影楼丛刻初编》本。

㉔《武阳县志序》，台湾新修方志丛刊影印本，台湾学生书店印行。

㉕ 刘师培:《左盦外集》卷九，《刘申叔遗书》第 49 册，民国二十五年(1936)武宁南氏校刊本。

㉖《光绪武进阳湖县志》卷二十三《经学》，《中国地方志集成》第 37 册，南京:江苏古籍出版社、上海书店出版社、巴蜀书社出版社 1995 年版，第 574 页。

㉗ 谭献:《复堂日记》卷七，《复堂类集》，清光绪十一年(1885)刊本。

㉘ 支伟成:《朴学大师列传·武进庄氏一门传》，长沙:岳麓书社出版 1998 年版，第 132 页。

㉙ 刘逢禄:《春秋公羊经何氏释例叙》，清嘉庆间养一斋刊本。

㉚ 刘逢禄著有《左氏春秋考证》，认为以《左氏春秋》为传《春秋》之书是刘歆之徒增饰和刘歆妄作。他说:“余年十二读《左氏春秋》，疑其书法是非多失大义。继读《公羊》及董子书，乃恍然于《春秋》非纪事之书，不必待《左氏》而明。左氏战国时人，故其书终于三家分晋，而续经乃刘歆妄作也。”刘逢禄对《左传》性质的这一定案，学界也都认同这是后来康有为新学伪经说的最初源头。

㉛ 恽敬:《大云山房文稿初集》卷三《上曹俪笙侍郎书》，《四部丛刊初编》本。

㉜ 谭献:《复堂日记》卷一《师儒表》，《复堂类集》，清光绪十一年(1885)刊本。

㉝ 钱玄同:《左氏春秋考证书后》，《古史辨》第 5 册，上海:上海古籍出版社 1982 年版，第 10 页。

第三章　汉学鼎盛的经学表征

十八世纪中叶，汉学到达了鼎盛时期。有关它的学术表征，二十世纪以来就有很多学者对它进行总结。章太炎、梁启超、钱穆等人的观察对十八世纪汉学的研究都立足于自身的文化背景，因此也都程度不等地烙有各自的政治倾向的痕迹。从总体上看，十八世纪汉学鼎盛时期的经学表征，主要体现在贯通家法与师法、倡导小学与明道、批评经学理学化、勤于考证与崇古等四个方面。

十八世纪中叶，汉学到达了鼎盛时期。有关它的学术表征，二十世纪以来就有很多学者对它进行总结。如章太炎在《清儒》一文中对“吴学”与“皖学”就有“笃于尊信，缀欠古义，鲜下己见”和“上溯古义，而断以己之律令”两种不同学术表征的评判，梁启超则在《中国近三百年学术史》一书中用了很大的篇幅，从经学、史学、音韵、文字、训诂、金石、地理、天文、历法、数学等方面的成就作出了“凡古必真，凡汉皆好”肯定性的总结。钱穆在与梁启超同名的《中国近代三年学术史》一书中，提出了“不知宋学则亦不能知汉”的意见，描术了十八世纪宋学的流转过程。这些评价与描述，应该说是当时最具代表性的见解，所以也都得到了后来学者的认同和支持。不过就经学或经学思想而言，章、梁、钱等人的观察无疑是较为粗糙的。粗糙的原因，我在“引论”中说过，他们对十八世纪汉学的研究都立足于自身的文化背景，因此也都程度不等地烙有各自的政治倾向的痕迹，而汉学的核心实际上就是研究经学，这样的一种倾向往往限制他们对经学深层次的探求，其结果虽然纵横论列，巨细兼顾，但是令人如读“录鬼簿”或“书目表”，梁著《学术史》的下半部即是显证。从总体上看，十八世纪汉学鼎盛时期的经学表征，主要体现在贯通家法与师法、倡导小学与明道、批评经学理学化、勤于考证与崇古等四个方面。

第一节　融通家法与师法

家法和师法是汉代经学的重要特征，也是汉代学者解释经典的特征。汉代经学教育中多采用章句的形式教学。所谓章句，实际上就是经师为教学所编写的经学讲义，也可称之为“经说”，由于经师不同，从而也表现了章句的不同风格。所谓师法、家法，正是体现在不同的章句之学之中，是和章句之学联系在一起的。一般来说，师法是指汉初立为博士或著名经学大师（如董仲舒）的经说。如果大师的弟子对师说有所继承与发展，能够形成一家之言，被学术界和朝廷认可，便形成家法。因此西汉多论师法，东汉多论家法。其实，师法、家法在发展过程中也是相对的，对上是家法，对下则又是师法。师法演化为家法，家法又必然会追溯到师法，两者互相转化，从而有效地维护了经学传承的权威性。

自从宋代学者以个人的意见解读经书，发明经书义理，经学研究趋于理学化。数百年以后，学者在研究经学时，早已将汉代家法、师法的概念置于脑后。明清之际，随着学者经学信仰的转变，汉儒治经的家法、师法再度得到了重视。如朱彝尊曾经认为“汉之经师，用力勤而训诂艰，有功于经大矣。而又兢兢各守师说，遇文有错互，一字一句不敢移。其尊经也，至莫有侮圣人之言者”[①]。十八世纪汉学家标榜“汉学”，家法和师法的概念被重新提出，并特别加以强调，认为它是传承经学的生命线，如果不了解家法、师法就无法读懂经书，也无法探求经书的义理价值，一旦家学、师法被破坏与消亡，即意味着经学的传承被中断。诚如吴学传人江藩《经解入门・说经必先明家法》一文所说，研究经学必先明家法与师法，由此“可以见经学之衍别，可以知授受之异同，可以知众儒之实据，可以存古义于相承”。

关于汉代的家法和师法，学者有不同的说解，长期以来影响较大的是皮锡瑞的说法，他说：

前汉重师法，后汉重家法。先有师法，而后能成一家之言。师法者，溯其源；家法者，衍其流也。师法、家法所以分者，如《易》有施、孟、梁丘之学，是师法；施家有张、彭之学，孟有翟、孟、白之学，梁丘有士孙、邓、衡之学，是家法。家法从师法分出，而施、孟、梁丘之师法又从田王孙一师分出者也。……然师法别出家法，而家法又各分颛家[2]。

根据皮锡瑞的观察，师法、家法有一种概念的前后关系和包涵关系。先有师法，家法是从师法中衍生分化出来的。事实上，在汉代，“师法”就是指老师对经学的一种解说，由于当时学生一般都非常尊重与信奉老师的经说而成为一种法式，所以称之为“师法”。如《汉书·张禹传》载张禹“从沛郡施雠受《易》，琅邪王阳、胶东庸生问《论语》，既皆明习，有徒众，举为郡文学。甘露中，诸儒荐禹，有诏太子太傅萧望之问。禹对《易》及《论语》大义，望之善焉，奏禹经学精习，有师法，可试事。”又如《后汉书·鲁丕传》载鲁丕曾经上疏强调说：“臣闻说经者，传先师之言，非从己出，不得相让；相让则道不明，若规矩权衡之不可枉也。难者必明其据，说者务立其义，浮华无用之言不陈于前，故精思不劳而道术愈章。法异者，各令自说师法，博观其义。”可见“师法”事实上是指已被认可的经学大师之说，所以王充在《论衡》的《效力篇》中批评儒生“诸生能传百万言，不能览古今，守信师法，虽辞说多，终不为博。殷、周以前，颇载《六经》，儒生所不能说也。”这表明“师说”虽然在汉代起到解释经典的作用，但是在一程度上也削弱了经学自身的发展，即所谓“夫总问儒生以古今之义，儒生不能知，别〔各〕以其经事问之，又不能晓，斯则坐守信师法、不颇博览之咎也”[3]。

至于汉代的“家法”，虽然从时间上晚于“师法”，但是它也有多种形式的区别。如五经中各有家法，《后汉书·顺冲质帝纪》载：“夏四月庚辰，令郡国举明经，年五十以上、七十以下诣太学。自大将军至六百石，皆遣子受业，岁满课试，以高第五人补郎中，次五人太子舍人。又千石、六百石、四府掾属、三署郎、四姓小侯先能通经者，各令随家法，其高第者上名牒，当以次赏进。”刘昭注说：“儒生为《诗》者谓之《诗》家，《礼》者谓之《礼》家，故言各随家法。”又如各经中的一家之学也称家法，《后汉书·郑玄传》：“论曰：自秦焚《六经》，圣文埃灭。汉兴，诸儒颇修艺文；及东京，学者亦各名家。而守文之徒，滞固所禀，异端纷纭，互相诡激，遂令经有数家，家有数说，章句多者或乃百余万言，学徒劳而少功，后生疑而莫正。郑玄括囊大典，网罗众家，删裁繁诬，刊改漏失，自是学者略知所归。王父豫章君每考先儒经训，而长于玄，常以为仲尼之门不能过也。及传授生徒，并专以郑氏家法云。”这里所说的“家法”，显然是“网罗众家，删裁繁诬，刊改漏失”而自成一种典范式的家法④。不过，汉代的家法虽然严厉，总体上说是为“灾异”说经服务的，未跳出谶纬的束缚。如《后汉书·杨厚传》载：“建初中为彭城令，一州大旱，统推阴阳消伏，县界蒙泽。太守宗湛使统求为郡求雨，亦即降澍。自是朝廷灾异，多以访之。统作《家法章句》及《内谶》二卷解说，位至光禄大夫，为国三老。年九十卒。”

近年《中国哲学》第二十五辑《经学今诠四编》载有叶国良《师法家法与守学改学》一文，该文提出一种新的说解。叶先生提出，重视师法、家法并非始于汉代，早在先秦时期就已如此。讲师法、家法之现象也并非儒家尤非今文经学所独有。而所谓“家法”是从横的角度（学说不同）说的，“师法”是从纵的角度（师弟授受）说的。汉人使用“家”字，范围极为广泛：指儒、道、名、法之不同，可以用“家”字；指儒家各经也用“家”，如《汉书·儒林传》有“易家”、“公羊家”之称；指一经之不同先师也用“家”，如同书《儒林传》《易》有“施家”、《鲁诗》有“张家”之名；指同一师承的不同支派也用“家”，如《后汉书·儒林传》谓张玄“少习《颜氏春秋》，兼通数家法。”总之，由大范围到小范围，为了表示有别，都可以称“家”。因此，“家法”一词与“师法”一词相通，是不足怪的⑤。叶先生这一说解表明，“师法”与“家法”两个概念并不是一种简单的概念的衍生和包涵关系。

最近林庆彰先生提出：我们如果做一种比较全面的检索的话，“师法”这个词大都出现在西汉，有一小部分出现在东汉。“家法”这个词是从来不在西汉出现的。这反映了一个什么样的事实呢？就是说，“师法”和“家法”所指的其实是一件事情，都是传经的老师所留下的种种说法和规范。只不过西汉的时候是比较接近最先传这一个经的老师，所以称为“师法”。到了东汉以后，因为分家越来越多，所以各家老师的说法就称为家法。也就是说，西汉的人比较喜欢用“师法”这两个字，到东汉的时候因为情况慢慢改变，所以用的是“家法”这两个字。不然为什么“家法”这两个字在《汉书》里从未出现呢？

对于“师法”、“家法”的解释，皮锡瑞、叶国良、林庆彰三先生说法有所不同，我们应该有所厘清。如林庆彰先生所说，“师法”一词最早出现于西汉，并通行于东汉。“家法”一词只是到了东汉才出现，西汉时还没有这个概念。而“师法”和“家法”都是指“传经的老师所留下的种种说法和规范”。林先生的意见基本是正确的。我们理解，“师法”、“家法”概念，其意略同于“师说”，但其中有强调治经的凡例与方法问题，这些内容往往不写在纸上，有“密授”、“真传”的意味。

叶国良先生的说法也有一部分合于史实之处，即起码在东汉时，“家法”一词的用法范围比较广泛。我们通常所理解的“家法”，是指在儒家某一经典下“同一师承的不同支派”。但在东汉，儒家不同经典之间，学者各自名家，治《诗》者称“诗家”，治《礼》称“礼家”，这也属于“家法”之别。叶先生的问题在于，他在讨论“家法”时，暗中将这个概念换成了“家”的概念，这就扩大了讨论的范围。

皮锡瑞所说总体上也并不错，但稍过绝对。如说“前汉重师法，后汉重家法。”这不是重什么，不重什么的问题，而是当时的一种习惯，两者本质是一个意思，重家法就是重师法，譬如一个儒生当然要对他的直接授业经师表示尊重，这是家法，同时也是师法。他如果越过本师只对本派的开派宗师表示尊敬，对本师不尊敬，不仅本师不高兴，也不会为当时的社会习俗所认同。至于皮氏说“师法别出家法，而家法又各分颛家”，在东汉，似乎并没有人对“师法”、“家法”的意义作如此严格的界定。

以上我们讨论了“师法”、“家法”概念的意义。现在我们来看作为十八世纪汉学代表性人物之一的惠栋是如何重新强调汉代家法，又是如何贯通诸家家法的。梁启超曾经批评惠栋的《周易述》说：“定宇还有一个大毛病，是不知家法。同为汉儒，而传受渊源不同，彼此矛盾的地方颇不少。定宇统而名之曰‘汉学’，好象汉人只有此学，又好象汉人个个都是此学，这便大错了。定宇说的不过东汉末年郑康成、荀慈明、虞仲翔等几个人之学，顶多可以代表一两派，而且人人所代表的派也不能相通。惠氏凡汉皆好的主张，只怕汉儒里头先自打起架来，他已无法和解了。”[⑥]梁启超治学凭着灵气，浅尝辄止，动发议论，其实惠栋四世传经，明汉代经学家法、师法，正是惠栋经学的一大特色。卢见曾《周易述序》便说："盖先生经学得之半农先生士奇，半农得之砚溪先生周惕，砚溪得之朴庵先生有声，历世讲求，始得家法，亦云艰矣。”[⑦]惠栋亦尝自谓：

> 自先曾王父朴庵公以古义训子弟，至栋四世咸通汉学，以汉犹近古，去圣未远故也。《诗》、《礼》：毛、郑；《公羊》：何休。传注具存。《尚书》、《左传》：伪孔氏全采马（融）、王（肃），杜元凯根本贾（逵）、服（虔）。唯《周易》一经，汉学全非。十五年前曾取资州李氏（李鼎祚）《易解》反复研求，恍然悟洁静精微之旨，子游《礼运》、子思《中庸》，纯是易理，乃知师法家传，渊源有自[⑧]。

惠栋作《九经古义》，这是惠栋述其家学的一部经学著作，其《九经古义序》称："余家四世传经，咸通古义。……顾念诸儿尚幼，日久失其读，有不殖将落之忧。因述家学，作《九经古义》一书，吾子孙其世传之。”《四库全书总目提要》解释此书书名之义说："是编所解，凡《周易》、《尚书》、《毛诗》、《周礼》、《仪礼》、《礼记》、《左传》、《公羊》、《谷梁》、《论语》十经。其《左传》六卷，后更名曰'补注'，刊板别行，故惟存其九。曰'古义'者，汉儒专门训诂之学，得以考见于今者也。”惠栋在《九经古义序》中特别强调汉代经学“家法”的重要性，他说：

> 汉人通经有家法，故有五经师。训诂之学，皆师所口授，其后乃著竹帛。所以汉经师之说立于学官，与经并行。五经出于屋壁，多古字古言，非经师不能辨，经之义存乎训，识字审音，乃知其义，是故古训不可改也，经师不可废也。

这里，惠栋指明了汉儒治经重家法、师法的意义。这涉及如何了解圣贤经典本意的问题。圣贤经典本意是通过弟子传经，开始阶段是代代口耳相传，而后才书于竹帛，有了经典训诂文本，此类经典训诂文本“与经并行”，这不是说，汉代经师训诂之书与经书有同等地位，而是说经学原典非有此经师训诂之书不能得其本意。因为五经文字多“古字古言”，当时文字多用假借字，假借字可能有多种歧义的理解，一字之差，谬以千里。这种情况，只有古来代代相传的经师口说可以分辨，因此说“古训不可改也，经师不可废也”。《四库全书总目提要》阐述惠栋此一思想说：“古者漆书竹简，传写为艰。师弟相传，多由口授，往往同音异字，辗转多歧。又六体孳生，形声渐备，毫厘辨别，后世乃详。古人字数无多，每相假借，沿流承袭，遂开通用一门。谈经者不究其源，往往以近代之形声究古书之义训，穿凿附会，多起于斯。故士生唐宋以后而操管摛文，动作奇字，则不免于生今反古。至于读古人之书，先当通古人之字。庶明其文句，而义理可以渐求。”应该说，惠栋的说法是很有说服力的，五经文字“多古字古言，非经师不能辨”，问题在于，即使在汉代说经者不止一家，此经师作一说，彼经师又作一说，究竟哪位经师真正反映圣贤经典的本意呢？惠栋的作法是先梳理清楚汉儒各家家法，然后再试图贯通汉儒各家家法。以易学为例，惠栋的《易汉学》即是梳理汉儒各家家法的著作，《四库全书总目提要》评论此书说：

> 《易汉学》八卷，国朝惠栋撰。是编乃追考汉儒易学，掇拾绪论，以见大凡。孟长卿《易》二卷；虞仲翔《易》一卷；京君明《易》二卷，干宝《易》附见；郑康成《易》一卷；荀慈明《易》一卷。其末一卷则栋发明汉易之理，以辨正河图洛书、先天太极之学。
>
> 其以虞翻次孟喜者，以翻别传自称“五世传孟氏《易》”；以郑玄次京房者，以《后汉书》称“玄通京氏《易》”也；荀爽别为一卷，则费氏《易》之流派矣。……费氏学自陈元、郑众、马融、郑玄以下递传以至王弼，是为今本，然《汉书》称直长于卦筮，无章句，徒以《彖》、《象》、《系辞》十篇文言解说上下经。……与孟、京两家体例较异，合是三派。汉学之占法，亦约略尽此矣。夫《易》本为卜筮作，而汉儒多参以占候，未必尽合周、孔之法，然其时去古未远，要必有所受之。栋采辑遗闻，钩稽考证，使学者

得略见汉儒之门径，于《易》亦不为无功矣。

惠栋胪述汉代孟喜（约前 90—前 40）、虞翻（164—233）、京房（前 77—前 37）、郑玄（127—200）、荀爽（128—190）五家易学。家法流衍，不相混淆。依四库馆臣的看法，汉代象数易学，可以大略分为三个流派：一派孟喜、虞翻等人；一派京房、郑玄（郑玄兼传费氏易）等人；一派费直、荀爽等人。此六人中，惠栋胪述了除费直之外的五家易说。之所以不列费直，大概是因为他没有自己独到的易学理论。

那么，惠栋又是怎样来梳理上述各家家法的呢？这里，我们略举他对孟喜易学的梳解。据惠栋《易汉学》记载，他是从"卦气图说"、"消息"、"四正"、"十二消息"、"辟卦杂卦"、"推卦用事日"、"六十卦用事之月"、"唐一行《开元大衍历经》"、"七十二"、"汉儒传六日七分学"等十个专题来梳理孟喜易学的，而在这十个专题中，主要是围绕着孟喜所提出的"卦气说"而展开。他说：

> 孟氏卦气图，以坎、离、震、兑为四正卦，余六十卦，卦主六日七分，合周天之数。内辟卦十二，谓之消息卦。乾盈为息，坤虚为消，其实乾坤十二画也。《系辞》云：乾之策，二百一十有六；坤之策，一百四十有四。凡三百有六十当期之日。夫以二卦之策，当一期之数，则知二卦之爻，周一岁之用矣。四卦主四时，爻主二十四气，十二卦主十二辰，爻主七十二候，六十卦主六日七分，爻主三百六十五日四分日之一。辟卦为君，杂卦为臣，四正为方伯，二至二分，寒温风雨，总以应卦为节。

所谓"卦气说"，是易学与历法相结合的产物。按照一定的规律，将《周易》六十四卦三百八十四爻与一年中的四时、十二月、二十四节气、七十二候相匹配，就是卦气说。学界传统的说法，它源于《孟氏章句》，是孟喜借以解说《周易》理论、建立筮法体系的重要方法之一。由于《孟氏章句》已佚，现在仅能在唐一行《卦议》引孟喜卦气说中看到部分内容（可参见第二卷第三十一章）。惠栋对孟喜"卦气"说的分析，主要材料也取于此。不过，从上面惠栋的论述来看，惠栋主要是通过“四正”、“消息”、“十二消息”、“六日七分”、“辟卦杂卦”等内容来梳理其卦气说的。根据我们的粗步考察。他的具体做法有以下几个方面：

1. 广引《易传》、《易纬》中的相关内容，以证孟喜“四正”之说。如他引《说卦传》说：“震，东方也。离也者，南方之卦也。兑，正秋也。坎者，正北方之卦也。”又引《易纬·是谋类》说：“冬至日在坎，春分日在震，夏至日在离，秋分日在兑。四正之卦，卦有六爻，爻主一气。”

2. 兼采前人的易学研究成果，以证孟喜“消息”之说。如他引《九家易注》说：“阳息而升，阴消而降。阳称息者，长也。起复成巽，万物盛长也。阴言消者，起姤终乾，万物成熟，熟则给用，给用则分散，故阴用特言消也。”又引《汉书》京房上封事曰：“辛酉以来，少阴并力而乘消息。孟康曰：房以消息卦为辟。辟，君也。消卦曰太阴，息卦曰太阳，其余卦曰少阴少阳，为臣下也。”

3. 汲取前人的解释成果，以证孟喜的“十二消息”之说。如他引郑玄对《易纬》的注释说：“康成注《乾凿度》曰：消息于杂卦为尊，每月者譬一卦而位属焉，各有所系。案每月譬一卦者，如乾之初九属复，坤之初六属姤，是也。临观以下仿此。”

4. 比照前人历法，以证孟喜“六日七分”、“消息”、“四正”之说。如惠栋说：“六日七分，自《乾象历》以降，皆因京氏。惟《天保历》依《易通统轨图》。自八十有二节，五卦初爻，相次用事，及上爻，与中气皆终，非京氏本旨。及《七略》所传，按郎颉所传，皆六日七分，不以初爻相次用事，《齐历》谬矣。”如他引《史记·历书》太史公曰：“黄帝考定星历，建立五行，起消息。注：皇侃曰：乾者，阳生为息；坤者，阴死为消也。”又引魏《正光历》说：“四正为方伯，中孚为三公，复为天子，屯为诸侯，谦为大夫，睽为九卿，升还从三公，周而复始。”

5. 引用《汉书》中所载汉人的奏议，印证孟喜卦气之说。如他在解释“消息”时，引东汉陈忠所上疏议说：“顷季夏大暑双双！而消息不协，寒气错時，水漏为变，天之降异，必有其故。所举有道之士，可策问国典所务，王事过差，令处暖气不效之意，庶有谠言以承天诫。”

当然，惠栋梳理孟喜易学，并不完全限于上述五个方面，他在选用较为明显直接的材料之外，往往在易学本身中寻找旁证。如他在解释孟喜“卦气图说”时引《系辞》上说：“旁行而不流。”对此，历代学者的解释有所不同。如王弼解释为“应变考通而不流淫也”。孔颖达又加以发挥说：“言圣人之德应变旁行，无不被及，而不有流移淫过。若不应变化，非理而动，则为流淫也。”这种解释，显然没有涉及到孟喜卦气说的内核。惠栋则认为《九家易》解释为“旁行周合六十四卦，月主五卦，爻主一日，岁既周而复始”最为接近孟喜原意，从而为孟喜的卦气说提供了有力的旁证。总之，惠栋在《易汉学》中对汉代易学其它各家家法的梳理，大致都沿此路数，诚如他在《易汉学》的自序中说：“栋趋庭之际，习闻余论，左右采获，成书七卷。自孟长卿以下五家之《易》，异流同源，其说略备。”

不过，惠栋虽然梳理清楚了汉儒各家易学的家法，但是他并不以此自限，而是在此基础上进一步强调还要贯通各家师法。他又著有《周易述》一书，这部书可以说是贯通汉代易学各家师法的著作，《四库全书总目提要》评论此书说：“其书主发挥汉儒之学，以荀爽、虞翻为主，而参以郑康成、宋咸、干宝诸家之说，皆融会其义，自为注而自疏之。”汉代经师各守家法、师法，士子无所适从。东汉经师逐渐冲破家法、师法的藩篱。其中郑玄遍采诸家以注群经，不仅在当时被奉为“经神”，也成为中国经学史上最重要的经学家之一。而惠栋也继承了郑玄的经学传统。惠栋的《周易述》即力图贯通汉《易》诸家之说，现略举数例，以证其说。

1. 贯通孟喜、京房、郑玄、虞翻诸家易说以解释乾坤两卦卦名。如他在解释乾卦名说“八纯卦，象天，消息四月”，解释坤卦名说“八纯卦，象地，消息十月”。八纯卦即八卦，与重卦相对待，渊源于京房、虞翻的纳甲说。以乾象天，这是汉代经师的通识，来自《易纬》。“消息四月”和“消息十月”，则分别指乾卦作为消息卦，月建在巳，即农历的四月。坤卦作为消息卦，月建在亥，即农历的十月。这正是孟喜、虞翻、郑玄易学的共同特征。

2. 兼取孟喜“卦气”说、京房“八宫”说以解释卦名。如他在解释《屯》卦卦名时说：“坎宫二世卦，消息内卦十一月，外卦十二月。”所谓“坎宫二世卦”，是指京房易学中的“八宫卦”说，即以八经卦自相重迭的六画卦称为“八宫”，其顺序是，乾、震、坎、艮、坤、离、巽、兑。每一宫卦各含七卦，七卦按各自所处的位置称为一世、二世、三世、四世、五世、游魂、归魂，从而确立六十四卦的排列秩序，按照这样一种排列秩序，屯卦所处为“坎宫二世卦”，这说明惠栋取自京房之《易》。然而所谓“消息内卦十一月，外卦十二月”，即指孟喜的“卦气”说。孟喜以复、临、泰、大壮、夬、乾、姤、遯、否、观、剥、坤为十二辟卦，分主自子至亥的十二月辰。又如解释蒙卦名为“离宫四世卦，消息正月”。解释需卦名这“坤宫游魂卦，消息内卦正月，外卦二月”。解释讼卦名为“离宫游魂卦，消息三月”。解释师卦名为“坎宫归魂卦，消息四月”等。此外如小畜、履、泰、否、同人、大有乃至于《周易述》所列最后一卦的革卦名时，惠栋也都兼取孟喜、京房的解释。

3. 融合郑玄“爻辰”说、虞翻“纳甲”说以解释卦辞。如坤卦卦辞：“西南得朋，东北丧朋，安贞吉。”王肃解释为“西南阴类，故得朋；东北阳类，故丧朋。”惠栋注云：“爻辰初在未，未西南，阴位，故得朋。四在丑，丑东北，阳位，故丧朋。地辟于丑，位在未，未冲丑为地，正承天之义也，故安贞吉。虞氏说此经以纳甲，云此易道阴阳消息大要也。谓阳月三日变而成震出庚，至月八日成兑见丁，庚西丁南，故西南得朋，谓二阳为朋，故兑，君子以朋友讲习，彖曰‘乃与类行’。二十九日消乙入坤，灭藏于癸，乙东癸北，故东北丧朋，谓之以坤灭乾，坤为丧也。”[9]显然，这是融合了郑玄的爻辰说和虞翻的“纳甲”所得出的结论[10]。

由上三例可知，惠栋的易学研究虽然有严格的家法、师法的分疏，但阐发己说时，并未专主一家，而是力图贯通各家家法。熔为一炉。他说：“汉人传《易》，各有源流。余尝撰《易汉学》七卷，其说略备。识得汉易源流，乃可多用汉易解经，否则如朱汉上(按：谓南宋朱震)之《易传》，毛西河(按：谓清毛奇龄)之《仲氏易》，鲜不为识者所笑。”[11]这里特别需要指出的是，惠栋是在明晰汉《易》各家家法的基础上所做的贯通工作，而非如梁启超所说的“不知家法”的无知妄作。王昶《惠先生墓志铭》称惠栋“于《易》理尤精，著《易汉学》七卷、《周易述》二十卷。凡郑君之爻辰、虞翻之纳甲、荀谞之升降、京房之世应、飞伏暨六日七分、世轨之说，悉为疏通证明。由李氏之《集解》以及其余，而汉代易学粲然。”[12]这一评价极为中肯，并非溢美之言。

惠栋对汉代易学的研究,成为他力倡复归汉代经学的一个突破口。诚如他在《易汉学序》中所说,“《六经》定于孔子,毁于秦,传于汉。汉学之亡久矣,独《诗》、《礼》二经犹存毛、郑两家。《春秋》为杜氏所乱;《尚书》为伪孔氏所乱;《易经》为王氏所乱。杜氏虽有更定,大较同于贾、服;伪孔氏则杂采马、王之说,汉学虽亡而未尽亡也。惟王辅嗣以假象说《易》,根本黄老,而汉经师之义荡然无复有存者矣”⑬。

惠栋对汉代易学研究,取得了独步一时的成就,这也使得他有了傲视前修时贤的资本。这一点我们从他对清初经学的评价上可以看出,如他认为,顾炎武“博极群书”而独不通易学;毛奇龄的《仲氏易》是“非汉非宋,皆思而不学者也”。甚至宋代易学家朱震的《汉上易传》也是“颇嫌辞费,亦不能尽通汉学经师之故也”⑭。

惠栋对汉代易学的研究,成为清代经学研究的一个成功典范,具有转变当时学风与确立十八世纪经学研究方向的意义,汉学研究之所以蔚然成风,在一定程度上,是受惠栋经学思想的带动与影响。江藩《经师经义目录》称:“盖《易》自王辅嗣、韩康伯之书行,二千余年,无人发明汉时师说。及东吴惠氏起而导其源,疏其流,于是三圣之《易》昌明于世,岂非千秋复旦哉!”⑮所以钱穆称惠栋为“急进”,为“趋新”,为“先走一步,带有革命之气度”。然而,惠栋的易学研究之所以能取得骄人的成就,其关键之点仍然在于对汉儒家法、师法的重视。惠栋研究经学的这一表征,赢得了十八世纪学者的共鸣。钱大昕表示:

> 训诂必依汉儒,以其去古未远,家法相承,七十子之大义犹有存者,异于后人之不知而作也。三代以前,文字声音训诂相通,汉儒犹能识之。以古为师,师其是而已。夫岂陋今荣古,异趣以相高哉!⑯

王鸣盛也说:

> 汉人说经,必守家法,亦云师法。自唐贞观撰诸经义疏而家法亡,宋元丰以新经义取士而汉学殊绝。今好古之儒,皆知

崇注疏矣，然注疏惟《诗》、《三礼》、《公羊传》犹是汉人家法，他经注则出于魏晋人，未为醇备⑰。

戴震说：

士生千载后，求道求典章制度，而遗文垂绝，今古悬隔，时之相去，殆无异地之相远，仅仅赖夫经师故训乃通，无异译言以为之传导者也。……⑱

"去古未远"说的是汉代与先秦学术有着继承与发展的密切联系，然而相对于十八世纪的汉学家而言，显然是"今古悬隔"遥不可及，诚如戴震所说的"以今之去古既远，圣人之道在《六经》也"。因此研究《六经》，就应该象惠栋那样"事于汉经师之训诂，以博稽三古典章制度"尊循汉代经学的家法与师法。不难看出，十八世纪以惠栋为代表的汉学家之所以特别重视汉代经学的家法与师法，那是他们认为理由有二：一是时间上近古，从文本的角度而言比较可信；二是汉人懂训诂，从语言的角度而言比较客观。正是缘于家法与师法具有可信与客观的两方面原因，所以十八世纪的一些重要的经学著作都以此作为宗旨。

不过，从上述的分析来看，汉代经学的家法师法，从根本上来说是一种固定的学术传承系统，它是各经博士借以维护自家经学权威的护身符。而惠栋等汉学家一再强调汉代经学的家法师法，事实上已有所不同。这种以易学为主体，以汉代经学的家法师法来考察经学的变迁，可谓失之偏面。章太炎曾经指出其表现说："大抵清世经儒，自今文而外，大体与汉儒绝异。不以经术明治乱，故短于风议；不以阴阳断人事，故长于求事。"⑲这表明，虽然汉学家无不追慕汉代经师治经的方式，但是如果没有切实可行的实践原则，那么终究还是停留在经学理论层面的探索。为了使经学研究完全遵循汉代的经学传统，所以汉学家在充分肯定汉儒家法、师法的基础上，进一步提倡研究经学必须从语言文字入手，重视声音训诂之学，希望借鉴汉代经师的训故积累，通过对"三古"的典章制度的考证，从而寻求经书中所蕴涵的"理义"。也正因此，十八世纪的汉学家又进一步倡导由小学以通经明道，这是十八世纪汉学鼎盛时期另一个重要的经学表征。

第二节　倡导小学与明道

十八世纪汉学家的学术研究，治经是其核心，而治经的目的就是明道。汉学家认为，儒家经书中包含着圣人之道，圣人之道存在于经书之中。如费密说："圣人之道，惟经存之，舍经无所谓圣人之道。"他认为圣人之道始于孔子，后世与圣人的时代相去遥远，所以要学习与了解圣人之道，只能信从由孔子留传下来的经书[20]。对儒家经书的这样一种认识，也是汉学家的共同理念。如戴震认为"《六经》者，道义之宗而神明之府"，段玉裁说："尝闻《六经》者，圣人之道之无尽藏，凡古礼乐制度名物之昭著，义理性命之精微，求之六经，无不可得。"[21]焦循也说："习先圣之道，行先王之道，先王之道载在《六经》。"[22]也正因此，为了达到求得圣人之道的目的，汉学家不仅重视汉代经学的家法师法，而且同样遵行汉代经学以训诂作为治经工具的原则，即所谓的"经之义存乎训，识字审音，乃知其义"。在汉学家看来，经书的意义，始终保存在古人的解释中，而古人的解释是由古代的文字这个载体来体现的，所以只有认识、理解了古代文字的字义与读音，才能正确把握经书中所说的意义，诚如钱大昕所强调的"《六经》皆以明道，未有不通训诂而能知道者"[23]。

其实，早在清初，学者鉴于宋明以来的学者在诠释儒家经典时，往往忽视对古音古训的研讨，以至连经书中的文字、句读与名物典章制度也茫然不知，甚至不辨经书真伪，随意释经。经学研究，好比痴人说梦，信口开河。所以一时学者纷纷转向汉代的经学传统，强调语言文字对于诠释经典的重要性。如顾炎武倡导"读经自考文始，考文自知音始"，阎若璩认为"昧以声音训诂，则不识古人之语言文字，而无以得圣人之真意"，其弟子宋鉴也说："经义不明，小学不讲也。小学不讲，则形声莫辨而训诂无据矣。《说文解字》乃小学之祖也，取而疏之，治经者其有所津逮乎！"[24]这种以小学诠释经典的意向，成为当时汉学家从事经学研究者共同遵循的准则。如惠栋重视《尔雅》、《说文》，认为"舍《尔雅》、《说文》无以言训诂”，戴震说“余窃谓儒者治经，宜自《尔雅》始”[25]，“治经之本，仅仅赖许叔重《说文解字》略见梗概”[26]，段玉裁则认为《尔雅》、《说文》是“治经之法”[27]，由此可见，汉学家一再强调的小学，实际上是专指《尔雅》与《说文解字》。

《尔雅》是中国最早的一部解释词义的书，是中国古代的词典。“尔雅”一词，最早见于《大戴礼记·小辨》所引孔子语：“尔雅以观于古，足以辨言矣。”卢辩注：“尔，近也，谓依于雅颂。”《史记·儒林传》：“文章尔雅，训辞深厚。”司马贞注：“谓诏书文章雅正。训辞深厚也。”《尔雅》也是儒家的经典之一，列入十三经之中。如《汉书·王莽传》载：“莽奏起明堂、辟雍、灵台，为学者筑舍万区，作市、常满仓，制度甚盛。立《乐经》，益博士员，经各五人。征天下通一艺教授十一人以上，及有逸《礼》、古《书》、《毛诗》、《周官》、《尔雅》、天文、图谶、钟律、月令、兵法、《史篇》文字，通知其意者，皆诣公车。”将《尔雅》作为经传训诂之书的则见于《后汉书·贾逵传》：“逵数为帝言《古文尚书》与经传《尔雅》诂训相应，诏令撰欧阳、大小夏侯《尚书》古文同异。”所以被晋代学者郭璞赞誉为“九流之津涉，六艺之钤键”。《说文解字》，简称《说文》，作者是东汉的经学家、文字学家。根据作者自序，该书也是为了解释经书所作，即所谓的“六艺群书之诂”。正因为《尔雅》与《说文解字》是汉代研究经学的重要工具，正如戴震所说的“《尔雅》解释《诗》、《书》，汉儒释经多宗之”，所以十八世纪的汉学家也无不以此作为治经的门径。那么汉学家又是如何利用《尔雅》与《说文解字》来研究经学的呢？限于篇幅，现略举我们所熟悉的两例：

一、惠栋曾经著有《易汉学》一书，学术界都认同此书为追考汉儒易学的代表作。其中列有《九家逸象》一篇，专考乾、坤、震、巽、坎、离、艮、兑八经卦的逸象。惠栋在考证坎卦逸象中说：

> 坎后有八：为宫，朱以为宫商之宫。项曰：宫与穴同象，皆外围土而内居人，陷也，隐伏也，阳在中也。为律，《释言》曰：坎、律、铨也。樊光曰：坎卦水，水性平，律亦平，铨亦平也，坎为水，故古刑法议谳之字皆从水。又为律。《师》初六曰：师出以律。为可，可当为河，坎为大川，故为河。逸象出老屋，河字摩

灭之余，故为可也。或云当为坷，《说文》曰：坷，坎坷也，古文省作可，亦通[28]。

所谓“逸象”，是指《说卦传》所列八经卦正象之外的卦象。如汉代易学家通过卦变、旁通、互体、爻辰、纳甲、飞伏之类解释《周易》所增益之象，故称逸象。惠栋这里所举坎卦的逸象，即为《荀氏九家易》所载三十余种逸象之一。按照传统的解释，坎卦之象为“水”、为“险”，习坎即重险，亦表示水流相续的含义。检之今本《说卦传》也不见坎卦有“律”、“可”等象。考之《左传》、《国语》，坎卦还有“为夫”之象。如《左传》襄公二十五年：“崔武子见棠姜而美之。使偃取之。筮之。遇困（卦）大过（卦）。史皆曰吉。示陈文子。文子曰。夫从风。风陨不可取也。”杜预认为“坎为中男，故曰夫。变而为巽，故曰从风。”可见坎为夫象，实是由困卦三爻变化而来也[29]。其实，坎卦之“律”、“可”之象未必一定尽合《周易》的原意。然而，惠栋为了证明古代《周易》坎卦确有“律”“可”之象，他运用《尔雅·释言》、《说文》加以证明，从而为解释《周易》之象提供了语言学上的依据，同时也提供了新的取象选择，揭示了研究经学的基本途径。正如《四库全书总目提要》所评价的那样：汉儒之学，不一定尽合《周易》本旨。但当时离古未远，必有所传受。惠栋采辑遗闻，钩稽考证，使学者能够略见汉儒之门径，对易学亦不为无功。

二、《尚书·尧典》开篇“曰若稽古”这四个字，在汉代史书中又写作“粤若稽古”。自孔安国传解释为“顺考古道而行之”后，贾逵、马融、王肃等汉代经学家都无疑义，现在学者一般都认为它是古代史家追记古事开端所使用的惯用语，意思是说：古时候有这么一件事。比如《大禹谟》的“曰若稽古大禹”，《皋陶谟》的“曰若稽古皋陶”。此外，在汉代的纬书《尚书中候》中也不少这样的例子。如《立象》的“曰若稽古帝舜曰重华”、《契握》的“曰若稽古王汤”、《摘雒戒》的“曰若稽古周公旦”等等。戴震则运用《尔雅》与《说文解字》对此作一番新的研究：

戴震案：发端之辞，或言“于”，或言“爰”，或言“粤”，声义相近，《说文》：“粤，于也。审慎之词。”《周书》：“粤三日丁亥。”据

《说文》"粤"为本字,其作"越",或作"曰",并六书之假借。《尔雅·释诂》:"粤、于、爰、曰也。""爰、粤、于也。""粤"、"曰"重出于六书为疏。《尔雅·释言》:"若、惠,顺也。""若"与"如"一声之转,"惠"与"顺"一声之转。《说文》:"如,从随也。""从随"之义引伸之为"顺"为同。篇内"若"字多矣,皆相因无异解,不得合"曰若"二字为发语辞。《召诰》之"越若来三月","越"者发端语辞(徐锴《说文系传》释"粤三月"云心中暗数其日数,然后言之。)"若来三月"则由二月顺数之,至方来之三月也。"若"字宜从古注。"稽古"犹言"考之",昔者凡已往则称"古"、"昔",《盘庚》篇谓前王曰:"古我先王。"《孟子》书谓数日之间为昔者是也。前史所注记,后史从而删取成篇,故发端言"粤若稽古",犹后人言"谨案"云尔,明不敢以臆见爽失其实也[30]。

在戴震看来,首先"粤"或"曰"均是发语词,并无实际意义,而"若"为"顺数"之义,"稽古"则为"考之"之义,所以"曰若稽古 "四字的含义即如后世所说的"谨案"。其次是根据《尚书》文本的互证,"若"与"曰"不当指为一词,也不当与后面的"帝尧"联系成为句。因此戴震对郑玄将"稽"解释为"同",将"古"解释为"天",以为"稽古"即为"同天"提出了批评,认为郑玄"训稽古为同天,于字义全非"。戴震正是根据《尔雅》、《说文解字》的字义解释,从而正确解释了《尚书》"曰若稽古帝尧"一句经文的原意。稍后的焦循也深受戴震解释的启迪,认为郑玄所解释的"同天"不能成为解释《尚书》"稽古"的通例[31]。后来梁启超在总结清代《尚书》学成就时说:"我稍为不满意的,是他们有时拘守汉儒太过。例如'粤若稽古',郑注训'稽古'为'同天',甚可笑,但以出于郑而强从之。"[32]梁启超的这一评价,显然来自于戴震研究《尚书》的见解。

汉学家强调由小学训诂解经的这一经学取向,在十八世纪汉学鼎盛时期得到了学术界的积极回应。如当时对汉学家颇有微词的翁方纲就肯定《尔雅 》、《说文》对于经学研究的重要性。他说:"诂训名物,岂可目为破碎?学者正宜细究考订诂训,然后能讲义理也。宋儒恃其义理明白,遂轻忽《尔雅》、《说文》,不几,渐流于空谈耶。"[33]又如官修《四库全书》不仅将“说经主于明义理，然不得文字之训诂，则义理何自而推”写入《凡例》之中，而且以此作为评判历代经学著作的学术价值，如在惠栋《九经古义·提要》中说：“古人字数无多，多相假借，沿流承袭，遂开通用一门。谈经者不考其源，每以近代之形声，究古书之意旨，穿凿附会，多起于斯。故士生唐、宋以后，而操管摛文，动作奇字，则生今反古，是曰乱常。至于读古人之书，则当先通古人之字，庶明其文句，而义理可以渐求。”再如当时以反汉学著称的方东树，虽然他批评汉学家“言言有据，字字有考，只向纸上与古人争训诂形声”，但是他对汉学家这一经学取向曾经也感叹为“此是汉学一大宗旨，牢不可”，甚至认为“此论最近信，主张最有力，所以标宗旨，峻门户，固壁垒，示信学者，谓据其胜理而不可夺矣”[34]。方东树认为汉学家致力于语言文字研究的方向是准确的，但是他却又认为汉学家的目的是为了“峻门户”“固壁垒”，这显然是他所持有的学术立场所出的判断。晚清汉学家俞樾更将汉学家的这个经学理念明确表述为“义理存乎训诂，训诂存乎文字。无文字是无训诂也，无训诂是无义理也。”可见这一经学理念在十八世纪乃至十九世纪的学术界影响之大。

当然，汉学家通过《尔雅》、《说文解字》来研究经学，并不是说他们完全为了探求经书中语言文字的渊源，或者如方东树所说的与古人训诂争胜而好为立异，而是有着深刻的用意所在，用汉学家的话说就是为了求取“圣人之道”，亦即揭示经书的意义。戴震曾经说：“古故训之书，其传者莫先于《尔雅》，六艺之赖是以明也。所以通古今之异言，然后能讽诵乎章句，以求适于至道。”[35]段玉裁认为：“《说文》《尔雅》相为表里。治《说文》而后《尔雅》及传注明，《说文》及《尔雅》传注明而后谓之通小学，而后可通经之大义。”[36]王鸣盛也说：“经以明道，而求道者不必空执义理以求也。但当正文字、辨音读、释训诂、通传注，则义理自见而道在其中矣。”[37]所谓“道”、“大义”或“圣人之道”，在儒家经书中引述甚多。如《论语》中，道字凡说六十余见，其中孔子论道多达四十余次，而且含义也不完全相同。有以道作为原始道路之义的，有以道比喻为先王政治主张的，有以道引申为思想学说、世界观与人生观的等等。不过，在儒家经书中，还有所谓天道、地道、人道的区分。《荀子·儒效》说：“道者，非天之道，非地之道，人之所以道也。”这表明儒家经书中所说的道，实际上就是人道，是指人们应该遵循的法则，即仁义，所以唐代韩愈认为儒家仁义之道就是由尧舜传下来的先王之道。宋代学者胡瑗认为圣人之道就是“明体达用之学”。他说：“圣人之道，有体、有用、有文。君臣父子，仁义礼乐，历世不可变者，其体也。《诗》《书》史传子集，垂法后世者，其文也。举而措之天下，能润泽斯民。归于皇极者。其用也。……遂以明体达用之学授诸生。”[38]意思是说，圣人的道理，有体、有用、有文。君臣父子，仁义礼乐，自古以来不变的部分是体。用来治理天下，能使人民安居乐业，服从帝王领导的就是用。所谓“明体”，就是认识儒家经书的旨义，亦即“君臣父子、仁义礼乐，历世不可变者，其体也”；所谓“达用”，就是经世致用，“举而措之天下，能润泽斯民，归于皇极者，其用也”。换言之，“明体”可谓“内圣”，亦即“瓢思颜子心还乐”；“达用”可谓“外王”，亦即“琴遇钟君恨即消”。可见，古代儒家学者对圣人之道的理解并不是一致的。明末清初，作为体现儒学主要价值观念的“内圣”与“外王”之间的均衡，已被“天崩地解”的历史剧变所打破，内圣的价值追求已超越了传统的外王需求，对政绩功业的强烈愿望几乎为正心诚意的个人操守所涵盖，理气心性之学也因此迂阔艰涩而为人鄙视。当时学者都深刻意识到这是关切政治道德化的内圣与轻视客观事功的外王的冲突所带来的社会效应。于是，从理学回归原始儒学，在儒家经书中寻求新的经世良方，成为学者的普遍愿望。如顾炎武直言：“凡文之不关于六经之指，当世之务者，一切不为。”[39]“君子之学，以明道也，以救世也。”[40]黄宗羲就说：“孔子之道，非一家之学也，非一世之学也。天地赖以常运而不息，人纪赖以接续而不坠。世治则巷吏门儿莫不知仁义之为美，无一物之不得其生，不遂其性。世乱则学士大夫风节凛然，必不肯以刀锯鼎镬损立身之清格。”[41]他们认为自孔子以后，原始儒学所弘扬的经世精神，经过宋儒的发挥，已被轻视功利、空谈义理的性理之学所取代，儒学完全丧失了儒家以天下为己任的那种历史使命和社会责任感，主张向传统的“六艺”之学回归，弘扬儒家以天下为己任的经世之道。十八世纪的汉学家所谓的由小学以通经明道，同样也是主张经世致用之道。现在来看看汉学家是怎样论述的：惠栋说：

汉儒以经术饰吏事，故董仲舒以《公羊》折狱，平当以明《禹贡》治河，皆为后世法[42]。

钱大昕说：

唯经之义取乎治丝，制布帛者，聚众丝而积之，使其有条不紊，是之谓。然后以丝纬之，纵横往复，杂而不越，而文采生焉。《易》、《书》、《诗》、《礼》、《春秋》，圣人所以经纬天地者也。上可以淑世，次之可以治身，于道无所不通，于义无所不该[43]。

戴震也说：

士不通经则材不纯，识不粹，不足以适化理。故用经义选士者，欲其通经；通经欲纯粹其材识，然而可俾之化理斯民，克敬其事，供其职。

汪中也说：

中尝谓有志于用世，而耻为无用之学。故于古今制度沿革，民生利弊之事，皆博问而切责之。以待一日之遇，下至百工小道，学一术以自托，平日则自食其力，而可以养其廉耻，即有饥馑流散之患，亦足以卫其生，何苦耗心劳力，饰虚词以求悦世人哉！

上述所引，仅仅是较具代表性的几个例子。如果我们检核一下当时汉学家们的著作，不难发现，这种浓厚的经世情怀正是汉学家致力经学研究时的共同初衷，诚如汉学家桂馥所概括的那样"士不通经，不足致用，而训诂不明，不足以通经"[44]。以往的学术界存有一种普遍的看法：认为汉学家的经学研究是一种纯汉学式的学术研究，他们淡化了清初学者那种积极的"经术经世"的思想意识，成为不问世事的蠹鱼之学。用章太炎的话来说，就是“家有智慧，大凑于说经，亦以纾死”[45]。其实，这是一种误解。十八世纪汉学家以小学通经明道、恢复传统文化为己任，实际上是在当时文化专制主义格局下通过坚守经学的经世致用精神所选择的唯一理想途径。从这一意义上说，它与明清之际汉学初始形态的经学信仰的转变也是相吻合的。

十八世纪汉学的由小学以通经明道的经学表征，是汉学家力图颠覆宋明以来研究经学的理学化模式，重新确立汉唐经学权威的尝试。当然，宋明理学化的经学研究，在中国经学史上也其特定的地位、价值，曾对中国儒家文化发展产生过重大的影响。然而从刘敞的《七经小传》“好以己意改经，变先儒淳实之风者”，经过王安石所作《三经新义》不囿成见，独树新说，再到二程“汉之经术安用，只是以章句训诂为事”，理学家的经学研究，终于抛弃了“五经”，编写了“四书”，注重经书意义的发挥，聚焦于探讨天地万物之理，基本上偏离了汉唐以来严守“家法”、“师法”与“疏不破注”的经学诠释传统，从而走上了一条新的治经途径，即从训诂之学转向义理之学，习惯上人们将其称为“宋学”。由于不再强调小学在解经方面所具有的价值，并且将个人的读经体会代替为经书的意义，导致了师心自用的弊端，“我注《六经》”转变为“《六经》注我”，这给后来解经者带来很多的困惑与障碍，所以皮锡瑞将其描述为“经学变古时代”，显然是有其历史理由的。因此，十八世纪汉学家主张由小学以通经明道，客观上是尊重经学传统，将义理之学返回训诂之学，但是主观动因正是基于他们对宋儒解经的鄙视，诚如惠栋所说的“训诂，汉儒其词约，其义古。宋人则词费矣，文亦近鄙”[46]。于是汉学家结合明代中叶以来的经学考据成果，着眼于从经学的视角批判宋学，对宋人经学拨乱返正，这又成为十八世纪汉学鼎盛时期的又一个重要经学表征。

第三节　批评经学理学化

中国的经学，经过唐末五代，随着政权的更迭、佛学的盛行，传统经学备受冷落。据《五代会要》记载，后唐天成五年(930)，礼部贡院奏：“近代已来，此道稍坠，今且上从元辅，下及庶僚，虽百艺者极多，能明经者甚少。”[47]北宋建立以后，为了追效三代的儒家学说，倡导尊孔读经，传统经学也因此得到了光大，从而也就形成不同的经学流派。如以王安石为代表的“荆公新学”，以司马光为代表的“温公朔学”，以三苏为代表的“蜀学”，以陈亮、叶适为代表“浙学”等等。不过，从总体上说，宋人的经学研究，不出“文以载道”与“经以明理”两大端，他们汲取了佛道学理，注经的“老庄化”、“禅语化”、“语录化”是其主要特征，从而也就造成了儒家经书意义的理学化诠释。汉学家钱大昕说：“魏、晋人言老、庄，清谈也；宋、明人言心性，亦清谈也。孔子言‘吾道一以贯之，忠恕而已矣’，孟子言‘良知良能，孝弟而已矣’，故曰‘道不远人’。后之言道者，以孝弟忠信为浅近，而驰心于空虚窈远之地，与晋人清谈奚以异哉?”[48]诚如周予同先生所说的：“宋学以孔子为哲学家，以《六经》为孔子载道之具，所以偏重心性理气，其特色为玄想的，其流弊为空疏。”[49]也正因此，汉学家将汉儒治经与宋儒治经的不同特点作了一番比较。如惠栋说：“汉有经师，宋无经师。汉儒浅而有本，宋儒深而无本。有师与无师之异，浅者勿轻疑，深者勿轻信，此后学之责。”[50]汉儒治经，为训诂章句之学，守家法、师法，虽浅而有本。宋儒治经，为发明义理之学，逞臆说经，横发议论，虽深而无本。如若求经典本意，反而汉儒较为接近。所以惠栋接着说：“浅者勿轻疑，深者勿轻信。”同时，惠栋还将宋儒“借经以明乎理”比之为“郢书燕说”，他先引韩非《外储说》的寓言，又引其父惠士奇的评论，于宋人说经之弊颇中肯綮：

> 郢人有遗燕相国书者，夜书，火不明，因谓持烛者曰：“举烛。”云而过书“举烛”。“举烛”，非书意也。燕相受书而说之曰：“举烛者，尚明也。尚明也者，举贤而任之。”燕相白王，大悦，国以治。治则治矣，非书意也。今世学者多似此类。
>
> 家君子曰：“宋人不好古，而好臆说，故其解经皆燕相之说书也。”[51]

惠栋以为，“宋儒经说，不惟不及汉，且不及唐，以其臆说居多而不好古”[52]，钱大昕也认为：“宋贤喜顿悟，笑学问为支离，弃注疏为糟粕。谈经之家师心自用，用以俚俗之言诠说经典。”[53]戴震则认为“宋人则恃胸臆以为断，故其袭取者多谬，而不谬者反在其所弃”，又说“宋以来儒者，以已之见，硬坐古圣贤立言之意”[54]。据笔者考察，在汉学家对宋人理学化经学的众多批评之中，大致集中在两个层面。一是除了梳理汉儒各家源流、勾勒其经学特点之外，亦在祛除宋儒经学中种种臆说的流弊。二是从经学理论上驳斥宋儒“经以明理”的偏颇。关于第一个层面，我们可以惠栋、钱大昕等人对宋代易学中的所谓“河图洛书”、“先天后天”等图书易学的批评为例。关于第二层面，我们则以戴震《孟子字义疏证》运用考据的形式反思宋儒“经以明理”扭曲古经义理的正当性为例。现分述如下：

一、辨析“河图洛书”、“先天后天”图书易学之臆说

在中国易学史上，素有象数、义理两个相对立的学派。提倡卜筮，追求《周易》的神秘性质，夸大象数在易学研究中的作用是象数易学的特征。以发掘《周易》的思想内容，摒弃卦爻象的分析，则是义理派的治《易》原则。自南宋末至元明，程朱理学既为官学，又处于学术独尊的地位。儒家经典成为理学家藉以阐发个人思想的工具，尤其是对六经之首的《周易》研究，先后创立了太极、河洛、先天、后天等说，使古老的《周易》更增加了神秘色彩。

“河图洛书”，语出《周易·系辞上》说：“河出图，洛出书，圣人则之。”《尚书·顾命》也说：“天球、河图。”古代一些儒家学者为了神化儒家经典，宣称《周易》、《洪范》两书最早的起源是所谓“河图”与“洛书”。如孔安国《传》称“河图”即八卦。郑玄则认为帝王圣贤者受命之端。传说伏羲氏时，有龙马背负《河图》从黄河出现；又有神龟背负《洛书》从洛水出现，伏羲根据这种“图”与“书”画成八卦，后经周文王演为六十四卦，此即《周易》的起源。一说大禹治洪水时，天帝赐给他《洪范九畴》，即《尚书·洪范》，汉代刘歆认为《洪范》就是《洛书》。对于这一类传说，汉唐大多数儒者并未认真理会。但到了宋代，这些传说便酝酿出一种新的易学流派，即所谓“图书派易学”。比如北宋刘牧、阮逸等人都确信《周易》起源于《河图》、《洛书》，并将其改造为由黑白点子组合而成的数字方阵的《河

图》、《洛书》，南宋朱熹撰写《周易本义》一书，卷首便列《河图》、《洛书》，重申《河图》、《洛书》出自伏羲。图书派易学在此后的学术界影响极为深远，清初黄宗羲、黄宗炎、毛奇龄、胡渭等学者对此派易说纷纷提出质疑，认为《河图》、《洛书》全属附会拼凑，不足为训。惠栋对《河图》、《洛书》的辨析，也正是继其余绪。他说：

> 宋姚小彭氏曰："今所传戴（按：戴，原文误作"载"。）九履一之图，乃《易·乾凿度》九宫之法。自有《易》以来，诸易师未有以此为《河图》者。至本朝，刘牧以此为《河图》，而又以生数就成数，依五方图之，以为《洛书》。又世所传关子明《洞极经》，亦言《河图》、《洛书》，如刘氏说而两易之，以五方者为图，九宫者为书。案：唐李鼎祚《易解》尽备前世诸儒之说，独无所谓关氏者。至本朝阮逸，始伪作《洞极经》，见后山陈氏《谈丛》之书，则关氏亦不足为证矣。"
>
> 栋案：九宫之法，一、二、三、四、五、六、七、八、九，一北，九南，三东，七西，四东南，六西北，二西南，八东北，五居中，方位与《说卦》同。《乾凿度》所谓四正四维皆合于十五，是也。以五乘十，即大衍之数，故刘牧谓之《河图》。阮逸撰《洞极经》，以此为《洛书》，而取扬子云一六相守、二七为朋之说，以为《河图》。……然康成、仲翔未尝指此为河图，则造此图以为伏羲时所出者，妄也[55]。

在惠栋看来，古代传说中的《河图》、《洛书》是不存在的，《乾凿度》所载九宫之法，虽然为郑玄和虞翻所接受，但是他们是指"大衍之数"。如郑玄注释"大衍之数"所说的"天一生水于北，地二生火于南，天三生木于东，地四生金于西，天五生土于中。阳无偶，阴无妃，未得相成。地六成水于北，与天一并，天七成火于南，与地二并，地八成木于东，与天三并，天九成金于西，与地四并，地十成土于中，与天五并。"虞翻同样也说"一六合水，二七合火，三八合木，四九合金，五十合土。"这些都是以五行学说来论证一年四季的变化，从未将其确定为《河图》、《洛书》，而是将《河图》、《洛书》视为一种有文字写成的书籍。如郑玄注释《易·系辞传》"河出图、洛出书"一语时引《春秋纬》说："河以通乾出天苞，洛以流坤吐地符。河龙图发，洛龟成书。《河图》有九篇，《洛书》有六篇。"因此，《易纬》提供的九宫之法，尽管与郑玄的"大衍之数"相吻合，但是它仅仅表征为一种历法的象征意义。也正因为如此，惠栋对《河图》、《洛书》予以彻底否定："桓谭《新论》曰：《河图》、《洛书》俱有兆，然而不可知，乃知汉以来并未有图书之象。夫子曰：河不出图，东序河图，后人安得见之？虽先儒皆信其说，吾不敢附和也。"[56]

所谓"先天"、"后天"，语出《易·文言传》："夫大人者，与天地合其德，与日月合其明，与鬼神合其吉凶；先天而天弗违，后天而奉天时。"这里的"先天"、"后天"的意思，一般是指"在天时之先行事"、"在天时之后行事"。北宋邵雍易学以讲"先天图"、"后天图"为主要特点。南宋朱震则称其学传自五代宋初之际的道士陈抟[57]。邵雍认为，以乾、坤、坎、离为四正卦的图式是由伏羲所画，而汉代易学中以坎、离、震、兑为四正卦的图式是由文王所画，前者称"先天图"，后者称"后天图"。邵雍又用该图的象数原理推演自然和人事的种种变化，由此开创一条寻绎中国天人之学的新途经。其易学的理论特色表现为"尊先天之学，通画前之易"，突破了《周易》原来的框架结构。依据邵雍所发明的先天象数重新编织了一套井然有序、层次分明的易学体系，这个先天之学体系的重点在于论证《易》所体现的自然之道。邵雍认为，《易》之道先于《易》之书而有，是画前之《易》。这种画前之《易》是宇宙生成的本原，是一种自然之道，它存在于天地之间，成为万物所遵循的客观规律。文王所作之《易》即今之《周易》，则是对此自然之道的一种主观上的认识和理解，加上了人为的因素，是一种适合于人的实用目的编织而成的符号系统，而非自然之道本身，故为后天之学。后天之学由先天之学而来，先天之学是第一性的，后天之学是第二性的，先天明其性，后天明其用，先天之学为心法，后天之学则是心法所显现的外在的形迹，因而易学应以这种先天之学作为主要的研究对象[58]。对此，惠栋力辟"先天"、"后天"易说之谬妄，他说："半农先生《易说》曰："道家创为先天、后天图，以先天为伏羲卦，后天为文王卦，妄也。即以乾、坤卦言之，乾为寒、为冰，南非寒冰之地，曷为而移在南？坤为土，王四季，在中央。西南者，中央土也，曷为而移之北乎？且天地定位，定位者，天尊地卑而乾坤定，卑高以陈而贵贱位也。如道家言，先天乾在南，后天在西北，先天坤在北，后天在西南，是天地无定位矣。又北极在上，南极在下，乾南坤北，是天在下，地在上也。谓之'定位'可乎？以此知道家之说妄也。"[59]半农先生，即惠栋的父亲惠士奇，他曾著有《易说》六卷，以崇尚汉《易》著称，专驳魏晋王弼以来空言说《易》之弊。惠栋则在此基础上根据《周易》的八卦所择方位与道家的不同，认为先天、后天图创自道家，指出"道家所载乾坤方位，亦与先天同，而以合之《参同契》，是不知《易》"。同时还指出道家还有汉宋的区别，所以他接着分析说："《庄子》曰："至阴肃肃，至阳赫赫，肃肃出乎天，赫赫发乎地，两者交通成和而物生焉。"乾位西北，故"至阴出乎天"；坤位西南，故"至阳发乎地"。"道家之老庄，犹儒家之孔孟。乾南坤北，其说不合乎老、庄，必出于后世道家之说。故未闻乎古，至宋而后盛行焉。以后世道家之说，托为伏羲而加之文王、周公、孔子之上，学者不鸣鼓而攻，必非圣人之徒也。"正是从维护《周易》的纯正性出发，惠栋在辨证了先天、后天图为道家之学后，接着又力辨道家所谓的"先天之学"之谬。他说：

> 圣人作八卦，所以奉天时，道家创为先天之学而作先天八卦位，托之伏羲，诞之甚，妄之甚。所为先天者，两仪未判，四象未形，八卦何从生？天地定位，乾坤始作，六子乃索，八卦相错，阴阳交感，山泽气通，水火雷风，各建其功，明明后天，安得指是为先天哉！然则卦无先天乎？曰：有。一卦各有一太极，"圣人以此洗心，退藏于密"，所谓"先天而天弗违"也。学者不知来，观诸往；不知先，观诸后，知后天则知先天矣。舍后天而别造先天之位，以周、孔为不足学，而更问庖牺，甚矣！异端之为害也，不可以不辟[60]。

惠栋认为，宋儒提倡"先天之学"、"圣人心法"，实际是一种先验之学。他辨析"先天、后天图"，目的就在于破除这种先验之学。如果说有所谓"先天"（客观）的规律的话，这规律便依存于具体的事物当中，所谓

“一卦各有一太极”，人们也只能通过具体事物推求其规律，所谓“知后天则知先天矣”。惠栋这种对“先天”之学的认识，也是乾嘉学人的共识。如焦循也认为伏羲画卦“意质而明”，指出伏羲为“知识未开之民图画八卦以示之，而民即开悟，遂各尊用，嫁娶以别男女，而知父子，人伦之道由此而生。乾坤生六子，六子其一父母，不可为夫妇，则必相错焉，此六十四卦所以重也。”批评先后天之学为“或以精微高妙说之，则失矣”，“彼先天心法之精微，岂伏羲之教哉”[61]。与惠栋、焦循一样，钱大昕及稍后的江藩也认同胡渭《易图明辨》的见解，认为《诗》、《书》、《礼》、《春秋》等儒家经典都应该有相应的图，才是合理的，而只有《易》不能有图，那是因为六十四卦、二体、六爻之画本身就是图。事实上，《周易》根本不存在有所谓先天、后天的区别。《河图》所提供的易象，自古无传承，《洛书》之文，也仅见于《尚书·洪范》，最初也不是用来解释《易》的，所以认为以图解释《周易》，其危害有三：

> 《洪范》古圣所传，汉儒专主灾异，以瞽史矫诬之说，乱彝伦攸叙之经，害一。《洛书》之本文，具在《洪范》，宋儒创为黑白之点，方圆之体，九十之位，且谓《范》之理通于《易》，刘牧以九为《河图》，十为《洛书》，蔡元定两易其名，害二。《洪范》原无错简，后儒任意改窜，移“庶政”“王省惟岁”以下为“王纪”之传，移“皇极”“敛时五福”至“作汝用咎”及“三德”“惟辟作福”以下，为“五福”、“六极”之传，害三[62]。

与此同时，惠栋又作《周易述》，以荀爽、虞翻为主。并且参照郑玄、宋咸、干宝诸家之说，融会其义，自己作注自己疏正，发挥汉儒的象数易学。此后张惠言、姚配中、刘逢禄等人，也不遗余力地表彰汉儒的象数易学。刘师培说：“武进张惠言治《易》亦宗虞、郑，作《周易虞氏义》、《郑氏义》，并作《周易易礼》，《虞氏消息》。姚佩中、刘逢禄、方申宗其义。佩中作《周易姚氏学》，逢禄作《易虞氏五述》，申作《易学五书》，咸以象数为主，或杂援谶纬，然家法不背汉儒。”[63]

与惠栋、钱大昕、焦循等汉学家不同，戴震则对图书易学的看法却有所保留。如他认为："朱子曰，以《河图》、《洛书》为不足信，自欧阳公以来已有此说，然终无奈。《顾命》、《系辞》、《论语》皆有是言，而诸儒所传二图之数者，虽有交互，而无乖戾，顺数逆推纵横曲直，皆有明法，不可得而破除也。至如《河图》与《易》之天一至地十者，合而载天地五十者，有五之数，则固《易》之所自出也。《洛书》与《洪范》之初一至次九者，合而具九畴之数，则固《洪范》之所自出也。又读《大戴礼》书又得一证甚明，其《明堂》篇有二九四七五三六一八之语，而郑氏注云，法龟文也。然则汉人固以九数者为《洛书》也。王应麟曰，《大戴礼》卢辨注非郑氏。朱文公引《明堂》篇，郑氏注云法龟文，未考此史也。"[64] 可见，如何理解《河图》、《洛书》，戴震基本立场是维护图书易学与朱熹的。虽然他认为朱熹未能精考史料，以至未能辨识《大戴礼》的注释者为谁，但是他认同朱熹《易学启蒙》中所载邵雍所传的先天、后天图都可以用来解释易学理论的观点，这显然与清初黄宗羲、毛奇龄、胡渭乃至惠栋、钱大昕等汉学家对图书易学的批判是背道而驰的。当然，戴震对于图书易学所持有的暧昧态度，并不是说他放弃了对宋儒经学理学化的批判。恰恰相反，他是十八世纪汉学家中批判宋儒"经以明理"最为激烈的代表性人物。

需要指出的是：以"先天说"与"太极图说"为代表的"太极"之学，经过乾嘉汉学家的穷源竟委，考证辨驳，虽然在一定程度上失去了乾嘉易学界的主导地位，但是并非完全得到学人的认同。恰恰相反，他们对"太极"之学仍予以支持和肯定。如秦瀛认为"邵子从千百年后更取图书以阐先圣之秘，正足与大易象数相辅而行，而亦即《洪范》衍畴之旨，此《皇极经世》之所为作也"[65]。任兆麟则认为"孔、孟与周子、朱子之言一也，《河图》、《洛书》与太极同一理也"[66]。稍后的方宗诚说："孔子曰形而上者谓之道，形而下者谓之器，不曰有形为器、无形为道，而曰形而上、形而下，其善形容道体者。夫周子之图，其默契孔子之旨也哉。"[67] 乾嘉学人对宋儒"图书"易学的上述二种态度，都表明：无论是学宗汉儒的汉学家，或者是崇尚宋儒的宋学家，他们企图通过批评宋儒"图书"易学这一途径来完成向汉易探求的转换，同时对其"太极"之学所显现的思想内含也着力予以维护，其"图书"易学本身已由文献的真伪诘辨，逐渐转向阐发其思想内涵的价值，并且从哲学的角度予以重新审视"图书"易学，这也正是在清代乾嘉易学史上一个引人注目的新动向。

汉学家对宋儒“图书”易学的二种截然不同的态度，也同样表明“图书”易学作为一种新的象数易学形式，虽然不断地受到学术界的抨击，但是仍然活跃在学术界。乾隆初年，德沛所著的《易图解》，卷首即取朱熹《周易本义》卷首各图。杨方达的《易学图说会通》与《易学图说续闻》等汇辑、收录了宋元以来各家的”图书”易学的论著，亦以朱熹易图为主。此外如江永的《河洛精蕴》、梁锡玙的《易学启蒙补》等也都继承了“图书”易学的传统。乾嘉之际，张惠言所撰写的《易图条辨》，所辨内容有《河图》、《洛书》、刘牧太极生两仪天地之数图、朱熹启蒙图、太极图、赵撝谦天地自然图、赵仲全古太极图等等，较之清初学者对“图书”易学的质疑与抵制，更为清晰，虽然有利于恢复《周易》的本来面目，但是同样可视为对“图书”易学的一种传承。

不过，“图书”易学在乾嘉之际也出现了异化，那就是汉学家虽然批评宋儒“图书”易学是一种“《易》外别传”，但是却不反对以画图解《易》，从而表现出传统象数易学图式化的趋向。如乾嘉汉学家对郑玄易学的研究就是突出的一例。众所周知，为郑玄的易学作图解，可以追溯到宋儒朱震的《汉上易传》，他根据郑玄《周易注》中的实例，作《律吕起于冬至之气图》和《十二律相生图》，祝泌的《观物篇解》也载有《八卦交为十二辰图》。对此，乾嘉汉学家也纷纷为郑玄“爻辰”取象的易学特色作图解。如惠栋作《十二爻辰作图》以纠正朱震的错误，又作《爻辰所值二十八宿图》，《四库全书总目》赞其为“考核精密，实胜原书”。王昶则从乾坤至既济、未既的六十四卦的每一卦的六爻与六辰错杂相配，一一复原，作《六十四卦爻辰分配图》[68]。等等。郑玄的易学研究是否原来就有图，现在难以考实。然而在乾嘉学人看来，以画图的方式来解读郑玄的“爻辰”取象说，最能体现郑玄易学的特色，诚如惠栋所说：“朱子发卦图合郑前后注合而一之，学者几不能辨，余特为改正，一目了然矣。”[69]何秋涛说：“定宇惠氏以爻辰及值宿分为二图，皋文张氏合而为一，今按惠图太略，张氏增之是已。然考郑康成传费氏易，费氏有《周易分野》书，虽不传而《晋书·天文志》注及《开元占经·分野略例》皆引其宫度之说。自应据以立图，张图乃用陈卓所定宫度，既在费氏之后，又乖郑君之旨，于义未安。

今故改定兹图。其八卦八风方位易明，图不复载，增十二次之名，与钟律节气相比附，庶使郑氏一家之学了若指掌，览者详之。”[70]这表明，乾嘉汉学家研究郑玄易学是画图结合《易》注入手的，而画图的本身也呈现出一种与宋儒迥然不同的图式化走向。又如焦循所撰写的《易图略》，全书首列五图：旁通图第一、当位失道图第二、时行图第三、八卦相错图第四、比例图第五，从而创立了“旁通”、“相错”、“时行”等法通释全《易》。据阮元《通儒扬州焦君传》介绍：旁通者：在本卦初与四易、二与五易、三与上易。本卦无可易，则旁通于他卦，亦初通于四、二通于五、三通于上。先二五，后初四、三上，为“当位”。不俟二五，而初四、三上先行，为“失道”。《易》之道，唯在变通。二五先行而上下应之，此变通不穷者也。或初四先行，三上先行，则上下不能应，然通变而通之，仍大中而上下应。如《乾》四之《坤》初，成《小畜》、《复》，失道矣。变通之，《小畜》二之《豫》五，《姤》二之《复》五，《复》初不能应，《姤》初则能应，《小畜》四不能应，《豫》四则能应。《坎》四之《离》上，成《井》、《丰》，失道矣。变通之，《井》二之《噬嗑》五，《丰》五之《涣》二，《丰》上不能应，《涣》上则能应，《井》三不能应，《噬嗑》三则能应，此所谓“时行”也。“比例”之义，出于“相错”。如《睽》二之五为《无妄》，《井》二之《噬嗑》五亦为《无妄》，故《睽》之“噬肤”，即《噬嗑》之“噬肤”。《坎》三之《离》上成《丰》，《噬嗑》上之三亦成《丰》，故《丰》之“日昃”，即《离》之“日昃”。《丰》之“日中”，即《噬嗑》之“日中”。《渐》上之《归妹》三，《归妹》成《大壮》，《渐》成《蹇》。《蹇》《大壮》相错成《需》，故《归妹》“以须”之，即需也。《归妹》四之《渐》初，《渐》成《家人》，《归妹》成《临》，《临》通《遯》，相错为《谦》《履》，故“眇能视，跛能履”。《临》二之五，即《履》二之《谦》五之比例也。阮元在文中所介绍的“旁通”、“相错”、“时行”、“当位”、“失道 ”和“比例”等法则，事实上就是焦循研究《周易》的图式化。再如崔述的《易卦图说》，全书主要分“易卦画图”、“易卦次图”、“易十二卦应十二月图”三部分。其自序曰：“近世学者，谈《易》者颇多，余窃怪之。尝试举以问人彖爻之词与十翼，何人所作？则曰彖词文王作，爻词周公作，十翼孔子作也。问其何以知之？则曰朱子《本义》云尔。问朱子何以知之？则瞠目不能对也。此其最浅近者，犹且如是，若欲通于《易》理，知圣人所以命卦词之意，吾恐其难也。余家世传《周易》，至余凡四世矣。然余独未敢轻谈《易》，何者？圣人之义蕴宏深，固非后学所能轻窥也。虽然读《易》有年矣，于先儒之说，亦间有一二未安者，初不敢自谓是，数十年来，盖屡思之久而终不能易所见。《考信录》既成，乃取平日所见一二，绘为图而系以说，以待后世通于《易》者，正其得失焉。”由此可见，焦循、崔述等人的以画图解《易》，已不再囿于对宋儒“河洛图书”、“先天后天”等“图书”易学的路数，而是尝试以画图来揭示《周易》与《易传》之间的内在联系与原始本意，从而也就从本质上颠覆了宋儒的“图书”易学，虽然貌似回归传统的象数之学，事实上却是创拟了一种有别于宋儒“图书”易学的新“图书学”模式，所以焦循的座师英和称其易学为“非列国、非汉、非晋唐、非宋，发千古未发之蕴，言四圣人之所同然之言，是直谓之《周易》可焉”[71]。从这一意义上说，乾嘉汉学家以图解《易》已呈现出对宋儒“图书”易学的异化。

乾嘉汉学家对宋儒“图书”易学所体现的辨析、继承与异化，一方面丰富了传统易学的象数思维。在易学史上，人们每每借助《易传》提供的庖牺氏“仰则观象于天，俯则观法于地”的话来论证八卦与六十四卦卦象起源与产生，然而对其由来则语焉不详。于是通过画图结合爻辞内容进行观察总结，再加上个人的比附发挥，虽然带有明显的牵强附会痕迹，但是终究提升了人们探索易学象征宇宙自然在阴阳化育沟通中生生不息的古代宇宙图式演化的思维，“画图立意”与“立象尽意”具有相同的思维模式与易学价值，这不仅意味着是历史的，同时也意味着是现在和将来的。另一方面也深化了清代易学的研究，使其发展的脉络更为清晰可辨，从而为我们今天重新评估清代的易学具有积极的借鉴意义。

二、批判宋儒解释经学的理学化

古代儒家的典籍，在汉代被尊为“经”之后，经书的解释形态就是通过分章析句地分析、注释儒家经书，从而探索经书中蕴含的“微言大义”，形成了所谓的“章句之学”。它的特点是重视训诂，对经书的意义少有发挥，以至《尧典》二字，至三万余言，终不得要领，儒生毕生治经也难以通经。到了宋代，学者汲取了道家与佛家的思想资源与方法，突破了汉唐以来章句式的解释经书的方法，沉潜涵泳，体悟经书义理，如张载所说的："义理之学，亦须深沉方有造，非浅易轻浮之可得也。"[72]这种以探究道德形而上之道的义理之学，固然贡献了诸如"太虚"、"气化"、"天理、""理一分殊、"心即理"等哲学范畴与命题，有利于倡导一种新的学风，但是一味揭示经书中的性命义理，轻视章句考证，强调明经的目的是为了达理，所以尽管他们对《五经》仍然维持着高度的崇敬，但是经学研究不可避免地出现了理学化的顷向，甚至以理学取代经学。如程颐说："为学，治经最好。苟不自得，则尽治《五经》，亦是空言。"[73]"先须识义理，方始看得经"[74]。朱熹也说："读书之法，须识得大义，得其滋味。没要紧处，纵理会得也无益。大凡读书，多在讽诵中见其义理。"[75]也正因此，清初一些学者对经学的理学化纷纷提出批评。如顾炎武就提出了"经学即理学"的著名观点[76]，而十八世纪汉学鼎盛时期的汉学家则可谓口诛笔伐。如惠栋就深嫉经学理学化的"不习六艺之文，不考百王之典"为凿空之说，甚至认为"宋儒之祸，甚于秦灰"[77]，钱大昕认为"宋贤喜顿悟，笑问学为支离，弃注疏为糟粕，谈经之家，师心自用，乃以俚俗之言诠说经典"[78]，段玉裁说："宋儒讥训诂之学，轻语言文字，是欲渡江而弃舟楫，欲登高而无阶梯也。"[79]如果说汉学家的这些批评还只是停留在一般的汉宋解经的优劣层面上的话，那么他们的重点主要落实在辨析"经以明理"。如惠栋说：

理字之义，兼两之谓也。人之性秉于天，性必两兼，在天曰阴与阳，在地曰柔与刚，在人曰仁与义，兼三才而两之，故曰性命之理。《乐记》言天理，谓好与恶也。好近仁，恶近义，好恶得其正，谓之天理。《大学》谓之拂人性。天命之谓性，性有阴阳、刚柔、仁义，故曰天理。后人以天理、人欲相对待，且曰天即理也，尤谬[80]。

又如钱大昕也说：

宋儒谓性即理，是也。谓天即理，恐未然。"获罪于天，无所祷"，谓祷于天也，岂祷于理乎？《诗》云："敬天之怒，畏天之威。”理岂有怒与威乎？又云：“敬天之渝。”理不可言渝也。谓理出于天则可，谓天即理则不可[81]。

在宋儒的人性理论中，每每借助经书中谈论到的“性”或“理”、“天”等概念，通过自己的体认，认为“性即理”、“天即理”，“性”、“理”、“天”是统一的，从而将道德提高到天理、天道的高度来认识，惠栋、钱大昕对宋儒的论述，有赞同，有驳难，他们虽然认同宋儒“性即理”之说，也同意“理”为纯粹至善的道德标准，但是他们否定了“天即理”之说也是显而易见的。换言之，他们对“理”的认识，实际上是将宋儒哲理思辨的思想成分都落实成人与人之间的伦理关系。是根据经文原意而作出的选择，这就剥去了宋儒依附在经书上的那种抽象飘渺的形而上之“理”的合理性解释。对此，戴震所编写的《孟子字义疏证》，即从《孟子》一书中遴选出“理”、“天道”、“性”、“才”、“仁义礼智”、“诚”、“权”等十余字，运用考证的方法，引经据典，加以疏证，进而从学理层面上给以“经以明理”的批判。现略举戴震的《孟子字义疏证》中有关对“道”、“理”等字义的分疏为例。先看他对“道”的分疏说：

道，犹行也。气化流行，生生不息，是故谓之道。《易》曰：一阴一阳之谓道。《洪范》：五行，一曰水，二曰火，三曰木，四曰金，五曰土。行亦道之通称。《诗·载驰》：“女子善怀，亦各有行。”《毛传》云：“行，道也。”《竹竿》：“女子有行，兄弟父母。”郑笺云：“行，道也。”举阴阳则赅五行，阴阳各具五行也；举五行即赅阴阳，五行各有阴阳也[82]。

“道”的初始含义，是指所行之道。许慎在《说文解字》中解释说：“道，所行道也。”如《诗·小雅·大东》：“周道如砥，其直如矢。”在戴震看来，行即是道。不过从上述所引《周易》、《洪范》之文来看，戴震所说的道，实际上是指宇宙万物的自身，一如韩康伯在解释“一阴一阳之谓道”句所说的“道者，何无之称也，无不通也，无不由也，况之曰道”。然而这个道是运动的、变化的，即“气化流行，生生不息”，所以说“所行之道”。

其实，道之训行，并不始于汉代，早在先秦诸子书中已有记载。如《荀子·议兵》："遇敌决战，必道吾所明，必道吾所疑。"王念孙认为此道"当训为行"。此外如《韩非子·五蠹》："舍必不亡之术，而道必灭之事，治国者之过也。"《礼记·礼器》："忠信之人，可以学礼；苟无忠信之人，则礼不虚道。"其中的道字都可以作为行字来解释。为了证明自己所说不诬，戴震考证了汉人毛亨与郑玄对《诗经》中"道"字意义的解释，表明他对道字意义的分疏，既是他"非从事于字义，无由以通其语言"的经学理念，也是他批判宋儒经学理学化武器。再看他对"理"的分疏说：

> 理者，察之而几微，必区以别名也。是故谓之分理，在物之质，曰肌理，曰腠理，曰文理。（亦曰文缕。理、缕，语之转耳）得其分则有条而不紊，谓之条理。孟子称孔子之谓集大成，曰始条理者智之事也，终条理者圣之事也。圣智至孔子而极其盛，不过举条理以言之而已矣。……《中庸》曰："文理密察，足以有别也。"《乐记》曰："乐者，通伦理者也。"郑康成注云："理，分也。"许叔重《说文解字》序曰："知分理之可相别异也。"古人所谓理，未有如后儒之所谓理者也[83]。

"理"的初始含义，是指玉石的条纹。如《荀子·正名》："形体、色、理、以目异。"杨倞注："理，文理也。"许慎《说文解字》中解释说："理，治玉也，从玉，里声。"后由玉的条纹，理的含义也被引申为事物的规律与事件的条理。如《荀子·儒效》："井井兮其有理也。"杨倞注："理，条理也。"《礼记·中庸》所说的"文理密察，足以有别也"，也正说明"文"与"理"是两种不同的条纹，它们相似而又不同，经过仔细辨察，就可以将它们予以区分。然而宋儒对此的解释却大相径庭。如朱熹在解释"理"字时说："未有天地之先，毕竟也只是理。有此理，便有此天地；若无此理，便亦无天地，无人无物。"[84]这就把本来的"纹理"或"条理"之"理"，解释为世界的精神本原了，即所谓的"只是个净洁空阔的世界，无形迹，无情意、无计度、无造作"，从而将经文中的"理"字作了理学化的发挥。可见，戴震对理字的分疏，认为"理"是具体事物的本质，是审察分析具体事物相互区别之名，正是建立在前人的解释基础之上的。值得注意的是，戴震所谓“古人所谓理，未有如后儒之所谓理者也”一句，显然是针对宋儒经学理学化而发的。诚如他在《孟子字义疏证》说：“问：宋儒之言……也，求之《六经》中无其文，故借……之语以饰其说、以取信学者欤？曰：舍圣人言之本指，而以己说为圣人所言，是诬圣。借其语以饰吾之说以求取信，是欺学者也。”[85]梁启超曾经对《孟子字义疏证》作出这样一种评价：“其斥宋儒之糅合儒佛，虽辞带含畜，而意极严正，随处发挥科学家求真求是之精神，实三百年间最有价值之奇书也。”[86]这样一种评价虽然不免有些夸张，但是却也充分说明了戴震对经学理学化所抱有偏见的经学态度。

惠栋、戴震，或者钱大昕等汉学家，无论是祛除宋儒图书易学中种种臆说的流弊，或者是从经学理论上驳斥宋儒“经以明理”的正当性，都是基于他们扬汉抑宋的经学立场所决定的。不过，就经学而言，宋儒的经学理学化，并不完全都是负面意义。首先，就图书易学而言，其经学价值不仅是它接续了已经中断了的汉代以来的象数易学体系，而且是以新的形式还原于象数易学，直接推动了象数易学的复兴。更为重要的是，它在传统象数易学的基础上对《周易》进行了精心的改造与创新。如周敦颐的《太极图》就是通过“太极图”象，来探讨易学中所蕴含的义理，并且又以义理来解释图象，朱熹称他“其宏纲大用，既非秦汉以来诸儒所及，而条理之密，意味之深，又非世学者所能骤而窥也”[87]。全祖望曾经充分肯定邵雍的易说，认为“康节之学。别为一家。或谓《皇极经世》只是京、焦末流，然康节之可以列圣门者，正不在此。亦犹温公之造九分者，不在《潜虚》也”[88]。可见图书易学在中国经学史乃至易学史上的影响之大。

其次，就“经以明理”层面而言，其经学价值也是显而易见的。虽然“经以明理”偏重于经书理论的发挥，但是理学家依据的文献仍然是儒家经书和前人的注疏。如二程《伊川易传》、《春秋传》，胡安国的《春秋传》，朱熹的《诗集传》、《仪礼经传通释》、《周易本义》等等，都是希望通过注释经书的形式，开发圣贤的原意而有所新的发现。如朱熹说：“大抵圣贤之言，多是略发个萌芽，更在后人推究，演而申，触而长，然亦须得圣贤本意。不得其意，则从那处推得出来。”[89]又说：“大抵某之解经，只是顺圣贤语意，看其血脉通贯处为之解释，不敢自以己意说道理也。”[90]朱熹认为经书所载圣贤的话仅仅是某一思想的一种“萌芽”，并未给人们提供出明晰、完整的答案，因此要领悟圣贤的“本意”，就应该顺着圣贤“语意”的思路上加深理解和研究，从而得出与圣贤“本意”相吻合的新的见解。而这样一种新的见解，并不一定非死守汉代的章句训诂之学不可，即所谓“汉之经术安用，只是以章句训诂为事”。但是事实上，理学家并没有完全放弃汉代以来注释经书文本时仍采纳的训诂学传统。如朱熹在注释《礼记·中庸》“文理密察，足以有别也”一句时说：“理，条理也；密，详细也；察，明辨也。”如果我们从朱熹在南宋淳熙二年(1175)编撰《大学章句序》中表彰二程“圣经贤传之指，粲然复明于世”，联系到钱大昕在乾隆中期为惠栋作传，称其《周易述》一书为“汉学之绝者千有五百余年，至是而粲然复章矣”，其间相距恰恰达六个纪左右，而这六个世纪间，也正是展示了传统经学从训诂之学到义理之学、又从义理之学回归到训诂之学的一个互相转换过程。如果说宋儒经学的理学化是尝试跳出汉唐以来经学诠释旧传统的话，那么汉学家同样尝试回归汉唐经学的诠释传统，两者的区别在于，前者是超越传统，后者则是传承传统，在经学价值的评判上具有同等的学术价值与历史价值。

这里需要说明的是，尽管惠栋、戴震、钱大昕等汉学家对宋儒经学理学化抱着鄙夷的态度，然而他们否定的是宋儒摒弃训诂之学而专以性理之学解释经书，并不反对宋儒提倡正心诚意立身制行之学。如惠栋说：“尧、舜，性之也；汤、武，身之也。此先自治而后治人者也。……以《大学》言之，诚意正心，修身规矩准绳也，所谓先自治也；齐家治国平天下，所谓治人也。先诚意正心修身，而后齐家治国平天下，所谓先自治而后治人也。由本达末，原始反终，一以贯之之道也”[91]。《大学》是《礼记》中的一篇，专论儒家修身治国之道的观念，它既是宋儒所尊奉的治国、齐家、修身的理论基础，也是宋儒提倡理想人格的主要经书依据。惠栋对它的认同，正说明他希望将汉儒的训诂之学与宋儒的立身之学统一起来，成为众望所归的大儒，即他所说的“汉人经术，宋人理学，兼之者乃为大儒”[92]。这也是当时众多汉学家相同的理念。如惠栋的再传弟子江藩治学虽然独尊汉学，但对宋学的道德自律却也是倍加推崇。他说：“学者治经宗汉儒，立身宗宋儒，则两得矣。”[93]同时又在《宋学渊源记序》中所列举惠栋之父惠士奇不反宋学为例说："本朝为汉学者，始于元和惠氏，红豆山房半农人手书楹帖云：'六经尊服郑，百行法程朱'，不以为非，且以为法，为汉学者背其师承何哉'！藩为是记，实本师说。"[94]又如刘台拱平生以宋贤之义理涵养身心，而又以汉儒训诂理董经籍，汪喜孙说他"言性天道，发明孔氏微言大义"[95]。钱馥"治宗汉儒，而饬躬则慕宋贤"，一生推重张履祥之学，"拳拳服膺，以至没齿"[96]。钱大昕也称赞朱熹："孔孟已远，吾将安归？卓哉紫阳，百世之师。主敬立诚，穷理致知。由博返约，大醇无疵。山高海深，日丽星垂。浩然元气，人人心脾。庆元党禁，守正靡侈。立德不朽，斯文在兹。"[97]"正心修身、主敬立诚"正是钱大昕认同于宋儒的地方，这也反映了钱大昕治经注重道德修养的思想倾向。王鸣盛在谈到汉、宋二学关系时也说："两家本一家，如主伯亚旅宜通力以治田，醯醢盐梅必和剂以成味也。"戴震的弟子段玉裁虽然终生从事文字音韵训诂之学，但是也竭力称赞朱熹说："朱子集旧闻，觉来裔，本之以立教，实之以明伦敬身，广之以嘉言善行，二千年圣贤之可法者，胥于是乎在。"[98]皮锡瑞说："戴震作《原善》、《孟子字义疏证》虽与朱子说经抵牾，亦只是争一'理'字。"所以他认为戴震、段玉裁等人均"未尝薄宋儒也。"[99]

历史地看，十八世纪的汉学，它本身并不是一种思想而是一种学问，而从事这种学问的主要学者，大部分都来自江南一隅的苏州、徽州、扬州、常州等地，就当时全国学术界而言，也仅仅是占有极少的一部分，而相当一部分学者对宋学基本上还是持有肯定的态度。如上面所提到的段玉裁就认为"今之言学者，身必伦理不之务，谓宋之理学不足言，谓汉之气节不足尚。别为异说，簧鼓后生，此又吾辈所当大为之防者"[100]，钱穆曾以此作为汉学家"其心犹不忘宋儒之理学"的证据[101]。又如当时聚集在四库馆从事编书的那些知识精英们，虽然崇尚汉学的学者占多数，但是他们对宋学也未必一律予以排斥，而是能够较为理性地对待。如被梁启超赞誉为"汉学思想的结晶体"的《四库全书总目提要》的总编辑纪昀就这样评价：

汉儒以训诂专门，宋儒以义理相尚。似汉学粗而宋学精，然不明训诂，义理何自而知。概用诋排，视犹土苴，未免既成大辂，追斥椎轮；得济迷川，遽焚宝筏。于是攻宋儒者又纷纷而起。故余撰《四库全书·诗部总叙》有曰，宋儒之攻汉儒，非为说经起见也，特求胜于汉儒而已。……平心而论，《易》自王弼始变旧说，为宋学之萌芽。宋儒不攻《孝经》，词义明显。宋儒所争，只今文古文字句，亦无关宏旨，均姑置弗议。至《尚书》、《三礼》、《三传》、《毛诗》、《尔雅》诸注疏，皆根据古义，断非宋儒所能。《论语》、《孟子》，宋儒积一生精力，字斟句酌，亦断非汉儒所及。盖汉儒重师传，渊源有自。宋儒尚心悟，研索易深。汉儒或执旧文，过于信传。宋儒或凭臆断，勇于改经。计其得失，亦复相当。惟汉儒之学，非读书稽古，不能下一语。宋儒之学，则人人皆可以空谈。其间兰艾同生，诚有不尽餍人心者，是嗤点之所自来。此种虚构之词，亦非无因而作也[102]。

纪昀并不以汉学家那种征文考献之长讥宋学凿空说理之短，而这种客观地评析汉学与宋学的长处与短处。类似的评论，在《四库全书总目提要》中比比皆是。如评《诗补传》说："先儒学问，大抵淳实谨严，不敢放言高论。宋人学不逮古，而欲以识胜之，遂各以新意说诗。其间剔抉疏通，亦未尝无所阐发。"评朱熹《大学章句》说："考证之学，宋儒不及汉儒；义理之学，汉儒亦不及宋儒。言岂一端，要各有当。"评王植《四书参注》说："先有汉儒之训诂，乃能有宋儒之义理。相因而入，故愈密愈深。必欲扫尽经师，独标道学，未免门户之私。"可见，即使在汉学鼎盛时期，汉学家并不反对宋儒重义理的长处，而批评其思想内容，也非重义理之学之本身。从这一点上来说，汉学家崇尚汉学未必就一定反宋学，诚如钱大昕批评某些浅学之士"说经必诋郑服，论学先薄程朱，呈一孔之明非无可取，而其强词以求胜者，特出于门户之私，未可谓之善读书也。"由此可知，宋学在汉学鼎盛时期也未必完全退潮，而是仍然具一定的空间。

饶有趣味的是，正是在这样的一种学术氛围中，不仅汉学家勤于"考古"，而且那些持有"批汉尊宋"理念的学者，他们似乎也都认同汉学家经学研究中的"考古"情结。如翁方纲就总结汉学说："吾今既知朴学之有益，博综考订，勿蹈宋后诸家之弊，则得之矣。”[103] 又如指责汉学为“守一家之偏”的姚鼐，他对戴震所作的《考工记图注》多加赞誉，认为是“推考古制信多当”[104]。也正因此，对于经书真伪的考证和一味崇古，必然成为十八世纪汉学鼎盛时期的再一个重要经学表征。

第四节　勤于考证与崇古

我们知道，自从明代中叶兴起的考证辨伪方法后，为经学的研究，拓展了新的广阔空间，也使得经学由一种思想信仰体系逐渐转变为一种学术客体。在汉学鼎盛时期，汉学家往往兼有经学家与考据家的二重身份。在他们的经学论著中，可以说大大小小的考证无计其数。如以江藩《汉学师承记》所附《经师经义目录》各经书目为例，其中以“考辨”、“考误”、“考异”、“考原”、“考实”、“考正”等为书名的比比皆是，王国维曾经说：“缘有清一代，考证之风大盛，穷经之方法既定，又得小学史学之助，故其于经学之成功，实非元明之所能及也。”[105] 不过，根据笔者的考察，在汉学家众多的经书考证中，最具指标性意义和最能展现汉学考证实力的则是关于《古文尚书》的辨伪考证。

《尚书》是我国第一部散文集，也是上古历史文献集。《左传》等引《尚书》文字，分别称《虞书》、《夏书》、《商书》、《周书》，战国时总称为《书》，汉人改称《尚书》，意即“上古帝王之书”（《论衡·正说篇》）。《尚书》的真伪、聚散，极其复杂曲折。汉人传说先秦时《书》有一百篇，其中《虞夏书》二十篇，《商书》、《周书》各四十篇，每篇有序，题孔子所编。《史记·孔子世家》也说到孔子修《书》。但近代学者多以为《尚书》编定于战国时期。自秦始皇焚书之后，《书》多残缺。今存《书序》，为《史记》所引，约出于战国儒生之手。汉初，《尚书》存二十九篇，为秦博士伏生所传，用汉时隶书抄写，被称为《今文尚书》。西汉前期，相传鲁恭王拆孔子故宅一段墙壁，发现另一部《尚书》，是用先秦六国时字体书写的，所以称《古文尚书》，它比《今文尚书》多十六篇，孔安国读后献于皇家。因未列于学官，《古文尚书》未能流布。东晋元帝时，豫章内史梅赜献伪《古文尚书》及孔安国《尚书传》。这部《古文尚书》比《今文尚书》多出二十五篇，又从

《今文尚书》中多分出5篇，而当时今文本中的《秦誓》篇已佚，所以伪古文与今文合共58篇。唐太宗时，孔颖达奉诏撰《尚书正义》，就是用古今文真伪混合的本子。南宋朱熹以后，对其中真伪颇有疑议。明清时期关于《古文尚书》的辨伪著作不断问世，其中最具代表性的有四种：一、梅鷟的《尚书考异》；二、阎若璩的《尚书古文疏证》；三、惠栋的《古文尚书考》；四、程廷祚的《晚书订疑》。这里我们主要讨论的是惠栋的《古文尚书考》的特点和价值。

关于《古文尚书》的考辨，我们可以借用以前经常说的"立场、观点、方法"三个概念来澄清一些观念问题。首先，这是关于历史真实性的探究，在研究之前，我们不应预设立场，先入为主地认定《古文尚书》是真还是伪。其次，在研究的过程中，我们一定会形成这样那样的观点的，观点的形成也许不是像数学题那样是被"证明"出来的，但它至少合乎历史的情理和逻辑，并且在研究的全过程中是要被反复检验的。最后，也是最重要的是方法的问题。方法有时并不具有普遍性的意义，反而可能是"一把钥匙开一把锁"，关键是你要了解你要解决的问题的症结所在。因此，在《古文尚书》考辨这一特定的问题上，"立场、观点、方法"三者中，顺序刚好要倒过来，即：方法—观点—立场的顺序。

《古文尚书》考辨的症结在哪里呢？是首先要解决的方法论问题。这个看上去很简单的问题，在明清学者那里摸索了数十百年才逐渐认识清楚。说到底，它包括了这样几个问题：一是分疏历史上出现的几种古文《尚书》，包括西汉时期孔壁《古文尚书》十六篇、民间出现的《泰誓》、张霸《尚书百两篇》，以及东晋梅赜所献《古文尚书》。比较它们的篇数与篇目，排出它们的传承谱系，弄清它们的来历。而判断它们的真伪，最后则落实在对汉代诸大儒如孔安国、司马迁、刘向、刘歆、班固、贾逵、许慎、郑玄等人的学术品格的信任与否上，由此而建立《古文尚书》考辨的逻辑基点。

然而即使经历了同样的研究程序，学者所产生的看法和观点也可能各不相同。如梅鷟认为历史上只有伏生今文《尚书》二十九篇为真，而各种《古文尚书》全都是伪造的。这样一来，司马迁、刘向、刘歆、班固所亲见而纪实的记载也不可信，那历史文献又有那些是可信的呢？这显然是不合情理的。梅鷟虽然花了许多考证工夫，但因预设立场，并从此立场出发作无根据的推断，因而被学者批评为“武断”。阎若璩对司马迁、刘向、刘歆、班固、贾逵、许慎、郑玄等人的学术品格给予了足够的尊重，认为他们所记叙的《古文尚书》十六篇为真，认为梅赜所献之《古文尚书》二十五篇与孔壁《古文尚书》十六篇篇数、篇目不合，且来历不明，从而认定其为伪，在《古文尚书》考辨上确立了正确的逻辑基点。其所著《尚书古文疏证》对所运用的文献资料有较深入、透彻的分析，这是其考证之学的突出优点。但其著作的内容相当庞杂，模糊了《古文尚书》考辨的焦点，又是一个严重的缺陷。

在《古文尚书》考辨上，惠栋所持的逻辑基点与阎若璩是基本一致的。所不同点在于，阎若璩受汉代大儒马融的影响，认为西汉时期民间出现的《泰誓》为伪篇，惠栋则认为此篇不伪。惠栋说：

> 阎氏云“伪《太誓》无《孟子》诸书所引用”，是指谓西汉之《太誓》也。案：西汉之《太誓》博士习之，孔壁所出与之符同，是孔子所定之旧文也。自东晋别有伪《太誓》三篇，唐宋以来诸人反以西汉之《太誓》为伪。阎氏既知东晋之《太誓》是伪作，何并疑西汉之《太誓》亦伪邪[106]？

关于《古文尚书》的考辨，可以分成两个层面：一是考辨方法的层面；二是作伪举证的层面。两者比较，以第一层面更为重要。惠栋《古文尚书考》也正是这样的一种理路，其书分上下两卷，卷上是从方法论意义上确立《古文尚书》考辨的逻辑基点；卷下则依《古文尚书》的顺序指出作伪之处。沈懋德《古文尚书考跋》说：“松厓先生是编，首述孔（安国）氏《古文》五十八篇，次列郑（玄）氏逸《书》二十四篇，次辨孔（颖达）氏《正义》三十三篇，次及梅氏增多之二十五篇，末又即二十五篇之文疏证之。后之论《古文》者，可以无遗憾矣。”跋中“末又即二十五篇之文疏证之”是指关于《古文尚书》作伪举证，此前所述则在于确立《古文尚书》考辨的逻辑基点。在明清时期梅鷟、阎若璩、惠栋、程廷祚四人关于《古文尚书》辨伪的著作中，以惠栋的《古文尚书考》篇幅最小，而理路最为清晰。

伪《古文尚书》的流传有一个过程，但真正达到官学的崇隆地位则自孔颖达的《尚书正义》始。孔颖达《尚书正义》将孔壁《古文尚书》十六篇(以《九共》九篇故又称二十四篇)为“张霸之徒”的伪造。惠栋指出，此《古文尚书》十六篇乃是真《古文尚书》，并非张霸所伪造。东晋梅赜所献《古文尚书》二十五篇才是伪书；吴棫、朱熹、陈振孙、吴澄、赵孟頫等人皆能辨梅赜所献《古文尚书》之伪，却不知孔壁《古文尚书》十六篇(或称二十四篇)为真。而此点乃关系确立《古文尚书》考辨的逻辑基点的大问题。惠栋说：

《正义》曰："前汉诸儒，知孔本有五十八篇，不见孔《传》，遂有张霸之徒于郑《注》之外伪造《尚书》凡二十四，以足郑《注》三十四篇，为五十八篇。"

案：霸所撰《百两篇》，无伪造二十四篇之说。二十四篇之文(《九共》同卷，实十六篇)，刘歆、班固皆以为孔安国所得逸《书》，非张霸《书》也。自东晋二十五篇之文出，始以二十四篇为伪《书》。信所疑而疑所信，后儒所以不能无辨也。(梅氏伪《书》，吴才老、朱晦庵、陈直斋、吴草庐、赵子昂皆能辨之，但不知郑氏二十四篇为孔氏真《古文》耳。)[107]

我们可以这样认为，晋代伪造《古文尚书》的人其学识应该是一流的。但既是造伪，就必定有照应不到之处，从而留下破绽。后世辨伪者要能慧眼如炬，照察这些破绽。在《古文尚书考》卷上中，惠栋也摘出一些他所认为的有力证据，作为他确立逻辑基点的主要理据。今举数例：

1. 今文《尚书·康诰》中有“天乃大命文王殪戎殷”之语，“殪戎殷”三字是翦灭大邦殷的意思。而《礼记·中庸》有“武王缵大王、王季、文王之绪，壹戎衣而有天下”之语。按照惠栋的解释，《礼记·中庸》之“壹戎衣”就是《尚书·康诰》中的“殪戎殷”之意，“殪戎殷”为周之雅言，“壹戎衣”乃齐之方言，《古文尚书》造伪者不知此乃据方言误书，而按照《中庸》此语的字面意思理解为“一着戎衣而天下大定”，于是造《武成篇》时将其抄作“一戎衣，天下大定”。惠栋考证说：

《礼记·中庸》曰："壹戎衣。""壹"读为"殪"；"戎"，大也；"衣"读为"殷"。言周殪灭大殷也。康成注云："齐人言'殷'声如'衣'。虞、夏、商、周，氏者多矣！今姓有衣者，殷之胄与？"高诱《吕览注》云："今兖州人谓'殷'氏皆曰'衣'。"……是则《中庸》之"壹戎衣"，即《康诰》之"殪戎殷"也。梅氏不知"衣"即"殷"字。而于《武成篇》仍用《中庸》之语，云："壹戎衣，天下大定。"斯为赘矣。(《国语》引《太誓》曰："戎商必克"。"戎商"即"戎衣"也。)[108]

2. 伪《古文尚书》二十五篇，有一个明显的特点，即凡古书所引《尚书》之文注家指为"逸《书》"者，皆搜采无遗，缀辑于伪《古文尚书》之中。《左传·襄公二十五年》有"《书》云：'慎始而敬终，终以不困'"之文，这里所谓的《书》，并不是《尚书》，而是指今之所谓《逸周书》，大概战国时人也笼统称此书为《书》。而杜预注《左传》的体例，凡是《左传》引伏生今文《尚书》二十九篇之外者，皆注曰"逸《书》"；引《逸周书》之文者，则注曰"《周书》"。对于《左传》这条材料，杜预依例当注"《周书》"，意谓此引文出于《逸周书》。但杜氏偶然失察，没有注意到《逸周书·常训》有"慎微以始而敬终，乃不困"之文，与之略同。因而误注曰"逸《书》"。所以伪《古文尚书》作者也将它当作《尚书》逸文缀辑于伪《古文尚书·蔡仲之命》中，并模拟《尚书》文法，将它改为："慎厥初，惟厥终，终以不困。"我们来看惠栋的考证：

杜氏预注《左传》，凡引《书》在二十九篇之外者，曰"逸《书》"；见《逸周书》者，则云"《周书》"。惟《襄二十五年传》云"《书》云：'慎始而敬终，终以不困'"，此《周书·常训》篇文也。杜氏偶不照而云"逸《书》"，于是梅氏遂采入《蔡仲之命》，云："慎厥初，惟厥终，终以不困。"意自谓二十九篇外之逸《书》也。徐幹《中论》云："《书》云：'慎始而敬终，终以不困。'"《逸周书》汉人皆见之[109]。

3. 惠栋的《古文尚书考》也多吸收其他学者考辨《古文尚书》的学术成果，如他援引朱彝尊之言说：

> 成王之命蔡仲，“王若曰：‘胡，无若尔考之违王命也。’”见于《春秋左氏传》。而梅赜《书》增益其文云：“率乃祖文王之遗训。”异哉！斯言也。《盘庚》曰：“古我先王暨乃祖乃父。”又曰：“我先后绥乃祖乃父。”此诰臣民之辞则然。若武王命康叔则曰：“惟乃丕显考文王。”又曰：“乃穆考文王。”周公告成王则曰：“承保乃文祖受命民，越乃光烈考武王。”若是其庄重也。而成王命仲曰：“率乃祖文王。”乃祖者，伊谁之祖与？吾不能不疑于《蔡仲之命》也[110]。

周武王死后，成王尚幼，周公摄政，而管叔、蔡叔发动叛乱。周公东征平叛，惩办首恶，蔡叔受到了严厉的制裁。蔡叔之子蔡仲名胡，有贤德，周公用为卿士。蔡叔死后，成王即封蔡仲为蔡侯，《左传·定公四年》载成王命书云：“王曰：胡！无若尔考之违王命也。”意思是说，你以后不要像你的父亲那样违抗王命。然而《古文尚书·蔡仲之命》的作伪者将其语增益为：“乃后率乃祖文王之彝训，无若尔考之违王命。”这样就有问题了。因为周人法天尊祖，尤其对伟大的文王、武王，后世子孙每当提及他们时，往往要加上许多敬辞。如今文《尚书·康诰》载武王命康叔之语曰：“惟乃丕显考文王。”由此可见周人对父祖之崇敬。《古文尚书·蔡仲之命》“率乃祖文王”之语便没有这样的敬语。文王不只是蔡仲的祖父，也是成工的祖父。在成王命蔡仲的重要命书中是不应该有此草简之文的。《古文尚书》的作伪者惯于模拟今文《尚书》文气，但这一次模拟错了，他所模拟的是《盘庚》“古我先王暨乃祖乃父”之语，这是商王盘庚诰臣民之语，“乃祖乃父”，是指臣民们的父祖。若周王室提及自己的父祖便不这样说。这样伪《古文尚书·蔡仲之命》便露出了破绽。

4. 惠栋又引顾炎武《日知录》、刘勰《文心雕龙》等考证成果，认为儒家五经中，“相”并不作为官名，而伪《古文尚书·说命》却称傅说“爰立作相”。《论语》以前，“论”字皆作“纶”解读，并无“论议”之义，而伪《古文尚书·周官》则有“论道经邦”之语。凡此之类，皆属《古文尚书》作伪的破绽。惠栋说：

顾氏炎武谓“相”之名不见于经。而《说命》有“爰立作相”之文。(《外传》云:“升以为公”。《墨子》亦云:“傅说……庸筑乎傅岩。武丁得之，举以为三公。”无作相之事。)刘氏勰谓：“《论语》以前，经无‘论’字。”而《周官》有“论道经邦”之语。(阎若璩注《困学记闻》云:“若璩案:‘论道经邦’乃本《考工记》，或坐而论道来。”栋案:六经“论”字皆读为“伦”。《易·屯》象“君子以经论。”《诗·大雅》:“於论鼓钟。”《王制》:“必即天论。”《中庸》:“经论天下之大经”是也。《公食大夫礼》注云:“今(按:原文误作古)文伦，或作论。”皆梅氏之漏义也[11]。

考据学是一门重视文献证据的学问。对于明清时期的学者而言，古代文献浩如烟海，因而考据学家之间的学术交流，无形中就有一种相互竞争的关系，即看谁读书多，看谁识见高。而那些勤于文献考证、发人所未发的学者，自然为人所敬服。我们来看惠栋的两条考证材料：

1. 史称唐玄宗不喜古文，天宝三年诏集贤学士卫包改古文从今文。按，唐代的“古文”概念，是指汉代的隶书经文，即汉代的“今文”。而汉代的“古文”是指以篆籀字体为特征的先秦古文字，所以卫包改古文为今文，实际上是将汉代隶体改为唐代通用的楷书字体，即学者所说的俗书。后世学者考辨《古文尚书》，见有俗字，往往推测为唐卫包定今文时所改。如《古文尚书》有《泰誓》一篇，宋晁说之《儒言》解释其篇名说:“《尚书·泰誓》作‘大’，开元间学士卫包受诏成今文《尚书》，乃始作‘泰’。或以交泰为说，真燕书哉!”王应麟《困学纪闻》卷二亦引晁氏之说立言:“《泰誓》，古文作《大誓》，孔氏注:‘大会以誓众。’晁氏曰:‘开元间卫包定今文，始作泰。或以交泰为说，真燕书哉!’(注:或说谓新经以‘泰’为否泰之‘泰’，纣时上下不交，天下无邦，武王大会诸侯往伐，以倾纣之否。非经意也。)”

惠栋考证说：

顾彪《古文尚书义疏》云："泰者，大之极也，犹如天子、诸侯之子曰'太子'、天子之卿曰'大宰'，此会中之大，故称'泰誓'。"彪，字仲文，隋炀帝时为秘书学士。当时已改为"泰"，非始于卫包。（自注：《繁阳令杨君碑》："大夫人"字始作"泰"，知"大"与"泰"异文始于后汉。）[112]

2.《古文尚书·大禹谟》"惟影响"之"影"，依古字当作"景"，学者亦推测为唐卫包定今文时所改。惠栋《九经古义》卷三谓：

《大禹谟》："惟影响。"依字当作"景向"。刘向奏云"神明之应，应若景向"是也。（元）邹季友（字晋昭）曰："'影'古文作'景'，葛洪始加彡。此天宝三载卫包改古文以今文时所易也。"

栋案：高诱《淮南子注》曰："景，古影字。"诱，汉末人。当时已有作景旁彡者，非始于葛洪。《字苑》景旁从彡，已见《颜氏家训》，亦非卫包所改。

由惠栋上述两则考证实例可见惠栋超迈前人的学识。

但惠栋的考证之学也有明显的局限，这个局限与他唯古是信、唯汉是从的思想方法有直接的关系，即他过分相信汉儒的经注之学，而全然不信宋儒的经注之学。其实宋儒经注之学中也有可取之处。举例而言，《礼记·檀弓》有如下一段文字："人喜则斯陶，陶斯咏，咏斯犹，犹斯舞，舞斯愠，愠斯戚，戚斯叹，叹斯辟，辟斯踊。"郑玄注谓："陶，郁陶也。咏，讴也。猷，当为摇，声之误也，摇谓身动摇也。秦人'犹'、'摇'声相近。（舞），手舞之。愠，犹怒也。戚，愤恚，叹，吟息。辟，拊心。踊，跃。"北宋刘敞《七经小传》提出，此段文字中"舞斯愠"一句不合情理，推测"中间有遗文"，因而揣摩文气，尝试补苴其文。惠栋引述刘敞之语，然后加以批评，他说：

《七经小传》云："案：人舞宜乐，不宜更愠。又不当渐至辟、踊。此中间有遗文矣。盖本曰：'人喜则斯陶，陶斯咏，咏斯犹，犹斯舞，舞斯蹈矣。人悲则斯愠，愠斯戚，戚斯叹，叹斯辟，辟斯踊矣。'自喜而下五变而至蹈，自悲而下亦五变而至踊，所谓孺子慕者也。"

栋谓：刘氏之说是矣，而以为中间有遗文者非。盖衍文也。案古本《礼记》无"舞斯愠"及注"愠犹怒也"七字。故陆氏《释文》云："此喜怒哀乐相对，本或于此句上有'舞斯愠'一句并注，皆衍文。""喜则陶"以下叙乐之节也。"愠斯戚"以下叙哀之节也。文自相配，不须增入"人悲则斯愠"五字。古文文简而意备，非若后世之繁重也。《释文》具在，何不以取正之而为是臆说耶？何嗣（按：本字当为"胤"）曰："乐终则愠起"，则其悮（"悮"疑当为"误"）已始于六朝。陆氏所据，当是晋、宋古本[113]。

惠栋又引《尔疋（雅）》云："繇，喜也。"郭璞曰："'咏斯犹'，犹，繇也。古今字耳。"[114]上引《礼记·檀弓》之文，其原始文本应该是一个什么样子，自汉代郑玄以来，学者议论风发，各述己见，由此形成学术史上的一段公案。有趣的是，1998年《郭店楚墓竹简》出版，其中《性自命出》一篇有一段简文，略同于上引《礼记·檀弓》之文。综合彭浩、裘锡圭、彭林、庞朴诸人的释读，其文当如下："喜斯慆，慆斯奋，奋思咏，咏斯犹，犹斯舞，舞，喜之终也。愠斯忧，忧斯戚，戚斯叹，叹斯辟，辟斯踊。踊，愠之终也。"[115]以此比较诸家之说，北宋刘敞《七经小传》庶几近之。惠栋排斥宋儒之说，惟汉唐经学是从，致有此失。

由于惠栋以复兴汉学为帜志，其学术研究的范围主要集中在汉代经学，并且他们对宋儒经学心存鄙薄，因而以惠栋代表的吴学就有一种信而好古、唯汉是从的取向。如江声的《尚书集注音疏》"取马、郑之注及《大传》异谊，参酌而辑之"。王鸣盛的《尚书后案》"发挥郑氏康成一家之学也"，孙星衍的《尚书今古文注疏》同样一意维护马、郑汉注为偶像。而后起的以戴震为代表的皖学则在吴学求古的基础以"求是"为宗旨。如戴震著有《尚书今古文考》，认为《泰誓》一篇不伪。并且进一步考证了《泰誓》的由来。他说：

伏生书无《太誓》，而《史记》乃云："伏生求其书，亡数十篇，独得二十九篇。"殆因是时已于伏生所传内益以《太誓》，共为博士之业，不复别识言尔。刘向《别录》曰："民有得《太誓》书于壁内者献之，与博士使读说之，数月皆起传以教人。"刘歆移书太常博士曰："孝文皇帝始使掌故晁错从伏生受《尚书》，《尚书》初生屋壁，朽折散绝。《太誓》后得，博士集而读之。"郑康成《书论》曰："民间得《太誓》。"刘、郑所记，可援以补史家之略。

戴震认为《史记》谓伏生传《尚书》"二十九篇"不确。根据《汉书·艺文志》所载，伏生传《尚书》者为晁错和张生，张生授千乘欧阳生，欧阳生授儿宽，宽授欧阳生子，世传其业，至于曾孙欧阳高，称为"欧阳氏"之学。又有夏侯都尉受业于张生，以授族子始昌，始昌传族子胜，称为"大夏侯"之学。胜授从子建，又别称为"小夏侯"之学。当时《尚书》所传仅二十八篇，即所谓的今文《尚书》。所以戴震认为"《尚书》二十八篇，济南伏生所传，后附益《太誓》一篇，用当时隶书写之，故称今文《尚书》"，直接否定了《史记》所说。同时，戴震对汉代卫宏《古文尚书叙》中说：伏生老而不能言，由自己的女儿传言晁错，又因为方言的不同，至使晁错"略以其意属读而已"传说，予以澄清。戴震认为汉代今文《尚书》的传授，不必在晁错之后，因为在晁错之前即有张生、欧阳生等人从伏生受读，《尚书》的传播没有理由非要等到年愈九十，而且不能出行、不能像正常人那样说话的人来口授不可。所以戴震说："此不察之说也。济南张生及欧阳生和伯实躬事伏生受《书》，由是《书》有欧阳、大小夏侯之学。《史记》、《汉书》皆曰：'秦时燔书，伏生壁藏之。汉兴，即以教于齐、鲁之间。'其非得之口诵，尢女子传言，事甚明白。"这表明，戴震对《尚书》的研究所持有的一种"求是"的态度。

同属皖学的段玉裁撰有《古文尚书撰异》三十二卷，分别考证出由今文的二十八篇衍出古文三十一篇与《书序》一篇。全书各篇搜集异文异说，根据字书，逐一分析文字与句读。自谓该书"正晋唐之妄改，存周汉之驳文，取贾逵传语"，基本上解决了汉代《尚书》的文字句读的困难。梁启超将称该书与惠栋的《古文尚书考》并列，并说"把毛律师强辨的话驳得落花流水，于是这件案总算定谳了”[116]，可见段书也是一部“求是”的力作。此外如王念孙、引之父子撰写的《广雅疏证》、《读书杂志》、《经传释词》、《经义述闻》等著作，其中有关《尚书》部分，均以训诂的方法，解决了多年来为注疏家困惑与纠葛的问题，被誉为解释《尚书》的“津逮”。

总之，十八世纪以考证、崇古为表征的经学研究，为当时汉学研究的繁荣，无疑是提供了一种真实可靠、正确无误的方法论。

注释：

① 朱彝尊：《经义考》卷二百九十七《通说》，《文津阁四库全书》刊本。

② 皮锡瑞：《经学历史·经学极盛时代》，北京：中华书局1981年版，第136页。

③ 王充：《论衡》第三十六《谢短》，《文渊阁四库全书》刊本。

④ 有关家法，《后汉书》记载颇多。如《后汉书·鲁恭传》：“其后拜为《鲁诗》博士，由是家法学者日盛。迁侍中，数召宴见，问以得失，赏赐恩礼宠异焉。迁乐安相。”《后汉书·张禹传》载：“臣闻《诗》、《书》、《礼》、《乐》，定自孔子；发明章句，始于子夏。其后诸家分析，各有异说。汉承乱秦，经典废绝，本文略存，或无章句。收拾缺遗，建立明经，博征儒术，开置太学。孔圣既远，微旨将绝，故立博士十有四家，设甲乙之科，以勉劝学者，所以示人好恶，改敝就善者也。伏见太学试博士弟子，皆以意说，不修家法，私相容隐，开生奸路。”《后汉书·左雄传》载：“雄又上言：郡国孝廉，古之贡士，出则宰民，宣协风教。若其面墙，则无所施用。孔子曰‘四十不惑’，《礼》称‘强仕’。请自今孝廉年不满四十，不得察举，皆先诣公府，诸生试家法，文吏课笺奏，副之端门，练其虚实，以观异能，以美风俗。”《后汉书·蔡伦传》载：“元初元年，邓太后以伦久宿卫，封为龙亭侯，邑三百户。后为长乐太仆。四年，帝以经传之文多不正定，乃选通儒谒者刘珍及博士良史诣东观，各校家法，令伦监典其事。”《后汉书·儒林列传》载：“昔王莽、更始之际，天下散乱，礼乐分崩，典文残落。及光武中兴，爱好经术，未及下车，而先访儒雅，采求阙文，补缀漏逸。先是，四方学士多怀协图书，遁逃林薮。自是莫不抱负坟策，云会京师，范升、陈元、郑兴、杜林、卫宏、刘昆、桓荣之徒，继踵而集。于是立《五经》博士，各以家法教授，《易》有施、孟、梁丘、京氏，《尚书》欧阳、大小夏侯，《诗》齐、鲁、韩，《礼》大小戴，《春秋》严、颜，凡十四博士，太常差次总领焉。”《后汉书·儒林列传》载：“张玄字君夏，河内河阳人也。少习《颜氏春秋》，兼通数家法。”等等。

⑤ 姜广辉主编《中国哲学》，第二十五辑，沈阳：辽宁教育出版社2004年8月版，第34—39页。

⑥ 梁启超:《中国近三百年学术史》,《梁启超论清学史二种》,上海:复旦大学出版社 1985 年版,第 296—297 页。

⑦ 卢见曾:《周易述序》,《周易述》卷首,清雅雨堂刊本。

⑧ 惠栋:《松崖文钞》卷二《上制军尹元长先生书》,清光绪间《聚学轩丛书》刊本。

⑨ 惠栋:《周易述》卷一,清雅雨堂刊本。

⑩ 惠栋:《周易述》卷二,清雅雨堂刊本。

⑪ 惠栋:《九曜斋笔记》卷二《趋庭录》,清光绪间《聚学轩丛书》刊本。

⑫ 王昶:《惠先生墓志铭》,《碑传集》卷一百三十三,《经学下之上》。

⑬ 惠栋:《易汉学原序》,《易汉学》卷首,清《经训堂丛书》刊本。

⑭ 惠栋:《九曜斋笔记》卷二《本朝经学》、《朱震》,清光绪间《聚学轩丛书》刊本。

⑮ 江藩:《国朝汉学师承记》附录《经师经义目录》,上海:上海书店出版社 1983 年版,第 138 页。

⑯ 钱大昕:《潜研堂集》卷二十四《臧玉琳经义杂说序》,上海:上海古籍出版社 1989 年版,第 391 页。

⑰ 钱大昕:《潜研堂集》卷四十八《西沚先生墓志铭》,上海:上海古籍出版社 1989 年版,第 840 页。

⑱ 戴震:《戴震文集》卷十《古经解钩沉序》,北京:中华书局 1980 年版,第 145 页。

⑲ 章太炎:《訄书·清儒第十二》,徐复《訄书详注》,上海:上海古籍出版社 2000 年版,第 151 页。

⑳ 费密:《弘道书》卷上《道脉谱论》,清《怡兰堂丛书》刊本。

㉑ 段玉裁:《经韵楼集》卷六《江氏音学序》,上海:上海古籍出版社 2008 年版,第 125 页。

㉒ 焦循:《孟子正义》卷十四《娄离章句上》,清《焦氏丛书》刊本。

㉓ 钱大昕:《潜研堂文集》卷三十三《与晦之论尔雅书》,上海:上海古籍出版社 1986 年版,第 605 页。

㉔ 江藩:《汉学师承记》卷一《阎若璩》附《宋鉴》,上海:上海古籍出版社 1983 年版,第 11 页。

㉕ 戴震:《戴震文集》卷三《尔雅文字考序》,北京:中华书局 1980 年版,第 44 页。

㉖ 戴震:《戴震文集》卷七《刊九章算术序》,北京:中华书局 1980 年版,第

130 页。

㉗ 段玉裁:《经韵楼集》卷二《聘礼辞曰非礼也敢对曰非礼也敢》:"凡治经,经典多用假借字,其本字多见于《说文》。学者必于《尔雅》、传注得经义,必于《说文》得字义。既读经注,复读之《说文》则可知若为假借字,若为本字,此治经之法也。"又云:"吾见读《说文解字》而于经传《尔雅》愈不能通,钮铻不合,触处皆是,浅人遂谓小学与治经为二事。然则从事小学将以何为也。"见严元照《尔雅匡名》卷首《钋雅匡名序》,清光绪十一年(1885)吴兴陆氏刊本。

㉘ 惠栋:《易汉学》卷七《荀慈明易》"九家逸象"条,清《经训堂丛书》刊本。

㉙ 尚秉和先生认为:"三在困为坎体。变则成巽。文于曰夫从风。是明明以坎为夫。以巽为风也。曰风陨不可取。是明明以巽为陨也。乃坎夫风陨之象。竟尔失传。于是易比卦之后夫凶。渐九三之夫征不复。正以坎为夫者。皆莫知所指。而虞仲翔竟命初爻变。再命三爻变成震。以震为夫矣。后姚氏配中。谓坎为中男。故曰夫。江氏藩以坎为丈夫。取象较仲翔为胜矣。而讫不知左氏即以坎为夫也。岂不异哉。"

㉚ 戴震:《尚书义考》,《安徽丛书》刊本,第六期。

㉛ 焦循:《雕菰集》卷十六《尚书孔氏传自序》谓:"余尝综其《传》,而平心论之。曰若稽古帝尧、曰若稽古皋陶,《传》皆以'顺考古道'解之,郑以'稽古'为'同天'。同天二字可加诸帝尧,不可施于皋陶。若亦以皋陶为同天,则是人臣可僭天子之称颂,若以帝尧之'稽古'为'同天',以皋陶之'稽古'为'顺考古道',则文同义异,歧出无理。此《传》之善一也。"(清道光间《文选楼丛书》刊本)

㉜ 梁启超:《中国近三百年学术史》十三《清人学者整理旧学之总成绩一》,《梁启超论清学史二种》,上海:复旦大学出版社 1985 年版,第 302 页。

㉝ 翁方纲:《复初斋文集》卷七《附录与程鱼门平钱戴二君议论旧草》,清道光十六年(1836)刊本。

㉞ 方东树:《汉学商兑》卷中之下,清道光十一年(1831)刊本。

㉟ 戴震:《戴震集》卷三《尔雅文字考序》,北京:中华书局 1980 年版,第 44 页。

㊱ 段玉裁:《说文解字注 · 许慎叙注》,上海:上海古籍出版社 1981 年版,第 784 页。

㊲ 钱大昕:《潜研堂文集》卷三十三《与晦之论尔雅书》,上海:上海古籍出版社 1989 年版,第 605 页。

㊳ 黄宗羲:《宋元学案》卷一《安定学案》,北京:中华书局 1989 年版,第 25 页。

㊴ 顾炎武:《亭林文集》卷四《与人书 · 三》,朱氏槐庐校刊本。

㊵ 顾炎武:《亭林文集》卷五《与人书·二十五》,朱氏槐庐校刊本。

㊶ 黄宗羲:《破邪论·从祀》,上海:上海古籍出版社 1995 年影印《续修四库全书》刊本。

㊷ 惠栋:《九曜斋笔记》卷一《经术饰吏事》,清光绪间《聚学轩丛书》刊本。

㊸ 钱大昕:《潜研堂文集》卷二十一《抱经楼记》,上海:上海古籍出版社 1998 年版,第 349 页。

㊹ 桂馥:《清史列专·儒林传下·桂馥传》,北京:中华书局 1987 年版。

㊺ 章太炎:《訄书·清儒第十二》,徐复《訄书详注》,上海:上海古籍出版社 2000 年版,第 151 页。

㊻ 惠栋:《九曜斋笔记》卷二《训诂》,清光绪间《聚学轩丛书》刊本。

㊼ 王溥:《五代会要》卷二十二《进士》,清《墨海金壶丛书》刊本。

㊽ 钱大昕:《十驾斋养新录》卷十八《清谈》,上海:上海书店出版社 1989 年版,第 434 页。

㊾ 周予同:《经学历史·序言》,皮锡瑞《经学历史》,北京:中华书局 1981 年版,第 3 页。

㊿ 惠栋:《九曜斋笔记》卷二《趋庭录》,清光绪间《聚学轩丛书》刊本。

(51) 惠栋:《九曜斋笔记》卷二《本朝经学》,清光绪间《聚学轩丛书》刊本。

(52) 惠栋:《九曜笔记》卷二《趋庭录》,清光绪间《聚学轩丛书》刊本。

(53) 钱大昕:《潜研堂文集》卷二十四《经籍纂诂序》,上海:上海古籍出版社 1989 年版,第 392—393 页。

(54) 戴震:《戴东原集》卷九《与某书》,清经韵楼刊本。

(55) 惠栋:《易汉学》卷八"辨河图洛书",清《经训堂丛书》刊本。

(56) 惠栋:《易汉学》卷八"辨河图洛书",清《经训堂丛书》刊本。

(57)《宋史·儒林五》:(朱)震经学深醇,有《汉上易解》云:"陈抟以《先天图》传种放,放传穆修,穆修传李之才,之才传邵雍。放以《河图》、《洛书》传李溉,溉传许坚,许坚传范谔昌,谔昌传刘牧。穆修以《太极图》传周惇颐,惇颐传程颢、程颐。是时,张载讲学于二程、邵雍之间。故雍著《皇极经世书》,牧陈天地五十有五之数,惇颐作《通书》,程颐著《易传》,载造《太和》、《参两》篇。臣今以《易传》为宗,和会雍、载之论,上采汉、魏、吴、晋,下逮有唐及今,包括异同,庶几道离而复合。"盖其学以王弼尽去旧说,杂以庄、老,专尚文辞为非是,故其于象数加详焉。其论《图》、《书》授受源委如此,盖莫知其所自云。"

(58) 余敦康:《论邵雍的先天之学与后天之学》,《象数学研究》第一辑,济南:齐鲁书社 1996 版，第 181 页。

⑲ 惠栋：《易汉学》卷八“辨先天后天”，清《经训堂丛书》刊本。

⑳ 惠栋：《易汉学》卷八“辨先天后天”，清《经训堂丛书》刊本。

㉑ 焦循：《易图略·原卦一》，清《焦氏丛书》刊本。

㉒ 钱大昕：《潜研堂文集》卷三十八《胡渭传》，上海：上海古籍出版社 1989 年版，第 679 页。

㉓ 刘师培：《经学教科书》第一册，第三十课《近儒之易学》。上海：上海古籍出版社 2006 年版，第 119 页。

㉔ 戴震：《经考附录》卷一《河图洛书》，《安徽丛书》本，第六期。

㉕ 秦瀛：《小岘山人文续集》卷一《太极图说》，原刊本。

㉖ 任兆麟：《有竹居集》卷五《先天图说》，光绪元年(1875)两广节署刊本。

㉗ 方宗诚：《柏堂集后编》卷二《周子太极图说》，清光绪八年(1882)刊本。

㉘ 此外，为郑玄易学作图解的尚有：何秋涛《爻辰图》、李道平《郑氏爻辰图》、戴棠《郑氏爻辰图》、《郑氏爻辰详图》等。同时，戴棠又感于上述各家仅有《爻辰图》而无星象图的缺憾，又作《近南极星图》、《近北极星图》、《赤道北十二星宫图》、《南极十二星宫图》，杨履泰《爻辰图》，何其杰的《爻辰简明图》，沈绍勋《八卦爻辰图》，秦嘉泽《十二月爻辰图》，萧光远《十二辰图》，冯道立《周易爻辰贯》、《爻辰应二十八宿见众星共辰图》等等。可参见拙作《清代的郑玄易学研究》，载《复旦学报》2013 年第 2 期，第 23—30 页。

㉙ 惠栋：《易汉学》卷六《郑氏周易爻辰图》，清《经训堂丛书》刊本。

㉚ 何秋涛：《一镫精舍甲部稿》卷二《周易爻辰申郑义》，清光绪五年(1870)淮南书局刻本。

㉛ 英和：《江都焦氏雕菰楼易学序》，清《焦氏丛书》本。

㉜ 张载：《经学理窟·义理》，《张载集》，北京：中华书局 1985 年版，第 273 页。

㉝ 程颢、程颐：《二程遗书》卷一《端伯传师说》，上海：上海古籍出版社 1995 年版，第 7 页。

㉞ 程颢、程颐：《二程遗书》卷十五《伊川先生语一》，上海：上海古籍出版社 1995 年版，第 127 页。

㉟ 朱熹：《朱子语类》卷八十《诗一》，《朱子语类选注》上，南宁：广西师范大学出版社 1998 年版，第 6 页。

㊱ 顾炎武本人没有说过“经学即理学”的话，只是说过“理学之传，自是君家弓冶。理学之名，自宋人始有之。古之所谓理学，经学也，非数十年不能通也。故曰：

君子之于《春秋》，没身而已矣。今之所谓理学，禅学也，不取之五经而但资之语录，校诸帖括之文而尤易也”(《亭林文集》卷三《与施愚山书》)顾炎武这段话的意思是说经学就是理学，舍去经学，无所谓有理学。后来全祖望在《亭林先生神道碑》中又转引并解释为“古今安得别理学者？经学即理学也。自有舍经学以言理学，而邪说以起。不知舍经学则其所谓经学即理学也”(《鲒埼亭集》卷十二)由于顾炎武当时没有亲自写下“经学即理学”五个字，导致后来学者对全祖望的这种解释都有怀疑，纷纷提出不同的看法。有赞成全祖望的解释，认为它基本上符合顾炎武所说的原意。有的认为全祖望曲解了顾炎武的文义，将经学与理学混为一谈。还有的认为顾炎武所批评的理学，不是指程朱理学，而是指陆王心学。这些说法也都有一定的理由，很难说清楚谁对谁错。其实，按照顾炎武所说的本意来看，古代虽然没有理学之名，却有理学之实，但是理学也还有古与今的区别，一种是“非数十年不能通”的“古之所谓理学(经学)”，一种是“不取之五经而但资之语录”的“今之所谓理学”。顾炎武对于前者持有肯定的态度，对后者则批评的态度。据此，全祖望的解释大致不错。

⑦ 李集：《鹤征录》卷三《惠周惕》，清嘉庆间刊本。

⑱ 钱大昕：《潜研堂文集》卷二十四《经籍纂诂序》，上海：上海古籍出版社 1989 年版，第 393 页。

⑲ 刘盼遂：《段玉裁先生年谱》“乾隆四十二年丁酉”条，《经韵楼集》附，上海：上海古籍出版社 2008 年版，第 443 页。

⑳ 惠栋：《易微言》卷下，上海：上海古籍出版社 1990 年版。

㉑ 钱大昕：《十驾斋养新录》卷三《天即理》，上海：上海书店出版社 1983 年版，第 49 页。

㉒ 戴震：《孟子字义疏证》卷上“道”条，清《戴氏遗书》刊本。

㉓ 戴震：《孟子字义疏证》卷上“理”条，清《戴氏遗书》刊本。

㉔ 朱熹：《朱子语类》卷一《理气上·太极天地上》，北京：中华书局 1988 年版地，第 1 页。

㉕ 戴震：《孟子字义疏证》卷中“天道”条，清《戴氏遗书》刊本。

㉖ 梁启超：《清代学术概论》第十一，上海：上海古籍出版社 1998 年版，第 42 页。

㉗ 周敦颐：《周子全书》卷七《通书序》，北京：商务印书馆，《国学基本丛书》刊本。

㉘ 黄宗羲：《宋元学案》卷九《百源学案》上，北京：中华书局 1989 年版，第 365 页。

⑧⑨ 朱熹:《朱子语类》卷六十二,北京:中华书局1986年版,第1512页。

⑨⓪ 朱熹:《朱文公文集》卷五十三《答刘季章》,《四部丛刊初编》刊本。

⑨① 惠栋:《易微言》卷上,上海:上海古籍出版社1990年版。

⑨② 惠栋:《九曜斋笔记》卷二,清光绪间《聚学轩丛书》刊本。

⑨③ 江藩:《经解入门》"汉宋门户异同"条,天津:天津古籍书店出版社,1990年版。

⑨④ 江藩:《宋学渊源记》卷上,上海:上海书店1983年版,第2页。按,有学者对皮锡瑞《经学历史》所转引的楹帖提出疑问。认为"六经宗孔、孟,百行法程、朱,又不明言楹帖为惠氏谁人所书,且称惠宅为'红豆山斋',与江藩所述显著不同,而后人遂衍生楹帖出自惠士奇儿子惠栋之说。其次,晚清汉学家陈庆镛与莫与俦分别使用两副与红豆山房楹帖十分相似的对联,但他们指联语来自顾炎武及阎若璩,又仿似不知道红豆山房楹帖的存在。惟据本文作者考订,皮锡瑞所述楹帖的内容,并不可取;且惠宅名称虽多,却无'红豆山斋'之名。而近人指楹帖出自惠栋,固惑于皮锡瑞之说,亦因误读江藩的记载而生。至陈庆镛与莫与俦谓所用联语分别来自顾炎武及阎若璩,乃出传闻,并无实据。"见何冠彪:《六经尊服、郑,百行法程、朱一惠士奇红豆山房楹帖问题考释》,《台湾师范大学历史学报》第38期,2007年。

⑨⑤ 汪喜孙:《刘氏遗书跋》,清《刘端临先生遗书》刊本。

⑨⑥ 钱馥:《小学庵遗稿》,清光绪十一(1885)年海宁钱保塘清风室四川什邡校刊本。

⑨⑦ 钱大昕:《潜研堂文集》卷十七《朱文公三世像赞》,上海:上海古籍出版社1989年版,第274页。

⑨⑧ 段玉裁:《清经世文编》卷二《朱子小学跋》,光绪十二年(1886)思补楼石印本。

⑨⑨ 皮锡瑞:《经学历史》十《经学复兴时代》,北京:中华书局1981年版,第313页。

⑩⓪ 段玉裁:《经韵楼集》卷八《娱亲雅言序》,上海:上海古籍出版社2008年版,第193页。

⑩① 钱穆说:"东原举义理、考据、辞章为学问三大纲,而独以能言义理自务。懋堂承其师说而变之,谓学问当首重考核。考核当在身心性命伦理族类之间,而以读书之考核辅之,其意首发于为其师《东原集》作序,而及是又发之,与其师所言,意趣有异,盖其心犹不忘宋儒之理学也。"(《读段懋堂〈经韵楼集〉》,《中国学术思想史论》八,合肥:安徽教育出版社2004年版,第264页。)

⑩② 纪昀:《阅微草堂笔记》卷一《滦阳消夏录一》,上海:上海古籍出版社 1982 年版,第 10 页。

⑩③ 翁方纲:《复初斋文集》卷六《自题檃勘诸经图后》,清道光十六年(1836)刊本。

⑩④ 姚鼐:《惜抱轩文集》卷二《书考工记图后》,清嘉庆三年(1798)刻增修本。

⑩⑤ 王国维:《经学概论》,《经学研究论丛》第二辑,台湾圣环图书有限公司 1994 年版,第 9 页。

⑩⑥ 惠栋:《古文尚书考》卷上,清乾隆五十七年(1718)刊本。

⑩⑦ 惠栋:《古文尚书考》卷上,清乾隆五十七年(1718)刊本。

⑩⑧ 惠栋:《古文尚书考》卷上,清乾隆五十七年(1718)刊本。

⑩⑨ 惠栋:《古文尚书考》卷上,清乾隆五十七年(1718)刊本。

⑪⓪ 惠栋:《古文尚书考》卷上,清乾隆五十七年(1718)刊本。

⑪① 惠栋:《古文尚书考》卷上,清乾隆五十七年(1718)刊本。

⑪② 惠栋:《九经古义》卷四,《文津阁四库全书本》刊本。

⑪③ 惠栋:《九经古义》卷十一,《文津阁四库全书》刊本。

⑪④ 惠栋:《九经古义》卷十一,《文津阁四库全书》刊本。

⑪⑤ 姜广辉主编《郭店楚简研究》,《中国哲学》第二十辑,沈阳:辽宁教育出版社 1999 年版。

⑪⑥ 梁启超:《中国近三百年学术史》十三《清代学者整理旧学之总成绩》,《梁启超论清学史二种》,上海:复旦大学出版社 1985 年版,第 300 页。

第四章　汉学面临的两难困境

> 十八世纪末，虽然经学著述如林，名家辈出，但是纯粹考证终使学术研究逐渐走入补苴缀拾的死胡同。汉学不但遭到当时尊宋学者如姚鼐、翁方纲、方东树等人的挑战，而且文人学士如章学诚、袁枚等对汉学也提出种种质疑，甚至在汉学家内部也出现了不满和检讨的声音，汉学的发展正面临着两难选择的困境。直到宦途显赫，并以提倡学术自任著称的阮元高标汉帜、重塑汉学偶像，为学者提供新的值得效法的汉学楷模时，才真正拉开十八世纪末至十九世纪初汉学更新运动的序幕。

十八世纪汉学研究的考据化，虽是在清初回归元典学术取向下的继续与延伸，但是在汲取与选择原初的、还不成熟的理论时，往往忽视它后来发展和比较完善的理论，吸纳它的负面而将其正面的、有价值的东西弃之不顾，推崇或膜拜一家之言，却未能博采众家之长而撷取一鳞半爪。由于汉学所擅长的逻辑严密，取证确凿的研究方式及其“笃于尊信，缀次古义，鲜下己见”的特征，致使经典本身所蕴“义理”价值反而不彰，其结果必然与空谈性心的理学一样而步入另一种空疏。十八世纪末，虽然经学著述如林，名家辈出，但是纯粹考证终使学术研究逐渐走入补苴缀拾的死胡同。汉学不但遭到当时尊宋学者如姚鼐、翁方纲、方东树等人的挑战，而且文人学士如章学诚、袁枚等对汉学也提出种种质疑，甚至在汉学家内部也出现了不满和检讨的声音，汉学的发展正面临着两难选择的困境。

第一节　宋学派对汉学的挑战

十八世纪汉学风靡朝野，成为清代经学研究的主流，与这股学术思潮互为异趣的，便是以姚鼐、方东树为代表的批评汉学家以《六经》为宗，以训诂治经，遵循宋明理学家以义理注释经典的宋学派的出现。所谓“宋学”，即宋代经学的简称。“宋学”作为经学史上的重要学派，盛行于宋明，沿迄清代初期。其经学研究特点是注重义理，援引天理、性命为说，兼杂佛、道以诠释经典。在儒家经典中，尤重四书（《大学》、《中庸》、《论语》、《孟子》），崇尚程颐、朱熹的经注，摒弃汉唐旧注，使经学理学化。如朱熹的《四书章句集注》，自元代之后，便成为历代科举考试的必读教科书。

早在清初，宋学得到了官方的大力提倡，顺治、康熙、雍正、乾隆等皇帝不但亲自纂定理学著作如《周易析中》、《周易述义》、《书经传说汇纂》、《诗经传说汇纂》等等，而且重用理学大师。宋学成为清初的官方哲学思想。他们的经学研究，尊崇程朱。如当时的理学名臣熊赐履平生学术宗旨以默识为慎修，以笃行为至教，由程朱之途上溯孔孟。李光地虽然为《易》学名家，但学风一同于论理道心性。所撰《周易通论》，糅杂象数、义理，兼收周、邵、程、朱各家，补缀连贯，并无新意。陆陇其认为“继孔子而明六艺者，朱子也。非孔子之道皆当绝，则非朱子之道皆当绝，此今日挽回世道之要也”[①]。吕留良笃信死守朱学，有谓“某平生无他识，自初读书即笃信朱子之说”[②]，坚决维护朱学的“正脉”不遗余力。此外如汤斌，魏象枢，魏裔介等虽也以“宋学”名家，但对“宋学”并无系统研究，仅以朱学仰承朝廷意旨，以跻通显而已。乾隆初期，王懋竑作《朱子年谱》，江永作《近思录集注》，李绂作《陆子年谱》等，企图重振程、朱、陆、王学术余绪而作努力，然而学风已由空谈玄理而逐渐转向考据整理。如王懋竑的《朱子年谱考异》则以考据见长。稍后虽有唐鉴“孟子之后，传圣人之道以存经者，仍朱子一人而已矣”的鼓噪，但作为清初的宋学，却已呈颓势。

十八世纪中下叶，随着汉学的陡然炽盛。首先对汉学挑战是以维护宋学传统的安徽桐城的姚鼐、翁方刚、方东树等一批从事散文创作的文士。梁启超曾认为:他们诵法曾巩、归有光,造立所谓古文义法,号称“桐城派”。又好述欧阳修“因文见道”之言,以孔、孟、韩、欧、程、朱以来之道自任,而与当时所谓汉学者互相轻[③]。姚鼐(1732—1815),字姬传,一字梦谷,室名惜抱轩,学者称惜抱先生。乾隆二十八年(1763)进士,累官刑部郎中,记名御史,一度出任四库全书编修官。告归后,历主梅花、钟山、紫阳、敬敷诸书院。史载姚鼐早年心慕汉学,他曾写信给戴震,愿执弟子礼,戴震不允,于是姚鼐忿然,“屡为文诋汉学残碎,而方东树著《汉学商兑》,遍诋阎、胡、惠所学不遗余力,自是两派始交恶。”[④]章太炎说:“桐城诸家,本未得程、朱要领,徒援引肤末,大言自壮,故尤被轻蔑。范从子姚鼐,欲从震(戴震)学;震谢之,犹亟以微言匡饬。鼐不平,数持论诋朴学残破。其后方东树为《汉学商兑》,微章益分。”[⑤]刘师培说:“及姚鼐兴,亦挟其古文宋学与汉学之儒竞名,继慕戴震之学,欲执贽于其门,为震所却,乃饰汉学以自固,然笃信宋学之心不衰。”[⑥]对此经历,姚鼐及其弟子都讳莫如深[⑦]。李慈铭说:“惜抱经学甚浅,为同时汉学诸儒所轻,因循而尊宋儒,贬斥惠定宇(栋)、戴东原(震)、朱石君(珪)诸君子。至自夸其笔记中所论史学,谓足与钱辛楣(大昕)相匹。”[⑧]李氏的话是否可信,这里暂不作深论。不过,戴震就姚鼐请求拜师一事,确实是婉拒了。如现在保存在《戴东原文集》中《与姚孝廉姬传书》就是证明。戴震在信中说:“至欲以仆为师,则别有说,非徒自顾不足为师,亦非谓所学如足下,断然以不敏谢也。古之所谓友,固分师之半。仆与足下无妨交相师,而参互以求十分之见,苟有过则相规,使道在人,不在言,斯不失友之谓,故大善。昨辱简,自谦太过,称夫子,非所敢当之,谨奉缴。”[⑨]这里戴震对姚鼐所说的“交相师”,其实就是我们今天所说的师友关系,即相互之间的切磋学问。如戴震在京师完成的成名作——《考工记图》时,便请姚鼐指正。姚鼐接到戴书之后也发表了自己的见解说:“休宁戴东原作《考工记图》,余读之,推考古制,信多当。然意谓有未尽者。东原释车曰轸,为之收,此非也。……余往时与东原同居四五月,东原时始属稿此书,余不及与尽论也。今疑义蓄余中,不及见东原而正之矣。”[⑩]并希望戴震在该书完善之后再出版。所以戴震在给姚鼐的信中一开始就说:“日者,纪太史晓岚欲刻仆所为《考工记图》,是以向足下言欲改定。足下应词非所敢闻，而意主不必汲汲成书，仆于时若雷霆惊耳。自始知学，每憾昔人成书太早，多未定之说。今足下以是规教，退不敢忘，自贺得师。”[11]认同了姚鼐的建议。可以说，此时的姚鼐与戴震虽然学术取向不同，但是两人仍然是相互尊重的。如乾隆二十二年，戴震为了准确注释《尚书·尧典》中“光被四表”一语，参考了很多学者为之所提供的证据，其中姚鼐从班固《西都赋》中找出“横被六合”一语告知戴震就是一例。然而令人疑惑不解的是，姚鼐就身前欲拜戴震为师这件事却未曾提及，其《惜抱轩尺牍》中也不见该信收入，这说明姚鼐在这件事上，始终是有顾忌的，以致他的弟子们也讳莫如深，绝口不谈。

姚鼐与戴震的反目，那是在戴震去世后的不久。如他认为：“今世学者乃思一切矫之，以专宗汉学为至，以攻驳程、朱为能，倡于一二专己名之人，而相率而效者，因大为学术之害。夫汉人之为言，非无有善于宋而当从者也。然苟大小之不分，精粗之弗别，是则今之为学者之陋，且有胜于往者为时文之士，守一先生之说，而失于隘者矣。博闻强识，以助宋君子之所遗则可也，以将跨越宋君子则不可也。鼐往昔在都中，与戴东原辈往复，尝论此事，作《送钱献之序》，发明此旨。”[12]这里姚鼐所说的“一二专己好名之人”，显然也包括戴震，因为戴震曾自负地说过：“当代学者，吾以晓徵（大昕）为第二人”，毅然“以第一人自居”[13]。姚鼐又说：“且其生平不能为程朱之行，而其意乃欲与程朱争名，安得不为天下所恶，故毛大可、李刚主、程绵庄、戴东原，率皆身灭嗣绝，此殆未可以为偶然也。”[14]可以说，姚鼐与戴震的最后反目无非就是怎样理解宋儒的义理之学。他说：“天下之学，必有所宗论。继孔孟之统，后世君子必归于程朱者，非谓朝廷之功令不敢违也。以程朱生平行己立身，固无愧于圣门，而其论说所阐发，上当于圣人之旨，下合乎天下之公心者，为大且多，使后贤果能笃信，遵而守之，为无病也。若其他欲与程朱立异者，纵于学者有所得焉？而亦不免贤智者之过。其下则肆焉，为邪说以自饰其不肖者而已。”[15]正是基于这样一种对宋学的不同认识，姚鼐与戴震的为学进路大相异趣。姚鼐主张学术研究应该义理、词章、考据三者并重。姚鼐说：

余尝谓学问之事，有三端焉，曰义理也，考证也，文章也。

是三者，苟善用之，则皆足以相济；苟不善用之，则或至于相害。……然而世有言义理之过者，其辞芜杂俚近，如语录而不文；为考证之过者，至繁碎缴绕，而语不可了当。以为文之至美，而反以为病者，何哉？其故由于自喜之太过，而智昧于所当择也。夫天之生才，虽美不能无偏，故以能兼长者为贵。而兼之中又有害焉。岂非能尽其天之所与之量，而不以才自蔽者之难得与？[16]

姚鼐对学问之事的“三端”排序，其实是针对戴震总结古代研究学问的三种进路而发的。戴震曾经指出：

古之学问之途，其大致有三：或事于理义，或事于制数，或事于文章。事于文章者，等而末之者也。然自子长、孟坚、退之、子厚诸君子之为之曰：是道也，非艺也。以云道，道固有存焉者矣，如诸子之文，亦恶睹其非艺欤？夫以艺为末，以道为本。诸君子不愿据其末，毕力以求据其本，本既得矣，然后曰：是道也，非艺也。……圣人之道在六经，汉儒得其制数，失其义理；宋儒得其义理，失其制数。譬如有人焉履泰山之巅，可以言山；有人焉跨北海之涯，可以言水。二人者不相谋，天地间之钜观，目不全收，其可哉？[17]

姚鼐与戴震对治学所提出的义理、考据、文章三方面内容，从字面上理解似乎并无多大差别。如戴震所说的“制数”，也是指考证。但姚鼐认为三者之间的关系应该是“相济”、“兼长”，而义理与考证也应有一个度，否则便是“其辞芜杂俚近”和“繁碎缴绕”，不仅影响文章的华美，而且直接关系到明志达道：“明道义维风俗以昭世者，君子之志，而辞足以尽其志者，君子之文也。达其辞则道以明，昧于文则志以晦。”[18]戴震则认为三者之中，考证、义理占首位，因为汉学家是通过训诂考据的方式探寻六经蕴义以窥圣人之道的，而文章之是否得道与否，取决于考据功夫的深浅与对义理的理解来决定的。戴震的这种见解，实际上代表了当时汉学家的共同心声。段玉裁说“义理、文章未有不由考核而得者，自古作者胥是道也。后之儒者画分义理、考据、文章为三，区别不相通，其所为细已甚焉。夫圣人之道在《六经》，不于《六经》求之，则无以得圣人求得之义理，以行于家、国、天下。而文辞之不工，又其末也。”[19]钱大昕说：“训诂者，义理之所由出，非别有义理出乎训诂之外者也。”[20]所以后来又有焦循“文莫重于注经”[21]一说。所以戴震将文章排列为三个等级：专事文章者，等而末者；得道而求艺者次之；得义理、制数，于六经者为上。需要指出的是，戴震强调的“义理”并不是宋明理学的“义理”，而是以考证经典而得出的“圣贤之言”。他说：“宋以来儒者，以己之见硬坐古圣贤立言之意，而语言文字实未之知。其于天下事也，以己所谓理，强断行之，而事情原委隐曲实未能得。是以大道失而行事乖。”[22]对此，姚鼐则认为：“自秦汉以来，诸儒说经者多矣，其合其离，固非一途。逮宋程、朱出，实于古人精深之旨所得为多。”[23]可见姚鼐与戴震治学不同进路的执争，事实上反映的正是姚鼐站在维护宋学的立场上向汉学提出的挑战，所以凌廷堪作诗批评他说：“谈艺不讥明七子，说经兼取宋诸儒。是非原有遗篇在，同异何嫌立论殊。”[24]

值得指出的是，姚鼐所提出的“考证”与“义理、词章”并重，学者一般都确认其是面对当时汉学势力太大的一种退让。如曾国藩曾指出姚鼐此说初出，颇遭学界的冷遇，并陷入“孤立无助”的境地。他指出：“当乾隆中叶，海内魁儒畸士，崇尚鸿博，繁称博引，考核一字，累数千言不能休，别立帜志，名曰汉学，深摈有宋诸子义理之说，以为不足复存，其为文尤芜杂寡要。姚先生独排众议，以为义理、考据、辞章，三者不可偏废，必义理为质，而后文有所附，考据有所归。一编之内，惟此尤兢兢。当时孤立无助，传之五六十年，近世学子，稍稍诵其文，承用其说。道之废兴，亦各有时，其命也欤哉！”[25]其实，姚鼐本人的学术倾向则无疑是扬宋抑汉的，这在他的一首自题《述怀》诗中说得相当明确：“门有吴越士，翘首自言贤。束带迎入座，抗论崇古先。标举文句间，所守何戋戋。诽鄙程与朱，制行或异旃。汉唐勤笺疏，用志诚精专。星月岂不辉，差异白日悬。世有宋大儒，江海容百川。道学一旦废，乾坤其毁焉！寄语幼诵子，伪论乌足传。”[26]这里，姚鼐将汉学视为“伪论”，把宋学比喻为“乾坤”，足证姚鼐尊宋黜汉的立场是何等的坚挺。与姚鼐一样，号称“姚门四杰”的方东树、管同、梅曾亮、刘开等姚门弟子都以扬宋抑汉为己任，其中对汉学提出系统批评的则是方东树。

方东树（1772—1851）字植之，晚号仪卫主人，桐城人。师从姚鼐最久，后游幕。阮元任两广总督，聘为《广东通志》分纂。次年入学海堂，又次年主持廉州海门书院。后回籍安徽巡抚邓廷桢幕。章太炎称他“本以文辞为宗，横欲自附宋儒，又奔走阮元、邓廷桢间，躬行佞谀，其行与言颇相反”[27]。著有文集《仪卫轩》十二卷，专著以《汉学商兑》著称。方东树为学尚有三变：二十岁后好陆王之学，学古文于姚鼐；四十岁后改宗朱熹，讲义理之学；晚年居家，又醉心禅学。其中尤以诋毁汉学，卫护程朱道统见称。对汉学的批评，见于他的《汉学商兑》。如他在该书的重序中说：“近世为汉学者，其蔽益甚，其识益陋，其所挟惟取汉儒破碎穿凿谬说，扬其波而汨其流，抵掌攘袂，明目张胆，惟以诋宋儒攻朱子为急务。要之，不知学之有统，道之有归，聊相与逞志快意以鹜名而已。”[28]又说：“近世有为汉学考证者，著书以辟宋儒、攻朱子为本，首以言心、言性、言理为厉禁。海内名卿巨公，高才硕学，数十家递相祖述，膏唇拭舌，造作飞条，意欲咀嚼。”[29]他认为，近世崇尚经典考证，“专与宋儒为水火，而其人类皆以鸿名博学，为士林所重，驰骋笔舌，贯穿百家，遂使数十年间承学之士，耳目心思为之大障。”[30]他指出吴派学者惠栋等人，自囿于“汉学”壁垒，专与宋学对立，孜孜以训诂考证相标榜，其结果“弃本贵末，违戾诋诬于圣人躬行求仁、修齐治平之教”。痛斥汉学为“名为治经，实则乱经；名为卫道，实则叛道”。声称汉学之害，甚于洪水猛兽。他曾从六个方面遂条批驳汉学之失：一、力破理字，首以穷理为厉禁，此最悖道害教。二、考之不实，谓程朱空言穷理，启后学空疏之陋。三、忌程朱理学之名，及《宋史》道学之传。四、畏程朱检身，动绳经理法，不若汉儒不修小节，不矜细行，得以宽私。五、奈何不下腹中数卷书及其所慧小辨，不知是为驳杂细碎，迂晦不安，乃大儒所弃余而不峭有之者也。六、世之科举俗士空疏者众，贪于难能可贵之名，欲以加少为多，临深为高[31]。方东树对汉学家的六点批评，其中虽然夹杂门户之见，但是也都符合历史实际。如第一点认为汉学家厉禁言理，指责其由考据学转向义理上与程朱立异，这正是以戴震为代表的皖学宗旨。梁启超之所以认为“方东树之《汉学商兑》，却为清代一极有价值之书”，正是基于这种认识。然而汉学的鼎盛并不是一般的文化繁荣，而其背后所凸显的正是意识形态膨胀的结果。皮锡瑞在论证经术与学术的不同时指出：“盖凡学皆贵求新，唯经学必专守旧。经作于大圣，传自古贤。先儒口授其文，后学心知其意，制度有一定而不可私造，义理衷一是而非能臆说。世世递嬗，师师相承，谨守训辞，毋得改易。如是，则经旨不难而圣教易明。若必各务创获，苟异先儒；骋怪才以钓名，恣穿凿以标异，是乃决科之法，发策之文；侮慢圣言，乖违经义。”[32]这显然是重复了汉人“古之儒者，博学于六艺之文。六学者，王教之典籍，先圣所以明天道，正人伦，致至治之成法也”的儒家传统观念。因此方东树对汉学的批评，实质是反对以《六经》为代表的儒家学说。他说：

以六经为宗，以章句为本，以训诂为主，以辨博为门，以同异政。不概于不道，不协于理，不顾其所安。骛名于泽，若飘风之还而不傥；亦辟乎佛，亦攻乎陆王，而尤异端寇仇乎程朱。今时之敝，盖有在于是者，名曰考证汉学。其为说，以文害辞，以辞害意。弃心而任目，刓敝精神而无益于世用，其言盈天下，其离经叛道，过于杨墨佛老[33]。

这里方东树概括了宋学派对“考证汉学”的学理批判。他指出汉学以《六经》为宗，以训诂为方法。弃心任目，重视经验、感情，这些也正是儒学的基本精神。而他痛斥汉学“离经叛道”实是重新提倡宋学，他在“重序”说：“程朱之道无二，欲学孔子而舍程朱，是犹欲升堂入室而不屑履阶由户也。”[34]这就和盘托出以方东树为代表的宋学派批评汉学的真正企图所在。

与姚鼐、方东树等持有相近见解的尊宋学者，那就是以学者兼诗人的翁方纲。翁方纲(1733—1818)，字正三，号覃溪，晚号苏斋，直隶大兴(今属北京)人。乾隆十七年(1752)进士。他曾经把陶潜的《桃花源记》翻译成满文，得到了乾隆的赏识，被录取为一等一名。授编修、少詹事、鸿胪卿，官至内阁学士。翁方刚一生与经学研究相伴，他对古代典籍、名物、典章制度等也都有精深的研究，考订之作也颇为丰硕。特别是他对金石的研究，更为世人所推崇，经他考证题跋的著名碑帖也被当时视为一流的精品。翁方刚累司文柄，门生众多，在当时的学术界颇具影响。翁方刚的主要学术著作有：《经义考补正》、《通志堂经解目录》、《十三经注疏姓氏考》、《春秋分年系传表》、《两汉金石记》、《汉字经残字考》、《焦山鼎铭考》、《苏米斋兰亭考》、《复初斋文集、诗集》、《石洲诗话》等。后汇编为《复初斋全集》。

翁方刚为学一生崇尚宋程朱理学，自称"学者束发受书，则由程朱以窥仰圣籍，及其后见闻稍广，而渐欲自外于程朱者，皆背本而骛末也。"㉟他批评汉学家的经典考证之学，主张经学考证必须体现义理，认为"考证，古之立言者，欲明义理而已"。因此当时著名的朴学大师不分轩轾地都遭到了他的批评：汉学开山阎若璩是考订嗜异而背于义理，代表吴学的惠栋是考订嗜博而疏于义理，代表皖学的戴震、段玉裁敢于断定，不能阙疑，"此其为弊中于人心学术，以视市井小人之所为，不更下一等乎？"㊱由于翁方刚以"义理"作为取舍标准，所以他指责戴震将程朱理学斥为释老之学，认为考订之事，必以义理为主。他说："欲以明义理而已矣，其舍义理而泛言考订者，乃近名者耳，嗜异者耳。然若以其矜言博涉目为邪说，则言义理者独无涉偏涉空者，亦得目之以邪说乎"，也正因此，"考订之学以衷于义理为主，其嗜博嗜琐者非也，其嗜异者非也，其矜己者非也。不矜己、不嗜异、不嗜博嗜琐，而专力于考订，斯可以言考订矣。'考订者，对空谈义理之学而言之也。凡所为考订者，欲以资义理之求是也。而其究也，惟博辨之是炫，而于义理之本然反置不问者，是即畔道之渐所由启也。"㊲翁方纲所谓的义理，是专指程朱之学。他认为，只有程朱之学才是学脉之正。他说："经术至宋儒而阐发义理日益精实……河南二程子实启正学之脉，而今之考经义者，必欲曲辨二程子未尝师事周子，又必谓太极图出于陈希夷，又或因辨陆象山、王阳明之学派而转谓程朱有涉于二氏，此皆嗜琐嗜博之徒，非说经之正也。"㊳所以当翁方纲送别好友卢文弨回浙江时，不无憾慨地说："今之学者稍窥汉人崖际，转薄宋儒为迂腐，甚者且专以攻击程、朱为事。虞道园有言，此特文其猖狂不学以欺人而已。”[39]此种离别寄语，与其说是对卢文弨的一种委宛的规劝，还不如视为他对当时学界尊汉黜宋风气的忿然之情的流露。所以当戴震作《孟子字义疏证》提出极富人文色彩的理欲观对程朱理学挑战时，翁方刚立即作书给以抨击：

> 夫理者，彻上彻下之谓。性道统挈之理，即密理条理之理，无二义也；义理之理即文理、肌理、腠理之理，无二义也；其见于事，治玉治骨角之理，即理官理狱之理，无二义也；事理之理，即析理察理之理，无二义也。假如专以在事在物之条析名曰理，性道统挈处无此理之名，则《易·系辞传》“易简而天下之理得矣”，《乐记》“天理灭矣”，即此二文先不可通矣。吾故曰：“戴震文理未通。”[40]

翁方纲的上述驳论，是否切中戴震的议题，姑且不论，但他所崇尚的“彻上彻下之理”与“性道统挈之理”，无疑是继承了程朱提倡的理欲对立、舍欲求理的伦理准则。同时，为了证明自己所说不诬，翁方纲针对戴震以据《易·系辞传》中的“天下之理”和《礼记·乐记》中所载“天理灭矣”解释“理”字的含义时批评说：“《易》曰‘易简而天下之理得矣，天下之理得而成位乎其中矣。’试问《系辞传》此二语非即性道统挈之理字乎？成位乎其中者，谓易道也，则人之性即理无疑者也。对上贤人之德、贤人之业，则此句理字以人所具性道统挈言之，更无疑也。此处正承天地定位而言《易》之成位乎其中，乞暇遽以凡事之腠理、条理言耶？此不待辨而明者也。再则又引《乐记》天理灭矣，《乐已》曰“人生而静，天之性也，感于物而动，性之欲也。物至知知，然后好恶形焉。好恶无节于内，知诱于外，不能反躬，天理灭矣。”此句“天理”下对“人欲”，则天理即上所云天之性也，正是性即理之义[41]”。这与方东树《汉学商兑》攻击汉学的口吻如同一辙，实可视为首开宋学派反驳汉学家对“天理”论批评的风气。方东树之后，同属宋学派的当涂夏氏兄弟夏炘、夏炯、夏燮，持论大体一如方东树，无出其右者。

然而学风终究受当时士林所景仰的汉学所制约，宋学派中不乏对汉学的颂辞。如姚门四杰之一的刘开赞许戴震“考纠诸经，精小学，明度数，证前代之遗制”，方东树虽然严立汉宋门户，但是他的论证方法同样袭用汉学家擅长的考证工夫。姚鼐曾经对弟子陈用光说：“鼐所愧者，功不沉密，不能专治一经”[42]。所以他也不乏考据之作。如他的《郡县考》：

周之制，王所居曰“国中”，分命大夫所居曰“都鄙”。自国而外，有曰“家梢”者矣，曰“邦县”者矣，曰“邦都”者矣，而统名之皆“都鄙”也。郑君云：“都之所居曰‘鄙’”殆非是。宜曰“鄙”之所居曰“都”。《诗》曰：“作都于向”。《月令》曰：“毋休于都”。然则“都”者“鄙”所居，“城”之谓也。见于《诗》、《书》、《传》、《记》，凡齐、鲁、卫、郑之国率同。盖周法，中原侯服，缰以周索，国近蛮夷者，乃缰以戎索。故齐、鲁、卫、郑名同于周，而晋、秦、楚乃不同于周。不曰“都鄙”而曰“县”。然始者有“县”而已，尚无“郡”名。吾意“郡”之称，盖始于秦、晋。以所得戎翟地远，使人守之，为戎翟君长，故名曰“郡”。如所云：“阴地之命大夫”，盖即郡守之谓也。赵简子之誓曰：“上大夫受‘县’，下大夫受‘郡’”。“郡”远而“县”近，“县”成从富庶，而“郡”荒陋，故以美恶异等而非“郡”与“县”相统属也[43]。

这种引经据典，条理清晰，辨伪析真，论证确凿，毫不逊色于汉学家的考据文章。其它如《左传补注序》、《孝经刊误书后》、《辨逸周书》等也都可视为姚鼐的考据佳作。

同样，翁方纲虽然反对汉学的为考据而考据，但对考据本身也有自己的独特见解。如他尽管批评汉学的种种弊端，但是始终认为考据的方法仍然是学术研究不可或缺的方法之一。他说：“考订之学大则裨益于人心风俗，小则关涉于典故名物。”[44]他在《与陈硕士论考订书》中说：“通经学古之事必于考订先之。”[45]又如他对汉学家对名物、典章、制度方面的考证所取得的成就也津津乐道。他说：“平心而论，《说文》、《尔雅》之训诂，《释文》之音义，厘然具存，惟在学者善取尔。”[46]然而翁方纲十分推重清初学者朱彝尊的《经义考》一书，并为此作了《经义考补正》为朱氏拾遗补阙。《经义考》原名《经义存亡考》，只列存、亡二例，后分列存、阙、佚、未见四例，因改名《经义考》。该书广辑历代学人的经学论著，资料丰富，附加个人案语考订，对研究古代经学及有关文献，具有很高的参考价值，从而使该书不仅是清初经学目录的集大成之作，也是一部以目录为形式的经学史著作，深为学人所推重。康熙皇帝亲笔题写了“研经博物”的四字匾额，乾隆皇帝为《经义考》题诗，并颁旨指示浙江巡抚刻印，以泽儒林。《四库全书总目提要》评论该书，于“上下二千年间，元元本本，使传经原委，一一可稽，亦可以云详赡矣。”但由于作者见闻以及资料方面的限制，该书所考一些经籍的佚、阙情形不尽确切，一时学人纷纷为之续补，颇为壮观。如沈廷芳的《续经义考》、卢文弨的《经籍考》、冯浩的《续经义考》、王聘珍的《经义考补》、杨谦的《续经义考》、朱休承的《续经义考》、钱东垣的《补经义考》和《续经义考》，严元照的《经义考补正》等等。其中翁方纲撰写的《经义考补正》一书，对原书多所补充订正，深受当时学者的肯定。翁方纲在《经义考补正・序目》中，盛赞朱书“综核赅贯，为经训渊薮”，又仿朱彝尊的话说他编写该书的目的是“非敢形前贤之短，虑误后学也。”这种口吻与汉学家盛赞朱书如出一辙。他在《易汉学宋学答陈硕士》中也指出，对于《周易》的研究，“程传有过泥大象”之弊，而朱子则“过信先天、方位”之说。不仅如此，结集在他周围的挚友门生中，不乏大名鼎鼎的汉学大家，如刘台拱、凌廷堪、孔广森、钱塘都是他的得意弟子，而与他关系甚密的朱筠、朱珪、纪昀、卢文弨、王念孙、王引之、钱大昕、钱大昭、阮元、桂馥、邵晋涵、孔继涵等也都是一代学者和名流。甚至年长翁方刚二十五岁曾竭力主张过“不掉书袋作考订”的钱载，也“与翁覃溪交好日深，习而渐化，题识诸什，类复初斋体之如《本草汤头歌诀》，不复耐吟讽矣”[47]。这就不难理解唐鉴《国朝学案小识》何以不为翁方纲立传，而江藩在《汉学师承记》中却将其列入汉学家的行列之中了[48]。

十八世纪中下叶，汉学如日中天，作为生活在这一时期的理学家姚鼐、方东树、翁方纲等的学术理念很明显地带有那个时期特有的印记。身处在汉学熏染的学术环境中，他们虽然已经不能像清初理学诸儒那样专心地讲究义理、探求心性之学了，但是他们所表露出来的抵制汉学的情结，无疑是一种挑战汉学的心态。

第二节　学术界对汉学的批评

与宋学派向汉学挑战不同，士大夫则对汉学的研究方法提出种种质疑。如章学诚曾针对戴震一再强调阅读经书应该“由字以通其词，由词以通其道”[49]的治学方法提出质疑。他说：

> 六书小学，古人童蒙所业，原非奇异。世远失传，非专门名家，且兼人之资，竭毕生之力，莫由得其统贯。然犹此纠彼议，不能划一。后进之士，将何以适从乎？或曰：“联文而后成辞，属辞而后著义，六书不明，五经不可得而诵也。”然则，数千年来，诸儒尚无定论，数千年人不得诵五经乎？[50]

戴震曾经认为学人读经的方法，应该先从语言文字入手，读经的目的是明白经书中所说的道理，即所谓“经之至道者也，所以明道者其词也，所以成词者字也。由字以通其词，由词以通其道”。所以章学诚又补充说：“必如其所举，始许诵经，则是数端皆出专门绝业，古今寥寥不数人耳，犹复此纠彼讼，未能一定，将遂古今无诵五经之人，岂不诬乎？”[51]乾隆五十六年，章学诚在写给族侄的一信中论述说：“近日言学问者，戴东原氏实为之最。以其实有见于古人大体，非徒矜考订而求博推也。”[52]事实上，强调经学研究的方法，首先应该从语言文字入手，并不完全是由戴震首先提出的。如清初顾炎武就说过“读九经自考文始，考文自知音始”[53]，阎若璩说：“昧以声音训诂，则不识古人之语言文字，而无以得圣人之真意。”[54]他的弟子宋鉴则认为“经义不明，小学不讲也。小学不讲，则形声莫辨而训诂无据矣。《说文解字》乃小学之祖也，取而疏之，治经者其有所津逮乎”[55]。臧琳说：“不识字，何以读书！不通训诂，何以明经！”[56]此后，这一研究经学的方法便获得汉学家的广泛认同，成为经学研究的不二法门[57]。如惠栋更是明确声称“经之义存乎训，识字审音，乃知其义”，钱大昕说“非声音，则经之文不正；非训诂，则经之义不明”。因此，章学诚对戴震研究经学方法的批评，实际上是针对当时汉学考据化泛滥的抨击。在章学诚看来："近日考订之学，正患不求其义，而执形迹之末，铢黍较量，小有异同，则嚣然纷争，而不知古人之真不在是也。""今之学者，虽趋风气，竞尚考订，多非心得，然知求实而不蹈于虚，犹愈于掉虚文而不复知实学也。"[58]又说"近来学者喜求征实，每见残碑断石，余文剩字，不关于正义者，往往藉以考古制度，补史缺遗，斯固善矣，因是行文贪多务得，明知赘余非要，却为有益后世推求，不惮辞费，是不特文无体要，抑思居今世而欲备后世考征，正如董泽矢材，可胜既乎？"[59]甚至认为汉学家的经学研究是"但知聚铜，不知铸釜。三下焉者，则沙砾粪土，亦曰聚之而已"[60]。同时，章学诚还提出"六经皆史也"[61]，他认为《六经》原本是夏、商、周典章政教的历史记录，并非圣人为垂教立言而作，这就完全否定了汉学家"尊六艺而奉以为经"的正当性，从而也就否定了汉学本身的学术性格。

当时学界批评汉学的还有程晋芳（1718—1784），字鱼门，号蕺园，安徽歙县人，业盐于江苏淮安。他是程廷祚的族孙，虽然学宗程朱，但是他晚年又师从戴震、朱筠等汉学家，认为"士人或泥古以疑今，或是今而弃古，皆未可为平心善学者也"[62]。因此他对当时的汉学有较深刻的认识。他在《正学论》一文中说：

> 海内儒家，倡言汉学者，几四十年矣。其大旨谓唐以前之书，皆寸珠尺璧，无一不可贵。由唐推之汉，由汉而溯之周秦，而《九经》、《史》、《汉》、注疏为之根本。今之儒者得唐以前片言只字，不问其理道如何而皆宝而录之，讨求而纂述之，此非往复之道乎？若夫人心之巧则又有暗与事合者。唐以前书今存者不多，升高而呼，建瓴而泻水，曰我所学者古也，致功既易，又足以动人，若更浸淫于宋以来七百年之书浩乎？若涉海之靡涯，难以究竟，是以群居坐论，必《尔雅》、《说文》、《玉篇》、《广韵》诸书之相励角也，必康成之遗言、服虔、贾逵末绪之相讨论也[63]。

程晋芳还针对乾嘉学者尊汉太过而给诠释经典所带来的负面影响。他说:“近世浅学之士,动谓秦汉之书近古,其言皆有所据。见有驳其失者,必攘臂而争之,此无它,但徇其名,而实未多观秦汉之书,故妄为是言耳。”在程晋芳看来,儒家经学是在历史发展中不断地改变自己的研究形式,显示了各自对经典的不同理解,作为经学研究,追溯其学术源流无疑是准确的学术途径,但是不知变化,执迷于汉唐乃至先秦文献的片言只语,接着郑玄、服虔、贾逵等古文经学家话头说经,这也就限制了经学本身的发展。程晋芳这一对汉学所提出的总结性批评意见是有一定的理由的,当时汉学研究中确实出现了所谓“凡古必真,凡汉皆好”,不读汉唐以后书的个人崇尚,但是也未必每一个汉学家都如程晋芳所说的那样。汉学家在重视汉唐经学成果的同时,也往往注意汲取理学家的研究成果。如戴震在论及《诗经》时就说:“先儒为《诗》者,莫明于汉之毛、郑,宋之朱子。”[64] 钱大昕说:“斟酌古今,不专主一家言,义有可取,虽迩言必察,若与经文违戾,虽儒先训诂,亦不曲为附和。”[65] 孙星衍在撰写《尚书古今文注疏》曾说明为什么广采汉唐之书而不采宋人经注的原因时说:“今依其例遍采古人传记之涉《书》义者,自汉魏迄于隋唐,不取宋以来诸人注者,以其时文籍散亡,较今代无异闻,又无师传,恐滋臆说也。”[66] 其实,无论是汉唐经学或者是宋明理学、汉学,都有它自身的特色,也都有它某些方面缺陷,如果仅仅将其中的缺陷加以放大而提出批评,也是不附合实际的。胡适曾经说:“懂得经学的有时代的关系,然后可以把宋儒的话还给宋儒,把唐儒的话还给唐儒,把汉儒的话还给汉儒。清朝的经师后来趋重汉儒,表章汉学,虽然也有过当之处,然而他们的动机却只是一种历史的眼光,认定治古书应该根据于最古的诂训,汉儒去古未远,所以受他们特别看重了。”[67] 胡适的分析可以说是中肯的。

无独有偶,这一时期,汉学还深受来自文坛的批评。袁枚、孙原湘、张问陶、舒位等性灵派诗人对汉学考据化的批评可谓不余遗力。如袁枚亲自给惠栋写信,直言对汉学的不满。他说:“闻足下与吴门诸子,厌宋儒空虚,故倡汉学以矫之,意良是也。第不知宋学有弊,汉学更有弊。宋偏于形而上者,故心性之说近玄虚。汉偏于形而下者,故笺注说多附会。”[68] 袁枚在一首诗中不无调侃地说:“东逢一儒谈考据,西逢一儒谈考据。不图此学始东京,一丘之貉于今聚。尧典二字说万言,近君迷入公超雾。八寸策论八十宋，遵明竭竭强分疏。或争关雎何人作，或指明堂建某处。考一日月必反唇，辨一郡名辄色怒。干卿底事漫纷纭，不死饥寒死章句。专数郢书燕说对，喜从牛角蜗宫赴。”[69]袁枚对“汉学”的批评，可谓尖刻，但也击中了汉学家崇尚考据的要害[70]。又如孙原湘的《鸿儒歌》：“天生聪敏堕云雾，余却性灵攻考据。一字异同百口争，两字捋扯万言疏。头埋故纸若蠹鱼，心无一孔如巨瓠。自夸硕学继马郑，却鄙辞章挥李杜。”[71]张问陶更是将汉学家揶揄为“抄书手”，他在《论文八首》中写道：“一代舆图妙斩新，薄今爱古转陈陈。寻名枉受翻书苦，乱写齐秦误后人。志传安能事事新，须知载笔为传真。平生颇笑抄书手，牵率今人合古人。”[72]舒位也曾指出：“论语曾藏半部无，今来考据太疏无。李聃彭祖老难死，错认商朝贤大夫。”[73]

那么，学术领域或者文艺界对“考据”的批评，是否意味着汉学与宋学的争执呢？当然不是。因为无论是章学诚与袁枚、孙原湘、张问陶等人在批评汉学的同时也同样表示对宋学的憎恶。如章学诚批评宋学是“以道名学，而外轻经济事功，内轻学问文章，则守陋自是，枵腹空谈性天，无怪通儒耻言宋矣。”[74]袁枚就表示：“宋儒谈性理，汉儒谈典章，或疑《尚书》伪，或道《周官》亡，聚讼数千年，长夜无烛光。”“一切苛刻论，都从宋儒始”，“我谈宋诗话，呕吐盈中肠”。这可视为性灵派诗人既反考据更反宋学的证明。既然不是简单的汉、宋之争，那么是否还有更为深刻的原因，或者是具有思想史上的意义？笔者认为：汉学本身的发展，到了十八世纪中后期，确实陷入了一种为考据而考据的误区，它已逐渐背离了清初顾炎武、黄宗羲等人倡导汉学目的为经世的本意。如顾炎武门人潘耒说“有通儒之学，有俗儒之学，学者将以明体适用也。综贯百家，上下千载，详考其得失之故，而断之于心，笔之于书，朝章、国典、民风、土俗，元元本本，无不洞悉。其术足以匡时，其言足以救世，是谓通儒之学。若夫雕琢辞章，缀辑故实，或高谈而不根，或剿说而无当，浅深不同，同为俗学而已矣。”[75]因此袁枚等人的这种态度，并非个人嗜好问题，而是性灵派诗人重视感性与重视知性的汉学在实践体验中发生的对立。所以除袁牧之外，即使以文字、音韵、训诂兼长的洪亮吉在批判翁方纲时，也用了“性灵”二字，说：“翁阁学方纲之诗，如博士解经，苦无心得”,“最喜客谈金石例,略嫌公少性灵诗”[76]。翁方纲则批评蒋士铨《题焦山瘗鹤铭》所云“注疏流弊事考证,鼷鼠和角成蹊径”是:“笑蒋之不学也”[77]。凌廷堪更是直接抨击袁枚:“自层怯疏论转严,儒林文苑岂能兼?不闻卢骆王杨辈,朴学曾将贾孔嫌。”[78]双方壁垒可谓森严,更显示了十八世纪学术界重视知识和轻视知识之间对立的真实性。然而,无论是学以“考据”的汉学,还是特标“性灵”的诗学,它们都未能摆脱传统经学的桎梏,前者以注经的形式肯定自我存在的人生价值,后者则以诗歌的形式张扬自我存在的价值,二者可谓殊途同归,也从一个侧面证明此时的汉学也正面临着学术界新的挑战,诚如段玉裁所说:“今日之弊,在不尚品行政事,而尚剿说汉学,亦与河患相同。然则理学不可不讲也。”[79]

第三节　汉学精英的自我反省

十八世纪的汉学,面对来自宋学派、学术界及其文艺界的种种挑战与质疑,促使十八世纪末期一批以汉学自期的学者重新审视汉学。如师从戴震的毕亨在指出汉学流弊时说:“学问之道,古今之通义也。故郑康成东州大儒,学者宗之。间有舛误处,后儒不妨援据经文指摘而正之,非以唯郑氏功臣也。”[80]钱仪吉说:“道丧文弊,执枝叶以为本,驰声华而亡实,有志之士,将反而求之于经。而一时论学者,又徒斳斳然持汉宋诸儒鸿沟划之。本末之不贯,虚实之相病,门户歧而党伐纷,党伐纷而大道晦久矣。”[81]汪廷珍也指出当时学者的通病时说:“或好古而不求其是,或专己而不观其通,或矜奇而不轨于正,或务博而不得所归,又或读书不多,于前人已有之说,而复衍之。于前人已驳之说,而复拾之,求其心平学邃,识明理确者,曾不数人。”[82]甚至著名汉学家段玉裁也不无感慨地说:“喜训诂考核,寻其枝叶,略其本根,老大无成,追悔已晚。”[83]稍后的李兆洛也说:“士人习汉学既久,而无识者乃藉以取名,或甚至以此希取富贵。波流至今日而极,而掇拾愈细,其味愈薄,亦稍稍有厌之者。”[84]因此,他们分别从“汉学”的称谓、“汉学”的“复古”倾向、“汉学”的偏失义理等诸方面作了深刻的自我反省。

一、对于"汉学"之名的反省

十八世纪的"汉学"之名，论者往往认为是清代学者有别于"宋学"而提出来的。"汉学"一名起于何时？史无明文。清代黄承吉认为："汉学二字，至国朝而始见。为公之前，唐宋之后所原无，以其别目，乃与宋学相形而后出也。盖自唐中以后，治经者多置汉儒传注不事，即其间超卓之士兼为涉及者，亦卒狃于歧见，而非必求之正鹄以反躬，良以学界未明，故识趋无定。明人中若杨用修、焦弱侯之轶群，而于汉学则亦终于无见。"[85]以"汉学"别目于"宋学"，始见于明代文坛。它特指明代前后七子提倡周秦散文，区别归有光等人注重唐宋古文体而言。如汤显祖曾评论说："此如学汉文者讥学宋文者，皆未有以极其趣，不足相短也。"[86]由于清代汉学家在学术上的终身追求，是致力于恢复郑、许之学，所以每每以汉学相标榜。曾国藩曾指出："乾隆中叶，海内魁硕奇士，崇尚鸿博，繁称旁征。考核一字，累数千言不能休。别立标志，号为汉学。"[87]章梫说："乾嘉之间，汉宋之名始立。治汉学者，率以为务求其是，不守家法，所以似伏、孔而非伏、孔，似许、郑而非许、郑，但可谓之东京之学。"[88]惠栋批评宋人朱震编写的《汉上易传》是"颇嫌词费，亦不能尽通，汉学经师亡之故也"[89]。又如江藩所撰《经解入门》凡例中说："今人名经学为汉学，盖以秦火而后，汉始昌明其学，魏晋以降，渐亦颓废，而国朝则直追两京，斯为极盛。"其实"汉学"之名并不是在清代的"乾嘉之间"的学者首先提出的，而是在清初已有此称谓。如方以智说："乌知《说文》新附非尽许氏书？又乌知许氏之未尽汉学邪！郝楚望一扫而通之又过矣。"[90]何焯说："臣愚以为阴阳者，王事之本，而观于先圣，在天为阴阳，在人为仁义，此深探治本之言，但前后所陈，却别是一种汉学。"[91]可见，方、何两人所说的"汉学"实际上是泛指汉代的学术，并不具有汉学与宋学对立的意蕴。十八世纪后期，汉学家对"汉学"的称谓与内涵又作了新的认识。焦循说：

学者诩于人，辄曰：吾述乎尔。问其何为乎述？则曰：学孔子也。然则所述奈何？则曰：汉学也。呜呼！汉之去孔子几何岁矣，汉之去今又几何岁矣，学者学孔子者也，学汉人之学者，以汉人能述孔子也，乃舍孔子而述汉儒，汉儒之学，果即孔子否？学者述孔子而持汉人之言，惟汉是求，而不求其是，于是拘于传注，往往扞格于经文。是所述者，汉儒也，非孔子也。而究之汉人之言亦晦而不能明，则亦第持其言而未通其义也，则亦未足为述也。且夫唐宋以后之人，亦述孔子者也，持汉学者，或屏之不使犯诸目，则唐宋人之述孔子，讵无一足征者乎！学者或知其言之足征而取之，又必深讳其姓名，以其为唐宋以后之人，一若称其名，遂有碍乎其为汉学者也。噫，吾惑矣！[92]

在焦循看来，汉学家之所以使用“汉学”一词，那是因为汉人能够传述和理解孔子的思想，但是历史上学者对孔子思想的理解，并非局限于汉人，唐宋以后对孔子思想的阐述同样不乏其人，如果不假思索地抛弃唐宋而一味信从汉人经注，依样画葫芦，那就不但不是孔子的真思想，而且也不能代表所谓的汉学，所以用汉学之名来概括当时学术的特性，那就是名不副实。与焦循一样，凌廷堪对学者沉湎于汉学研究而不明学术发展的客观规律提出批评说：

近之学者，多知崇尚汉学，庶几古训复申，空言渐绌。是固然已。第目，前侈谈康成、高言叔重者，皆风气使然。……浮慕之者，袭其名（汉学）而其实，得以似而遗其真。读《易》未终，即谓王、韩可废。诵《诗》未竟，即以毛、郑为宗。《左氏》之句读未分，已言服虔胜杜预。《尚书》之篇次未悉，已云梅赜伪古文。甚至挟许慎一篇，置九经而不习。忆《说文》数字，改六籍而不疑。不明千古学术之源流，而但以讥弹宋儒为能事，所谓天下不见学术之异，其弊将有不可胜言者[93]。

著名校勘学家顾广圻也说：

汉学者，正心诚意而读书者是也。宋学者，正心诚意而往往不读书者是也。俗学者，不正心诚意而尚读书者是也。是故汉人未尝无俗学，宋人未尝无汉学也。论学之分，不出斯三途而已矣[94]。

顾广圻认为重视内心道德修养而勤勉读书的是汉学，轻视读书但是专门讲究内心道德修养的是宋学，勤勉读书而不重视内心道德修养的是俗学。这里不深论顾广圻对当时学术的三种分界是否合理，但是他所描述的当时学者治学的三种态度，无论是汉学抑或是宋学都不是绝对的，所以汉学中也会有俗学的存在，同样宋学中也有汉学的存在。这也就表明作为汉学家，顾广圻实是基于古代学术发展的一般规律而对“汉学”一名的反省。诚如凌廷堪所说：“宋以前学术屡变，非汉学一语可尽其源流，即如今所存之《十三经注疏》，亦不皆汉学也。”[95]焦循的同乡江藩曾作《汉学师承记》，创拟考据学学统，严立汉学与宋学的界限，其中难免掺杂着个人动机，但书中所列人物也都是当时研究经学成绩裴然的著名经学家，依据的也都是各自对某经研究取得突出成就的学者，所以江钧在为其父《经师经义目录》所作的跋中声称“取其专论经术，一本汉学之书”，以至后来引出龚自珍对书名本身提出批评，建议江藩改为《国朝经学师承记》为经学正名之举。其理由是：“实事求是”一语出自汉人，清代学术有汉人所未开之门径；琐碎饾饤，不是真正的汉学。而且汉人与汉人也不相同，家各一经，经各一师，所以不能统称为汉学。汉人同样也讨论谈性道问题，认为汉、宋学术是对立的，那不是公论。更不应该将汉人之学视为名物训诂之学，宋人也谈名物训诂，所以称经学，不当称为汉学[96]。所以章太炎指出清儒之失“在牵于汉学名义，而忘魏晋干蛊之功”[97]。又认为“惠氏（栋）揭汉学的旗帜，所探求的只是汉学；戴氏（震）并非自命为汉学”[98]，又说“惠栋殁，吴材衰，学者拥树戴氏为大师，而固不执汉学”[99]。可见，汉学家对“汉学”之名的反省，事实上是基于汉学本身不能完全涵盖经学，而汉学自有其特点。也正因此，汉学家对汉学的复古倾向进行了反思。

二、对汉学“泥古”倾向的反省

众所周知，儒家经典自汉代被神化之后，孔子提倡的“述而不作，信而好古”便成为对经典诠释的主要方法论原则。所谓“述”，即诠释经典的思想，所谓“古”，即经典产生的“三代之古”，汉唐儒经研究的笺注化便是这种方法论原则最为具体的体现。经典研究的笺注化虽为当时众多儒士所接受和坚守，但它对人的思维习惯和认识价值取向无疑是一种桎梏，即受到经学规范化的制约，从而失去应有的创造性。所以班固在《汉书》中曾指出它的弊端说：“后世经传既已乖离，博学者又不思多闻疑阙之义，而务碎义逃难，便辞巧说，破坏形体，说五字之文，至于二三万言。后进弥以驰逐，故幼童而守一艺，白首而后能言；安其所习，毁所不见，终以自蔽。此学者之大患也。”[100]唐代孔颖达撰《五经正义》，更确立了“疏不破注”的义疏之学，虽然是对汉以来经典诠释学的阶段性回顾和总结，但其弊端是注不破经，疏不破注，不取异义，专宗一家。宋代理学家虽然有所谓的“六经注我”，尝试摆脱传统注疏形式的经典诠释束缚而另辟新局，但它却是在崇尚经典的名义下从事阐发个人读经的心得，远离圣人的基本思想。清代乾嘉汉学家的经学研究，虽然以“实事求是”为帜志，但实际上走的是“唯汉是真”之路，对汉代以后的经学发展缺乏整体考察。如崔述对汉学家有如下的观察：

近世学者动谓汉儒近古，其言必有所本，后人驳之非是；今《史记》此言岂无所本者，而何以误也？特学者道听途说，不肯详考，故遂以汉儒为皆可信耳[101]。

由于汉学家的经学研究，总体上是遵循训诂明而义理明的原则，而训诂之学又每每依据汉人提供的训诂资料，钱大昕说：“训诂必依汉儒，以其去古未远，家法相承，七十子之大义犹有存者，异于后人之不知而作也。三代以前文字声音训诂相通，汉儒犹能识之。以古为师，师其是而已。”[102]正是基于这样的一种观念，汉学家无不以“求古”为其职责。如惠栋编撰的《九经古义》，该书包括《周易》、《尚书》、《毛诗》、《周礼》、《仪礼》、《礼记》、《左传》、《公羊传》、《谷梁传》、《论语》十经，其中《左传》六卷后更名为《左传补注》刊版别行，只存其九，故称“九经”。又如余萧客广搜群书，采辑唐以前经籍训诂，编成《古经解钩沉》三十卷。该书初名《古注疏钩沉》，一称《五经钩沉》，分别就《周易》、《尚书》、《毛诗》、《周礼》、《仪礼》、《礼记》、《左传》、《公羊传》、《谷梁传》、《孝经》、《论语》、《孟子》、《尔雅》等"凡唐以前之旧说，有片语单词可考者，悉著其目。虽有人名而无书名，有书名而无人名者，亦皆登载"，四库馆臣则赞其为"凡著述之家，争奋发而求及于古。萧客是书一也"[103]。洪榜在总结戴震学术时也说"其学信而好古，于汉经师贾、马、服、郑诸儒，散失遗落，几不复传于今者，旁搜广摭，裒集成书，谓之古义"[104]。可见，所谓"求古"，即指广采汉儒专门训诂之语，相互参证，原原本本，加以排比辑录，没有自己的观点。王鸣盛在分析惠栋与戴震的汉学研究特色时，认为惠栋治经求其古，戴震治经求其是，但在"求古"与"求是"的选择中，"求古"是第一位的，"求是"是第二位的；没有"求古"的意识，也就谈不上真正的"求是"[105]，诚如朱筠所说的"与作聪明，宁为默守"[106]。其实，学术研究重视古代文献，是必要的基础工作，从时序上说，汉代离"古"不远，所以汉代经说更能反映孔孟学说的真谛，这对满足于个人臆说解经的宋儒经学研究来说，无疑也是一种进步。戴震说："旁摭百氏，下及汉代，凡载籍去古未遥者，咸资证实，亦势所必至。"[107]然而，这种在恢复原始儒学的旗帜下的"求古"，日益钻进"牛角尖"，脱离现实，整天埋头于浩如烟海的群经之中，斤斤于一字一句，企图在零星篇断的记载中寻觅汉代经师们解释经典的奥秘。其结果反使十分简单的客观事实成为主观性的描述，"求古"变成了"泥古"。魏源曾批评为"固天下聪敏知慧，使尽出于无用之一途。"[108]章太炎对魏源的这一观察也深表赞同[109]。也正因此，生活在十八世纪后期的汉学家对此纷纷提出批评。许宗彦说："前人聚讼数千年未了，今日岂复能了之？就令自谓能了，亦万不能见信，当时取必后世。如仅仅校勘文字同异讹脱，或依傍小学，辨析训诂形声，又或缀拾零残经说，所得盖小，私心诚不欲为之。"[110]这种对汉学研究的怀疑，使他对汉学的泥古倾向置之不屑。他又说：

今之治经者，吾惑焉。其言曰圣人所以明道者，辞也。以成辞者，字也。由字以通其辞，由辞以通其道，有必渐然。字有隶篆之异，声有古今之殊。考之苍雅，攻其训诂，其有不通，又必博稽载籍，展转引伸以说之。一字之谊，纷纭数千言，冗不可理而相推以为古学[111]。

如果说许宗彦对汉学复古倾向的不满还只是停留在学理方面的话，那么焦循、王引之、阮元等汉学家则直接指名道姓的予以批评。如焦循认为："东吴惠氏为近代名儒，其《周易述》一书，循最为不满，大约其学拘于汉之经师，而不复穷究圣人之法。"[112]王引之也指出："惠定宇先生考古虽勤，而识不高、心不细，见异于今者则从之，大都不论是非。如说《周礼》邱封之度，颠倒甚矣。他人无此谬也。来书言之，足使株守汉学而不求是者爽然自失。"[113]凌廷堪说："今一二有识者，知蹈虚言理不如名物训诂之实有可凭也，于是搜遗订佚，倡之于前，士从事于学者皆以复古为志，而论文则贸贸焉但曰八家，是知二五而昧于十也。"[114]阮元认为："国朝之治《周易》者，未有过于征士惠栋者也。而其校勘雅雨堂李鼎祚《周易集解》与自著《周易述》，其改字多有似是而非者。盖经典相沿已久之本，无庸突为擅易，况师说之不同，他书之引用，未便据以改久沿之本也，但当录其说于考证而已矣。"[115]我们可以从"不复穷究圣人之法"、"大都不论是非"、"似是而非"等词语来看，得知焦循、凌廷堪、阮元等人对汉学"泥古"的批评，实际上是有感于汉学已远离元典精神，应该立纠其偏。也正因此，他们对于汉学缺乏"义理"倾向又进行了反省。

三、对于汉学缺乏"义理"倾向的反省

所谓义理，即经书中所讲的道理。《汉书・刘歆传》载："及歆治《左氏》，引传文以解经，转相发明，由是章句义理备焉。"三国时王肃在《孔子家语序》说："自肃成童，始志于学，而学郑氏学矣。然寻文责实，考其上下，义理不安，违错者多，是以夺而易之。"宋代以来的理学也被称为义理之学。张载《经学理窟・义理》："有急求义理复不得，於闲暇有时得。"程颐说："或读书，讲明义理；或记古今人物，别其是非；或应事即物而处其当，皆穷理也。"[116]章学诚说："儒者欲尊德性而空言义理以为功，此宋学之所以见讥于大雅也。"[117]由于汉学家经学研究的角度和视域是圈定在汉代，所以论证问题的过程和方法也过于机械和烦琐。又由于汉学家

的治学内容是以儒家经典为中心，其治学方法是以考据为特点，一些汉学家认为儒家典籍越古越真，越符合经书的本来面目。甚至认为对儒家典籍的注疏，也是唐胜于宋，汉必胜于唐。这种观点使他们观察和思考问题时，呈现出复古、泥古倾向，而这样一种倾向直接导致他们对经书义理探索的忽略。如段玉裁虽然被誉为汉学名家，但是他在为友人严久能《娱亲雅言》作序时说："余又以为考核者，学问之全体，学者所以学为人也，故考核在身心性命、伦理族类之间，而以读书之考核辅之。今之言学者，身心伦理不之务，谓宋之理学不足言，谓汉之气节不足尚，别为异说，簧鼓后生。此又吾辈所当大为之防者，然则余之所望于久能者，勿以此自隘。"[118]嘉庆初，段玉裁又在给陈寿祺的信中说："愚谓今日大病在弃洛、闽、关中之学不讲，谓之庸腐，而立身苟简，气节败，政事芜。天下皆君子而无真君子，未必非表率之过也。故专言汉学，不治宋学，乃真人心世道之忧，而况所谓汉学者如同画饼乎！"[119]段玉裁这里所说的"宋学"，并不是要求汉学家人人都放弃考据而去学习理学，而是有感于汉学家对经书意义的漠视，所以张惠言说："数十年间，天下争为汉学，而异说往往而是。学者以小辨相高，不务守大义。或求之章句文字之末，人人自以为许、郑，不可胜数也。"[120]又如阮元说："近之言汉学者，知宋人虚妄之病，而于圣贤修身立行大节略而不谈，乃害于其心其事。"[121]并对当时汉学家株守传注式的经学研究颇感不满：

> 余以为儒者之于经，但求其是而矣。……未闻以违注见讥。盖株守传注曲为傅会，其弊与不从传注、凭臆空谈者等。夫不从传注凭臆空谈之弊，近人类以言之，而株守传注，曲为傅会之弊，非心知其意者未必能言之也[122]。

所谓"传注"，即指汉人对儒家经典的解释，汉学家唯汉是崇，经学研究恪守汉儒的一字一句，一名一物的考证，但结果是"精校博考，经义确然，虽不逾间，德便出入，此又一蔽也"[123]。其蔽必然与空谈性心的理学一样而步入另一种空疏。焦循也认为经学研究的正确途径，是"融会经之全文，以求经之义，不为传注拘牵"。他批评汉学说：

近之学者，以考据名家，断以汉学，唐宋以后屏而弃之。其同一汉儒也，则以许叔重、郑康成为断，据其一说，以废众说。……然则九流诸子，各有所长，屏而外之，何如择而取之，况其同为说经之言乎！[124]

当时客寓扬州的凌廷堪，也从正面、积极批评清代汉学偏失义理的倾向。他在致友人胡敬仲的书信中明确指出：

所云近之学者，多知崇尚汉学，庶几古训复申，空言渐绌，是固然已。第目前侈谈康成、高言叔重，皆风气使然，容有缘之以饰陋，借之以窃名，岂知足下真知而笃好之乎！且宋以前学术屡变，非汉学一语可尽其源流[125]。

姚文田说：

近世称通士者二，一则才藻葩流，词旨机迅，下笔数千言，往往惊其座人；一则钻穴遗经，搜罗坠简，惟汉唐诸儒旧说守而不易，自宋以下不屑也。斯二者各务其所近，相谤相师，没齿不倦，至于孝弟，人之根本，则阙焉不讲，故常有恃才傲物，甚或是非谬于圣人，而核其生平行事不无遗议者，为其溺于词章训诂之学而不免丧其志也[126]。

许宗彦说：

夫六书特小学之一耳。古之时，唯年十五以下者为之。今者则穷老毕精竭虑于此，而犹不能尽通。将由是考其辞，复由辞以知其义，而其于道之成，则虽假以彭聃之寿，而亦有所不能及矣[127]。

上述汉学家对汉学偏失“义理”倾向的反思，正反映了汉学研究面临着两难的困境。一方面既要坚持训诂明而义理明的经学研究方向，一方面又必须调整经学研究义理从属于考据的偏失，诚如方东树批评的那样："夫谓义理即存乎训诂，是也。然训诂多有不得真也，非义理何以审之？"[128]因此，无论是反思"汉学"之名，或者是反思汉学的"泥古"之偏，甚至反思汉学的"义理"之失，事实上都具有酝酿扭转汉学研究方向的努力，这种努力在十八世纪后期的汉学家中已暗滋为一种迫切更新汉学的要求。如张鉴曾作书与阮元，认为自顺治至乾隆，学者的学术取向虽然有"义理"与"训诂"之分，但是汉学家治学完全可以"义理"与"考据"兼顾，不必"拘牵于心性两字"[129]。凌廷堪更是积极主张汉学亟须变革。他说：

> 盖尝论之，学术之在天下也，阅数百年而必变。其将变也，必有一二人开其端，而千百人哗然攻之，其既变也，又必有一二人集其成，而数百人靡然从之。夫哗然而攻之，天下不见学术之异，其弊未形也。靡而从之，天下不见学术之异，其弊始生矣。当其时亦必有一二人矫其弊，毅然而持之。及其变之既久，有国家者绳之以法制，诱之以利禄，童稚习其说，耄耋不知非，而天下相与安之。天下安之既久，则又有人焉思起而变之，此千古学术之大较也[130]。

值得注意的是，上述汉学家对汉学所发表的一系列反省论述，时间都恰值十八世纪末期至十九世纪初期。如段玉裁的《娱亲雅言序》作于嘉庆十四年(1809)，他给陈寿祺的信作于嘉庆二十年(1815)。又如凌廷堪给胡敬仲的信则是作于乾隆五十八年(1793)，阮元的《焦里堂群经宫室图序》作于乾隆五十八年(1793)，焦循的《论语通释》作于嘉庆九年(1804)等等[131]。可以说他们这些论述正是基于经学自身发展动因的一般规律而提出汉学更新要求的。《四库全书总目提要》曾认为一部经学史，实际上展示了"汉宋两家互为胜负"的学术发展史，这是有其历史根据的。不过，学术的向前推进与发展，总是与不囿于成说的求变要求结伴而行。汤用彤先生曾说："大凡世界圣教演进，如至于繁琐失真，则常生复古之要求。耶苏新教，倡言反求圣经。佛教经量部称以庆喜为师。均斥后世经师失教祖之原旨，而重寻求其最初之根据也。夫不囿于成说，自由之解释乃可以兴。思想自由，则离拘守经师而入启明时代矣。”[132]汤先生此论虽为魏晋玄学而发，但同样适用于十八世纪末至十九世纪初的汉学求变的现象。此时正值清朝由乾隆盛世转向嘉庆衰世的转折时期，纯汉学研究的学术工作已面临新的挑战。可以说焦循、凌廷堪、张鉴等人的呼吁，不仅是一种学术取向的变动，而且还是一种汉学家自新的开创性学术活动。由于当时他们的著述限于私家刊刻，流传渠道未必畅通，所以未能引起学界的高度重视，社会影响相对不大。直到宦途显赫，并以提倡学术自任著称的阮元高标汉帜、重塑汉学偶像，为学者提供新的值得效法的汉学楷模时，才真正拉开十八世纪末至十九世纪初汉学更新运动的序幕。

注释：

① 陆陇其：《三鱼堂文集》卷八《四书集义序》。陆氏又说：“夫朱子之学，孔孟之门户也。学孔孟而不由朱子，是入室而不由户也。故今日有志于圣学者，有朱子之成书在，熟读精思而行焉。”（《三鱼堂文集》卷五《答嘉善李子乔书》，清同治七年[1868]刊本。）

② 吕留良：《吕晚村先生文集》卷一《答吴晴岩书》。又说：“凡朱子之书，有大醇而无小疵，当笃信死守，而不可妄置疑凿于其间。”（《吕晚村先生文集》卷一《与张考夫书》，清雍正三年[1725]吕氏天盖楼刊本。）

③ 梁启超：《清代学术概论》第十九，上海古籍出版社 1998 年版，第 68 页。

④ 梁启超：《清代学术概论》第十九，上海古籍版社 1998 年版，第 68 页。

⑤ 章太炎：《訄书·清儒第十二》，徐复《訄书详注》，上海古籍出版社 2000 年版，第 151 页。

⑥ 刘师培：《近儒学术系统论》，李妙根《刘师培论学论政》，上海：复旦大学出版社 1990 年版，第 114 页。

⑦ 有关姚鼐与戴震交恶的学术公案，经过梁启超、章太炎、刘师培等人的渲染，在学术界影响甚大。如后来范文澜在《经学史》中说：“古文家姚鼐愿给戴震当学生，戴震拒绝了。姚老羞成怒，要反对戴震学派，但他自己没有什么学问，没有公开写文章反对，他的学生方东树很能写，又懂汉学，便写《汉学商兑》来反对戴震学派的

汉学。”范文澜这一观察不确。事实上，姚鼐在戴震婉拒拜师之后，两人之间仍以师友相称，关系还是融洽的。段玉裁《戴东原先生年谱》乾隆二十一年条载：“先生学高天下，而不好为人师。姬传是时为孝廉，倾心先生之学，欲奉为师。”据刘盼遂辑校段玉裁《经韵楼集补编》卷上《与戴东原先生书》论及校定《水经注》于此札尾所附戴震复语云：“弟校本数日前为姚六哥(鼐)取去，余俱奉上。尊谦不敢当，并缴。”按，此札刘盼遂所编《段玉裁先生年谱》系于乾隆三十一年，而明确记载戴震婉拒姚鼐拜师的《与姚孝廉姬传书》则作于乾隆二十年，同年冬季刊刻的《考工记图》中解释“殷人重屋”时，仍称引姚鼐说：“此姚姬传曰：‘重屋，複屋也。’”(《考工记图》卷下“殷人重屋”条)对姚鼐的研究成果仍予以尊重。此后十年间，戴震与姚鼐仍维持着师友关系。姚鼐公开批评戴震，那是在戴震去世之后的事。

⑧ 李慈铭：《越缦堂读书记》，沈阳：辽宁教育出版社 2001 年版，第 978 页。

⑨ 戴震：《戴震文集》卷九《与姚孝廉姬传书》，北京：中华书局 1980 年版，第 142 页。

⑩ 姚鼐：《惜抱轩文集》卷五《书考工记图后》，清嘉庆三年(1798)刊本。

⑪ 戴震：《戴震文集》卷九《与姚孝廉姬传书》，北京：中华书局 1980 年版，第 141 页。

⑫ 姚鼐：《惜抱轩文集》卷六《复蒋松如书》，清嘉庆三年(1798)刊本。

⑬ 江藩：《汉学师承记》卷三《钱大昕传》，上海古籍出版社 1998 版，第 51 页。

⑭ 姚鼐：《惜抱轩文集》卷六《再复简斋书》，清嘉庆三年(1798)刊本。按，姚鼐对戴震的人身攻击，实本桐城学人对不尊朱学学人的抨击。如方苞就说过：“窃疑吾兄承习斋颜氏之学，著书多訾謷朱子。习斋之自异于朱子者，不过诸经义疏，与设教之条目耳。性命伦常之大原，岂有二哉？故自阳明以来，凡极诋朱子者，多绝世不祀，仆所见闻，具可指数，若习斋、西河，又吾兄所目击也。”(《方望溪全集》卷六《与李刚主书》，北京：中国书店出版社 1991 年版，第 68—69 页)

⑮ 姚鼐：《惜抱轩文集后集》卷二《程绵庄文集序》，清嘉庆三年(1798)刊本。

⑯ 姚鼐：《惜抱轩文集》卷四《述庵文钞序》，清嘉庆三年(1798)刊本。

⑰ 戴震：《戴东原集》卷九《与方希原书》，北京：中华书局 1980 年版，第 143 页。

⑱ 姚鼐：《惜抱轩文集》卷六《复汪进士辉祖书》，清嘉庆三年(1798)刊本。

⑲ 王昶：《湖海文传》卷三十《戴东原集序》，清道光十七年(1837)刊本。

⑳ 钱大昕：《潜研堂文集》卷二十四《经籍纂诂序》，上海：上海古籍出版社 1989 年版，第 392—393 页。

㉑ 焦循：《雕菰集》卷十四《与王钦夫论文书》，清道光间《文选楼丛书》本。

㉒ 戴震:《戴东原集》卷九《与某书》,清乾隆五十七年(1792)刊本。

㉓ 姚鼐:《惜抱轩文集》卷六《复蒋松如书》,清嘉庆三年(1798)刊本。

㉔ 凌廷堪:《校礼堂诗集》卷十二《答姚姬传先生》,清道光六年(1826)刊本。

㉕ 曾国藩:《曾文正公文集》卷三《欧阳生文集序》,清同治十三年(1874)刊本。

㉖ 姚鼐:《惜抱轩诗集》卷二《述怀》,清嘉庆三年(1798)刊本。

㉗ 章太炎:《訄书·清儒第十二》,徐复《訄书详注》,上海:上海古籍出版社2000年版,第151页。

㉘ 方东树:《汉学商兑重序》,清道光十一年(1831)刊本。

㉙ ㉚ 方东树:《汉学商兑序例》,清道光十一年(1831)刊本。

㉛ 方东树:《汉学商兑》卷下,清道光十一年(1831)刊本。

㉜ 皮锡瑞:《经学历史》,北京:中华书局1981年版,第139页。

㉝ 方东树:《仪卫轩文集》卷一《辨道论》,清同治七年(1868)刊本。

㉞ 方东树:《汉学商兑重序》,清道光十一年(1831)刊本。

㉟ 翁方纲:《复初斋文集》卷六《自题校勘诸经图后》,清道光二十六年(1846)刊本。

㊱ 同上卷七《考订论下之二》,清道光二十六年(1846)刊本。

㊲ 同上卷七《考订论上之一》,清道光二十六年(1846)刊本。

㊳ 同上卷十七《跋中州文献册》,清道光二十六年(1846)刊本。

㊴ 同上卷十二《送卢抱经南归序》,清道光二十六年(1846)刊本。

㊵ ㊶ 同上卷七《理说驳戴震作》,清道光二十六年(1846)刊本。

㊷ 姚鼐:《惜抱轩尺牍》卷六《与陈硕士》,清宣统二年(1910) 铅印本。

㊸ 同上卷二《郡县考》,清嘉庆三年(1798)刊本。

㊹ 翁方纲:《复初斋文集》卷七《考订论下之一》,清道光二十六年(1846)刊本。

㊺ 同上卷十一《与陈石士论考订书》,清道光二十六年(1846)刊本。

㊻ 同上卷一《诗考异字笺余序》,清道光二十六年(1846)刊本。

㊼ 钱钟书:《谈艺录》第五十四《萚石诗以文为诗用语助》,北京:三联书店出版社2001年版,第545页。

㊽ 刘承斡说:"唐氏(唐鉴)成《学案小识》,姚先生跻诸翼道之班,独懋遗先生,姚先生文人,人奉为科律,先生所为文正,亦有科律在言语文字之表,人遂莫有效法者。"(参见刘敬武《清代金石学家列传稿》卷一《翁方纲传》)又,江藩说:"翁君覃谿者,亦为汉学,收藏金石碑版文字,著有《经义考补》、《两汉金石文字记》行于世。翁君名方纲,大兴人。乾隆丁卯科举人,壬申恩科成进士,授庶吉士。散官,授编修,官

至内阁学士，兼礼部侍郎，因老疾，以学士归田。”（江藩《汉学师承记》卷六《纪昀传》，上海：上海书店出版社 1983 年版，第 97 页。）

㊾ 戴震：《戴震文集》卷九《与是仲明论学书》，北京：中华书局 1980 年版，第 140 页。

㊿ 章学诚：《章氏遗书》卷八《说文字原课本书后》，清嘉业堂刊本。

51 52 章学诚：《章氏遗书》卷二九《又与正甫论文》，清嘉业堂刊本。

53 顾炎武：《亭林文集》卷四《答李子德书》，朱氏槐庐校刊本。

54 臧琳：《经义杂记序》引阎若璩语，清嘉庆四年(1799)拜经堂刻本。

55 江藩：《汉学师承记》卷一《阎若璩传》附《宋鉴传》，上海：上海古籍出版社 1983 年版，第 11 页。

56 同上卷四《洪亮吉》附《臧琳传》，上海：古籍出版社，1983 年版，第 75 页。

57 如方东树说：“此是汉学一大宗旨，牢不可破之论矣。”又说：“此论最近信，主张最有力，所以标宗旨，峻门户，固壁垒，示信学者，谓据其胜，而不可夺矣。”（《汉学商兑》卷中之下，清道光十一年[1831]刊本）

58 章学诚：《章氏遗书》卷九《答沈枫挥论学》，清嘉业堂刊本。

59 章学诚：《章氏遗书》卷二《古文十弊》，清嘉业堂刊本。

60 章学诚：《章氏遗书》卷九《与邵二云书》，清嘉业堂刊本。

61 章学诚说：“六经皆史也。古人不著书，古人未尝离事而言理，六经皆先王之政典也。或曰《诗》、《书》、《礼》、《乐》、《春秋》则既以闻命矣！《易》以道阴阳，愿闻所以政典而与史同科之义焉？闻诸夫子之言矣。”

62 程晋芳：《勉行堂文集》卷二《毛郑异同考序》，嘉庆二十五年(1820)刊本。

63 程晋芳：《勉行堂文集》卷一《正学论四》，嘉庆二十五年(1820)刊本。

64 戴震：《戴震文集》卷十《毛诗补传序》，北京：中华书局 1980 年版，第 146 页。

65 钱大昕：《潜研堂文集》卷二十四《虞东学诗序》，上海：上海古籍出版社 1989 年版，第 384—385 页。

66 孙星衍：《尚书古今文注疏序》，北平图书馆铅印本。

67 胡适：《戴东原哲学》“引论“，欧阳哲生编《胡适文集》，北京：北京大学出版社 1998 年版，第 245 页。

68 袁枚：《小仓山房文集》卷十八《答惠定宇》，上海：上海古籍出版社 1988 年版，第 1529 页。

69 袁枚：《小仓山房诗集》卷三十一《考据之学莫盛于宋以后，而近今为尤。余厌之，戏仿太白〈嘲鲁儒〉一首》，上海：上海古籍出版社 1988 年版，第 848 页 。

⑦⓪ 按，袁枚虽然批评考据，但是他对考据精审的学者如钱大昕、王鸣盛、王昶、朱筠、孙星衍等汉学家也是非常钦佩。如他称钱大昕的考据“先得我心”，甚至还说过“贾孔注疏，亦俱涉猎”，“（考据）我亦偶然愿学焉”之类的话。如《随园随笔》“古无教官”条说：“古有大司成，大司乐主教士之责，其庠序学校之在乡者，其师皆致仕之大夫归老于乡者，为教授，不别立官，有类今之掌教书院者是也。汉人校官碑称‘潘君讳乾，字元卓’者，先佐上郡，再除风景区阿尉，以其能光文教而歌诵之，非今之教官也。宋庆历始命天下小州小县皆立学，而设官以孝焉。朱子记漳州教授厅云：‘官虽有统，而其任之本诸身者，非期会薄书之可考，上之人又以其儒官而优容之，故仕者反利焉。’《魏志武帝纪》兴平八年令郡国各修文学，县满五百户置校官，选其乡之俊秀而教育之。校官之设，盖始于此。”这种引经据典，追根溯源，言之有据的考证，在书中比比皆是。孙星衍在《随园随笔序》中说：“先生弃官山居五十年，实未尝一日废书，手评各史籍，字迹历历犹在，则亦未尝不时时考据。”可谓一语中的。

⑦① 孙原湘：《天真阁集》卷二十六《鸿儒歌》，清嘉庆五年（1800）刊本。

⑦② 张问陶：《船山诗草》卷九《论文八首》，清道光二十九年（1849）增修本。

⑦③ 舒位：《瓶水斋诗集》卷九《杂诗》，清光绪十二年（1886）刊本。

⑦④ 章学诚：《章氏遗书》卷二《浙东学术》，清嘉业堂刊本。

⑦⑤ 潘耒：《遂初堂集》卷六《日知录序》，清康熙间刊本。

⑦⑥ 洪亮吉：《北江诗话》卷一，清光绪三年（1877）授经堂刊本。

⑦⑦ 翁方纲：《复初斋文集》卷十五《题焦山瘗鹤铭》，清李彦章校刊本。

⑦⑧ 凌廷堪：《校礼堂诗集》卷七《绝句四首》之一，清道光六年（1826）刊本。

⑦⑨ 段玉裁：《与王怀祖书》，转引王章涛《王念孙王引之年谱》“嘉庆十三年条”，扬州：广陵书社出版社 2006 年版，第 168 页。

⑧⓪ 毕亨撰：《九水山房文存》卷下《答友人书》，清杨氏海源阁刻本。

⑧① 钱仪吉：《衎石斋记事对稿》卷五《张积石文序》，清光绪六年（1880）钱彝甫印本。

⑧② 汪廷珍：《实事求是斋遗稿》卷二《秋槎杂记》，清光绪八年（1882）刊本 。

⑧③ 段玉裁：《经韵楼集》卷八《博陵尹师所赐朱子学恭跋》，上海：上海古籍出版社 2008 年版，第 193 页。

⑧④ 李兆洛：《养一斋文集》卷十八《与方植之》，清道光二十三年（1843）刊本。

⑧⑤ 黄承吉：《字诂义府合按后序》，《字诂义府合按》，北京：中华书局 1993 年版，第 271 页。

⑧⑥ 汤显祖：《汤显祖诗文集》四十四《答王澹生》，上海：上海古籍出版社 1980 年版，第 1234 页。

⑰ 曾国藩:《曾文正公文钞》卷一《欧阳文生集序》,清同治间刊本。

⑱ 章梫:《一山文存》卷七《复王子庄先生书》,民国七年(1928)嘉业堂刊本。

⑲ 惠栋:《九曜斋笔记》卷二“朱震”条,清光绪间《聚学轩丛书》刊本。

⑳ 方以智:《通雅》卷首二《小学大略》,清光绪六年(1880)桐城方氏刊本。

㉑ 何焯:《义门读书记》第十九卷《前汉·纪魏相传》,北京:中华书局1987年版,第318页。

㉒ 焦循:《雕菰集》卷七《述难》四,清《文选楼丛书》本。

㉓ 凌廷堪:《校礼堂文集》卷二十三《与胡敬仲书》,北京:中华书局1998年版,第203—204页。

㉔ 顾广圻:《思适斋集》卷十三《壤室读书图序》,清道光二十九年(1849)刊本。

㉕ 凌廷堪:《校礼堂文集》卷二十三《与胡敬仲书》,北京:中华书局1998年版,第204页。

㉖ 龚自珍之说,参见前揭“引论”注“7”。

㉗ 章太炎:《汉学论》,《章太炎全集》第五册,上海:上海人民出版社1985年版,第22页。

㉘ 章太炎:《国学概论·经学派别》,成都:巴蜀书社1987年版,第47页。

㉙ 章太炎:《訄书·清儒第十二》,徐复《訄书详注》,上海:上海古籍出版社2000年版,第151页。

⑩⓪ 班固:《汉书·艺文志》,北京:中华书局1983年版,第1723页。

⑩① 崔述:《洙泗考信录》,《崔东壁遗书》,上海:上海古籍出版社1983年版,页270。

⑩② 钱大昕:《潜研堂文集》卷二十四《臧玉琳经义杂说序》,上海:上海古籍出版社1989年版,第391页。

⑩③《四库全书总目提要》卷三十三《古经解钩沉·提要》,海口:海南出版社1990年版,第187。

⑩④ 洪榜:《戴东原行状》,《二洪遗稿·初堂遗稿》,北平通学斋据原刊影印本,第4—6页。

⑩⑤ 王鸣盛说:“今交天下之士,得通经者二人,吴郡惠定宇,歙州戴东原也。间与东原从容语子之学与定宇何如?东原曰:‘不同。定宇求古,吾求是。’嘻!东原虽自命不同,究之,求古即所以求是,舍古无是者也。”(《西庄始存稿》卷二十四《古经解钩沉序》,乾隆三十一年[1766]刊本)。又说:“方今学者,断推两先生。惠君之治经求其古,戴君求其是。究之,舍古亦无以为是。”(洪榜《戴东原行状》引)

⑯ 章学诚:《朱先生墓志铭》,朱筠《笥河文集》卷首,清嘉庆二十年(1815)刊本。

⑰ 戴震:《戴震文集》卷三《尔雅注疏笺补序》,北京:中华书局 1980 年版,第 45 页。

⑱ 魏源:《古微堂外集》卷四《武进李申耆先生传》,清宣统元年(1909)国学扶轮社铅印本。

⑲ 章太炎说:"魏默深为《李申耆传》,称乾隆中叶,惠定宇、戴东原、程易畴、江叔沄、段若膺、王怀祖、钱晓徵、孙渊如及臧在东兄弟,争治汉学,锢天下智慧为无用。包世臣慎伯则言东原终身任官职,然揣其必能从政。二者交岐。由今验之,魏源则信矣。"(《訄书·学隐第十三》)

⑳ 许宗彦:《鉴水斋集》卷十《寄答陈恭甫同年书》,清嘉庆二十四年(1819)许氏家刊本。

㉑ 许宗彦:《鉴水斋集》卷十六《原学》,清嘉庆二十四年(1819)许氏家刊本。

㉒ 焦循:《与王引之论易书》,罗振玉《昭代经师手简二编》。

㉓ 王引之:《王引之致焦循手扎》,《焦氏丛书》卷首,清《焦氏丛书》本。

㉔ 凌廷堪:《校礼堂文集》卷三十二《书唐文粹后》,北京:中华书局 1998 年版,第 290 页。

㉕ 阮元:《周易注疏校勘记序》,北京:中华书局 1979 年影印《十三经注疏》本。

㉖ 程颐:《二程遗书》卷十八《伊川先生语四》,上海:上海古籍出版社 1995 年版,第 146 页。

㉗ 章学诚:《章氏遗书》卷二《浙东学术》,清嘉业堂刊本。

㉘ 段玉裁:《经韵楼集》卷八《娱亲雅言序》,上海:上海古籍出版社 2008 年版,第 192—193 页。

㉙ 陈寿祺:《左海文集》卷四《附懋堂先生书三通》之三,清刊本。

㉚ 张惠言:《茗柯文编》三编《安甫遗学序》,清同治八年(1869)刊本。

㉛ 陈寿祺:《左海文集》卷七《孟子八录跋》,清刊本。

㉜《揅经室一集》卷十一《焦里堂群经宫室图序》,上海:上海古籍出版社 2006 年版,第 250 页。

㉝《揅经室一集》卷二《拟国史儒林传序》,上海古籍出版社 2006 年版,第 38 页。

㉞ 焦循:《论语通释》"释据"条,清光绪间《木犀轩丛书》本。

㉟ 凌廷堪:《校礼堂文集》卷二十三《与胡敬仲书》,北京:中华书局 1998 年版,第 203 页。

⑫⑥ 姚文田:《邃雅堂集》卷二《书爱日臧君传后》,清道光元年(1821)刊本。

⑫⑦ 许宗彦:《鉴止水斋集》卷十六《原学》,清嘉庆二十四年(1819)许氏家刊本。

⑫⑧ 方东树:《汉学商兑》卷中之下,清道光十一年(1831)刊本。

⑫⑨ 张鉴:《冬青馆甲集》卷五《再答阮侍郎师书》云:"自顺治至乾隆,其间学者离合之故,或以义理著,或以训诂闻,下而至于天步、地理、算术以暨草木均可言学,奚必拘牵于心性两字,致歧道学与儒林为二,若果此举,亦必传之绝业,视明人《授经图》,万氏《儒林宗派》,宜必过之者。"(民国四年刘氏嘉业堂刻《吴光丛书》本)

⑬⓪ 凌廷堪撰:《校礼堂文集》卷二十三《与胡敬仲书》,北京:中华书局1998年版,第203页。

⑬① 有关《论语》的研究,焦循著有《论语通释》与《论语补疏》两种。《论语通释》所作于何时?近人有两种不同的意见。兹撮其要者,略加辨析。《论语通释》的最早刻本,见于清代光绪十一年(1885年)《木犀轩丛书》本,全书分为十五篇,其篇题依次为:《一贯忠恕》、《异端》、《仁》、《圣》、《多》、《学》、《知》、《能》、《居》、《权》、《义》、《礼》、《仕》、《据》、《君子小人》。据首页焦循《自序》说:"嘉庆癸亥夏五月,郑柿里舍人以书来问'未可与权',适门人论'一贯',不知曾子忠恕之义,因推而说之。凡百余日,得十有五篇。"按,此篇《自序》又载《雕菰集》卷十六,但文字与《木犀轩丛书》本稍异。如《木犀轩丛书》本作于"嘉庆癸亥",《雕菰集》尾署"嘉订甲子秋九月",较癸亥晚一年。又如《雕菰集》著录《论语通释》为"十有二篇",较《木犀轩丛书》本少《异端》、《多》、《据》三篇,而且篇题秩序也略有不同:曰《圣》、《大》、《仁》、《一贯忠恕》、《学》、《知》、《能》、《权》、《义》、《礼》、《仕》、《君子小人》。《雕菰集》为焦循自订,时间在嘉庆二十二年丁丑(1817)。对于这一现象,胡适在《焦循的论语通释》一文中曾作过辨析,他说:"焦循初作此书,在嘉庆癸亥,原稿有十五篇,即木犀轩所刻本也。至次年甲子,他又删改一遍,删去(或归并)了三篇,次第也大更动。今《文集》有此书自序,与刻本《通释》首页所载《自序》略同,但改序中'嘉庆癸亥'为'今年',改'十有五篇'为'十有二篇',篇第大不同,序尾署'嘉庆甲子秋九月'。"(《胡适文存》第三集卷七,副标题为《与马幼渔先生书》)据此,胡适认为《论语通释》应该来源于三种本子:一是所见之刻本,二是由焦循于嘉庆甲子(1804年)改定的十二篇本,三是为嘉庆丁丑(1817年)以前改本,即《雕菰集》中第九、十卷中的有关文字。在胡适看来,焦循自编《雕菰集》在嘉庆丁丑,相距癸亥已十四年,而《雕菰集》所录《自序》称《论语通释》"凡十二篇",而且阮元在为焦循作《传》的文中也明确称此书为十二篇,因此这十二篇本可作为定本,而十五篇本则是焦循作于癸亥的原稿。对于胡适的辨析,钱穆颇持异议。钱穆说:"其先尝为《论语通释》,在嘉庆甲子。……《文集》序《通释》凡十

二篇……今刻《通释》凡十五篇……增《异端》、《多》、《据》三篇，而次序亦异。疑木犀轩本仍里堂以后改定本。《文集》编次于嘉庆二十二年丁丑，里堂年五十五，距其卒年尚三年，今刻《通释》殆尤后，出里堂晚年也。”这与胡适的意见完全相反。钱穆又进一步考证《论语补疏》说：“里堂又为《论语补疏》，书成于丙子，里堂年五十四。《自序》谓：‘向尝为《论语通释》一卷，就正于吾友汪孝婴，孝婴苦其简而未备。迄今十二年，孝婴已物故，余亦考病就衰，因删次诸经补疏，订为《论语补疏》二卷，略举《通释》之义于卷中，俟更广《通释》以求详备。’自丙子上推十二年，则甲子也。故知今《文集》所收《通释序》仍原稿，后《通释》略有增广而易其序文，仍误记为癸亥耳。《补疏》中《异端》、《执一》诸义，言之极详，故知今刻《通释》，其《异端》、《多》、《据》三篇，仍后人增入者也。”（《中国近三百年学术史》第十章）根据钱穆的推测，作于嘉庆甲子的《论语通释》十二篇，当为定本，而作于嘉庆丙子的《论语补疏》时，尚有部分增删，而作于丁丑的《雕菰集》则收录了嘉庆甲子本的《论语通释》的原序，又从嘉庆丁丑至庚辰，即焦循生命的最后四年间将《论语通释》定为十五篇，也就是现在的《木犀轩丛书》本。案，胡、钱二说，各有理据。若依胡适以《雕菰集》为焦循晚年手订，则十二篇本当为其晚年定本无疑，而十五篇本可视为未经删改的原稿本。钱穆则认为，焦循在晚年手订《雕菰集》后，对《论语通释》又作过一次补订，所以有十五篇本。鉴于胡适与钱穆的两种不同意见，已有学者通过对《雕菰集》与《木犀轩丛书》本所载《自序》文字间异同的校勘，指出十五篇本为焦循晚年所定较为可信。（何泽恒：《焦循研究》第二部分，《焦循〈论语〉学析论》中有较详细的考证，台湾大安出版社 1990 年版，第 89 页。）其实，从《雕菰集》现存的《论语通释自序》与《论语何氏集解序》（《论语补疏序》）来看，前者署于嘉庆九年，后者署于嘉庆二十一年，按照一般常理，时序后者要比时序前者为详。如今本《论语补疏》“六十而耳顺”条载：“耳顺即舜之察迩言，所为善与人同乐，取于人以为善也。顺者，不违也。舍己从人，故言入于耳，隐其恶，扬其善，无所违也。学者自是其学，闻他人之言多违于耳。圣人之道，一以贯之，故耳顺也。谓知微旨，此在不惑；知天命时，已然不待六十矣。”而在其《论语》批注本中，于此条仅云：“耳顺即大舜之察迩言，所为舍己从人，乐取于人，以为善也。”由此可见，今本《论语补疏》实际上是结集了焦循早年阅读《论语》的心得及其《论语通释》的各条目择善而编定的，与《论语通释》各条目错乱排列的现象相比，《论语补疏》井然有序，所以钱穆的判断是有一定理由的。

⑫ 汤用彤：《王弼之周易论语新义》，《汤用彤学术论文集》，北京：中华书局 1983 年版，第 267 页。

第五章　汉学的更新运动

十八世纪末至十九世纪初的汉学更新运动，汉学家们颠覆了十八世纪以来的汉学偶像，为传统经学正名。确立儒学的正宗地位，突破了传统注经的旧模式，丰富了实事求是的内涵，学术导向呈现出汉宋融合的新态势，成为汉学在跨入近代转折点上的一次质变。

十八世纪末至十九世纪初的汉学精英，虽然他们一生致力于传统经学的研究，以弘扬儒家文化为己任而笔耕不辍，但是他们并没有局限于他们前辈所创拟的汉学模式而研究经学，特别是面对变化中的汉学，他们重新选择了汉学的偶像、重新界定了经学考据的内涵、重新明确了实事求是的意义、重新理解了汉宋学术的经学理念，颇具时代特色，从而凸显出十八世纪末至十九世纪初的汉学精英汉学更新运动的一般特征。

第一节　重新选择汉学偶像

十八世纪末至十九世纪初的汉学更新运动，是由阮元（1764—1849）重新选择汉学偶像而引发的。阮元早年登科，由翰林而出任浙、赣、豫巡抚和两广、云贵总督，为清廷特别倚重的南方大僚。他是乾嘉后期考据学潮流正面加以理论指导的著名学者。不过，阮元不是乾嘉汉学的直接倡导者，他的汉学研究成果，较之惠栋、戴震等前辈汉学家也略为逊色。然而由于他的政治地位以及当时在学界的声望，十八世纪后期以来的汉学研究，至阮元更为坚挺。刘寿曾说："学术之兴也，有倡导之者，必有左右翼赞之者，乃能师师本传，赓续于无穷，而不为异说訾言所夺。文达早膺通显，年又老寿，为魁硕所归仰，其学盖衣被天下矣。”[1]因此高标汉帜也就成为阮元经学思想的源渊所自。阮元曾反复自述其对汉儒的尊崇：

夫汉人治经，首重家法。家法亦称师法，前汉多言师法，后汉多言家法。至唐，承江左义疏，惟《易》、《书》、《左氏》，为后起者所夺，其余家法未尝亡也。自有破樊篱者，而家法亡矣[2]。

圣贤之道存于经，经非诂不明。汉人之诂，去圣贤为尤近。……有志于圣贤之经，惟汉人之诂多得其实，去古近也。汉许（慎）郑（玄）集汉诂之成者也。……舍经而文，其文无质，舍诂求经，其经不实。为文者尚不可以昧经诂，况圣贤之道乎？[3]

古圣人造一字必有一字之本义，本义最精确无弊[4]。

阮元主张经学研究尊行汉儒的理由有三：一是时代上汉儒与古圣贤较近，二是在训诂上有家法。三是汉时“二氏之说未起”，经典研究未受佛、道学说的影响。这说明阮元以训诂字义以明义理的治经方法，与惠栋、戴震以来专事诂经的传统一脉相承。他早年编著《十三经经郛》、《经籍纂诂》等，都是有关训诂学的专著。如在《经籍纂诂》“公”字条引文一百零六条，加补遗五十九条，共达一百六十五条。早在阮元之前，乾嘉学者如段玉裁、陈寿祺、王引之等人也都做过这方面的工作，而且数量相当可观。阮元集诸家之长，汇集散见于各类经传中的浩如烟海的训诂研究成果，对经传本文的训诂、传注的训诂、正文代字的训诂，全部收录。即使有不同见解的也一并采集，以便利读者择善而从。他校刊《十三经注疏》，汇刻《皇清经解》，对当时的经学研究，起了推波助澜的作用。

阮元虽然以汉学自任，但是在论及有关乾嘉汉学的首创者时，却与当时学界一致推崇黄宗羲、顾炎武为鼻祖的意见大相径庭，提出清初学者毛奇龄为乾嘉汉学的开山。乾隆五十九年（1794 年），阮元督学浙江，按试绍兴府，有鉴于当时“说经之士虽不乏人，而格于庸近者不少”的格局，在应陆成栋家藏《西河全集》刻板作序时指出：

萧山毛检讨，以鸿博儒臣，著书四百余卷。后之儒者或议之。议之者，以检讨好辨善詈，且以所引证，索诸本书，间也不合也。余谓：善论人者，略其短而著其功，表其长而正其误。若苛论之，虽孟荀无完书也。有明三百年，以时义相尚，其弊庸陋谫塞，至有不能举经史名目者。国朝经学盛兴，检讨首出乎东林蕺山空文讲学之余，以经学自任，大声疾呼，而一时之实学顿起。当是时，充宗起于浙东，朏明起于浙西，宁人、百诗起于江淮之间。检讨以博辨之才，睥睨一切。论不相下，而道实相成。迄今学者日益昌明，大江南北著书授徒之家数十。视检讨而精核者固多，谓非检讨开始之功则不可。……陆生成栋，家藏《西河全集》刻板，请序于余，因发其谊于卷末，俾浙士知乡先生之书，有以通神智而开蒙塞，……较之研求注疏其取径为尤捷。余向喜观是集，得力颇多，唯愿诸生共置案头，读之足胜名师十辈矣[⑤]。

有关清代汉学家所崇尚的偶像，在阮元提出毛奇龄之前大致有如下几种代表性的意见：

一、《四库全书总目提要》以方以智为代表：

以智博极群书，撰《通雅》五十二卷。考据名物、象数、训诂、音声。穷源溯委，词必有证。明之中叶，以博洽著名称杨慎，而陈耀文起与之争。然慎有伪说以售欺，耀文好蔓引以求胜。次则焦竑，亦喜考证，而习与李贽游，动辄牵缀佛学，伤于芜杂。唯以智崛起崇祯初，考据精核，迥出其上。风气既开，国朝顾炎武、阎若璩、朱彝尊等沿波而起，始一扫悬端之空谈。虽其中千虑一失，或所不免，而穷源溯委、词必有证，在明代考证家中，可谓卓然独立矣[⑥]。

二、汪中认为当推清初学者顾炎武：

古学之兴也，顾氏始开其端；河洛矫诬，至胡氏而绌之。中西推步至梅氏而精。力攻《古文尚书》者阎氏也；专言汉儒《易》者惠氏也。凡此皆千余年不传之绝学，及戴氏出而集其成焉[⑦]。

三、江藩认为黄宗羲才是真正的汉学开山：

有明一代，囿于性理，汩于制义，无一人知读古经注疏者。自黎洲起而振其颓波，亭林继之。于是承学之士，知习古经义矣。所以阎百诗、胡朏明诸君子，皆推挹南雷、昆山。……二君以瑰异之质，负经世之才，思见用于当世，垂勋名于来叶。读书论道，重在大端，疏于末节，岂若抱残守缺之俗儒，寻章摘句之世士也哉！然黄氏辟《图》、《书》之谬，知《尚书》古文之伪；顾氏审古韵之微，补《左传》杜注之遗。能为举世不为之时，谓非豪杰之士耶？国朝诸儒，究《六经》奥旨，与两汉同风，二君实启之[⑧]。

上述三说中，尤以二、三说最具代表。可见，即使在清代学术领域，学者对清代经学起因的探讨，他们的意见也并不完全一致。在清初学界，毛奇龄是一位既极具影响而又是颇有争议的学者。他虽以反理学、批朱熹著称，但又是王阳明学说的信从者，同时还是汉儒经说的积极提倡者，乾嘉学者一般都研读其书，或暗袭其说。自全祖望所作《萧山毛检讨别传》，对他道德文章的抨击可谓不遗余力，致使江藩的《汉学师承记》竟不着一语，对其学术贡献置若罔闻，从而也就抹去了他在清代学术史上的学术地位。然而细读《萧山毛检讨别传》，全氏攻击的重点，集中在毛奇龄言伪行僻的人品。如数落他的"益自尊大无忌惮"、"狂号怒骂"、"雅好殴人"、"高自夸诩"、"伪造典故"等等，其中尤其使全氏不快的是，毛奇龄在闻知康熙皇帝推崇朱熹后，将所著《四书改错》一书的雕版劈烧的行为，即所谓的"抑闻西河晚年，雕《四书改错》，摹印未百部，闻朱子升祀殿上，遂斧其板，然则御侮之功亦馁矣！其明哲保身亦甚矣！"[⑨]那么在全祖望以及乾嘉汉学家看来一个如此不耻的人物，何以得到阮元的青睐？并且表彰毛奇龄“以经学自任，大声疾呼”为清学开先之功，公开提倡经学研究应以毛奇龄为范式？其中的原因值得探究。

十八世纪的汉学界，几乎毫无疑义地一致确认清初学者顾炎武为清代汉学的创始人之一，这不仅因为顾炎武有大量的经典考据成果如《日知录》等，而且由他个人提倡的“读《九经》自考文始，考文自知音始”的意见，一直是乾嘉学者遵之不移的治经格言和共识。惠栋、戴震自不待言，即以孤傲著称的汪中，也认为乾嘉汉学的肇始者当推顾炎武。不过，随着经学研究不断地向纯汉学化方向的趋进，谁是清代汉学的直接开山？也随之出现了新的认定。如钱大昕为惠栋《古文尚书考》作序中指出：“此千四百余年未决之疑，而惠松崖先生独一一证成之，其有功于壁经甚大。先是，太原阎徵士百诗著书数十万言，其义多与先生暗合，而与《太誓》犹沿唐人《正义》之误，未若先生之精而约也。今士大夫多崇汉学，实出先生绪论。”⑩钱大昕将惠栋视为清代汉学开山的这一见解，也为后来反汉学的方东树所接纳，即所谓“顾、黄诸君，虽崇尚实学，尚未专标汉帜。专标汉帜，则自惠氏始。”又如吴派嫡传江藩作《汉学师承记》，则以阎若璩为清代汉学开山。该书正文首列阎若璩，而顾炎武、黄宗羲则退居为附录，理由是顾、黄的学术根基仍有理学背景。诚如清人伍崇曜说：“是书以两先生（黄宗羲、顾炎武）编于卷末，以纯宗汉学也，亦可见其体例之严。”⑪按照江藩的意见，他之所以确立阎若璩为清代汉学开山，其最基本的理由除了“取其专论经术而一本汉学之书”外，主要是阎氏所撰《尚书古文疏证》系“其说之最精”，堪称代表清代汉学的经典性名著。尽管这一观点并非是江藩个人的发明，而是渊源于四库馆臣对阎书的赞誉。如《四库全书总目提要》说：“至若璩乃引经据古，一一陈其矛盾之故，古文之伪乃大明。”⑫又说：“反复厘剔，以袪千古之大疑，考证之学，则固未之或先矣。”这说明乾嘉学者关于清代汉学的开山，先后经历了由顾炎武、惠栋、最后确立阎若璩的变化。虽然他们每每高标顾炎武为旗帜，抑或顾、阎并举，但实际上已将顾炎武、黄宗羲排除在清代汉学学统之外。致使后来学崇宋学的李元度，在其编撰的《国朝先正事略》的凡例中，直称“阎百诗开风气之先，自后巨儒接踵，长洲惠氏、高邮王氏、嘉定钱氏，三世皆以经术鸣，汉学于是极盛”，并将阎若璩列于“经学类”个人传记之首。然而令人困惑的是，就在为汉宋两派学者都认同阎若璩为清代汉学开山、汉学研究如日中天的十八世纪末至十九世纪初，阮元、焦循、凌廷堪等人何以幡然易帜，由阎若璩改崇毛奇龄，这一事关汉学研究方向的重大变化，除了有特定的社会历史背景之外，更多的是来自学术思想方面的原因。

首先，十九世纪初，原分属吴、皖两学的汉学大师如惠栋、钱大昕、江永、戴震等先后谢世，继起的王念孙、段玉裁、王引之等，其经学研究成就虽然足以与他们的前辈相媲美，而且清学史上九种十二部解经释传的新疏，大部分完成于嘉庆年间。如郝懿行的《尔雅正义》、孙星衍的《尚书今古文注疏》、焦循的《孟子正义》、陈奂的《诗毛氏传疏》、胡培翚的《仪礼正义》、陈立的《春秋公羊传义疏》、刘宝楠的《论语正义》、刘文淇的《左传旧注注疏》等等。不过，汉学研究总的走向，已由惠栋、戴震等早先以反理学为主题的汉学研究而折入古代语言文字学的研究一途。李慈铭曾描述当时学术界的风气指出：“嘉庆以后之为学者，知经之注疏不能遍观也，于是讲《尔雅》、讲《说文》，知史之正杂不能遍观也，于是讲金石、讲目录，志已偷矣！”[13]也正因此，阮元既要维护传统经学，继承乾嘉传统，又要考虑回应来自宋学方面的挑战，更要寻求如何延续汉学生命的学理途径。因此，重新塑造汉学的偶像，明确汉学今后的研究方向，成为他更新汉学的必然前提。由于毛奇龄坚决反理学、批朱熹，尤其抨击朱注《四书》、朱注《太极》，直接开启了惠栋、戴震的反理学方向，所以毛奇龄很自然地成为阮元等人推崇的偶像。凌廷堪也指出：

> 固陵毛氏出，则大反濂洛关闽之局，掊击诋诃，不遗余力，而矫枉过正，武断尚多，未能尽合古训。元和惠氏、休宁戴氏继之，谐声诂字，必求旧音，援传释经，必寻古义，盖彬彬乎有两汉之风焉[14]。

凌廷堪强调十八世纪的经学研究之所以发展为独尊汉学，其直接动因是出于弥补由于毛奇龄的反程朱理学理论过于粗糙的缺憾，于是在崇尚原始文献的信仰支配下，最终走上了纯汉学的研究。焦循在《读书三十二赞》一文中，对毛撰《圣门释非录》推崇备至："西河谔谔，讥者有人。我独好之，有功圣门……圣德圣学，此之谓神。"[15]刘师培曾指出说："有毛奇龄《四书改错》而后宋儒释《论》《孟》之书失其依傍。"[16]这也就不难理解为什么方东树《汉学商兑》首攻毛奇龄、戴震，而其中阮元居多。同样不难理解为什以自那以后的宋学者流也都坚持把毛奇龄说成是清代汉学的不祧之祖。如李元度就将"本朝经学"分成两派，其一便是"其专宗汉学以抵程朱之隙者，毛西河、惠定宇、戴东原诸先生也"[17]。从维护理学的角度而言，方东树、李元度并非臆说，但也恰恰提供了乾嘉之际阮元等人正是试图通过确立毛奇龄为清代汉学典范的途径来更新汉学的消息。

其次，阎著《尚书古文疏证》，自它刊行问世以来，对它的评价虽然褒贬不一，但由于它对《尚书》的研究所贡献出来的智慧，备受乾嘉学者的青睐[18]。但在乾嘉之际，《尚书古文疏证》并未以它的考据价值而列入阮元等人的视域之内。如阮元辑《学海堂经解》竟然摈弃不录其书，独取毛奇龄的《古文尚书冤词》[19]，此举曾激起章太炎的反弹。讥刺阮元为"好尚新奇，故于《学海堂经解》有取毛氏。其实毛本文士，绝不知经，偶一持论，荒诞立见。故自昔无有取毛氏者，不当徇阮氏之私言也"[20]。毛奇龄是否如章太炎所说的那样"绝不知经"？焦循在《国史儒林文苑传议》一文中早有辨说，认为毛奇龄"诗文富矣，而学实冠乎文"[21]，并将毛奇龄《古文尚书冤词》与《尚书古文疏证》并列，而且指出伪《孔传》的解经较马、郑、王各家的训注更为精详，并列举伪《孔传》的七大优点[22]。其子焦廷琥作《尚书伸孔篇》，据《正义》驳马、郑说，比证《孔传》，罗列出《传》义优于马、郑者有十九条。这与阎若璩唯马、郑所注者为其真的态度判然有别。后来陈澧亦踵其说，认为："伪《孔》善于《郑注》者，焦氏所举之外，尚颇有之。今不必赘录，盖伪《孔》读《郑注》，于其义未安者则易之，此其所以不可废也。（伪古文经传可废，二十八篇伪传不可废。）若不伪称孔安国而自为书，如《郑笺》之易《毛》，则诚善矣。"[23]凌廷堪则批评阎若璩对《周官》九拜之礼茫然无知[24]，这些都映现出阮元、焦循、凌廷堪等人的真正祈向所在。更有甚者，将其视为与时文同类的作品。如黄式三指出："近时述阎氏遗事者，或盛称其《四书释地》而不及是书（《尚书古文疏证》)。儒者注意举子业,释地之书行于世,而《尚书疏证》之大有功于经者,未及遍考。以著之于传。而或者复以阎氏之考订之细碎,其论著之是者,亦不过与时文家同科。"[25]事实上,他们对《尚书古文疏证》的讨论,虽然各有理据,但有一点是可以肯定的,那就是背后都深藏着净化相传由孔子传播《六经》的权威的真实思想[26],所以阮元等人所表现出对毛奇龄的明显偏向,可以视为在同一汉学价值取向下的一种新的选择。

再次,阮元等人不仅表彰毛奇龄"以经学自任,大声疾呼"为清代汉学开先之功,更以学术发明的优先性来确认毛奇龄开一代风气之先的学术成就。阮元说:

> 检讨推溯太极河洛,在胡朏明之先,发明荀虞干侯之《易》,在惠定宇之先。于《诗》驳申氏之伪,于《春秋》指胡氏之偏。《三礼》、《四书》,所辨尤博。……则其长固不可以一端尽矣。至于引证间有讹误,则检讨强记博闻,不事翻检之故。恐后人欲订其误,毕生不能也[27]。

在清初,无论辨析宋儒图书易学之伪,还是倡言汉代象数易学,都是由黄宗羲、黄宗炎兄弟开其端,如他们各自所作的《易学象数论》、《图学辨惑》就是证明。毛奇龄的《河图洛书原舛编》,在清初学界虽有一定的影响,但其深度与影响也未必在黄氏兄弟之上。至于考辨申培《诗说》为伪作,与他同时的王士禄、朱彝尊、姚际恒等学者早已有所论辨,并非毛奇龄能够独领风骚[28]。然而阮元却视毛奇龄的著作可以"通神智而开蒙塞",实际上是希望确立毛奇龄作为清代汉学史上肇始者的地位。如他编撰《学海堂经解》首列毛奇龄的《仲氏易》就是显例。清人陈康祺说:"萧山毛西河、德清胡朏明所著书,初时鲜过问者。自阮文达来督浙学,为作序推重之,坊间遂多流传。时苏州书贾语人:'许氏《说文》贩脱,皆向浙江去矣。'文达闻之,谓幕中友人曰:'此好消息也。'"[29]所谓"好消息",即指阮元提倡毛奇龄为清代研究经学的典范得到了社会的认可,所以徐世昌说:"西河经说,阮文达极称之,谓学者不可不函读。盖自明以来,申明汉儒之学,使人不敢以空言说经,实自西河始。"[30]这是有历史理由的。

阮元的这一学术取向，立即得到了学界的积极回应。如焦循、凌廷堪等学者也纷纷从历史的角度为毛奇龄的学术重新定位。焦循说：

> 儒林以经，文苑以文，或有小节不拘，而文学实堪入选，则瑕瑜并见，互不容没。杨政之刚果任情，牟长之垦田不实，徐邈之委蛇自安，张吾贵之好为诡说，李业兴之疵毁谩骂，刘炫之俳谐轻侮，颜师古之多引后生，前史皆直笔书之矣。杭氏作《阎若璩传》，称其喙长才拙，钱氏所作传，则讳而不言。毛奇龄好为侮谩之词，全椒山恶之，并诋毁其经学。窃谓学不可诬，疵不必讳，述其学兼著其疵可也，不当因其事疵而遂没其学也[31]。

在焦循看来，毛奇龄自身固然有许多被人指责的缺点，但也不能因此而忽略他的经学造诣。对他的评价，应该瑕瑜互见，而不是以瑕掩瑜。这较之全祖望以后对毛奇龄学术的全盘否定，显然也是一种新的态度与认识。与阮元、焦循一样，凌廷堪也肯定毛奇龄的学术成就。他说：

> 今萧山《改错》独以马氏约身之训，而力辟刘光伯谬说，则所谓错者诚错，所谓改者必不可不改也，其有功于圣经为何如邪；萧山之著述等身，惟此书最为简要可宝也。尝谓萧山之书如医家之大黄，实有立起沉疴之效，为斯世不可无者，其他可勿论矣[32]。

朱熹的《四书集注》，自南宋至元明清，一直是官方指定的科举考试的必读教科书，虽元明以来早有学者指出其非，但不足以撼动其在学界的崇高地位。《四书改错》则是毛奇龄攻击朱熹《四书集注》最为激烈的书，认为该书"无一不错"，它包括："人错、天类错、地类错、物类错、官师错、朝庙错、邑里错、宫室错、器用错、衣服错、饮食错、井田错、学校错、郊社错、褅尝错、丧祭错、礼乐错、刑政错、典制错、故事错、记述错、章节错、句读错、引书错、据书错、改经错、改注错、添补经文错、自造典礼错、小诂大诂错、抄变词例错、贬抑圣门错，真所谓聚九州车海之铁铸不成此错矣”[33]，章太炎认为其中“可笑可鄙之处甚多”[34]。但在清初学界曾起到过导向性的作用，因此也有学者指责他有取朱熹而代之的野心[35]。然而凌廷堪却将其提到对当时学术具有攻积导滞的“医家大黄”和“实有立起沉疴之效，为斯世不可无者”的高度，虽然不完全符合事实而失之夸张，但恰与毛奇龄当年编撰《四书改错》同属震聋发聩、转移一世之视听之举，多少反映出乾嘉之际学者崇毛的普遍心理。张穆说：“近见后生小子，皆喜读毛西河集，其所称引，未足为据。”[36]张氏此说，虽系贬意，但不正说明毛奇龄的著作在当时已成热门，否则还能吸引士人去研读吗？戴大昌《凌次仲先生事略状》说：“国朝排击宋儒者，毛西河为最，戴东原次之。而先生则谓，二君之论宋儒，犹未能搜其根而捣其穴云。”所谓“搜其根而捣其穴”，就应该象毛奇龄《四书改错》那样，将朱熹学说推上学术法庭的被告席。因此联系焦循、凌廷堪所论，结合阮元所赞毛书“较之研求注疏其取径为尤捷。余向喜观是集，得力颇多，唯愿诸生共置案头，读之足胜名师十辈矣”的话作深一层的思考，那么阮元之所以推崇毛奇龄的学术并尊奉为清代汉学开山，其中无疑蕴含着重塑经学典范和更新汉学的要求，十八世纪末至十九世纪初汉学精英重塑汉学偶像的经学史意义也正在这里。

这里需要补充说明的是，生活在十八世纪末至十九世纪初的汉学家如阮元、焦循、凌廷堪等人在追溯清代汉学渊源时，也不时提及顾炎武、阎若璩、胡渭等人，但在一般场合，也只是确认他们为清初倡导“通经复古”之学的代表性学者，而不是所谓的始创者，而且均以他们的出生先后作为序次。如焦循《与孙渊如观察论考据著作书》明确指出：“本朝经学盛兴，在前如顾亭林、万充宗、胡朏明、阎若璩；近世以来，在吴有惠氏之学，在徽有江氏之学、戴氏之学。”[37]焦循这一名单的安排，显然是由鉴于顾炎武年长于万斯大，而万斯大长于胡渭，胡渭又长于阎若璩的这一实际情况。否则，如何解释焦循对当时被汉学家崇奉为考据经典的《日知录》提出质疑，认为它充其量是一部“摘录古书”，以备“掌故考核”的工具书。焦循指出：

顾亭林致书黄梨洲云：炎武中年以后，不过从诸文士之后，积以岁月，穷探古今，于圣贤六经之旨，国家治乱之原，生民根本之计，渐有所窥，其自任如此。于是尊之者，以为亭林非文章之士，而王佐之才也。余则惑焉。余家塾有其所著《日知录》，少时阅之，其摘录古书，足以备掌故考核，固犹是文章之习焉尔。今偶于浙人所选文集中，见其《郡县议》九篇，自诩之词曰：后之君，苟欲厚民生强国势，则必用吾言。细揆之，其谬戾不可胜言。幸而亭林以文士老死，万一用于世，而得行其说，其害有甚于王安石之行新法。新法之弊已著，无不随声以詈。而亭林之说，则惜其不仕于世，以大展其学。吾为亭林幸，又为尊亭林者太息焉[38]。

同样，阮元在《国史儒林传》中认为“炎武之学，大抵主于敛华就实”，而其具有指标性意义的《日知录》，也仅追记其为“凡经史、吏治、财赋、典礼、艺文之类，皆疏通考证之”一笔带过，而被十八世纪汉学家奉为经典性名言的“读九经自考文始，考文自知音始”也付之阙如，重点则是表彰其“博学于文”和“行己有耻”的有补世道。凌廷堪甚至批评“顾氏之学虽博，而于《礼经》特疏”[39]。众所周知，顾炎武曾将编撰的《日知录》自喻为“采铜于山”。他认为学者写作著书，就像当今的人铸钱。古人采铜于山，今人则买旧钱作废铜铸钱。铸出的钱，既品质低劣，又把古人的传世之宝毁坏，岂不两失？顾炎武注重收集第一手资料，在治学上严谨扎实，而《日知录》中表现得尤其突出。他这种研究学问的态度和方法是对清初学风的转变与十八世纪汉学的形成具有重要的作用。梁启超曾说：“论清学开山之祖，舍亭林没有第二人。”然而，焦循则将顾炎武视为“文士”，又将其比喻为王安石，阮元认为“敛华就实”，虽然并不恰当，而且其中可议者甚多，但是无疑是代表十八世纪末至十九世纪初汉学家对十八世纪以来汉学偶像的一种颠覆性的评价。

第二节　重新界定经学考据

如何确定经学与考据的界限，是汉学更新运动的主要经学理论。经学，原本是泛指历史上各家学说精要的学问，但是在中国汉代独尊儒术后为特指研究儒家经典，解释其字面意义、阐明其蕴含义理的学问。经学是中国古代学术的主体，仅《四库全书》经部就收录了经学著作一千七百七十三部、二万零四百二十七卷。经学中蕴藏了丰富而深刻的思想，保存了大量珍贵的史料，是儒家学说的核心组成部分。汉代是经学最为昌盛的时代，朝野内外诵读经书蔚然成风，《汉书·韦贤传》引民间谚语说"遗子黄金满籯，不如一经"。考据即"考证"，是研究文献或历史问题时，根据资料来考核、证实和说明的一种方法，大体包括目录、版本、校勘、辨伪、训诂、辑佚等多方面的内容。最迟从汉代就已有考据，如司马迁在《史记·伯夷列传》就有"考信于六艺"一说，三国蜀学者谯周作有《古史考》。自那以后，历代都有从事考据工作的学者，宋明时期就取得了相当成绩。如王应麟的《三家诗考》，司马光的《通鉴考异》，即便是学宗理学的朱熹也著有《韩文考异》，梅鷟的《尚书考异》，陈第的《毛诗古音考》等等。至十八世纪中下叶，由于汉学的繁荣，考据也随之达到了极盛。考据不仅成为学人的一种时尚和信仰，而且成为经学的代名词。章学诚则指出："近日考订之学，正患不求其义，而执形迹之末，铢黍较量，小有同异，即嚣然纷争，而不知古人之真不在是也。"[40]汉学的弊端，也引起了思想敏锐的焦循的反感。他指出："近时数十年来，江南千余里中，唯幼学鄙儒，无不知有郑、许，一言一字皆奉为圭璧，而不敢少加疑辞。"[41]因此他们就经学与考据的内涵和关系作了新的界定。如焦循首先批评"考据"之学：

近之学者，无端而立一考据之名，群起而趋之，所居者汉儒，而汉儒中所居又唯郑、许，执一定道，莫此为甚。专执二君之言，以废众家，或比许、郑而同之，自擅为考据之学，吾深恶之也[42]。

近来为学之士，忽设一“考据”之名目。循去年在山东时，曾作札与孙渊如观察，反复辨此名目之非。盖儒者束发学经，长而游于胶庠，以至登乡荐，入词馆，无不由于经者。既业于经，自不得不深其学于经。或精或否，皆为之经学，何考据之云然[43]。

在焦循看来，考据与经学是不能等同的，前者是拘泥于汉代郑玄与许慎的学问，而后者是读书人的基本学业，两者不能混淆。这意味着焦循是为了拯救偏于考证一途给经学带来的危害，目的是矫正治学的风气，使学术回归正途，而不是否认或放弃考据学。早在乾隆六十年（1795年），焦循给友人孙星衍写了一封信，就考据与著述的关系问题交换了意见。如他作于该年三月二十日的《与孙渊如观察论考据著作书》说：

循读新刻大作《问字堂集》，精言卓识，茅塞顿开，尤善者，复袁太史一书，力锄谬说，用彰圣学，功不在孟子下，反复久之，拜服拜服。惟著作考据之说，似有未尽，妄附鄙见，上诸左右[44]。

孙星衍字伯渊，一字渊如，号季述，江苏阳湖人。幼有异禀，书过目成诵。未弱冠，补诸生。与同乡杨芳灿、洪亮吉、黄景仁齐名。孙星衍的学术研究是多方面的，除了主攻经史、文学、音韵之学外，对诸子百家、金石碑版等也有精深的研究。乾隆五十二年（1787）考中进士，授编修，充三通馆校理。嘉庆十六年（1811）因病辞官，从事于教书、校书和刻书。分别主持过诂经精舍、钟山书院，著作有《尚书今古文注疏》、《周易集解》、《问字堂文稿》、《岱南阁文稿》等传世。焦循在孙星衍信中所提到的“复袁太史一书”，是指孙星衍载于《问字堂集》第四卷的《答袁简斋前辈书》。袁枚曾经非常赞赏孙星衍的诗才，称其为当今“天下清才多，奇才少。渊如天下奇才也”，于是与孙星衍结为忘年交。同时又以长辈的身份告诫孙星衍切莫将精力消耗于考据之学。认为古文与考据的差别，前者属形而上，后者属形而下，从而将学问区分为著作与考据二类，提出著作胜于考据的意见。袁枚说：

凡书有资著作者，有备参考者，备参考者数万卷而未足，资著作者数千卷而有余，何也？著作者，熔书以就己，书多则杂；参考者，劳己以徇书，书少则漏。著作者如大匠造屋，常精思于明堂奥区之结构，而木屑竹头，非所计也。考据者如计吏持筹，必取证于质剂契约之纷繁，而圭撮毫厘，所必争也。二者皆非易易也。然而一主创，一主因；一凭虚而灵，一核实而滞；一耻言蹈袭，一专事依傍；一类劳心，一类劳力。二者相较，著作胜矣。且先有著作而后有书，先有书而后有考据。以故著作者，始于六经，盛于周秦；而考据之学，则自后汉末而始兴者也。郑马笺注，业已回冗；其徒从而附益之，抨弹舛驳，弥弥滋甚㊺。

又说：

古文之道形而上，纯以神行，虽多读书，不得妄有摭拾。韩柳所言，功苦尽之矣。考据之学形而下，专以载籍，非博不详，非杂不备，辞达而已，无所为文，更无所为古也。……六经三传，古文之祖也，皆作者也；郑笺孔疏，考据之祖也，皆述者也。苟无经传，则郑孔亦何所考据耶？……此其先后优劣，不待辨而明也㊻。

又说：

形而上者谓之道，形而下者谓之器。古文，道也。考据，器也。器易而道难。作者之谓圣，述者之谓明。古文，作也。考据，述也。述易而作难㊼。

这里，袁枚就“著作”与“考据”的关系谈了四点意见：一、著作是一种开创造性的工作，考据则是一种因循性的工作。二、著作是一种思维创造，而考据则停留在核实材料层面。三、著作是一种脑力劳动，考据则是一种劳力劳动，所以著作优于考据。四、先有著作，然而才有考据。《六经》是原创性著作，考据则是汉代以后出现的解经之书，是再生的，即袁枚所谓的“六经三传，古文之祖也，皆作者也；郑笺孔疏，考据之祖也，皆述者也”。总之，著作高于考据。对于袁枚的这些论述，孙星衍复信予以驳斥：

> 来书惜侍以惊采绝艳之才，为考据之学。因言形上为谓之道，著作是也；形下谓之器，考据是也。侍推阁下之意，盖以抄摭故实为考据，抒写性灵为著作耳。然非经之所谓道与器也。道者，谓阴阳柔刚仁义之道。器者，谓卦爻彖象载道之文。是著作亦器也。……侍因器以求道，由下而上达之学，阁下奈何分道器为二也？来书又以圣作为考据，明述为著作，侍亦未以为然。古人重考据甚于重著作，又不分为二。……古人著作，即其考据，奈何阁下欲分而二之？考据之学，今人必当胜古，而反以为列代考据如林，不必从而附益之，非通论矣[48]。

在孙星衍看来，著作与考据并没有本质上的差异，古人的著作，也就是古人的考据，因此今人所作考据必然超越古人。他指出，历史上的任何一家之学，都来自同一渊源，之所以成为渊源，那就是不断地对它进行再解释的工作，而这种再解释的工作也就是考据之学，所以孙星衍接着说：“古今著书之才，阁下必称老、庄、班、马，然老则述黄帝之言，庄则多解老之说，班书多取之史迁，迁书取之《古文尚书》、《楚汉春秋》、《世本》、《石氏心经》，颛顼夏殷周鲁历，是四子不欲自命为著作。”[49]面对孙星衍的质疑，袁枚见说服不了孙星衍，于是复信：“今而后，仆仍以二十年前之奇才视足下，足下亦以二十年前之知己待仆可也。如再有一字争考据者，请罚清酒三升，飞递于三千里之外，何如？”[50]从而宣布结束争论。所以焦循称孙星衍的复袁枚书为“力锄谬说，用彰圣学，功不在孟子下”。不过，当时对袁枚此论颇有疑义的还有浙东学者章学诚。他说：

以古文为形上之道，考据为形下之器；古文似水，非翻空不能见长，考据似火，非附丽于物不能有所表现；水则源泉达乎江海，火则所余不过灰烬。此直是风狂人作梦呓语，不但不识文理，并不识字画矣。古人本学问而为文章，其志将以明道，安有所谓考据与古文之分哉！学问文章，皆是形下之器，其所以为之者，道也；彼不知道，而以文为道，以考为器，乃是夏畦一流争论中书堂事，其有谬不待辨也。大抵彼本空疏不学，见文之典实不可凭空造者，疾如雠仇，不能名之，勉强目为考据，（原注：天下但有学问家数，考据者，乃学问所有事，本无考据家）因而妄诽诋之[51]。

这里，章学诚与孙星衍一样，指责袁枚由于不能区分形上与形下、道与器，以至将古文视为形上，遂误以文为道，以考据为器。不过，章学诚也不同意孙星衍的将著作与考据合一的观点，而是对考据本身作了尖锐的批评："集中与某人论考据书，可为太不自爱，为玷岂止白圭所云乎哉！彼以纤佻倾仄之才，一部优伶剧中才子佳人俗恶见解，淫辞邪说，宕惑士女，肆侮圣言，以六经为导欲宣淫之具，败坏风俗人心，名教中之罪人，不诛为幸。彼又乌知学问文章为何物，所言如夏畦人议中书堂事，岂值一笑！又如疯狂谵呓，不特难以取裁，即诘责之，亦无理解可入。天地之大，自有此种沴气，非道义所可喻也。此可与之往复，岂不自秽其著述之例乎！[52]就内容而言，章学诚虽然不满孙星衍与袁枚"太不自爱"，但是他批评袁枚，也主要基于袁枚的个人品格立论，尚未涉及其学问本身。如他攻击袁枚"近有无耻妄人，以风流自命，蛊惑士女，大率以优伶杂剧所演才子佳人惑人。大江以南，名门大家闺阁，多为所诱。征诗刻稿，无复男女之嫌，殆忘其身之雌矣。此等闺娃，女学不修，岂有真才可取？而为邪人播弄，浸成风俗，大可忧也。"[53]所以胡适曾认为章学诚之所攻击袁枚，与他攻击同时的戴震、汪中不同，前两者不失为"诤友"，而后者则"完全是以卫道自居了"。焦循与章学诚又不同，他对于孙星衍、袁枚、章学诚就考据的争论都持否定态度，既批评袁枚学识的肤浅，也不同意孙星衍的考据即著作的观点。他说：

袁太史所称，择其新奇随时择录者，此与经学绝不相蒙，止可为诗料策料，在四部书中为说部。世俗考据之称，或为此类而设，不得窃附于经学，亦不得诬经学为此，概以考据目之也。著作之名，见于班孟坚《宾戏》。其辞云：“取舍者，昔人之上务；著作者，前列之余事。”推其著作为余事，倘以道与器配之，正是取舍为道，著作为器。……且汉时所谓著作者，专为掌修国史之称。……乃无端设一考据之目，又无端以著作归诸抒写性灵之空文，此不独考据之称未明，即著作之名亦未深考也。袁氏之说不足辨，而考据之名不可不除[54]。

在焦循看来，袁枚不仅将著作局限于“诗料策料”，而且还将著作限止在“抒写性灵”一途，而抒写性灵也仅仅是文学创作诸多样式中的一种，这就混淆了著作与文学创作的区分。同样，焦循虽然同意孙星衍的道器之辨，但是对于孙星衍不加区别地视著作为考据也表示异议。

与焦循一样，凌廷堪也持有同样的观念。他说：

今之号称能文者，以空疏之腹，作灭裂之谈，惧读书者之掎摭其后也。于是为之说曰：“能文者不在多读书也，吾读书不屑屑于考据也。”又忌读书者之陵驾其上也，于是为之说曰：“多读书者，类不能文也。即能文，亦往往不暇工也。”及其遇胸腹之更陋于彼者，则又毛举一二误处，以自矜淹博，竟忘其与前说之相刺谬也。……孙君渊如、焦君里堂闻兹邪说，辄力辟其谬[55]。

这显然也是针对袁枚等人蔑视考据而作出的回应。焦循、凌廷堪等人的这样一种异议，实际上来自他们对十八世纪汉学家拘泥于唯“考据”是学的学风。如焦循批评“考据”为“拾骨之学”和“本子之学”。他说：“人各有所近、高下深浅，必难一致，本子拾骨之学，非不可为，特非经学之尽境尔。若习为高论，鄙弃一切，而高深之地，究莫能窥测，浮而无实，尤所其戒。”[56]既然经学不是考据，而考据也不能替代经学，所以焦循为

"经学"正名：

赵宋以下，经学一出臆断，古学几亡。于是为词章者，亦徒以空衍为事，并经之皮毛亦渐至于尽，殊可悯也。王伯厚之徒习而恶之，稍稍寻究古说，摭拾旧闻。此风既起，转相仿效，而天下乃有补苴缀拾之学。此学视以空论为文者，有似此粗而彼精。不知起自何人，强以"考据"名之。……本朝经学盛兴，在前如顾亭林、万充宗、胡朏明、阎潜邱。近世以来，在吴有惠氏之学，在徽有江氏之学，戴氏之学，精之又精。则程瑶田名于歙，段若膺名于金坛，王怀祖父子名于高邮，钱竹汀叔侄名于嘉定，其名一学，著书授受者，不下数十家，均异于补苴缀拾者之所为，是直当以"经学"名之，乌得以不典之称"考据"者，混同于其间乎！[57]

考据学的渊源是否可以追溯至宋代王应麟的《困学纪闻》，这本来就是值得探讨的一个学术问题。不过，自南宋经元明以来，经学研究的主流是程朱的义理之学，从事考据充其量是一种"补苴缀拾" 的工作，与理学相比，其作用的渺小自不待言。诚如朱熹所说的"读书玩理之外，考证又是一种功夫，所得无几，而费力不少。向来偶自好之，固是一病，然亦不可谓无助也。"[58]然而，自清初顾炎武、黄宗羲、胡渭、阎若璩等人提倡经学、从事考据以来，至十八世纪可谓蔚然成风，先后涌现出以惠栋为代表和以戴震为代表的吴学与皖学，随后以焦循、阮元、王念孙、王引之父子为代表的扬学的出现，考据成为经学研究的唯一形式，所以将"经学"取代"考据"这个"不典"之称，也是顺理成章的事情。由此可见，焦循批评考据学，重申考据即经学，是有其思想渊源的。清初顾炎武曾针对明末清初理学末流言心言性的种种弊端，鲜明地提出"理学，经学也"的主张，认为"古之所谓理学，经学也，非数十年不能通也。故曰，君子之于《春秋》，没身而已矣。今之所谓理学，禅学也，不取之《五经》，而但资之《语录》，校诸帖括之文而尤易也。又曰，《论语》，对人之语录也，舍圣人之语录，而从事于后儒，此之谓不知本矣"[59]。这说明，古代的理学是与经学密切相联的，阐发义理离不开经典，理由经出。这也成为后来雍正间学者全祖望将此归纳为“经学即理学”之本。所以顾炎武否定宋明理学，目的是尊奉以孔子为代表的原始儒学。十八世纪，考据学盛行，理学已成颓势，焦循不满“考据”，但同样深恶“理学”，然而，历史的局限，使他们在两难的选择中，无法找到更为理想的思维形式。于是不得不再度回归传统，为经学正名，确立原始儒学的正宗地位，这就必然促使他们重新审视十八世纪汉学家所提倡“实事求是”的内涵。

第三节　重新诠释实事求是

“实事求是”是十八世纪汉学家研究经学的准则，它是由鉴于宋儒空谈义理而提出的。其确切的含义，是说从事学术研究，应该以事实说话，寻求事物的本来面目，而不是无任何根据的主观臆断。“实事求是”一词，最初出现于东汉史学家班固撰写的《汉书·河间献王传》，讲的是西汉景帝第三子河间献王刘德“修学好古，实事求是”。这里的“修学”是指“修礼乐”、“学举六艺”，“好古”指“所得书皆古先秦旧书”，唐代学者颜师古解释说：“务得事实，每求真是也。”明代王阳明在宋代朱熹“格物便是致知”、“理在事中”的基础上，提出了“知行合一”的观点，倡导“实事求是”的学风。这原本指一种严谨的治学态度和方法 是中国古代学者从事学术研究的座右铭。十八世纪初，朱鹤龄就指出：“汉人说经，多为宋儒掊击。然实事求是，汉人近古，闻见犹真，学者不之考求而率为支离牵缀之谈，则过信宋儒之失也。”[60]惠士奇说：“愚以《左氏传》中之经，正经文之误，非舍经而从传。实事求是，正所以尊经，后之学者详焉。”[61]何焯也说“实事求是四字，是读书穷理之要”[62]。此后无论以苏州惠栋为代表的吴学，或者以休宁戴震为代表的皖学，都毫不例外地将其作为研究学术的宗旨和经验。如钱大昕说：“惟实事求是、护惜古人之苦心，可与海内共白。”[63]汪中说：“为考古之学，惟实事求是，不尚墨守。”[64]洪亮吉盛赞邵晋涵的经史研究是“于学无所不窥，而尤能推求本原，实事求是。”[65]所以郭嵩焘说：“雍乾之交，朴学日昌，博闻强力，实事求是，凡言性理者屏不得与学，于是风气一变。”[66]至于“实事求是”的具体内涵，王引之曾经作了如下的总结：

> 古之训经与史者，每博求方言、地志、律象、度数，证之诸子、传记，以发其旨。自讲章时艺盛行，兹学不传矣。国初诸儒起而振之，若昆山顾氏、宣城梅氏、太原阎氏、婺源江氏、元和惠氏，其学皆实事求是，先生生于后而集其成[67]。

可见王引之所作的概括正是十八世纪汉学家所强调的“实事求是”，它主要体现在与经学研究有着密切联系的语言文字、天文律数、方志传记和先秦诸子等方面的校勘文本、考订史籍、辨别伪书、搜辑佚书等工作。与十八世纪初汉学家相比，十八世纪末至十九世纪初初的汉学家虽然继续将“实事求是”作为治学的宗旨，但是其内涵却有了进一步的深化。

一、实事求是即为推明古训之学

实事求是即为推明古训之学，是由阮元提出的。阮元说：

> 《汉书》云：修学好古，实事求是。后儒之自循于虚而争是非于不可究诘之境也，岂河间献王竟逆料而知之乎？我朝儒者束身修行，好古敏求，不立门户，不涉二氏，似有合于实事求是之教[68]。
>
> 余三十年来说经记事，不能不笔之于书。……室名“研经”者，余幼学以经为近也。余之说经，推明古训，实事求是而已，非敢立异也[69]。

阮元所谓的“后儒”，是指宋儒“空凭胸臆”的“凿空”之言，所为“争是非”是指南宋朱学与陆学之间不同学术取向的争论。而这种朱陆之争延续至明代中期，便演化为森严的门户之见，也就是阮元指出的：“终明之世，学案百出，而经训家法寂然无闻，揆之《周礼》，有师无儒，空疏甚矣。”[70]正是这种空疏之弊，使圣人遗存的古训被曲解，圣人的思想成为理学家谈性论道任意选择的理论依据，甚至以自己的观点替代圣人的思想，所以要“推明古训，实事求是”。那么经学研究又如何来体现这个“实事求是”的精神呢？阮元认为应该首先从注疏着手，进行认真的研究探索，否则终是流于空疏一途：

> 窃谓士人读书，当从经学开始，经学当从注疏开始。空疏之士，高明之徒，徒读注疏不终卷而思卧者，是不能潜心研索终身，不知有圣贤诸儒经传之学矣。至于注疏诸义，亦有是有非。我朝经学最盛，诸儒论之甚详，是又在好学深思、实事求是之士由注疏而推求寻览之也[71]。

所谓注疏，即指古代学者解释经典的文字。自汉代以来，为了阅读和解释经典，先后有“传”、“记”、“笺”、“章句”、“集解”、“义疏”等多种名称，阮元这里所说的“注疏”，实际上是这些解释经典名目的泛称。由于时间的推移，社会环境的变迁，古代的语言文字也随之发生变化。后人对前人的解释也自然也会发生不少困难，如不解文义、不懂字句、不明文字声训等。因此，经典流传至今，几乎每一时代对它都有新的解释，而数量远远超出经典的本身，从而这一些解释也成为经典的重要组成部分。因此，在阮元看来，要读懂经典，也就必须先读懂注疏，注疏是理解经典的钥匙，也是读书的一种门径。阮元如此强调注疏的重要性，当然是有感于那些“空疏之士”、“高明之徒”不读注疏的恶习，然而阮元之所以主张阅读注疏，还包括鉴于前人的注疏每每未能尽善以至出现错误，为了避免重犯古人的错误，就应该着眼于在文字训诂的“通彻”，这样才能真正符合“实事求是”之义。他认为“古书之最重者莫逾经，经自汉晋以及唐宋固全赖古儒解注之力，然其间未发明而沿旧误者尚多，皆由于声音文字假借转注未能通彻之故。我朝小学训诂远迈前代，至乾隆间，惠氏定宇、戴氏东原大明之，高邮王文肃公清正立朝，以经义教子，故哲嗣怀祖先生特为精博，又过于惠、戴二家。……使非究心于声音文字以通训诂之本原者，恐终以燕说为大宝，而吓其腐鼠也”[72]。高邮王念孙、王引之父子，前者是阮元的长辈，后者是阮元的门生，他们都以研究文字语言享盛名于乾嘉学界，被誉为“高邮二王之学”。阮元极力表彰“二王”，其中固然有师长、门生之间深厚的交谊，但是使阮元真正倾心的仍是他们的“究心于声音文字以通训诂之本原者”的文字语言学研究。所以，当他得知郝懿行完成了《尔雅义疏》后，大加赞赏：“今子为《尔雅》之学，以声音为主，而通其训诂，余极许之，以为得其简。”[73]阮元的这一见解，深得其好友凌廷堪的赞同。凌廷堪说：

> 昔河间献王“实事求是”。夫实事在前，吾所谓是者，人不能强辞而非之，吾所谓非者，人不能强辞而是之也。如六书、九数及典章制度之学是也。虚理在前，吾所谓是者，人既可别持一说以为非，吾所谓非者，人亦可别持一说以为是也，如理义之学是也[74]。

十八世纪的汉学家，似乎人人都主张研究经典本义，首先要从语方文字入手，如惠栋就说“经之义存乎训诂，识字审音，乃知其义，是故古训不可改也”[75]。戴震也说：“文书也者，文字之纲领，而治经之津涉也。载籍极博，统之不外文字；文字虽广，统之不外说书。”[76]可以说阮元、凌廷堪所强调的“实事求是”继承了惠、戴以来汉学家的这一传统。然而纯粹地研究文字语言，也只是阮元、凌廷堪提倡“实事求是”思想的一部分，重要的是不仅将“推明古训”的“理义之学”这一精神贯彻于重新解释经典，而且还将赋予“实事求是”以学以致用的历史内涵。

二、实事求是即为实践之学

学以致用，是中国从汉代至清代的经学传统，也是属于学者的一种学术理念或者价值观念。在宋代兴起的所谓理学（包括程朱理学、陆王心学）在一定程度上抛弃了这个传统，专讲道德性命、修身养性，不务实际。特别是到了明末的王阳明后学，束书游谈，几近狂禅，学问与社会实际严重脱节。清初学者在总结明亡教训的基础上，深感必须返虚就实，矫正学风。《四库全书总目提要》曾举颜元为例说“其说于程朱陆王皆深有不满，盖元生于国初，目击明季诸儒，崇尚心学、放诞纵恣之失，故力矫其弊，务以实用为宗”，这种以实用为宗旨的学风，也就是他们提倡的经世致用的新学风。十八世纪中下叶，这种新的学风在一定程度上受到了异化而未能继往开来，虽然汉学家并没有完全放弃，但是他们的学以致用意识终被汉学考据化所淹没。十八世纪末期，汉学家则将这种学以致用解释为实践之学，并赋于“实事就是”新的历史内涵。阮元说：

> 圣贤之道，无非实践。孔子曰：“吾道一以贯之。”贯者，行事也，即与格物同道也。曾子著书，今存十篇，首篇即名立事，立事即格物也。先儒论格物者多矣，乃多以虚义参之，似非圣人立言之本意。元之论格物，非敢异也，亦实事求是而已[77]。

阮元融通《论语》的“一以贯之”与《大学》的“格物”、《曾子》的“立事”，从而得出“圣贤之道，无非实践”的“实事求是”结论，这表明阮元是由汉儒的训诂学与宋儒的义理学两个方面来考察、论证“实事求是”内涵的。又如他在考证“贯”字的确切涵义时，先后征引了《尔雅》、《广雅》、《诗经》、《周礼》、《论语》等五条经传注疏及《汉书》、《后汉书》的两条汉籍史料：“《尔雅》：‘贯，事也。’《广雅》：‘贯，行也。’《诗·硕鼠》‘三岁贯女’，《周礼·职方》：‘使同贯利。’《论语·先进》‘仍旧贯’，传注皆训为事。《汉书·谷永传》云：‘以次贯行。’《后汉书》光武十五王传云：‘奉承贯行。’皆行事之义。”[78]而在求证“格物”一词的涵意时，阮元说：“《礼记·大学》曰：‘致知在格物，物格而后知至。’此二句虽从身心意知而来，实为天下国家之事。天下国家以立政行事为主，《大学》从身心谈到意知，已极心思之用矣，恐学者终求之于心而不验之行事也，故终显之曰：‘致知在格物。’物者，事也。格者，至也。事者，家国天下之事，即止于五伦至善、明德、新民，皆事也。格的至义，即有止意，履而至止于地，圣贤实践之道也。”[79]“格物”一词，在《大学》中本来就没有提供一个确切的解释。宋儒认为它是提高品德修养的体悟方法，程颐说：“致知在格物，格，至也。物，事也。事皆有理，至其理，乃格物也。”然而阮元却将“格物”视为“圣贤实践之道”，表明阮元仍是从字的本义来作出解释的。至于何为“实践”？在阮元看来主要落实在一个“实”字。他说：“实者，实事也。圣贤讲学，不在空言，实而已矣。故孔子曰：‘吾道一以贯之’。贯者，行之于实事，非通悟也。”[80]

"实"既指"实事",而"物"又包括"事",那么所谓"实践",也就是强调经学研究重在经世致用。为了证明自己的解释不诬,阮元又引《论语》补充说:"学而时习之"者,学兼诵之、行之。凡礼乐文艺之繁、伦常之纪、道德之要,载在先王之书者,皆当讲习之,贯习之。《尔雅》曰:"贯,习也。"转注之"习",亦"贯"也。时习之"习",即一贯之"贯"。贯主行事,习亦行事,故时习者,时颂之,时行之也。《尔雅》又曰:"贯,事也。"圣人之道,未有不行于事见,而但于语言见者也。故孔子告曾子曰:"吾道一以贯之。"一贯者,壹是皆行之也。又告子贡曰:"汝以予为多学而识之者与?予一以贯之。"此义与告曾子同,言圣道壹是贯行,非徒学而识之。两章对校,其义益显。此章乃孔子教人之语,实即孔子生平学行之始末也。故学之、行之,其义乃全。马融注专以习为诵习,失之矣[81]。阮元对于自己的这一解释颇为自负,在他所著的文集中,曾多次提到他的这篇杰作。如在《石刻孝经论语记》中说:"所谓'一贯'者:贯者,行也,事也;言壹是皆身体力行,见诸实行实事也,初非有独传之心、顿悟之道也。"[82]所谓的"独传之心,顿悟之道",显然是指宋代理学家所一再强调的"孔子传曾子、曾子传子思、子思传孟子、孟子直传二程朱子"的道统论,而阮元认为这不是孔子原来的原意,孔子的原意是"实行"与"实事"。这就既阐明了自己观点,同时又批驳了理学家将道统论视为"秘而不传之道"。

焦循与阮元一样,虽然没有明确说过经学研究"实事求是"的话,但是他认为"古人之学,期于实用。以乂百工、察万品而作书契,分别其事物之所在"[83]。研究经学的最终目的就是学以致用。"经学者,以经文为主,以百家子史、天文术算、阴阳五行、六书七音等为辅,汇而通之,析而辨之,求其训诂,核其制度,明其道义,得圣贤立言之旨,以正立身经世之法"[84]。与阮元、焦循持相同见解的还有程瑶田。他说:"端居自治其身,日与斯人之徒相与,不废其所有事,居享常然,处困亦无不然,此皆所谓实事也;义有至分,是为求是。夙兴夜寐,坦然由之,不愧不怍,是为能行。行之不遗余力,则深造自得。"

在十八世纪末至十九世纪初,汉学家重提经学经世,一方面固然有继承清初以来的经世致用传统。如顾炎武自述其志曰:"君子之为学,以明道也,以救世也。"如他的被称作旷世杰作的《日知录》首篇为经术,次为治道，次为博闻，其用意就在“济斯世于治古之隆”。黄宗羲则认为“学者必先穷经，经术所以经世，乃不为迂儒”，王夫之的“明体适用”、方以智的“质测之学”等都程度不等的提出类似的主张。阮元对清初的经学经世尤为向慕。他说：“明末诸儒，多留心经世之务。……亭林生长离乱，奔走戎马。阅书数万卷，手不辍录……世之习科条而无学术，守章句而无经世之具者，皆未足与于此也。”另一方面自清初以来，儒经的研究，是以经世致用为其目的的。因此，经学研究不只局限于探求原始意义的经典之学，而是发掘包括人伦日用在内的经典现实意义的经时济世之学。然而这股经世思潮在十八世纪的历史回流中出现了逆转，虽然期间乃有如钱大昕也曾说过“儒者之学，在乎明体以致用，诗书执礼，皆经世之言也。《论语》二十篇，《孟子》十七篇，论政者居其半，当时师弟子所讲求者，无非持身处世，辞受取与之节，而性与天道，虽大贤犹不得而闻，儒者之务实用而不尚空谈如此”[85]。汪中“遍读百家”，“有志于用世，而耻为无用之学，故于古今制度沿革，民生利病，皆博问而切究之，以待一日之遇”的呼声[86]，但大都是一种空泛的门面语，实际的社会效应，却都是以纯学者的面目见称于世的。他们的学术成就固为后辈们所陶醉，但与他们的学术不成正比的经世意识也同样为后辈所诟病。他们潜心书斋，为学术而学术的纯学术研究，经世意识普遍淡薄，经典考据成为经学研究的单一形式。汉学家在“实事求是”的旗帜下进行的经学研究，主要是弄清材料的本来面貌，以及把零散的或亡佚的材料系统化，如被焦循引以为同道的王引之对语言学的研究，便是“自九经三传及周秦两汉之书，凡助语之文，遍为搜讨”[87]。他们的研究方法，是对所研究的课题，广泛地搜寻材料，每事必穷根源，所言必求依据，讲究旁参互证，解决逻辑矛盾，反对孤证立说。唐仲冕声称：“稽古所以证今也。穷经将以致用也。说六艺萌芽于汉，厥后专门名家，各自为说。近世诸儒，力宗汉学，亦谓名物象数，精之至于无理尽性，开物成务，所谓熟训诂，矜淹洽而已。若徒核点划之参差，订铅椠之同异，而无与于明体达用之实学，非即程子所谓玩物丧志者哉。”[88]因此，阮元等人的所谓“实事求是”，虽然与汉学家一样，持此口号作为抨击理学的武器，但是阮元从材料出发，根据现有研究成果，探求经典所藏的通经致用的义理价值，这与十八世纪汉学家治经普遍认同的尊崇原始材料，从事鸠集众书加以归类和鉴别版本异同以校勘的“实事求是”工作已有本质上的区别，这种区别又体现在他们将自然科学纳入“实事求是”的意义之中。

三、实事求是即为科学之学

在中国古代社会，数学虽曾被列为儒家必习的六艺之一，但始终不为古代统治者所重视。在他们看来，数学是九九贱技，而研究科学则是“玩物丧志”的标志。《新唐书》便称：“凡推步、卜相、医巧，皆技也，小人能之。”翻开中国的科学发展史，虽然也有辉煌的成就，但同儒家经典的研究相比较，实在是微乎其微。尽管数学研究在宋代出现过一段兴旺时期，产生了诸如秦九韶、朱世杰等数学名家。然而元、明两代不立算学馆，仅在元世祖至元六年(1269)蒙古子弟习算，明太祖洪武二十五年(1392)令国子生习算，明宣宗四年(1429)令国子监诸生习算三个短期，学生的学习质量极其低劣，学者竟不知宋代数学研究的成果为何物[89]。据《国子监志》记载：“考厥由来，只以历事诸生，不通算数，俾之略为肄习，教之不专，课之无法，与今国子监算学馆专习者迥不相涉。”诚如徐光启在“刻《同文算指》序”中所说“算数之学特废于近世数百年尔”。清初由于立法的需要，数学开始受到重视。康熙五十二年(1713)在畅春园蒙养斋设立算学馆，选八旗子弟入学学习算学进行试点，大力奖励数学人材。如梅文鼎被赐“绩学参微”之匾，此举被认为是“本朝开国以来，以布衣受特达之知，未有如先生者也”的殊荣[90]。抛弃传统的词章之学，利用掌握天文数学知识，成为学者理想的进身之阶。阮元曾评论说：“国家的寿官子弟，在蒙养斋与梅文穆同修算书，其所学盖相埒也。方圣祖时，以算法受知致身通显者不一人，以故习之者众，而明其学者，往往若不生人，冀以自见其长，盖利禄之路然也。”[91]十八世纪，随着考据学的盛行，也影响到对传统算学的整理与研究。乾隆皇帝接受朱筠开设四库馆编撰《四库全书》的建议，因此对一些久已散佚的数学著作的收辑、校勘、注释和翻刻成为学术界的热点。如戴震在四库馆工作期间，利用《永乐大典》对《周髀算经》、《九章算术》、《孙子算经》、《海岛算经》、《五曹算经》、《五经算术》、《夏侯阳算经》、《张邱建算经》、《辑古算经》、《数术记遗》等十部古代数学名著进行了发掘、整理和复原。并且藉此对儒家经籍《仪礼》及《大戴礼记》进行研究，取得了突破性的成就，作出了重大的贡献，被誉为“盖自戴氏出，乃不敢轻言算数，而其道始尊”[92]。江藩《汉学师承记》所录五十余位汉学家的行状，其中近一半的汉学家在研究经典的过程中涉及对天文，历算、数学等自然科学的研究和传习活动。如汪中生前因未能“明九章之术”而追悔不已，力劝江藩致力于数学研究[93]。焦循的学友徐心仲为研究数学，不惜在参加省考时交白卷[94]。据《扬州画舫录》所载，戴震，钱大昕，凌廷堪以及稍后的汪莱、李锐、谈泰、张敦仁等人经常往来于扬州讨论数学中的疑难问题。焦循、汪莱、李锐的数学研究，被誉为“谈天三友”[95]。特别是焦循的《加减乘除释》，成为中国传统数学著作中独树一帜、别开生面的一部理论性数学专著。数学成为学者研究经典不可缺少的一门主课，所以阮元说：“国朝数学昌明，迈越千古，潜心九九之士，后先相望。”[96]这就概括描述了当时学者对自然科学的重视。

不过，十八世纪汉学家的研究算学，总体上还停留在算学作为经学附庸的一种认识上，直到十八世纪末至十九世纪初，即乾隆六十年(1795)至嘉庆四年(1799)阮元编撰了四十六卷本的《畴人传》[97]，才正式提出了科学“乃儒流实事求是之学”的思想。阮元在《畴人传序》中指出：

> 窃思二千年来，术经七十改，而各有特识。法数具存，皆足以为将来典要。……综算氏大名，纪步天之正轨，质之艺林，以谂来学，俾知术数之妙，穷幽极微，足以纲纪群伦，经纬天地，乃儒流实事求是之学，非方技苟且干禄之具[98]。

这里，阮元将数学升格为儒家的“实事求是”之学，一方面是以此作为评判通儒的标准，如他认为“数为六艺之一，而广其用则天地之纲纪，群伦之统系也。天与星晨之高远也，非数无以效其灵；地域之广轮，非数无以步其极；世事之纠纷也，非数无以提其要。通天地之道曰儒，孰谓儒者而可以不知数乎?”[99]另一方面实是阮元领悟到数学中所体现出的“实测”思想，与他的“圣贤实践之道”完全相通。他说：“欲使学者知算造根本，当凭实测。实测所资，首重仪表。不务乎此，而附合于律于易，皆无当也。”[100]所谓“实测”，也称“质测”，它特指对事实的理解。清初黄宗羲、王锡阐都强调推算结果要与实际天象相结合。焦循还认为“天不可知，以实测而知”，他的易学研究就是凭借“实测”而取得很大的成功[101]。焦循的这种易学诠释方法，深得当时学者的赞赏。他的座师英和说：“焦子里堂，深明洞渊九容之数，用以测天之法测《易》，其视《易》之爻位，犹天之厘度，凡山泽雷风水火，若七政恒星之昭布，一一可窥器而辨其方也。其视爻位之往来，犹厘度之交错，凡山泽雷风水火之变化，若七政恒星之经纬迟速，一一可布算而寻其绪也。”[102]因此阮元所谓的“算造根本，当凭实测”，既赋于数学以汉学研究的方法论意义，又具有浓郁的道德实践理性，而“实测所资，首重仪表”，则可隐约窥测到十八世纪末的汉学研究形态正在向近代蜕变的气息。

阮元编撰《畴人传》，虽然将自然科学纳入儒学，同时也是为了纠正那种在他看来是采用了西方计算方法和宇宙学的中国古代数学家和天文家对于中国固有科学的失之偏颇的贬低。《畴人传》通过说明两种体系事实上应调和为一种，从而恢复本来面目。然而在阐述该论点的过程中，阮元终究未能走出传统，成为坚持“西学中源说”的主将。如他批评哥白尼的日心说是“至于上下易位，动静倒置，则离经叛道，不可为训，固未有若是甚焉者也”[103]，这显然是百年前杨光先诋毁地圆说“不思在下之国土人之倒悬”观点的重复[104]。而阮元在《畴人传》中为杨光先立传，则明显偏袒杨光先，露骨地为杨光先辨护也是不争的事实。阮元甚至认为西方自然科学的成就都能在中国传统科学中找到它的萌芽。他指出：

> 天文算数之学，吾中土讲明而切究者，代不乏人。……学者苟能综二千年来相传之步算之书，一一取而研究之，则知吾中土之法之精微深妙，有非西人所能及者。彼不读古书，谬云西法胜于中法，是盖但知西法而已，安知所谓古法哉！[105]
>
> 中土推步之学，自汉而唐而宋而元，大抵由浅入深，由疏渐密者也。…… 考西人旧率，即用后汉四分法，是则彼之术，亦必先疏后密。而谓多禄某时其法之详备已如是，毋亦伤汤若望辈夸大其词，以眩吾中国[106]。

众所周知，自清初康熙在《御制三角形论》中首次提出“西学源于中法”，后经梅文鼎等人的大力表彰，“西学中源”便成为官方的理论。同时“西学中原”说也是学术界的热门话题。如李锐就明确说：“西人求每弧通弦，用诸等边割圆，借根方法也。借根方即天元一，则有天元一而后有借根方，有借根方而后有八线表，有八线表而后有弧三角法，有弧三角法而后有测验密，测验密而后推步精。然则西法之超越前代，实吾中士有以资之。物自明以来此失之而彼得之耳。”[107]乾嘉之际，一些深入研究过西学，提出中西各有优劣，主张会通中西诸法的著名经学家如江永、戴震、汪莱等都程度不等地遭到来自社会方面的批评。梅瑴成在读了江永的《数学》一书之后，书赠一联与江永，“殚精已入欧逻室，用夏还思亚圣言”。意为江永研究西学造诣虽深，但不应忘记祖宗“用夏变夷”的古训。戴震撰《勾股割圆记》三卷，意在恢复古法，但他研究的结果恰如步西法之后，所以江临泰批评戴震的数学研究是暗取西法为心术不正。指出：“东原则用西法而避其名，且务为简奥，令人猝不易了，此非由心术之不同乎！”[108]史载当时李锐与汪莱之间还发生了如何理解西方数学的争执，即所谓的“汪李龋龁”一说[109]。对此，嘉庆皇帝曾警告那些沉溺于西方自然科学研究的学者说：“我大清亿万年颁朔之法必当问之于欧罗巴乎？此必不然也，精算之士，当知所自重矣。”[110]也正因此，作为封疆大吏及官方代言人的阮元力持“西学中源说”，这在当时也属情理之中。不过，阮元抨击“西学”，也有其积极的一面。阮元认为，中国科学的落后虽然始于明代，但是不应该以此抹杀中国曾经有过辉煌发展的历史，科学总是随着社会的进步而不断前进。他说：“自明季空谈性命，不务实学，而此业遂微。台官步勘天道，疏阔弥甚，于是西人乘其衰，不得不矫然自异矣。然则但可云明之算家不如泰西，不得云古人皆不如泰西也。”[111]阮元的分析是客观的，将中国科学的落后断限明代，大致不错。然而细细回味阮元的话，其中仍显示出那种不甘落后、努力自强的精神：“元思天文算学，至今日而大备，而谈西学者辄诋古法为粗疏不足道，于是中、西两家遂多异同之论。然元尝稽考算氏之遗文，泛览欧罗之述作，而知无中之与西，枝条虽分，而本干则一也。……然中之与西，不同者其名。而同者其实。乃强生畛域，安所习而毁所之见，何其陋欤？”[112]阮元认为，古代中国的科学超过西方，如今西方科学胜过中国，我们仍具有赶超西方科学的实力。所以他并不一味维护“西学中源说”，而是能较为理性地采取“取其精华，去其糟粕，”实事求是的通达态度。如他认为“晓庵贯通中西之术，而又频年实测，得之目验，故于汤、罗新法诸书，能取其精华，而去其糟粕，仪甫谨守穆尼阁成法，依数推衍，随人步趋而已，未能有深得也”[113]。他肯定王锡阐融合中西之长，反对“随人步趋”，显示出开放的心态。但阮元所充分肯定的还是“实测”与“目验”，这无疑又与他科学“乃儒流实事求是”的思想互为表里。所以当焦循明确表示“天算之学有二端，守当时成法，布策推算，无有差戾，术士之学也；明其义蕴，贯而通之，阐发古先，以启来者，儒者之学”时[114]，立即赢得了阮元的掌声，盛称焦循“会通中西两家，不主一偏之见”的数学研究是“儒流之典要，备六艺之篇籍”[115]。

凌廷堪也持有类似的见解。他认为：“西人之说，征之《虞书》、《周髀》而悉合，古圣人固已深知之，非吾所未有，由说之者不得其意耳；则惊其为创者，过也。西人之说既合于古人，自当兼收并采以辅吾之所未逮，不可阴用其学而职斥之；则排其为异者，亦过也。”[116]同时又批评友人孙星衍排诋西方天文学取得的成就，认为“西人言天，皆得诸实测，犹之汉儒注经，必本诸目验。若弃实测而举陈言以驳之，则去乡壁虚造者几希，何以关其口乎？”[117]甚至对戴震《勾股割圆记》改西算术语为中算古名，凌廷堪极不理解，他说：“夫古有是名而云今日某某可也，今戴氏所立之名皆后于西法，是西法古而戴氏今矣，而反以西法为今，何也。”[118]这些都说明凌廷堪并不支持“西学中源说”。

焦循也认为“欧人萨儿里德《几何原本》一书，精于说形”、“西法《几何原本》，列比例之法一十有二”、“惟勾股有连比例三率，法详《几何原本》”、“《几何原本》有两线平行之率”、“对角外角之理，详于《几何原本》”，甚至对乡前辈孙兰精通《几何原本》叹服不已。更为可贵的是焦循在分析了中西二家后认为：“徐氏辑新法律书，西、汉渐备。于第谷、穆尼图、噶西尼三徒各运其巧思，积久而密。后之学者或执中以辟西，或用西而谤中，或援西于中，或以中证西，互持其理。”[119]由于焦循本人对西学从未有过明确的表示，而他对传统算学的热情远胜于对西方数学的冷漠，因此被人评价为“古人所已言，故所论多因，因或失之于平”的纯传统的算学家。其实，焦循的易学研究正是接纳了西学的实测理念。如他在《易图序》中说：余学《易》所悟得者有三：

> “一曰旁通，二曰相错，三曰时行。此三者皆孔子之言也。孔子所以赞伏羲、文王、周公者也。夫《易》犹天也，天不可知，以实测而知。七政恒星错综不齐，而不出乎三百六十度之经纬。山泽水火错综不齐，而不出乎三百八十四爻之变化。本行度而实测之，天以渐而明；本经文而实测之，《易》亦以渐而明；非可以虚理尽，非可以外心衡也。余初不知其何为相错？实测经文传文，而后知比例之义出于相错。不知相错则比例之义不明。余初不知何为旁通？实测经文传文，而后知升降之妙出于旁通。不知旁通，则升降之妙不著。余初不知其何为时行，实测经文传文，而后知变化之道出于时行。不知时行，则变化之道不神。未实测于全易之先，胸中本无此三者之名，既实测于全易，觉经文传文有如是者，乃孔子所谓相错，有如是者，乃孔子所谓旁通，有如是者，乃孔子所谓时行，测之既久，益觉非相错非旁通非时行则不可以解经文传文，则不可以通伏羲、文王、周公、孔子之意。十数年来。以测天之法测《易》，而此三者，乃从全易中自然契合。……譬如郭守敬生刘洪、祖冲之、何承天、傅仁均、一行之后，悟得岁实消长不用积年日法，非能越乎前人，亦由前人之说密焉耳。”

十八世纪末至十九世纪初，儒家学说仍起着指导性的作用，然而“儒者之学，务在穷经，然未有不习数学而能通经者”的时代要求，深化了汉学家对知识与价值，特别是对传统经学的重新审视，尽管最终未能走出传统注释的旧模式，但是典型地反映了十八世纪末至十九世纪初汉学研究的变迁。从这一意义上说，阮元、凌廷堪、焦循等人的科学“乃儒流实事求是之学”的思想，实可视为丰富了“实是求事”的内涵，成为汉学在跨入近代“中学为体，西学为用”转折点上的一次质变。

第四节　重新理解汉宋学术

十八世纪末至十九世纪初的汉学精英，他们不仅对汉学偶像，经学与考据，实事求是的内涵等作了新的选择和认定，而且对汉学与宋学之间的关系也作出了新的理解。所谓“汉学”、“宋学”，那是清代学者习用的两种迥然不同的概念和学术取向。前者在理论上崇尚原始儒学，即盛行于东汉的古文经学。治学方式提倡“实事求是”，取证特重汉儒经注。后者奉程朱为圭臬，尤其是朱熹个人的学说，以主观意愿诠释儒家经典，使经学理学化，其治学方式专主空谈心性，经学一出臆断。朱学虽然是清代官方确认的学术正统，但是一直为在野的非正统的“汉学”所蔑视。“汉”、“宋”作为对立的两个学术流派，它们之间“崇汉”与“尊宋”的分辨，由来已久。诠释经典一尊程朱，这是元明以来的惯例。不过，明末学者郝敬首先怀疑朱注，而返求之于汉儒经说。清康熙间，一生尊朱的理学名臣陆陇其在《经学》一文中认为“汉儒多详于器数而阔略于义理，宋儒即器数而得义理，由汉儒而上溯洙泗”[120]。蔡世远认为：“汉儒有传经之功，宋儒有体道之实。”[121]这可视为清初学界最早会通汉学与宋学关系的说明。十八世纪，乾隆在继位的第五年就说：“今之说经者，间或援引汉唐笺疏之说，夫典章制度汉唐诸儒有所传述，考据因不可废，而经术之精微，必得以宋儒参考而阐发之，然而圣人之微言大义，如揭日月而行也。”戴震也曾说：“圣人之道在六经，汉儒得其制数，失其义理；宋儒得其义理，失其制数。”[122]王念孙称赞刘台拱的经学研究说：“盖端临邃于古学，自天文律吕至于声音文字，靡不该贯，其于汉宋诸儒之说不专一家而唯是求之。”[123]十八世纪末至十九世纪初，汉学家这种对汉宋学术不专一家的认识，逐渐转变为持汉宋学术之平。如老寿的精于校勘之学的卢文弨“笃于内行，服膺宋儒，潜心汉学，实事求是”[124]。钱大昕视朱熹承接孔孟的嫡传。他说：“孔孟已远，吾将安归？卓哉紫阳，百世之师。方敬立诚，穷理致知。由博返约，大醇无疵。”[125]段玉裁就直接主张以宋学补汉学之阙漏。他说：“今日大病在弃洛、闽、关中之学不讲，谓之庸腐，而立身苟简，气节败，政事芜。天下皆君子而无真君子，未必非表率之过也。故专言汉学，不治宋学，乃真人心世道之忧。”[126]姚文田则认为学术异同不能为狭隘固守的学术研究，他说：“宋诸儒之功，无一日不在于天壤。至其著述之书，岂得遂无一误，然文字小差，汉、唐先儒亦多有之，未足以为诟病。今之学者，粗识训诂，自以为多，辄毅然非毁之而不顾，此何异井蛙跳梁而不见江海之大也。”[127]焦循则从经书义理的角度认为“学者分别汉学、宋学，以义理归之宋。宋之义理诚详于汉。然故训明乃能识羲文周孔之义理。宋之义理仍当以孔子义理衡之，未容以宋之义理即定为孔学之义理也。”[128]他指出：“近世考据之家，唯汉儒是师，宋之说经弃之如粪土，亦非也。自我而上溯，汉古也，宋亦古也。自经而下衡之，宋后也，汉亦后也。自经论经，自汉论汉，自宋论宋，且自魏晋六朝论魏晋六朝，自李唐五代论李唐五代，自元论元，自明论明，且自郑论郑，自朱论朱。各得其意而以我之精神气血临之，斯可也。”[129]在焦循看来，每一种思想学说，都是时代的产物，不仅需要考察对象本身的演变过程，而且还要求与对象所处特定的历史背景相联系中考察并加以发展。这种深化了的历史辨证方法，实际上也蕴含了这样的一种思想，即孔孟学说作为一种思想典范，可以研究探讨，但不必盲目崇拜，所谓“凡立一言，必反复引申，不执于一，令学者参悟自得”。“反复引申”的过程，其实也是一个实证的过程，在实证的基础上“不执于一”，富有创见，才难使圣贤之学“日新而不已”，展示出时代的新貌，这才是孔子所提倡的“述而不作”。这表明焦循虽然不满宋学的义理之学，但是也认同宋学的义理仍然有其学术价值。不过，真正从学理上来论证汉宋学术价值的则是阮元。

嘉庆十五年，阮元兼任国史馆总裁，承担纂修《国史儒林传》的重任[130]。他在《拟国史儒林传序》中指出：

> 两汉名教，得儒经之功；宋明讲学，得师道之益；皆于周孔之道，得其分合，未可偏讥而互诮也。我朝列圣，道德纯备，包涵前古，崇宋学之性道，而以汉儒经义实之。圣人之道，比若宫墙，文字训诂，其门径也。门径苟误，跬步皆歧，安能升堂入室乎？学人求道太高，卑视章句，譬犹天际之翔出于丰屋之上，高则高矣，户奥之间，未实窥也。或者但求名物，不论圣道，又

若终年馈于门庑之间，无复知有堂室矣。是故正衣尊视，恶难从易，但立宗旨，即居大名，此一蔽也。精校博考，经义确然，虽不逾闲，德便出入，此又一蔽也[131]。

阮元的“宫墙”、“门径”之喻，虽然仍是惠栋、戴震十八世纪汉学家解释经书的一贯主张，但是他同时又认为“但求名物，不论圣道”、“经义确然，德便出入”，这显然是批评汉学自身仍存有难以克服的流弊，需要宋学来加以弥补。从现在《儒林传》所辑录的清代前中期理学家各传来看，阮元大都从正面肯定他们阐发经书义理的贡献。如评价孙奇逢“发明义理，切近人事”、李颙“悔过自新”、王夫之的“言必征实，义必切理”、应㧑谦“殚心理学，以躬行实践为主”、陆世仪“不空为心性”等等。诚如阮福所说：“家大人撰儒林正传、附传共百数十人，持汉学、宋学之平。”[132]阮元的弟子张鉴认为乃师《儒林传》对于清代理学的见解“最为精审”，刘毓崧则认为《儒林传》是“合师儒异派而持其平，未尝稍存门户之见”[133]。可谓得其实。对此刘师培曾在《扬州前哲画像记》中做过这样的总结：“自汉学风靡天下，大江以北治经者，以十百计。或守一先生之言，累世不能殚其业；或缘词生训，歧惑学者。惟焦、阮二公，力持学术之平，不主门户之见。”[134]

正是出自持汉宋之平的学术理念，所以《儒林传》在介绍汉学家时，往往淡化“考据”在传主学术信仰中的比重。如称黄宗羲其学“出自蕺山，闻诚意慎独之学，缜密平实”，而就黄氏在《易学象数论》中提出“摘发传注之讹，复还经文之旧”这一对后来乾嘉经典考据学的兴起有着启蒙意义的思想也不见复述，仅仅转述对《周易》易象的四种归纳。又如被乾嘉学者公认的汉学实际开创者的苏州“三惠”，《儒林传》虽然肯定“三惠”有开创汉学之功，但是对惠栋的总体评价是“拟诸汉儒，当在何休、服虔之间，马融、赵岐辈不能及也”，而对惠栋重新强调汉儒家法，勤于考证，信而好古的考据特色少有提及。再如被江藩称为“盖以汉学为标识，而专攻毁汉学者”的王昶，阮元则认为“公治经与惠栋同，深汉儒之学，《诗》、《礼》宗毛、郑，易学荀虞；言性道则尊朱子，下及薛河津、王阳明诸家”，突出其不废宋学的学术倾向。凡此种种，都表明阮元编撰《儒林传》

有意识地淡化考据在一般学人心目中的崇高地位。

当然，作为汉学家的阮元，在强调持汉宋之平的同时，仍表现出较为明显的尊汉立场。如扬州汉学家刘台拱的学术，江藩称之谓“一本汉学，不杂以宋儒之说”，而朱彬《刘端临行状》则认为“其考证名物，精研义理，未尝歧而二之。虽自古经师相传之故训，亦不为苟同。于汉宋诸儒，绝无依倚门户之见”，阮元为刘台拱立传不取江说，却选用了朱彬的《刘端临行状》，并且将朱文中赞赏刘台拱的“于汉宋诸儒，绝无依倚门户之见”一句略去，仅言“始研程朱之学，以道自绳”，“名物义理若不明，穷考冥搜”。又如吴地学者沈彤，据沈廷芳《沈彤墓志铭》称其为“于程朱之传，尤身体力行之”，而阮元仅表彰其“足补汉宋以来注释家所未备”。这说明阮元在淡化考据的同时，对汉宋学术也是有所选择和保留的。

阮元淡化传主的“考据”信仰，是为了凸显汉学家学术中的“义理”价值。《儒林传》卷四的《戴震传》，可以认为最具代表性。按照阮元为汉学家立传的惯例，一般情况下都取材于钱大昕的《潜研堂文集》或杭世骏的《道古堂集》，而当时可取资对戴震学术评价的材料尤其丰富。其中可供选择的就有洪榜的《戴先生行状》、段玉裁的《戴东原先生年谱》、钱大昕的《戴先生震传》和孔广森的《戴氏遗书序》等多种。然而出人意料的是，阮元却将这些材料都屏弃不用，独取他的好友凌廷堪编撰的《戴东原先生事略状》。其中原因，寻人耐味。

阮元于乾隆四十六年与凌廷堪结交，直至凌氏于嘉庆十四年去世为止，两人的友谊持续了近三十年。阮元对凌廷堪学术非常推重，称其为“说经之文，发古人所未发”。因此出于对学术上的信赖，又考虑到《儒林传》是备国史之用，所以阮元取用凌廷堪为戴震所作的《事略状》，也是一种慎审的选择，是合乎情理的事。然而我们将钱大昕的《传》与凌廷堪的《事略状》作一下比照的话，那么就会发现，钱《传》忠于学术，大都节引戴震原文，总体评价是“精研汉儒传注及《方言》、《说文》诸书，由声音文字以求训诂，由训诂以寻义理，实事求是，不偏主一家，亦不过骋其辩以排击前贤”。凌氏《事略状》擅长归纳，对戴氏的“义理”之学的评价较高，认为戴震的《原善》、《孟子字义疏证》等可称“至道之书”，而钱《传》对戴震的《孟子字义疏证》几乎没有转述。

然而，饶有趣味的是，阮元在凌氏《事略状》的基础上做了巧妙的文字处理，不但截去了《事略状》后面的“盖先生至道之书也”一句，而且将《事略状》开头概述戴震强调“考据”、“义理”不可偏废的一段文字直接接上，从而使《事略状》表彰戴震精于典章制度的“考据之学”与“义理之学”有机地结合起来，从而凸显了戴震学术的义理价值。为了便于比照，现分别将凌氏《事略状》与阮元《儒林传》的部分相似文字比照如下。

凌氏《事略状》写道：

……自宋以来，学者或剽袭释氏之言之精者，以说吾圣人之遗经。其所谓学，不求之于经，而但求之于理；不求于故训典章制度，但求之于心。好古之士虽欲矫其非，然仅取汉人传注之一名一物而辗转考证之，则又烦细而不能至于道。于是乎有汉儒经学、宋儒经学之分，一主于故训，一主于理义也。先生则谓，理义不可舍经而空冯胸臆，必求之于古经。求之古经而遗文垂绝，古今悬隔，然后求之故训。故训明则古经明，古经明则贤人圣人之理义明，而我心之所同然者乃因之而明。理义非他，存乎典章制度者也。彼歧故训、理义而二之，是以故训非以明理义，而故训何为？理义不存乎典章制度，势必流入异学曲说而不自知。……至于《原善》三篇，《孟子字义疏证》三卷，皆标举古义，以刊正宋儒，所谓由古训而明礼义者，盖先生至道之书也。

阮氏《儒林传》则改写为：

……至于《原善》三篇，《孟子字义疏证》三卷，皆标举古义，以刊正宋儒，所谓由古训而明礼义者也。自宋以来，学者或剽袭释氏之言之精者以说圣经。其所谓学，不求之于经，而但求之于理；不求于故训典章制度，而但求之于心。好古之士虽欲矫其非，然仅取汉人传注之一名一物而辗转考证之，则又烦细而不能至于道。于是乎有汉儒经学、宋儒经学之分，一主于故训，一主于理义也。震则谓，理义不可舍经而空凭胸臆，必求之于古经，求之古经而遗文垂绝，古今悬隔，然后求之故训。故训明则古经明，古经明则贤人圣人之理义明，而我心之所同然者乃因之而明。理义非他，存乎典章制度者也。彼歧故训理义而二之，是以故训非以明理义，而故训何为？理义不存乎典章制度，势必流入于异学曲说而不自知也。

粗略地看，凌文与阮文之间，并没有多大的不同，但是稍作分辨，则意义完全不同。凌氏原为表彰戴震的《原善》、《孟子字义疏证》义理价值的文字，经过阮元的前后移植，却将戴震强调的典章制度之学纳入了义理的范畴，虽然使用文字仍是凌廷堪的，但是在不经意中却淡化了戴震在小学、测算、典章制度部分的考据贡献，片面地提升了戴震义理之学的价值。也正因此，后来《清史稿·戴震传》基本以《儒林传》为基础，但是有所调整。其中最重要的调整部分，就是关于戴震这段义理之学部分。它回改了阮元的修改和移植，恢复了凌氏《事略状》原有面貌。这也表明，对于戴震的义理之学以及《孟子字义疏证》、《原善》等书的见解，究竟应该作怎样的判断，在汉学家中间始终存在着很大的分歧。

众所周知，戴震学术之所以在十八世纪被誉为第一人，那是鉴于他娴熟的经典考据功夫，并非是指他善长的义理之学。如曾经盛赞其考据之精的纪昀，他在读了《孟子字义疏证》后，“攘臂扔之，以非清净洁之士，而长流污之行”[135]，表示了极大的愤慨。朱筠则认为戴震所说非正宗的孔孟学说，表示不能理解。江藩《汉学师承记》于戴震的义理之学仅引《原善》一节，评云“以理为学，以道为统，以心为宗，探之茫茫，索之冥冥，不若反求诸《六经》，此《原善》之书所以作也。”可见，纪、朱、江等人对戴书意义的理解较为肤浅。真能读懂和理解戴书的是焦循，他认为戴震的《原善》、《孟子字义疏证》“最为精善”，是“东原自得之义理”。而道光年间的唐鉴作《国朝学案小识》，不仅批评戴震“以汉学小学凌驾宋儒”，而且又称戴震“大抵训诂考据可以明典章制度，不可以穷义理。典章制度非全无义理，特其外迹耳，特其末节耳”[136]，这显然是针对阮元《儒林传》将戴震对典章制度的考证提升为义理之学所提出的批评。近代以来，章太炎、刘师培、胡适对戴震的义理之学都有评述,其中评价较高的是胡适。胡适为了证明戴震是清代仅有的两个哲学者之一,却采用偷梁换柱的方式,将凌廷堪《事略状》中描述戴震义理的部分单独拈出,定义为哲学,并有意识地把义理之学来替代戴震的总体学术,尽管未必符合戴震学术的真貌,但恰恰与阮元将戴震典章制度之学援入义理之学,即阮元将戴震对典章制度的考证视为义理著作,可谓如同一辙。不同的是,胡适从西方借鉴来一些新的知识发掘出戴震义理之学的现代意义。此外,胡适还认为,自戴震的义理之学后便无传人,即所谓的"戴震哲学没有传人"一说。不过,按照凌廷堪的《事略状》介绍,戴震的学术传承并未中断,例如传小学的就有高邮王念孙、金坛段玉裁;传测算之学的则有曲阜孔广森;传典章制度之学的则有兴化任大椿等。倒是阮元《儒林传》中力推凌廷堪为戴震的唯一传人,而事实上凌氏专精的是礼学,在义理建树方面尚不能与戴震比肩,从这一意义上说,戴震的义理之学确无传承。也正因此,胡适认为戴震哲学没有传人的说法,深受阮元《儒林传》的影响也极明显。换言之,《儒林传》彰显戴震义理之学的努力,并不因为后人评价标准的如何而转移。

就个人的学术倾向而言,阮元无疑是扬汉抑宋的,曾入阮府作为幕僚的方东树就批评阮元"徒以门户之私与宋儒为难"。然而奇怪的是阮元晚年又十分赞赏方东树,据郑福照说:"阮文达公初与先生论学不合,晚年乃致书称:'先生经术文章信今传后。'又极赞所撰《三年丧辨》,谓其'解中月而禫真解,创获实前人所未及。其言未出,世莫能知;其言既出,世莫能废。有功名教,为宇宙必不可少之言'。"[137] 阮元与方东树何以从"论学不合"转变为"宇宙必不可少之言"的赞赏有加?上面所述,便就是答案。

十八世纪末至十九世纪初,阮元编撰的《国史儒林传》和江藩编撰的《汉学师承记》,引起了学术界的强烈反响。阮书以"清代儒林"为学术指向,江书则以"汉学师承"为主轴,两书同系总结清代前中期的学术变迁史的首出作品。然而令人感到惊异的是,作为私家著作的《汉学师承记》自初刊之后,便即风行,一印再印,颇受学林的重视。相反,备为朝廷编史的《国史儒林传》仅以少数钞本在北京和扬州的部分幕僚和学者圈子内流传，闻者寥寥，一直被视为《汉学师承记》的陪衬而流于边缘化。其中的原因，章太炎有这样一种解释，认为“学术文史，在草野则理，在官府则衰”[138]。事实上，未必如此。《国史儒林传》虽然是一部为官方拟定的清代学术史著作，但它是作者根据时代特定的学术文化需求所做出的新综合，它对于回应当时学界汉宋对立的学术生态、消弥纯汉学化学术研究的极度泛化、重新确立嘉道以后新的学术导向、突破传统学术史叙述范式等方面都产生了正面而又持久的影响。

十八世纪末至十九世纪初，汉学精英从正面重新理解汉宋学术，直接导致了经学研究由汉宋对立的门户偏见遂渐被汉宋兼采所取代。平湖学者朱壬林认为“汉学、宋学，不宜偏重，学以穷经求道，一而已矣。本无所谓汉宋之分”[139]。安徽学者胡承珙主张“治经无训诂、义理之分，惟求其是者而已。为学亦无汉宋之分，惟取其是之多者而已”[140]。随着这种学术导向的转变，汉学研究呈现出多元取向的新格局。

注释：

① 刘寿曾：《传雅堂文集》卷一《沤宦夜集记》，民国26年仪征刘氏铅印本。

② 阮元：《揅经室二集》卷七《王西庄先生全集序》，上海古籍出版社2006年版，第546页。

③ 同上卷七《西湖诂经精舍记》，上海古籍出版社2006年版，第547页。

④ 阮元：《揅经室续集》卷一《释敬》，上海古籍出版社2006年版，第1016页。

⑤ 阮元：《揅经室二集》卷七《毛西河检讨全集后序》，上海古籍出版社2006年版，第543—544页。

⑥《四库全书总目提要》卷一百一十九《通雅》提要，北京：中华书局1965年版，第1028页。

⑦ 凌廷堪：《校礼堂文集》卷三十五《汪容甫墓志铭》引，北京：中华书局1998年版，第320页。

⑧ 江藩：《国朝汉学师承记》卷八附跋。按，一般乾嘉学者都认为汉学的起因与清廷开四库馆编《四库全书》有关。如孙星衍说：“吾师言今之者学自以为高出前贤，然察今之学者有非诗诞之处，人才亦随世升降。晋代板荡，经师遂绝。汴京沦丧，古籍尽亡。其时虽有好学之儒，抱残守缺，甚且以释典解经，遁入空谈性命之学。国家承平日久，教养又深，自笥河先生奏辑《四库全书》，南宋以来未见古籍渐行于世。今

之学者不肯以臆说解经，惟寻绎三代古书、训诂声音及汉儒坠绪，求合圣人好古敏求之道，此则胜于古人。吾师似宜加之激劝，以成一代之才。”（《岱南阁集》卷二《呈覆座主朱石君尚书》）胡培翚说：“吾国家重熙累洽，列祖相承，尊经重学，颁御纂钦定之书于天下，而又广开四库搜罗秘逸，两举鸿博，一举经学，天下之士靡然向风。”（《研六室文钞》卷六《国朝诂经文钞序》）近人支伟成即接纳了这一观点。他说：“康熙朝，举博学宏词科，海内方闻之士，咸奔集辇下，冯益都、徐东海诸公乘时结纳，用广声誉。健庵昆季，为亭林先生外甥，学有本源，故出其门者亦较益都为盛；特不如大兴二朱之实心宏奖耳。及芸台相国，秋帆制府，起儒生，跻高位，飏历中外者数十年，其所造就尤多。纪文达任四库总裁，复注意网罗俊彦。乾嘉之际，汉学勃兴，厥功巨焉。”（《清代朴学大师列传》，长沙：岳麓书社 1998 年版，第 334 页）也有学者从宋学发展的角度来探讨汉学的起因。如章学诚说：“今人有薄朱氏之学者，即朱氏之数传而起者也。沿其学者，一传而为勉斋（黄幹）、九峰（蔡沈），再传而为西山（真德秀）、鹤山（魏了翁）、东发（黄震）、厚斋（王应麟），三传而为仁山（金履祥）、白云（许谦），四传而为潜溪（宋濂）、义乌（王祎），五传为宁人（顾炎武）、百诗（阎若璩），则皆服古通经，学求其是，而非专己守残，空言性命之流也。”（《章氏遗书》卷三《朱陆篇》）又如冯煦《蒿庵随笔》说：“今之学者，多自名为汉学，其实，宋学也。何则？今所谓汉学者，其略有四：曰《说文》，曰考据，曰金石，曰校勘。《说文》一书，汉儒不甚称之，亦无引以释经者。唐以前尚无专注，至宋，二徐始为之注，后乃大显，是《说文》之学，宋学也。唐以前之说经者，但通其大义，未尝毛举细故。至宋儒，一名一物，考核辨证，至纤至悉，是考据之学，宋学也。金石之书，前未有闻，宋欧阳修为之创，而赵氏、洪氏继之，后益曼衍，是金石之学，亦宋学也。若校勘之例，则始于紫阳之《韩文考异》，是校勘之学，亦宋学也。所学皆宋学，而攻宋不遗余力，不亦忘其所自出而反相噬乎！”姚永概《慎宜轩笔记》云：“与吴先生谈国朝诸家所治诸业，号曰汉学，自今思之，一一皆原于宋人，不过就其遗绪发皇张大之耳。即所谓之宋学，亦无不可也。如疑《古文尚书》之伪，能不曰始于朱子乎？《说文》之学，能不曰始于大徐、小徐乎？考古音之学，能不曰始于吴才老乎？校勘之学，能不曰始于朱子《韩文考异》乎？金石之学，能不曰始于欧阳永叔、赵明诚乎？礼图之学，能不曰始于聂崇义及杨复乎？搜采古逸之学，能不曰始于王应麟之《郑氏周易》、《郑氏尚书注》、《三家诗考》乎？考证史事之学，能不曰始于司马公之《通鉴考异》、三刘之《两汉刊误》、吴仁杰之《刊误补遗》乎？其落落大者，已可数如此矣。而犹悍然排诋宋人，一字不登，毋乃不平心以论欤！”转引自张舜徽《清人笔记条辨》卷十，北京：中华书局 1986 年版，第 391 页、第 415 页。

⑨ 全祖望：《萧山毛检讨别传》，《鲒埼亭文集选注》上篇，济南：齐鲁书社出版社

1982年版，第304页。梁启超在《中国近三百年学术史》中说毛奇龄“还有一部《四书改错》，骂朱子骂得最厉害，后来听见圣祖要把朱子升祀大成殿，赶紧把版毁了”。按，梁启超生活在清末，不可能亲眼目睹此事，显然是转述了全祖望《萧山毛检讨别传》的说法。毛奇龄是否将《四书改错》的雕版全部烧毁，现在已无法证明。查《清史稿》、《清史列传》以及阮元《国史儒林传稿》的《毛奇龄传》，确实未曾提及《四书改错》这部书。据本传中说“《四库全书》收奇龄所著书目多至四十余部”，但《四库全书总目提要》中也未见收录《四书改错》。然而《清史稿·艺文志·经部·四书类》却著录有毛奇龄《四书改错》二十二卷，孙殿起《版书偶记》卷三著录毛奇龄《四书改错》二十二卷附录一卷，嘉庆辛未年金氏刊。萧一山《清代学术著述表》著录毛奇龄《四书改错》二十一卷，《中国丛书综录》第一册著录丛书《四书古注群义汇解》，其中就收有毛奇龄《四书改错》二十二卷。该丛书共三种版本，分别刻于光绪十六年、十九年和三十年。这说明《四书改错》的雕版虽然烧毁了，但是毁版之前的原刊本并未烧毁，还在社会上流传，否则何以解释嘉庆至清代光绪间还不断重刊？此外，清代嘉庆、道光年间学者戴大昌、杨希闵又分别作有《驳四书改错》和《四书改错平》，如无原刊传本传世，他们又如何撰写评说？这也许就是全祖望在《萧山毛检讨别传》中所说的“摹印未百部”中的“百部”吧，所以才有后来书商的争相刊印。

⑩ 钱大昕：《潜研堂文集》卷二十四《古文尚书考序》，上海：上海古籍出版社1989年版，第384页。

⑪ 伍崇曜：《汉学师承记·跋》，上海：上海书店1983版，第151页。

⑫《四库全书总目提要》的这一说法，对后世颇有影响。如侯外庐先生说：“按江著《国朝汉学师承记》，首卷由阎若璩、胡渭诸儒讲起，而将黄梨洲、顾炎武列之于附录，这是深合历史真实的编辑。皮锡瑞非之，则多见其曲解误会 。实在来讲江藩并没有错。《四库全书总目提要》说阎氏‘考证之学，未或之先’，是为的评。”(《中国思想通史》第五卷，北京：人民出版社1980年版，第404页）又徐复观说：“江藩以两人（阎若璩、胡渭）列为《汉学师承记》之首选，盖不仅推重二人的考证成绩，亦有见于两氏之人生态度与他心目中之汉学家的人生态度相合，遂推为开山之祖。”(《清代汉学衡论》，第342页）

⑬ 李慈铭：《越缦堂读书记》卷十二《札记》，北京：中华书局1963年版，第1283页。

⑭ 凌堪廷：《校礼堂文集》卷二十三《与胡敬仲书》，北京：中华书局1998年版，第206页。

⑮ 焦循：《雕菰集》卷六《读书三十二赞》，清道光间《文选楼丛书》本。

⑯ 刘师培:《近代汉学变迁论》,《刘师培论学论政》,上海:复旦大学出版社 1990 年版,第 133 页。

⑰ 李元度:《国朝先正事略·凡例》,长沙:岳麓书社出版社 1991 年版,第 2 页。

⑱ 阎若璩的《古文尚书疏证》自它刊行问世以来,对它的评价虽然褒贬不一,但由于它对《尚书》研究的贡献,似乎都一致确认它在清代经学史上的首创地位。且不说乾嘉汉学家对它推崇有加,即便是学宗宋学的理学家也表示对它的敬意。正是这种对阎若璩学术的充分肯定,从而也影响到现代学者对《古文尚书疏证》在清代经学史上的评价。如顾颉刚先生说:"《古文尚书》是封建统治阶级所谓修身、齐家、治国、平天下的教科书,尤其是'人心惟危,道心惟微,惟精惟一,允执厥中'十六个字是所谓'尧、舜、禹相授之心法',成为宋、元、明理学的最神圣的信条的,竟给阎氏摧陷廓清,实在不能不说是学术界中最突出的一件事。"(《古籍考辨丛刊》,北京:中华书局,1955,第一辑,第 5 页。)美国汉学家艾尔曼也说:阎若璩有关《大禹谟》人心道心说渊于《荀子》的发现是清代反理学思潮的重要原因。(艾尔曼:《从理学到朴学》,南京:江苏人民出版社,海外研究中国丛书,1995,第 84 页。)顾颉刚与艾尔曼显然是接受了梁启超"反理学"说并以现代人的观念所作出的评价。其实《疏证》除了其自身所具有浓厚的反理学色彩外,总体上是继承了宋明以来反理学的经学思想传统。如元代王充耘《读书管见》认为"允执其中"的"中"为"一方言字面,非古圣之传心法,盖以伪《大禹谟》增加人心道心而并浅视《论语》",明代梅鷟在批评《大禹谟》变乱经体时也同样说过"人心、道心,《道经》之言也,取以加诸尧言'允执厥中'之上。'众非元后何戴'二句,内史过引《夏书》之言也,取以加诸尧言'允执厥中'之上,典不典矣"。(梅鷟:《尚书谱》卷三)其兄梅鶚亦谓"人心""道心"本出《道经》。(《尚书古文疏证》卷二,第三十一条引)马森的《书传敷言》其疏虞廷十六字,又如明代罗敦仁的《尚书是正》,据其子罗喻义介绍,该书"首列《书序》,次载本书,次下己意,亡者阙之,而散见《论语》、《左》、《国》、《孟》、《荀》者附录焉。非是族也,虽世所称'十六'字不敢不正,'剪却梧桐枝,灉湖方可窥',先君诵之云尔。"朱彝尊《经义考》录张云章释其书名云:"正者,正经、正传、正字、正句、正术也。"尤重在"正术",故引其正术云:"《书》者,道政事者也。人心惟危,道心惟微,分形气义理之名。德无常师,善无常生,主标万珠一本之目。此则讲堂义理之书,非道政事之书也。"又引其解"允执厥中"之说云:"中之言空也,空不可持,其中安在?执之何法?就令执之,当其舍时,顿放何处?"又云:"中也者,天下之至虚也,不言心也。两也者,天下之至法也,不言一也。用也者,天下之至赜也,不言精也。"这显然是直接对理学家发明"千载不传的圣贤之奥"的"十六字心传"的猛烈抨击。朱彝尊说:"至明而梅氏之《尚书谱》、罗氏之《尚书是正》则

排击亦多术矣。”清初黄宗羲为《疏证》作序，认为“此十六字者，其为理学之蠹甚矣”。从阎泳的《序》中得知，阎若璩身前颇担心“显背紫阳”的骂名，但现在毅然将黄《序》冠以卷首的显赫位置，这也证明阎若璩撰《疏证》的动机确有与理学划清界限的意图。因此从这一意义上说，阎若璩《疏证》所显示出来的反理学倾向，实际延续了明代以来的反理学的经学思想传统。

⑲ 长期以来，毛奇龄编撰的《古文尚书冤词》很少为学者注意。但是在清代，毛氏的《冤词》在学术界乃有很大的影响。如稍后于毛氏的程廷祚撰《古文尚书冤词辨》，乾隆时有周春作《古文尚书冤词补正》，晚清有洪良品作《续古文冤词》，皮锡瑞作《古文尚书冤词平议》，公开为毛氏开脱，这显然是受到阮元、焦循等人重新评价毛氏学术的启迪。

⑳ 章太炎批语，支伟成《清代朴学大师列传》第一《序目》，长沙：岳麓书社出版社1998年版，第1页。

㉑ 焦循：《雕菰集》卷十二《国史儒林文苑传议》，清《文选楼丛书》本。

㉒ 焦循说：“余尝综其《传》，而平心论之。曰若稽古帝尧、曰若稽古皋陶，《传》皆以‘顺考古道’解之，郑以‘稽古’为‘同天’。同天二字可加诸帝尧，不可施于皋陶。若亦以皋陶为同天，则是人臣可僭天子之称颂，若以帝尧之‘稽古’为‘同天’，以皋陶之‘稽古’为‘顺考古道’，则文同义异，岐出无理。此《传》之善一也。‘四罪而天下咸服’，《传》以舜征用之初，即诛四凶，是先殛鲧而后举禹。郑以禹治水毕，乃流四凶，故王肃斥之云：是舜用人子之功，而流放其父，则为禹之勤劳，适足使父受殛，舜失‘五典克从’之义，禹陷三千莫大之罪。此《传》之善二也。尧舍丹朱，以天位授舜，朱虽不肖，不宜自历数其不善。《史记》以‘无若丹朱傲’上，加‘帝曰’，而《传》则以为禹之言。自禹言之，则可；自舜言之则不可。此《传》之善三也。《盘庚》三篇，郑以上篇乃盘庚为臣时所作；然则阳甲在上，公然以臣假君令，因而即真，此莽、操、师、昭之事，而乃以之诬盘庚，大可怪矣。《传》皆以为盘庚为王时所作。此《传》之善四也。微子问父师少师，父师答之，不云少师。郑以为少师志在必死，盖以少师指比干。顾大臣徒志于死，遂不谋国，以出一言，非可为忠，《传》虽亦以少师指比干，而于此则云比干不见明心同省文。此《传》之善五也。《金縢》‘我之不辟’，郑读为避，谓周公避居于东；又以‘罪人斯得’，为成王收周公之属官，殊为谬悠，说者多不以为然。《传》则训辟为法，居东即东征，罪人即指禄父、管、蔡。此《传》之善六也。《明堂位》以周公为天子，汉儒用以说《大诰》，遂启王莽之祸，郑氏不能辨正，且用以为《尚书注》，而以周公称王，自时厥后，历曹、马以及陈、隋、唐、宋，无不沿莽之故事；而《传》特卓然以为周公不自称王，而称成王之命以诰，胜郑氏远甚。此《传》之善七也。”（《雕菰集》

卷十六《尚书孔氏传自序序》,清《文选楼丛书》本)

㉓ 陈澧:《东塾读书记》五《尚书》,北京:三联书店1998年版,第95页。

㉔ 凌廷堪谓:“阎氏至以古之拜如今之揖,古之肃拜如今之拱手,则尤谬。”《校礼堂文集》卷十五《周官九拜解》,北京:中华书局1998年版,第126页。

㉕ 黄式三:《儆居集杂著》三下《古文尚书疏证跋》,清光绪十四年(1888)刊本。

㉖ 这种讨论,在清初曾经引起激烈的争辨。如毛奇龄在致李塨的信中说:“今朏明又在吴门刻《禹贡》,仍与阎百诗合伙,大畅发《古文尚书》之谬,以禾中朱锡鬯家多书,欲就其家搜朱文公、赵孟頫、吴草庐辈至明末本朝攻古文者,合刻一集,以与我《冤词》相抵。其后朏明不与事,而百诗约锡鬯携明万历丁丑会试第三场焦竑废古文策来,幸予先期知事,赴其寓同观。焦竑袭吴澄误说而又误者,因于众中大揶揄之。百诗狼仓散去,锡鬯亦大窘而退。此亦冥冥中若有鬼神呵佑之,始知千圣百王之经未易毁也。”按,今原札已为冯辰、恽鹤生删除,仅见《恕谷先生年谱》卷三“癸未”条。

㉗ 阮元:《揅经室二集》卷七《毛西河检讨全集序》。按,毛奇龄自言:“自言六十归田后,悔经学未攄,杜门阐《书》、《易》、《论语》、《大学》及《三礼》、《春秋》。”(《西河合集·淮安袁监谢州七十寿序》)毛氏生于明天启三年(1623),卒于康熙五十五年(1716),所云“六十归田”,即时在公元1683年左右,而黄宗羲的《易学象数论》作于1672年,即康熙十一年。因此阮元说毛奇龄“推溯太极、河洛,在胡渭之先”诚为不误,但是说其《河图洛原舛》作于黄宗羲《易学象数论》之前,则不确。

㉘ 对子贡《诗传》与申培《诗说》的考辨,在明代嘉靖、万历年间的周应宾、陈弘绪、陈元龄、何楷等学者已开始怀疑其为后人的伪作。清初学者对《诗传》、《诗说》的考辨,实际上是沿着明人的思路作了进一步的论证,没有新的突破。

㉙ 陈康祺:《郎潜纪闻二笔》卷十六《阮文达推重经学》,《清代史料笔记丛刊》本。

㉚ 徐世昌:《清儒学案》卷二十五《西河学案》,1939年中楷斋刻印本。

㉛ 焦循:《雕菰集》卷十二《国史儒林文苑传议》,清《文选楼丛书》本。这样的一种治学态度,早在焦循之前的钱大昕也明确提出:“愚以为学问乃千秋事,订讹规过,非以訾毁前人,实以嘉惠后学。但议论须平允,词气须谦和。一事之失,无妨全体之善。不可效宋儒所云,一有差失,则余无足观耳。郑康成以祭公为叶公,不害其为大儒。司马子长以子产为郑公子,不害其为良史。言之不足传者,其得失固不足辨,既自命为立言矣,千虑容有一失,后人或因其言而信之,其贻累于古人者不少。去其一非,成其百是,古人可作,当乐有诤友,不乐有佞臣也。且其言而诚误耶,吾虽不信,后必有言之者,虽欲掩之,恶得而掩之?所虑者,古人本不误,而吾从而误驳之,此则

无损于古人，而适以成吾之妄 。王介甫、郑鱼仲辈皆坐此病，而后来宜引以为戒者也。”(《潜研堂文集》卷三十五《答王西庄书》，上海古籍出版社 1989 版，第 636 页)

㉜ 凌廷堪:《校礼堂文集》卷二十五《与阮中丞论克己书》，北京:中华书局 1998 年版，第 235 页。

㉝ 毛奇龄:《四书改错》卷一，清嘉庆十六年(1811)刊本。

㉞ 支伟成:《清代朴学大师列传》卷首《章太炎论订书》，长沙:岳麓书社出版社 1998 年版，第 2 页。”

㉟ 钱穆曾指出:“朱注《四书》，自南宋以来五百年，元明两朝，奉为取士之准，晚明以来学者虽有述朱述王之异，然未有大张旗鼓以肆攻击如西河此书之烈也。其傲睨之气，纵横之辨，良足以震聋发聩，转移一世之视听矣。而在西河之意，则将起而夺两庑朱子之席。”(《中国近三百年学术史》，上册，北京:中华书局，1984 年，页 230)

㊱ 张穆:《阎潜邱先生年谱》卷四，《丛书集成初编》本。

㊲ 焦循:《雕菰集》卷十三《与孙渊如观察论考据著作书》，清道光间《文选楼丛书》本。

㊳ 焦循:《雕菰集》卷十二《郡县议议》，清道光间《文选楼丛书》。

㊴ 凌廷堪说:“《曲礼》‘馂余不祭，父不祭子，夫不祭妻’，郑注‘食人之余曰馂’，馂余不祭，唯此类也。食尊者之余，则祭盛之。考之《礼经》，馂者亦祭。此则云馂余不祭，故郑氏云馂余不祭。唯父之于子，夫之于妻耳。可谓深得经意。疏复引熊氏说以申之，尤为完密。陈氏澔后说虽失经意，尚知是祭食之祭。前说直以为祭祀之祭，则陋其矣。顾氏炎武亦以为祭祀之祭，而不蒙上馂余不祭之文，其失与陈氏等。盖顾氏之学虽博，而于《礼经》特疏，故其言如此。”参见《礼经释例》卷五《饮食之例》下“凡馂者亦祭”条，清嘉庆十四年(1809)文选楼刊本。

㊵ 章学诚:《章氏遗书》卷八《说文字原课本书后》，清嘉业堂刊本。

㊶ 焦循:《雕菰集》卷十三《与刘端临教谕书》，清道光间《文选楼丛书》刊本。

㊷ 焦循:《与王引之书》，《昭代经师手简二篇》。

㊸ 焦循:《雕菰集》卷十三《与刘端临教谕书》，清道光间《文选楼丛书》刊本。

㊹ 同上卷十三《与孙渊如观察论考据著作书》，清道光间《文选楼丛书》刊本。

㊺ 袁枚:《小仓山房文集》卷二十九《散书后记》，上海古籍出版社 1988 年版，第 1777 页。

㊻ ㊼ 同上卷三十《与程蕺园书》，上海古籍出版社 1988 年版，第 1800 页。

㊽ ㊾ 孙星衍:《问字堂集》第四卷《答袁简斋前辈书》，清嘉庆《孙渊如先生全集》刊本。

㊿ 袁枚:《小仓山房尺牍》卷九《答孙渊如观察》,民国石印刊本。

51 章学诚:《章氏遗书》卷九《与吴胥石书》,清嘉业堂刊本。

52 章学诚:《章氏遗书》卷七《与孙渊如观察论学十规》,清嘉业堂刊本。

53 章学诚:《章氏遗书外篇》卷三《丙辰箚记》,清嘉业堂刊本。

54 57 焦循:《雕菰集》卷十三《与孙渊如观察论考据著作书》,清《文选楼丛书》刊本。

55 凌廷堪:《校礼堂文集》卷二十四《与江豫来书》,北京:中华书局 1998 年版,第 212—213 页。

56 焦循:《里堂家训》卷下,清《传砚斋丛书》刊本。

58 朱熹:《御纂朱子全书》卷三十三《尚书一》,《文津阁四库全书》刊本。

59 顾炎武:《亭林文集》卷三《与施愚山书》,朱氏槐庐校刊本。

60 朱鹤龄:《愚庵小集》卷十二《春王正月辨》,上海古籍出版社 1979 年影印本。

61 惠士奇:《惠氏春秋说》卷六"襄公"条,《文津阁四库全书》刊本。

62 何焯:《义门读书记》卷十七《前汉书》,《文津阁四库全书》刊本。

63 钱大昕:《廿二史考异序》,上海:上海古籍出版社 1989 年版,第 407 页。

64 汪中:《述学·别录·与巡抚毕侍郎书》,北京:中国书店影印汪氏丛书本。

65 洪亮吉:《卷施阁文甲集》卷九《邵学士家传》,清乾隆六十年贵州节署刊本。

66 郭嵩焘:《大学章句质疑序》,《郭嵩焘诗文集》,长沙:岳麓书社 1984 年版,第 23—24 页。

67 王引之:《王文简公文集》卷四《詹事府少詹事钱先生神道碑铭》,清高邮王氏遗书本。

68 阮元:《揅经室三集》卷五《惜阴日记序》,上海:上海古籍出版 2006 年版,第 687—688 页。

69 阮元:《揅经室集自序》,上海:上海古籍出版 2006 年版,第 1 页。

70 阮元:《揅经室一集》卷一《拟国史儒林传序》,上海:上海古籍出版 2006 年版,第 37 页。

71 阮元:《揅经室三集》卷二《江西校刻宋本十三经注疏书后》,上海:上海古籍出版 2006 年版,第 620 页。

72 阮元:《揅经室一集》卷五《王伯申经义述闻序》,上海:上海古籍出版 2006 年版,第 120 页。

73 同上,卷五《与郝兰皋户部论尔雅书》,上海:上海古籍出版 2006 年版,第 125 页。

⑭ 凌廷堪:《校礼堂文集》卷 35《戴东原先生事略状》,北京:中华书局 1998 年版,第 317 页。

⑮ 惠栋:《松崖文钞》卷一《九经古义述首》,清光绪间《聚学轩丛书》本。

⑯ 戴震:《戴震文集》卷三《六书论序》,北京:中华书局 1980 年版,第 66 页。

⑰ 阮元:《揅经室一集》卷二《大学格物说》,上海古籍出版 2006 年版,第 55 页。

⑱ 同上卷二《论语一贯说》,上海:上海古籍出版 2006 年版,第 53 页。

⑲ 同上卷二《大学格物论》,上海:上海古籍出版 2006 年版,第 54 页。

⑳ 同上卷九《孟子论仁论》,上海:上海古籍出版 2006 年版,第 208 页。

㉑ 同上卷二《论语解》,上海:上海古籍出版 2006 年版,第 49—50 页。

㉒ 同上卷十一《石刻孝经论语记》,上海:上海古籍出版 2006 年版,第 238 页。

㉓ 焦循:《雕菰集》卷十六《加减乘除释自序》,清道光间《文选楼丛书》本。

㉔ 同上卷十三《与孙渊如观察论考据著作书》,清道光间《文选楼丛书》本。

㉕ 钱大昕:《潜研堂文集》卷二十五《世纬序》,上海:上海古籍出版社 1989 年版,第 422 页。

㉖ 汪中:《述学·别录·与朱武曹书》,北京:中国书店影印汪氏丛书本。

㉗ 王引之:《王文简公文集》卷《经传释词序》,民国十四年高邮王氏遗书刊本。

㉘ 唐仲冕:《陶山文录》卷五《杨芸士述郑斋诗钞序》,清道光二年(1822)刊本。

㉙《畴人传》卷二十四《李冶传》载:"立天元术,算氏之精诣也。明季数学名家乃不省为何语,而其术几亡矣。"清嘉庆四年(1799)刊本。

㉚ 梅文鼎:《绩学堂文钞》卷首《传》,清乾隆刊本。

㉛ 阮元:《畴人传》卷四十一《何国宗传》,清嘉庆四年(1799)刊本。

㉜ 阮元:《畴人传》卷四十二《戴震传》,清嘉庆四年(1799)刊本。

㉝ 江藩说:"藩弱冠时,即与君(汪中)定交,日相过从。尝谓藩曰:'予于学无所不窥,而独不能明九九章之术。近日患怔忡,一构思,则君火动而头目晕眩矣。子年富力强,何不为此绝学?'以梅氏书见赠。藩知志位布策,皆君之教也。"(《汉学师承记》卷七《汪中传》,上海:上海书店出版社 1983 年版,第 116 页)

㉞ 焦循说:"乾隆辛丑、壬寅之间,余宿西门外都天庙中,有为僧司洒埽而夜读书者,叩之,为徐姓而南乡董家老坝人。……徐与黄承吉应乡试省中,黄偶论算学,徐不能答。明日入场缴白卷出,疾趋市中购算学书,归习之。一年举昔所论者发之,而黄已忘矣。"(《雕菰集》卷二十三《书江都两生》,清道光间《文选楼丛书》本)。

㉟ 在清代,有关"谈天三友"一说,还有不同的说辞。李斗所著《扬州画舫录》则说"以歙县凌仲子、吴县李锐尚之、歙县汪莱孝婴为论天三友。"阮元《定香亭笔谈》则

指出："焦里堂循，江都人，朴厚笃学，邃于经义，尤精于天文步算，与李尚之锐、凌次仲廷堪为谈天三友。"陈康祺则认为"其时扬州有沈方钟者，尝撰《星球图说》。又歙汪孝婴教谕莱，亦三人至契，而郑北珏、郑伟、王准皆工推步，皆与里堂游，不知文达品题，何以不及？"（陈寿祺：《郎潜纪闻三笔》卷七。）罗士琳《续畴人传》于《李锐传》谓"尚之在嘉庆间与汪君孝婴、焦君里堂齐名，时人目为谈天三友。"其实，不管上述哪一种"谈天三友"的说法更附合历史事实，但是都非常真切地反映了焦循与汪莱、李锐、凌廷堪志同道合，他们之间的交往、聚谈及其交流研究心得，不但加深了情谊，而且促进了当时天文历算学的研究。

⑯ 阮元：《畴人传》卷五十二《张敦仁传》，清嘉庆四年(1799)刊本。

⑰ 据阮元在《畴人传》"凡例"所述，"是编创始于乾隆乙卯(1795)，毕业于嘉庆己未(1799)。助元校录者，元和学生李锐暨台州学生周治平力居多。"但张鉴《雷塘庵主弟子记》则将编撰《畴人传》一事系于嘉庆二年，据诸可宝《畴人传三编》"阮元传"中记载"嘉庆二年在浙，始于元和李茂才（锐）商纂《畴人传》，至庚申岁(1800)乃写定"，这与阮元自述颇有出入。按，李锐开始参加编撰《畴人传》的工作，时在嘉庆二年，因此《畴人传》的编撰创始于嘉庆二年较为可信，至于阮元所说的始于乾隆六十年，可能是指他在该年已开始酝酿编撰《畴人传》事宜，故云"创始"，但实际编撰工作则是在嘉庆二年才正式展开。自《畴人传》一书刊出后，流风所披，在近百年中(1799—1898)，竟然三次续补。第一次，由罗士琳续补，搜集了阮元当时未能采集到的材料，增补了宋、金、元、明、清代的杨晖、元好问、蒋周、朱世杰、赵诚、明安图、陈际新、张肱、孔广森、博启、许如兰、陈懋龄、钱大昕、凌廷堪、李潢、程瑶田等二十五人，题书名《畴人传续编》于道光二十年刊行。第二次，由诸可宝又编撰了七卷本《畴人传三编》，增补了从清初到罗士琳《续编》以前已故的天算学者，计一百二十八人，刊行于光绪十二年(1886)。第三次，即光绪二十四年(1898)，湖南澧州人黄钟骏父子为补前三编的遗漏，作《畴人传四编》，共十二卷，增补各朝畴人和西方畴人达四百三十五人之多。这样，由阮元开其端，后经不断地增补完善，从而初步形成了一部以中国科学家为主体的科技史。

⑱ 阮元：《畴人传序》，清嘉庆四年(1799)刊本。

⑲ 阮元：《揅经室三集》卷五《里堂学算记序》，上海：上海古籍出版社 2006 年版，第 681 页。

⑳ 阮元：《畴人传》卷首《凡例》，清嘉庆四年(1799)刊本。

㉑ 焦循说："乾隆丁未，余始习九九之术。既明九章，是秦道古、李仁卿之书，得闻洞渊九容奥义。读《测圆海镜·卷首识别》一册，而其所谓'正负寄左，如积相消'

者，精微全在于此，极奇零隐曲之数，一比例之，无弗显豁可见。因悟圣人作《易》，所倚之数，正与此同。”（《易图略·比例图序目》）。

⑩2 英和：《江都焦氏雕菰楼易学序》，清《焦氏丛书》本卷首。

⑩3 阮元：《畴人传》卷四十四《利玛窦传》，清嘉庆四年(1799)刊本。

⑩4 杨光先(1597—1669)，字长公，安徽歙县人，明末清初学者、穆斯林。杨光先早年受恩荫为新安所千户。崇祯十年(1637)，将千户位让与其弟，以布衣身份抬棺死劾大学士温体仁和给事中陈启新，被廷杖后流放辽西。不久，温体仁倒台，杨光先被赦免回乡。清朝建立后，任用传教士汤若望、南怀仁等人按照西方天文学成果制定新历法，遭到杨光先的激烈反对，写出《辟邪论》等文章加以驳斥，并屡次上书，称汤若望等意图谋反，需要将天主教信徒“人其人，火其书，庐其居”。他提出：“宁可使中夏无好历法，不可使中夏有西洋人。”康熙四年(1665)，在鳌拜的支持下，杨光先的上疏得到了审议，结果汤若望被判处凌迟，后在孝庄皇太后斡旋下未执行，南怀仁被流放，钦天监中与传教士合作的中国人如李祖白等被处决。史称“康熙历狱”。

⑩5 阮元：《畴人传》卷四十四《利玛窦传》，清嘉庆四年(1799)刊本。

⑩6 阮元：《畴人传》卷四十三《多禄某传》，清嘉庆四年(1799)刊本。

⑩7 李锐：《观妙居日记》。

⑩8 江临泰：《弧角设如序》，《翠微山房数学》。清光绪二十三年(1897)石印本。

⑩9 按，据江藩介绍，汪莱与李锐在算学研究中，意见不合，争论相当激烈。他在《汉学师承记·洪榜传》附论中曾指出：”(洪)榜同邑有汪莱者，字孝婴，藩之密友也。优贡生，大学士禄康荐修国史天文志，议叙以教官用，选石埭县训导，深于经学，《十三经注疏》皆能背诵如流水，而又能心通其义。人有以疑问者，触类旁通，略无窒碍。尤善历算，通中西之术，著有《衡斋算学》，刊行于世。与元和李尚之锐论开方题解及秦九韶立天元一法不合，遂如寇仇，终身不相见。噫，过也。”后来包世臣也说：“近世盛行西法，自乾隆之季迄今，以算学知名者十数，而歙汪莱孝婴、吴李锐四香之名尤著。二君皆与予善，予尝招集于秦淮水榭，二君各言中西得失之故，龈龈辩论不可合。故予未习此。”此说不确。考李锐《观妙居日记》嘉庆乙丑六月三日条云：“汪孝婴自徽州来谈，见所著《简平仪》。”六月六日条云：“同狎鸥(即沈钦裴，字侠侯、狎鸥，清元和人)合孝婴、侯郑堂、钱春如往兴化。”汪莱在病逝前三年，即嘉庆十五年，他在《衡斋算学》第七册《自序》中再次追忆他与李锐的友情：“越三年，闻太守(张敦仁)作《开方补记》，乐得其甘。时太守与予均复在场，然不示予。太守之客，则吾友沈君狎鸥、李君尚之，聚散离合，于斯感焉。”这意味着汪莱与张敦仁论学不合，意气不能融洽，而与李尚之的友谊则始终感怀于心，如果真如江藩所说的“遂如寇仇，终身不相

见”，那么汪莱晚年何以有此遗憾？焦循曾对“齮龁之传”作过分析，他说：“正负开方发明于尚之，俾古学微而复著，而可知不可知，则自孝婴启其端。……言若殊趋，议实互证。亲此者或斥彼，迩彼者或诋此，故相传其齮龁焉。然而绝学之显，端由两君。”(《雕菰集》卷十四《答李尚之书二》)这说明“齮龁之传”，实来源于汪、李学术观点不同支持者的炒作所至，与汪、李两人并无直接关系。

⑩ 颙琰：《仁宗睿皇帝圣训》卷四十五。

⑪ 阮元：《畴人传》卷四十四《利玛窦》，清嘉庆四年(1799)刊本。

⑫ 阮元：《揅经室三集》卷五《里堂学算记序》，上海：上海古籍出版社 2006 年版，第 682 页。

⑬ 阮元：《畴人传》卷三十六《薛凤祚》，清嘉庆四年(1799)刊本。

⑭ 焦循：《雕菰集》卷十五《修补六家术序》，清道光间《文选楼丛书》本。

⑮ 阮元：《揅经室三集》卷五《里堂学算记序》，上海：上海古籍出版社 2006 年版，第 682 页。

⑯ 凌廷堪：《校礼堂文集》卷五《读孟子》，北京：中华书局 1998 年版，第 39 页。

⑰ 同上卷二十四《复孙渊如观察书》，北京：中华书局 1998 年版，第 219 页。

⑱ 同上卷二十四《与焦里堂论弧三角书》，北京：中华书局 1998 年版，第 214 页。

⑲ 王昶：《湖海文传》卷四十三《复李尚之言天文推步书》，清道光十七年刊本。

⑳ 陆陇其：《三鱼堂外集》卷四《经学》，清同治七年(1868)刊本。

㉑ 蔡世远：《二希堂文集》卷一《历代名儒传序》，清《文津阁四库全书》本。

㉒ 戴震：《戴震文集》卷九《与方希原书》，北京：中华书局 1980 年版，第 143 页。

㉓ 王念孙：《王石臞先生遗文》卷二《刘端临遗书叙》，民国十四年(1925)高邮王氏遗书刊本。

㉔ 徐世昌：《清儒学案》第 2 册，《抱经堂学案》，第 276 页。

㉕ 钱大昕：《潜研堂文集》卷十七《朱文公三世像赞》，上海：上海古籍出版社 1989 年版，第 274 页。

㉖ 陈寿祺：《左海文集》卷四《答段懋堂先生书》附《懋堂先生书三通》之三，清刊本。

㉗ 姚文田：《邃雅堂集》卷一《宋诸儒论》，清道光元年(1821)刊本。

㉘ 焦循：《雕菰集》卷十三《寄朱休承学士书》，清道光间《文选楼丛书》本。

㉙ 焦循：《里堂家训》卷下，清《传砚斋丛书》本。

㉚ 按，一般学术界都认为编撰《儒林》、《文苑》两传的倡议始于陈寿祺，陈氏《左

海文集》记录了他于嘉庆十四担任国史馆总纂时，曾倡议编撰“两传”的经过。事实上，阮元早在嘉庆四年便有编撰《儒林》与《文苑》两传的意向。当时他充当会试总裁朱珪的副手，在所拟定的《己未会试策问》中，就提出过《儒林》、《文苑》、《道学》应作如何区别的讨论，即所谓“问正史二十有四，儒林、文苑、道学应分应合欤”？这也是为他日后编撰《儒林传》有意识地裁去《道学》一门，将其并入《儒林》而持汉宋学术之平的最初思考。而陈寿祺正是这年参加科考，初为房师所黜，最终被阮元破格录取的考生。(《揅经室二集》卷八，《揅经室集》上，北京：中华书局 2006 年版，第 575 页。又张鉴《雷塘庵主弟子记》卷一“嘉庆四年”条。)又按，有关阮元编撰《国史儒林传》，学术界也都认为该书深受江藩《汉学师承记》和《宋学渊源记》的影响。如晚清学者平步青说：“文达《儒林传稿》，虽汇粹群书，似以江子屏《汉学师承》、《宋学渊源》二记为蓝本，不免疏漏。”(《霞外捃屑》卷一《儒林传稿》，上海：上海古籍出版社 1982 年版，第 32 页。)按诸史事，这种批评值得商榷。首先，从《汉学师承记》的编撰年代来看，《儒林传》不可能以江书为蓝本。根据汪喜孙于嘉庆十七年五月七日为《汉学师承记》所作的跋文称“奉手受教，服膺有年”，又根据江钧在《经师经义目录》卷末跋文所记时间为“嘉庆辛未良月既望”，“辛未”则嘉庆十五年，可以确认江藩《汉学师承记》于嘉庆十六年十月十六日前已经成稿，最迟完稿时间不会超过这年的十二月。考阮元《儒林传》完稿于嘉庆十七年八月，《拟儒林传稿凡例》阮元自注：“壬申八月，漕运总督阮元交出。前在翰林院侍讲任内撰稿。”检《雷塘庵主弟子记》载，嘉庆十五年四月二十六日，阮元“奉旨补授翰林院侍讲”，十月起自愿兼任国史馆总编辑，开始蕴酿编撰《儒林传》，前后耗时三年完稿。这表明《儒林传》与《汉学师承记》似乎是在同一时期编纂，又几乎是同一时期内完成初稿。因此在没有确凿的资料证明下，很难说阮书一定是受到江书的影响。其次，从江藩与阮元的交往及其《凡例》规定来看，《儒林传》不可能以江书为蓝本。有资料证明，嘉庆十五年至嘉庆十七年的三年中，江藩正在编撰《汉学师承记》，尚未离开扬州出游，如嘉庆十六年十一月十六日仍在扬州为好友凌廷堪《校礼堂文集》作序，盛赞凌氏是继顾炎武、胡渭之后，集惠栋、戴震等人学问之大成的一流学者，为一代礼宗。直至嘉庆十八年，江藩才应阮元之邀入幕，主讲丽正书院，而此时的《儒林传》书稿早已交付国史馆，而《汉学师承记》的正式刊刻那是在五年之后的广州节院。因此，与其说阮书以江书为蓝本，还不如说江书曾受到阮书的影响。如《汉学师承记》卷首先述中国经学的历史概貌，也与阮元《儒林传》相似，而且也明确指出编撰《汉学师承记》的动机是“以备国史之采择”。又江藩在《经师经义目录》“春秋”类末尾说：“阮君伯元云‘孔君广森，深于《公羊》之学’，然未见其书，不敢著录。”江藩所引，也正是阮元《儒林传》对孔广森学术的评价，而江藩在《孔广森传》中则大篇幅的转述孔广森所作的《戴氏遗书序》，对孔氏的《公羊传》研究则只字不提，朱维铮先生认为江书是故意与阮书立异。又近藤光男从"集句式"的编撰方式，认为江书受阮书影响，可证阮书的编撰当在江书之前。此外，阮元在《凡例》第五条中明确重申清代修史馆有"私家状述涉于私誉者，谨遵馆例，一字不录"的明文规定，所以阮元不可能采用江藩的"私家著述"作为自己编纂《儒林传》的蓝本。当然，不采用私家著述，不等于回避采纳别人的建议。事实上，阮元为了完善和拟定编纂《儒林传》的体例，曾经向各地师友、门生如焦循、臧庸、朱锡庚、陈寿祺、张鉴等人函札广泛征求编写意见，希望他们提供编写体例和有关文献资料。如一生勤于考古的臧庸，在接到阮元的函札后，不仅为之搜集了孙奇逢、汤斌等清初学者的著作，而且还向阮元推荐卢文弨、王鸣盛、钱大昕、江声、钱学原、刘台拱、凌廷堪、汪中、邵晋涵、任大椿、孔广森等已经去世的著名学者入选《儒林传》。陈寿祺则受阮元委托，在福建采掇"闽中人物"。阮元的弟子张鉴，建议乃师编撰《儒林传》不别区分道学与儒学的界限，强调义理、考据、名物之学兼顾，而且还指出天算、地理、经学等都应包括在内。在这些师友中，尤以焦循在接到阮元的咨询后所作的《国史儒林文苑传议》一文，最为引人注目。《传拟》不仅为阮元策划了编撰《儒林传》的体例，而且也成为阮元编撰《儒林传》的指南。再次，《传议》一文，现载焦循《雕菰集》卷十二，是一篇关于编撰清代前中期学术史的提纲。由于该篇焦循未能明确签署年月，因此尚不知作于何时，是否应阮元的咨询而作？学界的意见并不一致。但是根据文中所称"如台教所称关系甚重云云"及该文的结尾谦称"一隅之见"、"辱承下问，妄献愚忱"等语气来推测，大致可以确定是应阮元编撰《儒林传》的咨询而作。理由是：阮元有自题《辛未初秋移寓阜成门内上冈新居，有小园树石之趣，题壁四首》诗云："修史深情向旧儒"。自注："时修儒林传 "。"辛未"即嘉庆十六年(1811)，焦循于这一年曾致汪喜孙书说："去年史馆中，下问《儒林》、《文苑》两传，当入何人？循以尊公之名，宜征实入《儒林》，未识能依与否？然亦公论也。"焦循所说的"史馆下问"，即指阮元致书焦循询问编撰《儒林传》、《文苑传》一事。然而当汪氏从朱士彦那儿得知其父汪中被选入《文苑传》而非《儒林传》时，便于这年的十二月九日致信当时在京的王念孙，请求他出面关说。如汪喜孙《致王念孙书》云："十二月世侄汪喜孙顿首怀祖老伯大人执行：冬至前朱咏斋詹事，寄呈寸函，以史馆纂《文苑传》，先君行事与蒋苕生太史同列，惧无以定千秋公论，哀求老伯大人寄书漕督阮公辨正之。……阮公及史馆从事俱诸公，莫不信从执事。尚蒙致书阮公，属其改入《儒林》，庶几先君身后之名，自执事一言论定，可以信今，可以传后。……先君赍志没地，著作未成，其子不传读父之书，绍述先人之业，今日以万世不朽之令名，待老伯一纸之书论定。"(汪喜孙《致王念孙书二》,《昭代经师手简》第78页,转引自王章涛《王念孙·王引之年谱》,扬州:广陵书社出版社2006年版,第192页。)阮元编撰《儒林传》时,汪中已被收入《儒林传》。据《儒林传稿凡例》所附《集传录存》,存正传者有毛奇龄、沈国模、谈泰、桂馥、钱澄之、朱鹤龄、臧庸、阎循观、汪绂、金榜、王鸣盛、丁杰、任大椿、李惇、刘台拱、汪中、孔广森、张惠言、孔兴燮、孔毓圻、傅铎、广棨、昭焕、宪培、孔继涵、颜光猷等二十六人。根据文末阮常生所作的按语,上述人物当时都已辑入《儒林传》,后因阮元出任漕运总督,史馆中人在阮元拟稿的基础上作了删削,汪中即由《儒林传》被改入《文苑传》。(《揅经室集》,北京:中华书局2006年版,第1025页。)据此,阮元致信焦循事则在嘉庆十五年,而焦循应阮元贻书询问所作的《传议》一文,时间也应当在嘉庆十五年。

⑬1 阮元:《揅经室一集》卷二《拟国史儒林传序》,上海:上海古籍出版社2006年版,第37—38页。

⑬2 阮元:《揅经室一集》卷二《拟国史儒林传序》附阮福案语,上海:上海古籍出版社2006年版,第38页。

⑬3 刘毓崧:《通义堂文集》卷二《阮文达公传》,民国《求恕斋丛书》本。

⑬4 刘师培:《左庵外集》卷二十《扬州前哲画像记》,《刘申叔先生遗书》本。

⑬5 章太炎:《太炎文录初编·释戴》,《章太炎全集》(四),上海:上海人民出版社1985年版,第123页。

⑬6 唐鉴:《国朝学案小识》卷十四"戴震"条,万有文库本。

⑬7 郑福照:《清方仪卫先生东树年谱》,台湾:商务印书馆1978年版。

⑬8 章太炎:《太炎文录初编·说林下》,《章太炎全集》(四),上海:上海人民出版社1985年版,第120页。

⑬9 朱壬林:《小云庐晚学文稿》卷二《与顾访溪徵君书》,转引张舜徽《清人文集别录》卷十三,北京:中华书局1980年版,第356页。

⑭0 胡承珙:《求是堂文集》卷四《四书管窥序》,清道光十七年(1837)刊本。

第六章　汉学研究的多元格局

十八世纪末至十九世纪初的汉学更新运动，不仅更新了经学理论，而且促成了汉学研究的多途取向。与十八世纪汉学家的经学研究相比，自有其新的特色与贡献。

十八世纪末至十九世纪初的汉学更新运动，不仅更新了经学理论，而且促成了汉学研究的多途取向。与十八世纪汉学家的经学研究相比，自有其新的特色与贡献。据笔者观察大致体现以下几个方向：一是重作新疏的专经研究，二是典章制度的研究，三是回归西汉今文经学，四是整合先秦诸子，五是解读宋学经典，六是评析阳明心学，从而彰显了汉学传统的多元格局。

第一节　编撰经典新疏的取向

在中国古代社会，儒家文化居于主导地位，作为儒家文化主体的《十三经》(《周易》、《诗经》、《尚书》、《周礼》、《礼记》、《仪礼》、《春秋公羊传》、《春秋谷梁传》、《春秋左传》、《孝经》、《论语》、《尔雅》、《孟子》)，其地位之尊崇，影响之深广，是其他任何典籍所无法比拟的。随着儒家之学在中国古代社会被定于一尊后，历代学者纷纷为《十三经》作注解。其中，汉朝及稍后的学者们做了大量的注释工作，人们称之为“注”或“笺”。唐宋时期，由于时间久远，人们对汉代的注释也难以理解了。于是一些学者不仅注解经传的正文，而且对前人的旧注也进行解释和阐发，习惯上就称之为“疏”或“正义”。南宋以前，注和疏本来都是单独成书的。南宋时始合刻在一起。南宋绍熙年间始有汇集唐宋之前最具权威性的《十三经》注、疏的合刊本，形成一整套经书及其注文，称为《十三经注疏》。自那以后，《十三经注疏》便成为历代儒学从业者必读的经典。由于当时通行的各经注疏都出自众人之手，而且时代最迟可以上溯到魏晋时期，所以留下很多的缺陷。如体例不一、训诂不明、缘词生训、疏文冗繁等。其中《尚书》的解释多采刘焯、刘炫二家，《礼记》的解释独取郑玄而摒弃王肃，《春秋》的解释又重王肃而轻郑玄，从而使后人研读经典时莫衷一是。十八世纪，汉学家因提倡汉学，他们对于唐宋人所作的经典诠释工作甚为不满。如钱大昕说："唐初正义，曲狥一家之言，彼经与此经矛盾者甚多。要其义据闳深，则《诗》、《礼》为上，《春秋》次之工，《易》、《书》为下。"[①]梁启超说："唐人孔、贾诸疏，本成于众手，别择不精，牴牾间出。且六朝经学，本分南北两派，北尊实诂，南尚空谈。初唐诸疏，除三礼外，率宗南派，大为清儒所不喜。宋人四疏，更不足道了。就注的方面论，除汉人六种外，其余七种，皆大为汉学家所不满意。"[②]对此，汉学家遵循汉儒特别是郑玄的注释，对现存《十三经》纷纷另作新疏。如邵晋涵的《尔雅正义》、江声的《尚书集注音疏》、王鸣盛的《尚书后案》等都取马融、郑玄注及《大传》异义而汇辑成书，为恢复汉儒的注解张目[③]。十八世纪末至十九世纪初，《十三经》新疏的编撰蔚成风气。虽然他们的主要工作仍以汉注为中心，但是已突破了郑注的局限，不再囿于训释训诂名物为一途，具有走出古文或今文、宋学或汉学的畛域，融通各家之说的特点。如孙星衍作于乾隆五十九年(1794)的《尚书今古文注疏》，虽然汲取了江声、王鸣盛、段玉裁等汉学家研究《尚书》的成果，但是他并不完全盲从，而是有所选择，同时又采纳了今文经学家如庄述祖《尚书今古文考证》的研究心得。其《自序》说："采近代王光禄鸣盛，江征君声，段大令玉裁诸君《书》说，皆有古书证据，而王念孙父子尤精训诂。但王光禄用郑注兼存伪《传》，不载《史记》、《大传》异说，江氏篆写经文，又依《说文》改字，所注《禹贡》仅有古地名，不便学者循诵，段氏《撰异》亦仅分别今古文字，及惠氏栋、宋氏鉴、唐氏焕，俱能辨证伪《传》，庄进士述祖、毕孝廉以田，解经又多心得。合其所长，亦孔氏云质近代之异同，存其是而削繁增简者也。为书自乾隆五十九年，迄于嘉庆廿年，亟以数十年中条记《书》义，编纂成书。”[④]朱彬作于嘉庆七年(1802)的《礼记训纂》,不别门户,汉宋兼采,积极引用宋代的朱熹、王安石、方悫、陈祥道、吕与叔、应子和、胡邦衡,元代吴澄等人的研究成果,被林则徐赞为“发前人所未发,不薄今而爱古,不别户而分门,引掖来学之功,岂浅鲜哉?”[⑤]郝懿行的《尔雅义疏》,则以声音贯穿训诂和据目验考释名物,其成就也足以与十八世纪诸种新疏相颉抗。上述这些新疏的编撰,尽管主观上确有呵护汉学的个人动机,但是客观上却是更新了原有的注经模式,其中最具新疏典范意义的则是焦循作于嘉庆二十一年(1816)的《孟子正义》一书。

在中国经学史上,对《孟子》一书的诠释工作,始于汉代。如扬雄的《孟子注》、程曾的《孟子章句》、高诱的《孟子章句》、郑玄的《孟子注》、刘熙的《孟子注》和赵岐的《孟子章句》等六家,其中影响最为深远而且唯一流传至今的则是赵岐的《孟子章句》。《孟子》在宋代被尊称为“经”,成为理学家必读的《四书》之一,《孟子》一书也因此引起了学人的格外重视。一时如程颢、程颐兄弟,张载、王安石等学者也都尊奉孟子,从而在中国儒学的演变史上出现了所谓的“孟子升格”运动。南宋时,《孟子》一书经过朱熹的注释后,成为官方的钦定文本,《孟子集注》的价值也随之增高,与赵岐的《孟子章句》并行于世。清初理学已显颓势,对《孟子》的研究备受冷遇,除了黄宗羲的《孟子师说》外,少有系统的研究。十八世纪中叶,汉学家戴震作《孟子字义疏证》,在当时学界引起了不小的震动,其主要贡献是通过疏理《孟子》中有关理学的一些命题、概念如“理”、“天道”、“性”、“才”、“诚”等,对宋明理学进行了尖锐的抨击[⑥]。然而对《孟子》一书真正作系统研究的,就是焦循的《孟子正义》。

焦循(1763—1820)字理堂,一字里堂,晚号里堂老人,江苏甘泉(今邗江县)人。清代乾嘉之际的著名经学家与易学家,扬州学派的重要代表人物。焦循出生在一个三世传《易》的书香门第之家,曾祖父焦源、祖父焦镜、父亲焦葱皆“有隐德,传易学”。焦循自幼聪颖,少年时便熟读儒家经典和先秦诸子百家之书。乾隆五十三年(1788),应乡试不第。此后他虽然多次参加科举考试,但因不投考官所好而屡落孙山。嘉庆六年(1801)秋,即他三十九岁那年才考中举人。次年,即嘉庆七年(1802),焦循进京参加会试受挫,从此他便告别了科举,绝意仕进,归卧扬州北湖,筑室名曰“雕菰楼”，从此深居简出，励节读书，潜心于学术研究。

嘉庆二十一年(1816)，步入晚年的焦循，在完成了《雕菰楼易学三书》和结集自己诗文杂著的《雕菰集》后，为了实现他在二十岁时曾许下的诺言：他的最大愿望，便是“古之精通《易》理，深得伏羲、文王、周公、孔子之旨者，莫如孟子。生孟子后，而能深知其学者，莫如赵氏。惜伪疏舛驳乖谬，文义鄙俚，未能发明其万一，思作《孟子》一书”[⑦]。正是为了实现三十年前的夙愿，嘉庆二十三年(1818)的十二月初七日，焦循鉴于《孟子长编》已经脱稿，开始编撰《孟子正义》。

《孟子正义》以疏解赵岐“章句”为主，即“于赵氏之说或有所疑，不惜驳破以相规正”，同时不墨守唐人强调“疏不破注”的注经原则，博采经史传注，参考了从清初顾炎武、毛奇龄到友人王引之等有关于《孟子》者六十余家。首先编撰《孟子长编》十四帙，然后逐日稽考，殚精竭虑，从嘉庆二十三年十二月起稿，至次年七月，撰成《孟子正义》三十卷。其子焦廷琥后来回忆其父在编撰该书呕心沥血的过程时说：“戊寅十二月初七日，开笔撰《正义》。自恐懈弛，立簿逐日稽省，仍如前此注《易》。简择《长编》之可采与否者，有不达则思，每夜三鼓后不寐，拥被寻思，一一检而考之。语不孝曰‘著书各有体，非一例也。有以己见贯串取精，前人所已言不复言，余撰《易学三书》及《六经补疏》是也。有全录人所言，而不参以己见，余辑《书义丛钞》是也。有采择前人所已言，而以己意裁成损益于其间，余撰《孟子正义》是也’。”[⑧]焦循在《孟子正义》中，于历史地理、天文历法、礼仪制度、服装饮食、娱乐器具、日常用品、度量重长、诸侯疆域、字词训诂等都作了详尽的考证和补充[⑨]。据笔者考察，这部看似以训释训诂名物为主的煌煌巨著，其价值正在于通过对历史上的“孟子学”研究的深刻反思，使人摆脱因循守旧的思维模式，敢于创新，提出以易学的理论来诠释孟子思想，还孟子的本来面目。

一、以易学的通变理论解释《孟子》的“先王之道”

焦循研究孟子，是出于“古之精通《易》理，深得伏羲、文王、周公、孔子之旨者，莫如孟子”这一理念的，他认为诠释《孟子》，其难有十，其中第一难就是“孟子道性善，称尧舜，实发明羲、文、周、孔之学，其言通于

《易》,而与《论语》、《中庸》、《大学》相表里,未可以空悟之言臆之。”[10]焦循这一观点,在中国易学史或“孟子学”史上,可谓石破天惊之论。孟子的思想是否渊源于易学,这本是一个不容易回答的难题。综观《孟子》一书,未曾有一句提到《周易》。赵岐注释《尽心》上篇“舜居深山中”章,以《易·乾卦》“潜龙”、“飞龙”喻之,说“圣人潜隐,辟若神龙,亦能飞天,亦能小同,舜之谓也”,但是细究原书尚未寓有此意。焦循著《孟子正义》,论者每每以戴震《孟子字义疏证》续作视之,而焦循本人亦表示“循读东原戴氏之书,最心服其《孟子字义疏证》”。因此,认定焦循编撰《孟子正义》深受戴震思想的影响,那是不争的事实。不过,据笔者考察,焦循并没有完全汲取戴震的思想,而是有了新的发展。他不仅认为孟子思想与《易》学相通,而且明言“孟子深于《易》”的按语屡见于《孟子正义》的各章之中。如焦循在理解《孟子》提出的“先王之道”时说:

> 孟子深于《易》,悉于圣人通变神化之道,故篇首言先王之道,而要之以道揆,盖不独平天下宜如是也。人伦日用,均宜如是。既明援天下以道,道何在?通变神化也[11]。

所谓“道”,本指一定的政治主张或思想体系。如《荀子·不苟》说:“百王之道,后王是也。”孟子更为明确地说“道不以仁政,不能平治天下。今有仁心仁闻,而民不被其泽。不可法于后世者,不行先王之道也”。然而,孟子在解释“道”为先王遗法的同时,又强调“上无道揆也,下无法守也”,赵岐认为这是“言君无道术可以揆度天意,臣无法度可以守职奉命”,这意味着孟子在遵循先王之道的同时也多少领悟到运用“道术”来体现所谓的“天意”。焦循之所以认为孟子所理解的“道”,是发明《周易》的通变神化,显然正是基于这样的认识。所以焦循说“圣人治天下之道,至尧舜一变。《系辞》云:黄帝尧舜氏作,通其变,使民不倦,神而化之,使民宜之。又云:易穷则变,变则通,通则久。黄帝尧舜垂衣裳而天下治,盖尧舜以变通神化治天下。孟子称尧舜,正称其通变神化也”。众所周知,《易》所说的“道”,绝不是我们今天所理解的客观事物自身运动的规律,而是凌驾于一切客观事物之上的原理。这个“道”,广大悉备,包罗万象。

《系辞》说:“夫《易》广矣、大矣,以言乎远则不御,以言乎迩则静而正,以言乎天地之间则备矣。”《易》不仅可以“弥纶天地之道”、“知周万物而道济天下”,而且还可以“范围天地之化而不过,曲成万物而不遗”,圣人掌握了这个“道”,并以《易》的形式把它表现出来,配合着神物(蓍龟)加以灵活运用,便能“自天佑之,吉无不利”了。正因为《易》所代表的道是广大悉备,包罗万象,从而成为一个仅存的先天原理,因而也成为任何事物包括人类的伦理关系、政治制度等所表现出的各种形态和源头,也都可追溯到这个“道”。因此,焦循引《说卦传》指出:“和顺于道德而理于义,穷理尽性以至于命。孔子言道德性命,指出理字,此孟子所本也。凡事之可通行者为道,得乎道为德,对失道而言也。”[12]表面上看,焦循所认识的《易》之“道”,也近似圣人“仰以观于天文,俯以察于地理”而总结出来的规律,这也就是人们每每将其肯定为有一定的唯物主义因素的理由。但问题是《易传》并没有摆脱传统天命论的观念。天地万物这些圣人对之有所象征、拟议的对象,在《易传》作者看来不过“象”而已。而“象”所体现的也仅仅是一种姿态或现象,《系辞》说“天生神物,圣人则之”,“天垂象,见吉凶,圣人象之”。可见《系辞》所谓的“天”,实际上是前面提到过的“自天佑之,吉无不利”的“天”,也即传统的“天命”之“天”。所以《易》所体现的“道”,也正是圣人依托天地万物而认识那个神秘的“天”或“天命之神”,这就不难理解《系辞》为什么“以通神明之德”、“知神之所”,而焦循将“通变神化”视为《易》所显示“道”的真正精义所在,诚如他在《易通释》中所引孟子所说的“得道者多助,失道者寡助。寡助之至,亲戚畔之。多助之至,天下顺之。此数语,与《易》相发明”[13]。那么如何来摄取这个“道”呢?焦循认为必须“深造自得”。他说:“孟子曰:君子深造之以道,欲其自得之也。自得之则居之安,居之安则资之深,资之深则取之左右逢其源。凡此皆精于道之谓也。”按《易·系辞传》云:夫《易》所以极深而研几也。唯深也,故能通天下之志;唯几也,故能成天下之务。深造,则极深也。以道,即研几也。自得则通天下之志,成天下之务也。一阴一阳之谓道,道者,反复变通者也[14]。“研幾”一词,首见《系辞》曰:“夫《易》,圣人之所以极深而研幾也”,“知幾其神乎,……君子见几而作,不俟终日”。“幾”,《说文解字》解为“微也,殆也。从丝从戍,戍,兵守也。

丝而兵守也，危也。”韩康伯理解为“极未形之理曰深，适动微之会则曰幾”；孔颖达《周易正义》指出“幾者，离无入有，是最三微”。《系辞》又进一步强调“幾者，去无入有，理而无形，不可以名寻，不可以形睹者也。吉凶之彰，始于兆”。孔颖达《周易正义》：“幾。微也。事物初动之时，其理未著，唯纤微而已。”“研幾”又称“知化”。如《系辞》“过此以往，未之或知也，穷神知化，德之盛也”，《疏》：“穷极微妙之神，晓知变化之道，乃是圣人德之极盛也”。因此，所谓“研幾”或“知化”都表示对事物的微观思考。不过，焦循的所谓“研幾”，则是专指《周易》卦爻位相互置换的爻位运动规律。他说：

> 知幾也，乾三不之坤五而四之坤初成复，失道而不善也。若不变通则不善，不能改，自知不善即知幾。变而旁通于后，是为反复其道。赞云：终日乾乾，反复其道也。然则由当位而变通，为知幾，为反复道，由失道而变通，亦为知幾，为反复道。《传》又总赞之云：夫《易》圣人所以极深而研幾也。唯深也，故能通天下之志；唯幾也，故能成天下之务。研，摩也，知幾因而摩之为研幾。深，潜也。阳潜于二因而中之，为极深。深而极，则先二五。深而求，则先初四，故浚恒为凶[15]。

《易》学中的所谓“当位”、“失道”，本是指《周易》每卦六根爻画所居爻位而言，它是历来《易》学家以此作为观察爻象的传统方法。《周易》六十四卦中的任何一卦均由阴阳两种不同的符号组合而成。按照传统《易》说，每卦阴爻居二、四、六爻位，阳爻则居初、三、五爻位，依照这样的秩序排列组合而成的卦称当位，反之则为失道。一般又都以每卦的二、五爻位来区分当位和失道。当位和失道是焦循藉以判断卦爻象吉凶祸福的主要依据。因此焦循所谓的“深造自得”之道，实际上是将易学的卦爻位置换变化规律来论证孟子“先王之道”的。也正因此，焦循说：“孟子深于《易》，七篇之作，所以发明伏羲、神农、黄帝、尧舜之道，疏述文王、周公、孔子之言，端于此。儒者未达其旨，犹沾沾于进田、封建而不知变通，岂知孟子者哉！”[16]那么易学的“感通理论”也就成为焦循诠释孟子有人性理论的主要理论依据。

二、以易学的感通理论辨析《孟子》的“性善论”

对孟子“性善论”的辨析，是焦循《孟子正义》中继论“道”之后又一个以易学理论来诠释《孟子》思想的重要特征。他指出：

> 饮食男女，人之大欲存焉。欲在是，性即在是。人之性如是，物之性亦如是。惟物但知饮食男女，而不能得其宜，此禽兽之性所以不善也。人知饮食男女，圣人教之，则知有耕凿之宜，嫁聚之宜，此人之性所以无不善也。人性之善所以异于禽兽者，全在于义，义外非内，是人性中本无义矣。此本无义，将人物之性同。告子始以仁义同比桮棬，则仁亦在性外，此分仁义言之。《管子·戒子篇》云：仁从中出，义从外作。朱长青云：仁内义外昉于此，告子亦有本之言。《易·文言》曰：义以方外，或同此意⑰。

焦循这段对孟子“性善论”的论证，是有感于孟子批评告子有关人性理论时而发的。告子的人性理论是：“生之谓性”，“食色性也。仁，内也，非外也。义，外也，非内也。”所谓“生之谓性”，是说有生命的东西均有共性——动物性（古人只把动物看作有生命的东西），所以孟子曾批评告子说：“然则犬之性犹牛之性，牛之性犹人之性欤？”至于“食色性也”，则是对“生之谓性”的进一步引申。“性”既是动物的共性，那么作为动物本能的对食物与性生活的需求也就构成了人性的基本内容。也正因人性的基本内容是满足个人的食色需求，所以人性从根本上说是“为我”的，这就是告子所说的仁内义外。“仁”是指跟“我”的利益密切的思想感情，“内”是指人心固有的；“义”是指跟“我”的利益无关，但被社会所要求的思想感情，“外”是指并非人心所固有，而是由外界所赋予的，这在告子所举的例子中可以得到证明。告子说“吾弟则爱之，秦人之弟则不爱”，这就是“内”，也就是“仁”；对于比自己年长，但并非自己尊长的人加以尊重，那不过是使这些年长的人高兴，对“我”自己并无益处，这就是“外”，也就是“义”。[18]由此可见，告子的人性理论是一个严密的体系，一环紧扣一环；在上述三点中，只要承认了其中的一点，也就不得不同时承认其他两点。至于孟子，从《告子》篇来看，他除了反对“生之谓性”和对“仁内义外”作了明确的驳斥外，并认为“仁、义、礼、智、信”都是人性固有的，也即“非由外铄我也”(同时孟子还把“仁”解释为“恻隐之心”，与告子所释完全相反)，足证其对“食色性也”亦持否定态度。然而焦循除了明确指出饮食男女之欲出于性外，还高度赞扬告子为“自造为义外之说，亦当时处士之杰出者”，这表明焦循接受了告子的人性论思想。所以焦循说：“性善之说，儒者每以精深言之，非也。性无他，食色而已。饮食男女，人与物同之。”[19]同样，他对孟子“天下之言性也，则故而已矣。故者以利为本”，要人们按照人性的本来面目去认识作了新的理解：

> 孟子此章，自明其道性善之旨，与前异，与禽兽相发明也。《易·杂卦传》云：革，去故也。鼎，取新也。故，谓已往之事。当时言性者，多据往事为说。……孟子独于故中指出利字，利即《周易》元、亨、利、贞之利。《系辞》云：变而通之以尽利。《彖传》云：乾道变化，各正性命，保合太和乃利贞。利以能变化，言于故事之中，审其能变化，则知其性之善[20]。

这里焦循不仅认为人性之“善”是由“乾道变化，各正性命，保合太和”来体现，而且性善之关键，还在于“审其能变化”。所谓“人之性可引而善，亦可引而为恶。唯其可引，故性善也。唯人能移，则可以为善矣”，[21]“仁义由于能变通，人能变通故性善”[22]。这就等于否定了孟子“我固有之”的性善论，从而与他的《易》学感通理论联系在一起：

> 《系辞》云：感而遂通天下之故。又云：是以明于天之道，而察于民之故。又云：又明于忧患与故。退者，通其故之利也。察者，察其故之利也。明者，明其故之利也。故者，事也。《传》云：通变之谓事，非通变不足以言事。诸言性者，据故事而不通故之利，不察其故之利，不明其故之利，所以言性恶，言性善恶

混，或又分气质之性、义理之性，皆不识故以利为本者也。孟子私淑孔子，述伏羲、神农、文王、周公之道，以故之利而直指性为善，于此括全《易》之义，而以六字尽之[23]。

这里焦循除了批评宋明理学家把人性分为气质之性与义理之性混淆了善恶界限外，主要提出了人性出于“感通”。那么如何“感通”呢？“性为人生而静，其与人通者，则情也，欲也。”[24]“人生而静，天之性也。感于物而动，性之欲也。”[25]既然欲出于性，欲是性之欲，那么“感于物而动、性之欲也。故格物不外乎欲，已与人同此性即同此欲。舍欲则不可以感通乎人，惟本乎欲以为感通之具，而欲乃可窒。”也正因此，欲不仅是人皆有之，而且还是人赖以生存和发展的基本条件，是实现仁政、王道的基础：“孟子称公刘好货，太王好色，与百姓同之，使有积仓而无怨旷，此伏羲、神农、黄帝、尧、舜以来，修已安天下之大道。若必屏妃妾，减服食，而于百姓之饥寒仳离莫不关心，是克伐怨欲，不行苦心洁身之士，孔子所谓难而非仁者也。”[26]焦循在这里借公刘、太王与百姓同欲的故事来论证他对孟子所言仁政，王道的理解。他认为：公刘虽好货，但能从中推知百姓的好货；太王虽好色，但也能从中推知百姓的好色。他们尽力使百姓的欲望得到满足，从而使居者有积仓，行者有裹粮，内无怨女，外无旷夫。他们与百姓同欲，这是他们成为圣王的道理，也是伏羲、黄帝等已安天下之大道的仁政与王道的基本前提。焦循的这段议论，显然是根据孟子的论好货、好色的议论中得出的这个结论的。孟子的论好货、好色见于《梁惠王》下篇，意谓“好货”或“好色”都可以导致伟人的事业，因此这些“好”的本身并不应该否定。如孟子论“好货”说：“昔者公刘好货……故居者有积仓，行者有裹粮也。然后可以爰方启行。”换言之，公刘的“好货”却为周朝奠定了王业的基础，为当然是值得赞美的善行。但孟子在其他地方又对“好货”作过批评，如《告子》下说：“今之事君者，皆曰‘我能为君辟土地，充府库’，今之所谓良臣，古之所谓民贼也。”当时国君之所以需要“充府库”，当然也是为了“好货”，但却成了任用“民贼”来贼害民众的恶行。所以，把孟子在《梁惠王》下中对“好货”与“好色”的评价与他的另外一些论述联系起来，就意味着：好货好色等既能成善，也能成恶。由此可以理解：焦循把包括饮食男女在内的百姓同视为共同的人性，而这样的人性又能“引善”也能“引恶”。因此，焦循的人性理论虽然与《易》学“感通”理论相结合，但它在具体论证过程中更接近告子的人性理论。也正因此，焦循批评程朱理学的以“理”代“性”，而程朱所谓的“理”本是孟子“善”的另一种说法，从而性善之说也就不可能为焦循所信奉。需要说明的是焦循之所以不承认理学家的“义理之性”，客观上是否认“理”作为人性的唯一标准。这样，焦循对人性的理解，尽管在表面上仍尊崇孟子，而实际却走向了他的背面。

三、以易学的大人观念理解《孟子》的大人思想

如果说上述“通神变化之道”、“感而遂通之性”是焦循《孟子正义》所显现的易学意义的话，那么他同样以易学的道德学说来论证《孟子》有关理想人格的思想。我们知道，在《孟子》一书中凡称“圣人”或“大人”的一般特指那些曾经达到过最高精神境界的理想人格。如所谓“圣人，人伦之至也”[27]，又如“居仁由义，大人之事备矣”[28]，“大人者，言不必信，行不必果，惟义所在”[29]等等。综观这些称呼的内涵或主要标准，不外是完全地践履了人伦道德规范和创造了不朽的社会功利两个方面。不过，从普遍意义上来说，孟子曾将人的品格分为四等：

> 孟子曰：有事君人者，事是君则为容悦者也；有安社稷臣者，以安社稷为悦者也；有天民者，达可行于天下而后行之者也；有大人者，正己而物正者也[30]。

孟子虽然列举了奉事君主、安邦定国、高深学问、变化神通四种人的品格，但他赞赏的无疑是列于最后的“大人者”，而这个能变化神通的大人也就是指黄帝、尧舜一类的圣人。所以焦循说：“孟子深于《易》，此大人即举《易》之大人而解之也。笃恭而天下平也。惟黄帝尧舜通变神化，乃足以当之。”[31]按《周易》凡言“大人”者有十二处，如《乾》卦九二爻“见龙在田，利见大人”。如《革》卦九五爻“大人虎变，未占有孚”等等。然而焦循所谓的“大人”则专指《乾》卦的“利见大人”。他说：“夫孟子所谓大

人，即《易》之‘利见大人也’。……大人以先觉觉后觉，以先知觉后知，不以己之圣而忘人之愚，不以己之明而忘人之暗，如羲、农、黄帝、文王、周公、孔子是也。惟不失其赤子之心，所以正己而物正，孟子盖深于《易》，而此其发明之者也。”[32]焦循在这里所描绘具有最高精神境界的理想人格的特征（道德与功业）的“大人”形象，实际上是体现了《易传》的理想人格思想：

> 夫“大人”者，与天地合其德，与日月合其明，与四时合其序，与鬼神合其吉凶，先天而天弗违，后天而奉天时……知进退存亡而不失其正者，其唯圣人乎！[33]

显然，《易传》所说的“大人”或“圣人”，正是基于这种渊源于宇宙自然因而又是高出人的社会生活的精神品质，这种理想人格具有人伦的典范和智慧的化身二重特征。也正因此，不难理解焦循为什么说“圣人在位，谓之大人。此解《易》之言大人是也。而孟子之言大人，盖即谓此。孟子深于《易》，唯黄帝、尧舜通变神化，乃足以当之，故又进于天民一等也。”由于儒家学说中的理想人格，主要体现人们在现世社会生活的背景下，以道德实践为根本内容来构建理想人格的。如孔子在回答子贡“如有博施于民，而能济众，可谓仁乎”的发问时说：“何事于仁，必也圣乎”[34]。然而焦循所理想中的大人，也是活动于民间，其德泽施于民众的大才大德之人。因此从根本上说，焦循在诠释《孟子》有关理想人格的思想时，虽然未能翻出孔孟学说本身，但他企图以易学理论来具体论证，无疑是一种可贵的尝试，从而也透视出焦循之所以向慕“大人”，实是他终生追求的理想人格。可以说，焦循以抱病之躯所完成的《孟子正义》，正是他思想与学术的最后呈现。他的挚友黄承吉说：“此书一出，实可谓义疏、正义之准则，后之作者因其例以发明《礼》、《传》诸经，当如百川趋海，汇为千古巨观。”[35]梁启超说：焦循“注《易》既成，才着手做此书，已经垂老，书才成便死了。……这书虽以训释名物为主，然于书中义理也解得极为简当。里堂于身心之学，固有本原，所以能谈言微中也。总之，此书实在后此新疏家模范作品，价值是永永不朽的。”[36]成为十九世纪以后编撰经典新疏的范式。

第二节　研究典章制度的取向

典章制度的研究，是汉学更新运动中继编撰经典新疏后又一个重要的学术取向。所谓典章制度，即指国家的政府在一定时期内行为规范的基本准则，反映在儒家经典的则以《仪礼》、《周礼》、《礼记》为代表的“三礼”之学。在中国经学史上，与其它的经典研究相比较，历代对“三礼”的完整研究可谓寥若晨星，但在某些礼制问题上学者却又交争不已，而且观点各异，因此有所谓的“议礼之家纷如聚讼”之说。梁启超曾指出：自孔门诸子，已经有许多交锋争辩。秦汉以后更不必说了。一部《白虎通义》便是汉儒聚讼的小影。一部《五经异义》，是郑康成与许慎的对垒。一部《圣证论》，是王肃和郑康成对垒。以至学者“穷年不能究其礼”。除了朱熹、吴澄等少数留意研究礼学的学者之外，宋、元、明三朝，三礼之学几成绝响[37]。清代立国之初，为了有效地弥合满汉文化之间的差异与冲突、稳定民心，一方面确立了崇尚程朱理学的基本国策。如康熙皇帝称朱子之学为“集大成而继千百年绝传之学，开愚蒙而立亿万世一定之规”，朱学不仅“皆内圣外王之心传”，关乎世道人心、治乱兴衰，而且“非此不能知天人相与之奥，非此不能治万邦于衽席，非此不能仁心仁政施于天下，非此不能外内为一家”[38]，从而极力扶持宋明理学，大量印行宣传程朱理学的官书，如《性理大全》、《朱子全书》、《周易折中》、《性理精义》等。另一方面，提倡经学，重新修礼作乐，礼制建设也被提上议事日程，一些朝政大臣纷纷倡为礼说。如朱鼎藩曾指出：“礼仪为朝廷之纲，而冠履侍从，揖让进退，其纪也。”[39]这种对礼制建设的呼吁，虽然在清初尚未成为学界的主流，但是到了十八世纪中叶却成为一种思潮。乾隆皇帝就明确表示：“五经乃政教之源，而《礼经》更切于人伦日用。”[40]又说：“夫礼之所为，本于天，殽于地，达之人伦日用，行于君臣、父子、兄弟、夫妇、朋友之间，斯须不可去者。……故言礼者，惟求其修道设教之由，以得夫礼之意而已。顾其教之不泯，道之所由传，未尝不赖于经。”[41]正是在这种重礼思想的指导下，乾隆元年(1736)开设“三礼馆”，命儒臣修纂

《三礼义疏》,任命鄂尔泰、张廷玉、朱轼、甘汝来充任总裁;杨名时、徐元梦、方苞、王兰生充任副总裁。后汪由敦、尹继善、陈大受、彭维新、李清植、李绂、任启运补副总裁。一时专精礼学的学者如诸锦、惠士奇、杭世骏、蔡德晋、吴廷华、姜兆锡等都应召参与编修。乾隆二十一年(1756)六月又修毕《大清通礼》五十卷。乾隆皇帝在其所下的谕旨中称:"朕闻三代圣王,缘人情而制礼,依人性而作仪,所以总一海内,整齐万民,而防其淫侈,救其凋敝也。"与此同时,自南宋以来一直被视为礼学典范的《朱子家礼》受到质疑。这种由独尊程朱理学到崇尚礼学的变化,表明了官方将原来以理学治国的理念,开始转向提倡以礼来维系社会人心。这一理念变化的直接社会效应,便是引发了学界对"三礼"之学的更大关注,清初汉学复萌,礼学也重新回到学人的视野中来,张尔岐的《仪礼郑注句读》,徐健庵的《读礼通考》、万斯大的《仪礼商》等便是这一时期的代表性著作。十八世纪,江永的《仪礼释例》、惠栋的《明堂大道录》、沈彤的《仪礼小疏》、戴震的《考工图记》、胡匡衷的《仪礼释官》、王鸣盛的《周礼军赋说》、洪颐煊的《礼经宫室答问》、任大椿的《深衣释例》等,但是这些研究作品都局限于某项礼制的专门考索。如沈彤对《仪礼》的研究,只取《仪礼》中的《士冠礼》、《士婚礼》、《公食大夫礼》、《丧服》、《士丧礼》五篇。十八世纪末至十九世纪初,礼学成为汉学家研究典章制度的热点。程瑶田的《通艺录》、焦循《群经宫室图》、《礼记补疏》、凌廷堪《礼经释例》、阮元《考工记车制图考》、徐养原《周宫故书考》等等。他们对礼学的总体性研究,已越出纯粹的章句式研究,而是由名物、象数而上探典礼制度之源,把儒学直接理解为"礼"学,否弃宋明理学、心学,排斥一切"虚理",客观上深化了经学中典章制度的研究。这里将主要介绍凌廷堪的《礼经释例》和焦循的《礼记补疏》。

凌廷堪(1755～1809),字次仲,又字仲子。原籍安徽歙县,后随父亲迁往江苏海州的板浦(今江苏灌云县)定居。六岁时,父亲病故,家境贫寒,少年无资求学,学贾又不成,为生活所迫,以"佣书"谋生,所谓"佣书",即为人所雇,服书写之劳。凌廷堪虽少困饥寒,而益自淬励,勤苦向学,因而成为当时出类拔萃的大学者。他于经史、诗文、乐律、天文、算学、训诂、校勘诸学皆堪称一流,而犹精通礼学,所著《礼经释例》十三卷,发凡起例，一以贯之，成为乾嘉时期研究礼学的“登峰造极”之作。又作《复礼》上中下三篇，提出唯礼至上的礼学思想而引领当时学界，被人们推崇为清代经学史上的“一代礼宗”。其主要特色有以下几点。

一、归纳《礼经》礼例

《仪礼》一书，古称难读。唐代韩愈《读仪礼》说：“余尝苦《仪礼》难读，又其行于今者盖寡，沿袭不同，复之无由，考于今，诚无所用之。”清人沈钦韩说：“按今所行者惟《丧服》。至武氏、明皇之世，则又变乱其常矣。《开元礼》所载《乡饮酒》、《乡射》，虽依傍其文，亦鲜有实行之者。”这说明，《仪礼》一书至少在唐代人们已经不去研习了。《仪礼》之难读，关键在于读者不明礼例。对此，古来学者少有知者，只是到了清代学者那里，才关注这一问题，而最后将其明白揭示出来的学者，则为凌廷堪。凌廷堪在归纳《仪礼》礼例的过程中，得知江永和杭世骏也有作过类似的课题，自己恐涉雷同之嫌，因而一度中辍礼学的研究。当他后来得知江氏和杭氏的研究并未明白涉及《礼经》的礼例问题，才知道自己所发现的礼例的学术价值，于是接续写完了他的《礼经释例》的大著。在今日看来，凌廷堪的《礼经释例》可以说是《仪礼》一书的最重要的导读书。凌廷堪在《礼经释例序》中曾详细论述了他编撰《礼经释例》一书的出发点和全过程：

> 《仪礼》十七篇，礼之本经也。其节文威仪，委曲繁重。骤阅之如治丝而棼，细绎之，皆有经纬可分也；乍睹之如入山而迷，徐历之皆有途径可跻也。是故不得其经纬途径，虽上哲亦苦其难；苟其得之，中材固可以勉而赴焉。经纬途径之谓何？例而已矣。……不会通其例一以贯之，只厌其胶葛重复而已耳，乌睹所谓经纬途径者哉！
>
> 廷堪年将三十，始肆力于是经，潜玩既久，知其间同异之文与夫详略隆杀之故，盖悉体夫天命民彝之极而出之，信非大圣人不能作也。学者舍是奚以为节性修身之本哉！肆习之余，心有所得，则书之于册。初仿《尔雅》，为《礼经释名》十二篇。如

是者有年，渐觉非他经可比，其宏纲细目必以例为主，有非诂训名物所能赅者。乾隆壬子，乃删芜就简，仿杜氏之于《春秋》，定为《礼经释例》。

已而闻婺源江氏有《仪礼释例》，又见杭氏《道古堂集》有《礼例序》，虑其雷同，辍而弗作者经岁。后检《四库书存目》，载《仪礼释例》一卷，提要云："江永撰。是书标目释例，实止《释服》一类，寥寥数页，盖未成之书。"复考杭氏《礼例序》，又似欲合《周礼》、《仪礼》而为之者，且以《大射》为天子礼，《公食大夫》为大夫礼，则于《礼经》尚疏。然则江氏、杭氏皆有志而未之逮也。于是重取旧稿，证以群经，合者取之，离者则置之，信者申之，疑者则阙之，区为八类：

曰通例，上下二卷；曰饮食之例，上中下三卷；曰宾客之例，一卷；曰射礼，一卷；曰变例，一卷；曰祭例，上下二卷；曰器服之例，上下二卷；曰杂例，一卷：共为卷十三[42]。

《仪礼》作为儒家传习最早的经书之一，原来就叫《礼》，汉代称为《士礼》，相对于《礼记》而言，又称《礼经》，到了晋代才称《仪礼》，共十七篇。它基本上是一部结集有关先秦冠、婚、丧、祭、饮、射、燕、聘、觐等礼仪制度方面的著作，其中主要是辨明各种名物礼器和种种行礼的礼节而不阐发礼的意义。由于这些繁缛的礼节年代久远，致使后人"骤阅之如治丝而棼"，往往"畏其难读"而少有系统的研究者。清初张尔岐作《仪礼郑注句读》，取汉代郑玄的注释，又摘取唐代贾公彦为《仪礼》所作的疏文，为《仪礼》十七篇全部划分了段落，并标明了每节的名称，使《仪礼》全文层次较为分明，颇便读者阅读。顾炎武因此称誉他"独精三礼，卓然经师，吾不如张稷若"[43]。但是该书的缺点在于未能从《仪礼》中寻绎出礼例予以条理化，这使得学者读《礼》仍有很大的困难。十八世纪中叶，虽然江永、惠栋、杭世骏、沈彤等学者对《仪礼》作过一些研究，但是他们仅仅局限于《仪礼》中的某项礼制的专门考索。如沈彤只取《仪礼》的《士冠礼》、《士婚礼》、《公食大夫礼》、《丧服》、《士丧礼》等五篇进行注解疏证，而对《仪礼》的全面清理、贯通并由此归纳礼例的研究则付阙如。乾隆五十七年(1792)凌廷堪有感于江永《仪礼释例》“寥寥数页”、杭世骏《礼例序》“于《礼经》尚疏”的缺憾,于是肆力完成《礼经释例》,将《仪礼》中的礼例,进行了全面的清理归纳、会通,得《仪礼》通例四十例,饮食例五十六例,宾客例十八例,射例二十一例,祭例三十例,器服例四十例,杂例二十一例,共二百四十六例。

所谓“例”,是指经典结构构成原理。一部经典总有其著书的主旨和体例,找到了其著书的主旨和体例,也就找到了研读和理解经典的锁匙和门径,这也是传统经学研究的一般方法。如《春秋左传》晋杜预注:“经之条贯,必出于传;传之义例,总归诸凡。”《梁书·崔灵恩传》:“(虞)僧诞,会稽余姚人,以《左氏》教授,听者亦数百人,其该通义例,当时莫及。”宋代以后,专释《春秋》例者也不乏其人。元代学者赵汸撰《春秋属辞》,自喻“异同详略,触事贯通,自成义例”。经学研究,重在考察现象,并从经验性材料提升到一般通例、分例,从而揭示对象内在的、规律性的联系。阮元曾说:“稽古之学,必确得古人之义例。执其正,穷其变,而后其说之也不诬。”[44]他在为焦循《雕菰楼易学》作序时盛赞焦循所创的易例是“取《易》之经文与爻文,反复实测之。得所谓旁通者,得所谓相错者,得所谓时行者,举六十四卦三百八十四爻,尽验其往来之迹,使经文之中所谓当位、失道、大中、上下应、元亨利贞诸义例,皆发之而知其所以然”[45]。乾嘉学者如惠栋著有以“例”命名的《易例》,李锐著有《周易虞氏略例》,王引之也在其《经义述闻》中总结出若干条例,如“旁记之文误入正文则成衍文”、“形近易误”等。凌廷堪的会通《仪礼》的礼例,也正是这种治经方法论原则下的产物。不过,凌廷堪不仅仅停留在标分出《仪礼》的礼例,而且还要在礼例之间求得贯通与统一,诚如他在《序》中所强调的“不会通其例一以贯之,只厌其胶葛重复而已耳。乌睹所谓经纬途径者哉!”[46]所谓“一以贯之”,就是在一般的礼例通则的指导下,考察其中那些有所差别的特殊现象。如他认为“乡饮酒”、“乡射”、“燕礼”、“大射”等礼虽然各不相同,但是其为“献酢酬旅酬无算爵”之例则完全相通。又如聘礼、觐礼不同,但是其为“郊劳”、“执玉”、“行享”、“庭实”之例则相同。再如“特牲”、“馈食”、“少牢”诸礼不同,但是其中为“尸柦”、“主人初献”、“主妇亚献”、“宾长三献”、“祭毕饮酒”之例也相同。此外如“乡射”、

“大射”不同，但是其中为“司射”、“诱射”、“初射”、“不释获再射”、“释获饮不胜者、三射以乐节射饮不胜者”之例也相同等等。所以《礼经释例》刚一出版，便被钱大昕誉为“尊制一出，学者得其指南车也”，成为研究《仪礼》的导读书。

二、辨析礼、理字义

从字义上来辨别“礼”与“理”的差异，与宋明理学作出明确的分野，是凌廷堪研究礼学的另一个特色。“礼”的初始意义是指祭祀。东汉学者许慎《说文解字》解释说：“礼，履也，所以事神致福也，从示，从豊。”段玉裁注：“礼有五经，莫重于祭，故礼字从示。豊者行礼之器。”[47]又于《豊部》解释说：“豊，行礼之器也，从豆，象形。”[48]近代学者王国维先生通过对甲骨文相关字的考释，对“礼”的字义又作进一步的引申，认为礼字最早指以器皿盛两串玉献祭神灵，后来也兼指以酒献祭神灵，再后来则以礼指一切祭祀神灵之事[49]。章太炎《检论·礼隆杀论》：“礼者，法度之通名，大别则官制，刑法、仪式是也。”根据许慎、段玉裁从字形的分析及王国维、章太炎的字义引申，可确知“礼”是指古人的一种践履行为，即以器行礼、祭神祈福的活动。至于“理”的字义，《说文解字》解释说：“治玉也，顺玉之文而剖析之。”这说明“理”字的本义是指加工雕琢玉石，并由此引申为事物的一般规律与条理。由此可见，“礼”和“理” 两个概念有着本质上的区别，并没有多少联系。然而到了宋代，理学家为了建立理学思想体系的需要，“礼”被纳入无所不包的“理”字中，被予以“理”或“天理”的解释，所谓的“视听言动，非理不为，即是礼。礼即是理也。不是天理，便是私欲”[50]，“礼即天之理也，非礼则己之私也”[51]，“礼者何也？天理也”[52]。在理学家那里，“理”或“天理”主要是指君主专制制度下天经地义的道德规范，而礼仪是从属于“理”概念的。在这个意义上，“礼”不过是“理”或者“天理”的一种表现形式，而“理”则是真正的道德本体。朱熹曾说：“礼者，天理之节文也，人事之仪则也。”[53]又说：“故仁者仁之本体，礼者仁之节文也。”[54]。礼之所以称为“天理之节文”，那是因为天下皆有当然之理，这个理是无形象无踪影，故而画出一个天理给人看，教人有一定规矩，可以凭据。又认为礼即是理，如果只说是理，则担心没有形迹来加以演说，故制理为礼，则有品节文章，给人以可见的形象[55]。按照朱子的这种理解，礼就是天理的形象化、实在化。

朱熹的这种解释，早在清初颜李学派那里就有所论辨。李塨就说过"理字圣经甚少，《中庸》'文理'与《孟子》'条理'同，言道秩然有条，犹玉有脉理……今乃以理代道，而置之两仪人物之前，则铸铁成错矣！"[56]十八世纪戴震认为："理者，察之而几微必区以别之名也，是故谓之分理；在物之质，曰肌理，曰腠理，曰文理；得其分则有条而不紊，谓之条理。"[57]理是"分理"，是"条理"，理存在于事物之中，离开事物，"理"就不复存在。"理"是事物内在规定性的区分，是事物之间区别的根本标志。此后，焦循和阮元也提出过类似的意见。如焦循则认为"礼"与"理"的根本区别在于，尊"礼"能使人们相互谦让，而论"理"却会导致人们互相争夺，"礼"能保持社会的和谐，而"理"则是社会动乱的因素。"礼"是先王立政的根本，是人类生存的法则，是人们行事的原则。对此，凌廷堪采用了汉学家擅长的考证方法，以证明经典文本中原无"理字"。他指出：

> 考《论语》及《大学》皆未尝有"理"字，徒因释氏以理事为法界，遂援之而成此新义。是以宋儒论学，往往理、事并称。其于《大学》说"明德"曰"以具众理而应万事"，说"至善"曰"事理当然之极"，说"格物"曰"穷至事物之理"；于《中庸》说"道也者"曰"道者，日用事物当然之理"。其宗旨所在，自不能掩。又于《论语》说"知者"曰"达于事理"，说"仁者"曰"安于义理"……无端于经文所未有者，尽援释氏以立帜。其他如"性即理也"、"天即理也"，尤指不胜屈。故鄙儒遂误以理学为圣学也[58]。

凌廷堪认为宋儒的理学，是汲取了佛学的思想，借用了佛学的语言，貌似新义迭出，实际上是佛学的改头换面。所以他进一步指出："宋儒最喜言《学》、《庸》，乃置好恶不论，而归心释氏，脱口即理、事并称，体、用对举。不知先王制礼，皆所以节民之性，好恶其大焉者也，何必舍圣人之言而它求异学乎！"[59]这表明，凌廷堪研究礼学，其目的在于要剥离宋儒加进的非儒学的"理"的性质，以维护儒学的纯正。对此，钱穆先生曾有一段精彩的评论说："若谓其字来自释氏，即谓其学乃释氏之学，则道字见于《老》、《庄》，儒家即不得言道，理字见于佛书，儒家即不得言理。治汉学者，欲专以一礼字代之，其事不可能。且宋学与释氏虽同言理，同言体，其为学精神途辙固非无辨。若必以考核为义理，即以用字之同，证其学术之无异，排宋入释，夺儒归礼，如次仲云云，乃亦仍有未得为定论者。"[60]钱穆先生批评凌廷堪以礼、理字义判分儒、释，犯了简单化的错误。以为"排宋入释，夺儒归礼"，未得为定论。其实即使只从字义来说，在古代，"理"与"礼"有时也是难以分辨的。《乐记》："礼也者，理之不可易者也。"这意味着视"礼"为"理"。而《礼运》则说"礼也者，义之实也。协诸义而协，则礼虽先王未之有，可以义起也。"这就是将"义"看成是"礼"的本质。《管子·心术》曰："礼者，因人之情，缘义之理，而为之节文者也。故礼者，谓有理也。理也者，明分以喻义之意也。故礼出乎义，义出乎理，理因乎宜者也。"从广义上讲，礼也就是理。

三、"舍礼无学"的唯礼思想

凌廷堪所生活之时代，是历史上所称之"康乾盛世"，此一时期，社会相对稳定，经济相对繁荣，但这一时代也存在一种学术思想的危机，即一般学人浮慕当时的考据学风，人云亦云，他们无考据大家们的学问，更无一种精神的信仰。而凌廷堪于其时所要做的，不仅是成为梳理《礼经》的典范，而且要提出一种思想主张，这个思想主张，我们可以称之为"唯礼主义"。凌廷堪说：

> 夫人之所受于天者，性也。性之所固有者，善也。所以复其善者，学也。所以贯其学者，礼也。是故圣人之道，一礼而已矣。
>
> 因父子之道而制为士冠之礼，因君臣之道而制为聘觐之礼，因夫妇之道而制为士昏之礼，因长幼之道而制为乡饮酒之礼，因朋友之道而制为士相见之礼。自元子以至于庶人，少而习焉，长而安焉。礼之外，别无所谓学也。
>
> 三代盛王之时，上以礼为教也，下以礼为学也。……盖至

天下无一人不囿于礼，事不依于礼，循循焉日以复其性于礼而不自知也[61]。

凌廷堪还在其《复礼》中、下之篇汇集儒家经典关于礼的论述来证明他的“圣人之道，一礼而已”的思想观点。因文长不俱引。而他在给钱大昕的信中扼要的阐述了他的论证，今摘录其文如下：

夫仁义非物也，必以礼焉为物；仁义无形也，必以礼焉为形。所谓道也，即君臣、父子、夫妇、昆弟、朋友；五者天下之达道也。《记》曰：“致知在格物。”物者，礼之器数仪节也。若泛指天下之物，有终身不能尽识者矣。……故舍礼而言道，则杳渺而不可凭；舍礼而言德，则虚悬而无所薄。……释氏之言心性，极其微眇，皆贤智之过。吾圣人不如是也，但一于礼而已，所谓中庸也。颜渊问仁，子曰：“克己复礼为仁。”又曰：“非礼勿视，非礼勿听，非礼勿言，非礼勿动。”颜渊曰：“夫子循循然善诱人，博我以文，约我以礼。”是圣人所以教，大贤所以学，皆礼也[62]。

凌廷堪提出复归三代礼学的思想主张，或是有鉴于当时社会的病态风俗和人们价值理想的缺失，他提出“唯礼主义”的思想理念作为救世之方。此一理念并不只是针砭宋明理学的，也同时是针砭时尚的汉学的。黄以周就曾说：“欲挽汉、宋之流弊，其惟礼学乎！”其唯礼主义似乎是驾汉学、宋学而上的第三种学问。然而凌廷堪的“唯礼主义”真能达其目的吗？钱穆先生曾说：“次仲十年治礼，考核之精，固所擅长，然必装点门户，以复礼为说，笼天下万世之学术，必使出于我之一途，夫岂可得？”[63]其实，儒学乃是一个发展的学术体系，对于先秦原始儒学，或许可以“礼学”二字概括之，其意义在于对原始的自然法（“礼”）的肯定和继承，但从那时起已经开始了“礼”、“法”分立的过程。原始礼学的一些礼制部分被吸收为后世国家法典的内容，而一些礼俗部分随着社会的发展不断被扬弃。关于“礼”、“法”的分化和斗争，只解决了古代社会发展变革过程中的所谓“制度的焦虑”问题，但随着人们自觉能力的提高，人们更有“安身立命”、心灵安顿的精神需求，即要解决“生命的焦虑”的问题，因而有关生命与心性本质的学说便发展出来。宋明时期所发生、发展的心性之学或曰“理学”就是这样的学问。然而凌廷堪却解释说：“物者，礼之器数仪节也。若泛指天下之物，有终身不能尽识者矣。”这表明凌廷堪对典章制度的研究，仍然在儒学旧有的典章制度内打转，其本身并没有新的发展。

与凌廷堪一样，焦循对礼学也极度关注，著有《礼记补疏》三卷，一名《礼记郑氏注补疏》，是焦循所作群经补疏之一，也是焦循在早年所作《礼记索隐》五卷的基础上删定而成。据焦循该书《自序》说：

> 余向读《礼记》，尝为《索引》一书，西乡徐心仲将草稿持去，已而徐物故，莫知所在。十数年来，专力于《易》，未之计也。甲戌夏，寻得零星若干条，次为五卷。今复删为三卷，皆少作，第考究训诂名物，于大道未之能及，亦不复能阐其精微而增益之[64]。

可见，《礼记补疏》与《礼经释例》一样也是通过考证名物训诂而阐发思想的经学作品。《礼记》作为先秦文献之一，最早名“记”。《汉书·艺文志》的六艺略礼类载有《记》一百三十一篇。班固认为“七十子后所记也”。《礼记》在西汉有二种版本：一是相传由戴德编定的八十五篇本，称《大戴礼记》；一是相传由戴圣编定的四十九篇本，称《小戴礼记》。现行《十三经注疏》所载《礼记》，即由郑玄注释、孔颖达疏的《小戴礼记》。《礼记》虽然是儒家的一部杂编，但是在唐代被确立为经典后，它与《周礼》、《仪礼》并行，故有“三礼”之称。尽管《礼记》取得经典地位较晚，但是它对人们的思想影响较《仪礼》、《周礼》更为深远。也正因此，从汉末至明清，人们对《礼记》的研究从未中断。据《四库全书总目》经部著录二十部，其中较有影响的是：《礼记正义》，郑玄注，孔颖达疏。宋人卫湜撰写的《礼记集说》，元人吴澄撰写的《礼记纂言》，陈澔撰写的《礼记集说》，明代有胡广编撰的《礼记大全》，清初则有方苞编撰的《礼记析疑》，杭世骏编撰的《续卫氏礼记集说》等。十八世纪，惠栋的《礼记古义》与朱彬的

《礼记训纂》较为著名。焦循《礼记补疏》所列一百一十五条考证，其特点主要有二：

一是以补充孔颖达《礼记正义》的疏漏，二是纠正郑玄注释《礼记》的失误。如卷一《檀弓》上“丧，三年以为极，亡”条，郑玄注：“去已久远，而除其丧。”焦循《礼记补疏》云：“‘亡’、‘除’、‘去’三字义相近。此注‘除’字解‘亡’字。‘除其丧’之‘丧’，即经文‘丧’字。经文‘丧’字句，‘三年以为极’句，‘亡’字句。‘亡’即亡去其丧，故云‘除其丧’。‘去已久远’四字解‘三年以为极’。至于三年，丧已极矣，宜除去其丧。下文作转言，丧虽亡，而心则不忘。《正义》以‘丧三年’为句，‘以为极亡’为句，于辞未达。”此纠正郑玄句读之误。又如卷二《玉藻》“而手足毋移”条，孔颖达《正义》云：“移之言靡迤也。毋移，欲其直且正。”焦循《礼记补疏》云：“《说文》：‘迤，袤行也。《夏书》曰：‘东迤北会于汇，’《禹贡》释文：‘迤，以尔反。马云：靡也。’《考工记》：‘车轸四尺，谓之一等。戈柲斟六尺有六寸，既建而迤，崇于轸四尺，谓之二等。’注云：‘郑司农云：迤读“倚移从风”之移，谓著戈于车邪倚也。’《弓人》：‘菑栗不迤，则弓不发。’郑司农云：‘迤，读为倚移从风之移，谓邪行绝理者。’然则‘迤、‘靡’、‘移’三字义同。‘靡迤’，叠言之耳。‘靡’、‘移’皆袤行，故申言‘毋移，欲其直且正。’《正义》云：‘移，谓靡迤摇动也。宜直正，不得邪低靡迤摇动也。’增出‘摇动’，非注义。”此既明“移”字本为叙倚不直之义，从而驳正《正义》陡增“动摇”之义，与注义不相符。再如卷三《中庸》“费而隐”条，注：“费，犹佹也，道不费则仕。”焦循《礼记补疏》：“《释文》：‘费，本又作拂。’《诗·皇矣》：‘四方以无拂。’《笺》云：‘拂，犹佹也。言无复佹戾文王者。’佹通诡，训戾，亦训谲。上文‘素隐行怪’，注云：‘言方乡辟害，隐身而行佹谲。’佹，异也。既以‘佹’明‘怪’，又以‘谲’明‘佹’；既以‘佹谲’明‘行怪’，又以‘佹’明‘费’。盖谓隐不可佹，仕亦不可佹也。心乡于隐，则无论可隐不可隐，而一以隐为乡，则其隐为佹，此不可一于隐者也。若可隐而一以不隐为事，则必佹道。佹而仕，所谓佹遇也。君子之道，若必佹而乃得仕，则君子不仕矣，故云‘费而隐’，此不可一于仕者也。道不费则仕，言不佹遇则仕，不论世之治否。孔、孟固栖栖于春秋战国矣，不肯佹遇，故不仕也。《正义》云：‘君子之人遭值乱世，道德违费，则隐而不仕。’以‘费’指世，非注义。‘素隐’至‘费而隐’，当为一章。”此既认为《正义》将世道误以为人道，又指郑玄不当以“素隐行怪”至“费而隐”之间断章。类似的辨析注疏异同，可以说是焦循《礼记补疏》的最大特征。

不过，纯粹的考证，并不是焦循作《礼记补疏》的初衷。诚如上面焦循在《自序》中提到的“于大道未之能及，亦不复能阐其精微而增益之”云云，这可视为焦循因最终未能够阐发《礼记》的思想意义而深感遗憾的简要说明。这种遗憾，一方面来自他步入晚年的力不从心，另一方面似乎焦循已无暇对此再作大规模的修改，因为该书的编撰尚在他的早年，从现存焦循手批《十三经注疏》稿本中得知，当时年仅十九岁，所以只能将这种遗憾停留在序言中的书面总结而没有具体展开。然而，我们透过这篇现有的焦循《自序》来看，多少也能领悟到焦循所谓的“大道”和“精微”之言是什么。他在《礼记补疏自序》中对《礼记》一书的性质作了如下的诠释：

《三礼》之名，自汉有之，或以《仪礼》为经，《礼记》为传，或斥《周官》而疑《仪礼》，以为非圣人作。以余论之，《周官》、《仪礼》，一代之书也。《礼记》，万世之书也。必先明乎《礼记》，而后可学《周官》、《仪礼》。《记》之言曰“礼以时为大。”此一言也，以蔽千万世制礼之法可矣！《周官》、《仪礼》固作于圣人，乃亦唯周之时用之。设令周公生宇文周，必不为苏绰、卢辩之建官；设令周公生赵宋，必不为王安石之理财。何也？时为大也。且夫所谓时者，岂一代为一时哉！开国之君，审其时之所宜，而损之益之，以成一代之典章度数，而所以维持此典章度数者，犹必时时变化之，以捄民之偏而息民之诈。夫上古之民，苦于不知，其害在愚；中古以来，民不患不知，而其害转在智。伏羲、神农之时，道在哲民之愚，故通其神明，使知夫妇、父子、君臣之伦，开其谋虑，使知树艺贸易之事。生羲、农之后者，知识既启，诈伪百出，其黠者往往窥上之好恶以行其奸，假军国之禁令以济其贼。唯聪明睿智，有以鼓舞而消息之。故黄帝、尧、舜氏作，通其变，使民不倦，神而化之，使民宜之。通其变而又神而化之，所为民可使由之，不可使知之，杀之而不怨，利之而不庸，民日迁善，而不知所以为之者，治之极也。礼之经也，明明德矣，又必新民知止，而归其要于系矩；因天命之性以为教矣，又必不动而敬，不言而信，而归其要于无声无息，笃恭而天下平。于大有为而见其恭己无为，于必得名而见其民无能名。吾于《礼运》、《礼器》、《中庸》、《大学》等篇，得其微焉！[65]

《礼记》作为儒家的重要经典之一，其内容一直被尊奉为"千古不易之则"的先王之道，默默地执行而无疑义。焦循谙习史学，对历史发展的因革损益有着十分敏锐的观察力，他深入地探求了中国礼学发展的动因，力图概括出中国礼学发展的基本规律。以历史事实证明圣人制礼虽然万世不变，但并非是古今一律的，在具体运用中，则需要"审其时之所宜"而因时因地有所变化。当然，焦循这种与传统观念不同的新的礼学观念为基础的历史观念，本来就是儒家的基本精神。如汉代扬雄说过"夫道有因有循，有革有化。因而循之，与道神之；革而化之，与时宜之"。著名史学家司马迁作《礼书》说"三代之礼，所损益各殊务"，唯有如此才能"通古今之变"。清初王夫之说得更为透彻："礼有不可变者，有可变者。不可变者，先王亦既斟酌情理，知后之无异于今，而创为万世法；变之者非大伦之正也。可变者，在先王之世，尊尊亲亲，各异其道，一王创制，义通于一，必如是而后可行；时已变，则道随而易，守而不变，则于情理未协也。"显然，焦循对"礼"的理解也确有所本。不过，焦循的这种思维方式，却渊源于他的《易》学。如他所说"礼以时为大"、"必时时变化之"的"时"就是一例。所谓"时"，《易·文言·乾》谓"随时之义大矣哉"！"随时"也就是随着时间的变化而变化，《系辞》将其归纳为"变通者，趋时也"。所以焦循紧接着又补充说"通其变，使民不倦，神而化之，使民宜之"，这也正是《易传》的主题。因此，焦循对《礼记》的诠释，一方面汲取了《易传》的思想，一方面也暗示了要求社会变革的个人愿望，而这种愿望，则充分体现在他的"礼理之辨"的命题上。焦循说：

后世不言礼而言理。……唯先王恐刑罚之不中，务于罪辟之中求其轻重，析及毫芒，无有差谬，故谓之“理”。其官即谓之理官。而所以治天下则以礼，不以理也。……礼论辞让，理辨是非。知有礼者，虽仇隙之地，不难以揖让处之。若曰，虽伸于理，不可屈于礼也。知有理者，虽父兄之前，不难以口舌争之。若曰，虽失于礼，而有以伸于理也。今之讼者，彼告之，此诉之，各持一理，哓哓不已。为之解者，若直论其是非，彼此必皆不服，说以名分，劝以逊顺，置酒相揖，往往和解。可见理足以启争，而礼足以止争也[66]。

按照焦循的见解，在古代社会，理是刑狱之名，在政治社会生活中，则以是否遵循礼的准则为衡量标准，理是引起争执祸根，所起的是破坏作用，而礼则是维护社会秩序和君主专制尊严的最佳方式。焦循的上述议论，其实也是有针对性的。早在焦循之前，明代学者吕坤（1536—1618）曾反对人君“惟己是恣”，认为天子虽然掌握着权势，但同样受理的制约，“势之尊，惟理能屈之”。他认为“公卿争议于朝，曰天子有命，则屏然不敢屈直矣。师儒相辨于学，曰孔子有言，则寂然不敢异同矣。故天地之间，惟理与势为最尊。虽然，理又尊之尊也。庙堂之上言理，则天子不得以势相夺，即相夺焉，而理则常伸于天下万世。故势者，帝王之权也；理者，圣人之权也。帝王无圣人之理，则其权有时而屈。然则理也者，又势之所恃，以为存亡者也。以莫大之权无僭窃之禁，此儒者之所不辞而敢于任斯道之南面也”[67]对此，焦循则认为“明人吕坤有《语录》一书，论理曰：‘天地间唯理与势最尊。理又尊之尊也。庙堂上言理，则天子不得以势相夺。即相夺，而理常伸于天下万世。’此真邪说也。孔子自言事君尽礼。未闻持礼以要君者。吕氏此言乱臣贼子之萌也。”[68]在焦循看来，天子掌握权势，而儒者敢于以理相抗，难免不引起君臣之间的争执和社会的不安定。他说：“自理道之说起，人各挟其是非，逞其血气。激浊扬清，本非谬戾，而言不本于性情，则听者厌倦。至于倾轧之不已，而忿毒之相寻，以同为党，以比为争。甚而假宪闱、庙祀、储贰之名，动辄千百人哭于朝门，自鸣忠孝，以激其君之怒，害及其身，祸于全国。全戾乎所以事君之道。”[69]焦循所述，都是明末史实。众所周知。明末东林党人，以道理自信，以国家民族的命运为重，他们与在朝同党互通声气，志同道合，动辄与天子争于朝廷，气节凛然，激昂文字，讽议朝政，虽死犹荣，所谓“一堂师友，冷风热血，洗涤乾坤”。特别是在当时震动朝野的“梃击”、“红丸”、“移宫”三大疑案中表现得尤为突出。致使由是非之争遂渐转化为朝臣与君主的对抗，由统治集团内部的讧争，导致社会的全面危机的出现。正是依据这些历史事实，明末清初的一些史家，每每将明亡的根源归咎于明末的党争。因此只有以礼代理，才能平息争执。同时焦循还认为乾嘉考据学的兴起，理学日趋衰敝，除了得到朝廷的“钦定”还能勉强生存之外，已走到了历史的尽头。他说：“今学究之谈义理也，起于八股时文，而中于科第举爵禄之见，其童而习之，唯知有讲章。讲章之所引据，则采摘于宋儒语录。故为是学者，犹沾沾焉假义理之说，以自饰其浅陋。及引而置之义理之中，其茫然者如故也。”[70]

众所周知，“理”是宋明儒学的核心概念，作为一种思辨哲学，它曾给原始儒学注入过新的观念。然而理学一旦成为官方学术思想后，却成为兜售古代纲常，干预人们的实际生活，它以“天理”为名，宣扬“存天理，灭人欲”，竭力遏制人的情感，扼杀了人的基本权利。十八世纪的戴震指出：“后儒不知情之至于纤微无憾是谓理，而其所谓理者，同于酷吏之所谓法。酷吏以法杀人，后儒以理杀人。浸浸乎舍法而论理。死矣，更无可救矣。后儒冥心求理，其绳以理，严于商韩之法，故学成而民情不知，天下自此多迂儒。及其责民也，民莫能辨，彼方自以为理得，而天下受其害者众也！”[71]戴震坚决反对宋儒的唯理是从，认为以“理”治事断狱，不仅人受其祸，冤情难伸，从而揭露了程朱理学“以理杀人”的本质。所谓“尊者以理责卑，长者以理责幼，贵者以理责贱，虽失，谓之顺。卑者、幼者、贱者以理争之，虽得，谓之逆。人死于法，犹有怜之者，死于理，其谁怜之”[72]？意思是说，一个人即使违反了法律而被处死，仍有令人值得同情的地方。然而死于违背伦理道德规范的理，那是自作自受，活该倒霉。也正因此，戴震将理学比喻为“酷吏以法杀人，后儒以理杀人”。不过，理礼有时也难以分辨的。《乐记》“礼也者，理之不可易者也”，这意味着视礼为理。而《礼运》则说“礼也者，义之实也。协诸义而协，则礼虽先王未之有，可以义起也”，这就是将“义”看成是“礼”的本质。《管子·心术》

曰："礼者，因人之情，缘义之理，而为之节文者也。故礼者，谓有理也。理也者，明分以喻义之意也。故礼出乎义，义出乎理，理因乎宜者也。"从广义上讲的，理也就礼，即所谓的义。所以《礼运》说"圣人耐以天下一家，以中国为一人者，非意之也。必知其情，辟于其义，明于其利，达于其患，然后能为之。何谓人情？喜、怒、哀、惧、爱、恶、欲，七者弗学而能。何谓人义？父慈、子孝、兄良、弟悌、夫义、妇听、长惠、幼顺、君仁、臣忠，故圣人之所以治人七情，修十义，讲信修睦，尚慈让，去争夺，舍礼何以治之"？这里所举的五种人际关系，在中国儒家思想里面，它的真正含意并非从字面上去理解便能领悟。因为在儒家看来，古代人际关系虽然繁复多变，但最终都未能逸出这带有普遍性的五组关系。所以最后一句不仅仅是讲礼了，而是以此关系来构建整套社会秩序了。明乎此，就不难理解焦循之所以提出以礼为理，实际上通过提倡"礼"，一方面调和消泯来自社会方面的纷争，一方面以礼取代理从而提出与程朱理学相反的另一种是非的标准，即一种新的价值观念。

阮元与凌廷堪、焦循一样，认为理从属于礼。他指出："朱子中年讲理，固已精实。晚年讲礼，尤耐繁难。诚有见乎理必出于礼也。古今所以治天下者，礼也。五伦皆礼，故宜忠宜孝，即理也。然三代文质损益甚多。且如殷尚白，周尚赤，礼也，使居周而有尚白，若以非礼析之，则人不能争；以非理析之，则不能无争矣。故理必附乎礼以行，空言理则可彼可此之邪说起矣。"[73]这里与其说是阮元在讲礼治，还不如说是在强调以礼代理。不过，凌廷堪、焦循与阮元对"理"的鞭笞，始终停留在反宋儒的学理层面，即反对宋儒以空洞无物的理论误读圣人之书。宋儒虽也强调"礼"，但更重视对"理"的体认，从而流于"礼"、"理"的价值标准的失重与人的情感重心的偏移。也正因此，他们明确提出舍礼无以言学，一方面否定"理"的存在的合法性，另一方面则希望通过人的行事与活动来协调纷至沓来而不易解决的人际关系，从而凸显出"礼"的道德意义，重新唤起人们的道德意识。如凌廷堪说："圣人正人心修身，舍礼未由也。故舍礼而言道，则杳渺不可凭；舍礼而言德，则虚悬而无所薄。民彝物则，非有礼以定其中，而但以心与理衡量之，则贤智或过乎中，愚不肖或不及乎中，而道终于不明不行矣。"[74]

十八世纪末至十九世纪初，凌廷堪、焦循、阮元等汉学家对礼学的研究是有其特定社会历史背景的。十八世纪士大夫对经典研习，礼学研究蔚然成风。如江永未成书的《仪礼释例》、惠栋的《禘说》、沈彤的《仪礼小疏》等等。他们虽然基于"理虚而礼实"的观念而倾注于礼经的研究，然而已普遍缺乏关切社会现状的热情，已经逐渐蜕变为纯粹的考礼，社会风俗更趋侈靡，士大夫之价值观亦为社会风气所移，道德观念渐趋淡薄。如董含指出："曩昔士大夫以清望为重，乡里富人，羞与为伍，有攀随者必峻绝之。今人崇尚财货，见有拥厚资者，反屈体降志，或订忘形之交，或结婚姻之雅。而窥其处心积虑，不过利我财耳。遂使此辈忘其本来，足高气扬，傲然自得。"[75]从"必峻绝之"到"屈体降志"的阿谀逢迎，士大夫道德意识的淡薄已成为普遍的社会现象，正如恽敬批评当时士大夫"率意自恣，而大江南北从文明天下者，几于猖狂无理，排溺一世之人，其势力至今未已。"[76]因此，提出以古礼正今俗，重建社会秩序，成为当时的急务。乾隆皇帝的老师朱轼说："儒道宗旨，就世间纲纪伦物上着脚，故由礼入最为切要"，"先王制礼以顺仁人孝子之情，而不强其所不能。礼制定，而不肖者亦范围于其中而不敢过。彼较量尊卑疏戚之伦，为世爵世禄计者，由礼教之不明也，礼明而此患息矣。"[77]朱轼的这一番话表明，以古礼正今俗，已成为十八世纪普遍的社会要求与学者的共同愿望。可以这样说，十八世纪末至十九世纪初，凌廷堪、焦循和阮元对礼学的研究，正是在十八世纪以来不断呼吁重新构建礼制、化成民俗这样一种氛围中逐步形成的，客观上是对十八世纪汉学的一种自我调适，已越出纯汉学研究的藩篱。自那以后，古代典章制度的研究成为十九世纪经学研究的主潮。

第三节　回归今文经学的取向

十八世纪末至十九世纪初汉学研究，虽然仍崇尚以郑玄、许慎为代表的东汉古文经学，但是汉学家已注意到以董仲舒、何休为代表的西汉今文经学所包涵的义理价值。皮锡瑞在《经学历史》中指出：

> 国朝经学凡三变。国初，汉学方萌芽，皆以宋学为根柢，不分门户，各取所长，是为汉、宋兼采之学。乾隆以后，许、郑之学大明，治宋学者已鲜。说经皆主实证，不空谈义理。是为专门汉学。嘉、道以后，又由许、郑之学导源而上，《易》宗虞氏以求孟义，《书》宗伏生、欧阳、夏侯，《诗》宗鲁、齐、韩三家，《春秋》宗《公》、《谷》二传。汉十四博士今文说，自魏、晋沦亡千余年，至今日而复明。实能述伏、董之遗文，寻武、宣之绝轨。是为西汉今文之学[78]。

皮锡瑞作为今文经学家，他把唐宋断为经学的“变古时代”，认为宋学导致了经学的衰变，非经学传承的正宗，所以他将复盛于道光年间的今文经学视为直接复活西汉今文经学。这是有一定道理的。不过，就清代学术发展流变来看，十八世纪的汉学家也未尝不研究今文经学。如惠栋在治学上虽然与今文经学迥异其趣，但是他对《春秋公羊传注疏》作了认真的校勘工作，在所著《九经古义》中就列有“公羊古义”上下二卷，其中对《公羊传》诠释多有精义，为后来今文经学者陈立所资取。他编撰的《易微言》则明显烙有今文经学的印记。杨向奎先生说：“惠氏标榜以古字易俗字，乃古文易体系，但其说《易》又取今文学派的学说，多阴阳灾异之学。”[79]如《易微言》中记录了“元、无、微、几、虚、始、素、初、本、一、藏”等三十几条“微言”，每一条下面，他都广征博引，阐发自己的读《易》心得，讨论的内容基本上是中国传统的哲学概念。与惠栋同乡的褚寅亮，他早年习《公羊》何休之学，撰有《公羊释例》三十篇，认为只有《公羊传》才真正能够代表汉学。他说：“三传仅《公羊》为汉学。孔子作《春秋》，本为后制作。訾议《公羊》者，实违经旨。”[80]又根据何休所说“礼有殷制，有时王之制”与周礼不同，撰写《周礼公羊异义》。戴震所撰写的《春秋改元即位考》三篇，虽然形式上为考据，但是内涵与《公羊传》、《谷梁传》诠释《春秋》辞例“一字褒贬”的微言大义如同一辙。张惠言的易学研究，刘逢禄则称他为清代今文经学的先驱[81]。由于惠、褚、戴、张他们的经学研究主要偏重在东汉的古文经学方面，所以他们对今文经学的关注常常为学者所忽略。事实上，代表清代今文经学的兴起也正值汉学鼎盛时期。如十八世纪常州学者庄存与所著《春秋正辞》，孔广森著《春秋公羊通义》、刘逢禄著《春秋公羊经何氏释例》都是一脉相承地阐抉"微言大义"为宗旨[82]，认为春秋三传中，唯《公羊传》才得了孔子真传；汉代董仲舒对公羊学的贡献是"讲明而达其用"，东汉何休，则有继绝辟谬之功，被誉为"五经之师，罕能及之"。从而强调公羊学说必须以"张三世，通三统之义经贯之"。否则就会"此通而彼碍，左支而右绌"[83]。

十八世纪末至十九世纪初，汉学精英们在更新汉学的前提下，积极地为汉学研究提供新的学术取向，因此表彰汉代今文经学也成为汉学研究中惹人注目的一大亮点。说它注目，那就是他一反汉学家以许慎、郑玄为主体的汉学研究而转向以何休为代表的汉代今文经学研究。如阮元在嘉庆二十五年在广州开设学海堂，明确提出经学研究以何休的今文经学为范式。他说"何邵公学无不通，进退忠直，聿有学海之立誉，与康成并举"，并且专作《汉何邵公赞》，以示表彰[84]，从而推动了广东学子今文经学的研究。他称赞庄存与的今文经学研究是"于六经能阐扶奥旨，不专为汉宋笺注之学，而独得先圣微言大义于语言文字之外，斯为昭代大儒，心窃慕之"[85]。他在《国史儒林传》中撰写的《孔广森传》，其所占的篇幅是一般传主的四五倍，长达四千三百余字，是《国史儒林传》中最为突出的一篇传记。孔广森（1746—约 1813），字丛伯，号幼髯、葓翁，山东曲阜人，为孔子七十代孙。所著《春秋公羊传通义》，学者读之"叹为绝手"。根据阮元该《传》所录，大体依孔氏原书序录摘要而成。其基本内容大致有三：一是参照荀崧的见解，修改了自何休以来关于《公羊传》"三科九旨"的内涵，二是主张研究《公羊传》，必须打破今古文的界限。三是强调"《春秋》重义不重事"，却摒弃《公羊传》的"非常异义可怪之论"，重点则在考证何休《春秋公羊经传解诂》的得失，重振今文经学统绪。对此，阮元基本没有提出个人的见解。不过我们在《揅经室一集》中所保存的《春秋公羊通义序》一文得知，阮元对孔氏的肯定也正是基于这三点。在阮元看来，何休《春秋公羊经传解诂》"时有承讹率臆，未能醇会传意"之处，因此孔广森以补正何休《解诂》为职志，"存其精粹，删其支离，破其拘窒，增其隐漏"，并"旁通诸家，兼采《左》、《谷》，择善而从"，其学术价值是"醇会贯通，使是非之旨不谬于圣人"。其实，《公羊传》之所以后来成为“公羊学”，就在于其中的诸多“非常异义可怪之论”；何休之所以被推为公羊学集大成的学者，也因其《解诂》总结了公羊学丰富的内容，保存了公羊学一以贯之的传统。而孔广森批评何休，摒弃《公羊传》的“非常异义可怪之论”，从而也就抹去了《公羊传》的精义与价值。确切地说，孔广森的《公羊春秋经传通义》也始终未能真正接续公羊学的传统，更遑论对何休的总结。因此，阮元对孔广森公羊学研究的评估，显然是来自他的汉学的立场。不过，他已注意到以董仲舒、何休为代表的西汉今文经学所包涵的义理价值。阮元说：“近时学者，发明三代书数等事，远过古人，于《春秋》学行，尚未大为发明。本部院拙识所及，首为提倡，诸生如不鄙其庸近，试发明之，以成精舍学业焉。”[86]他不仅在为孔广森《春秋公羊经传通义》所作序中追溯了公羊学的源流中重提公羊学大师何休与郑玄争论《左传》是非的旧案，甚至认为《公羊传》在阐发孔子精心发挥于《春秋》的微言大义方面要优于《左传》。同时，阮元还采纳了著名今文学家刘逢禄的建议，在《学海堂经解》中收入了庄存与的《春秋正辞》，孔广森的《春秋公羊经传通义》，刘逢禄的名著《春秋公羊何氏解诂笺》及《春秋左传考证》。可见，阮元虽然本人没有今文经学方面的专门著作和研究性的文字，但是他为孔广森立传，事实上是假借孔《序》为提倡今文经学研究张目。

与阮元一样，焦循著作中也没有专门论述今文经学的内容，但是他在易学研究中，则将六十四卦中除《乾》、《坤》两卦外的六十二卦演绎成一个由洪荒之世、小人之世、更化之世、大同之世、天开治运之世周而复始的循环过程。从易学的角度理解，显然是他的“旁通”、“相错”、“时行”，特别是“当位”、“失道”、“再当位”爻位运动法则的道德义理化诠释。然而在他强调“大一统”的复古循环论后面，正暗示了他的易学开始转向探求今文经学的微言大义。如他诠释《比》卦的卦义为“大统一之世界”[87]。按，《比》卦是六十四卦中的第八卦。《序卦传》说：“比者比也。”《彖传》说：“比，吉也。比，辅也，下顺从也。”《杂卦传》说：“比乐师忧”。孔颖达《周易正义》说：“比吉也者，释亲比为善，言相亲比而得吉也。比辅也者，释比所以得吉，由比者人来相辅助也。下顺从者，在下之人顺从于上，是相辅助也。谓众阴顺从九五也。”程颐《易传》说：“比，吉道也，人相亲比，自为吉道。”“先王观比之象，必建万国亲诸侯。建立万国，所以比民也；亲抚诸侯，所以比天下也。”据《尔雅·释诂》：“比，俌也。”郭璞注：“《易》曰，‘比，辅也’，俌犹辅也。”《左传》僖公五年：“辅车相依，唇亡齿寒。”可见《比》卦之比有吉义，实由辅义而来。而焦循的所谓“大一统之世界”显然是从孔颖达所解释的“人相亲比”、“亲比为善”、“下顺从上”等演绎而出。不仅如此，焦循还对《比》的六爻作了相应的说明：初六为“真忱格主之臣”，六二为“家修庭献之臣”，六三为“奸邪共事之臣”，六四为“忘私殉国之臣”，九五为“五为王者”，上六为“独夫”。六爻之间也都含有相比邻的关系。如此取象于《比》卦，实是与焦循诠释《大有》卦象为“世之盛治”有着内在的联系。焦循说：

> 循按：《彖传》云：“比，吉也；比，辅也。”言比则吉也。比何以吉？以比之为辅也。既成比，宜以《大有》二之五为主，而初为之辅，比不得自为主也。《小过》六二“遇其妣”，妣即晋之王母，在《晋》成《否》，上《乾》为王，下《坤》为母，故云王母而《需》、《晋》相错为《大有》。《比》于《小过》变王母，而称妣，明谓《需》通《晋》，如《大有》通《比》也[⑧]。

《大有》是六十四卦中的第十四卦，按照《彖传》的解释，认为“大有，柔得尊位大中，而上下应之，曰大有。其德刚健而文明，应乎天而时行，是以元亨。”《象传》则说“君子以遏恶扬善，顺天休命”。因此注《易》者每每以王者之卦视之，而且寓有政治清明、国家昌盛的象征。所以焦循又将《大有》六爻辞与《比》六爻辞相互沟通：初九为“清心寡欲之士”，九二为“才全德备之士”，九三为“嘉漠嘉猷之臣”，九四为“大臣抑损威震权盛之臣”，六五为“人君威信普济，诚信下贤之君”，上九为“信顺尚贤之主”，从而进一步来说明他理想中的大一统之世界。

又如焦循诠释《井》卦为“先王仁复天下之成法”。按，《井》卦是六十四卦中的第四十八卦。其卦辞谓：“井，改邑不改井，无丧无得，往来井井。”王弼《周易注》：“井以不变为德也。”孔颖达《周易正义》：“井者物象之名也。古者穿地取水，以瓶引汲，谓之井。此卦明君子修德养民，有常不变，终始无改。养物不穷，莫过乎井，故以修德之卦取譬，名之井焉。”焦循认为“井之言法也。失道以法制之，使旁通噬嗑，故谓之井也。”[89]从而引申出“先王仁复天下之成法”。同时焦循又对《井》的六爻分别取象为：初六为“无德见弃之士”，九二为“抱道不遇之士”，九三为“明德待用之士”，六四为“清介自修之士”，九五为“渊泉时出之主”，上六为“实政实心之相”。焦循的这种取象，其实是他将《井》卦的旁通卦《噬嗑》卦取象为“去更化而成治”密切联系在一起的。焦循指出：

> 循按：《序卦传》云：“可观而后有所合，故受之以噬嗑。嗑者，合也。”卦以噬嗑两字名，爻辞单出噬字，故《传》特标嗑字之义以赞之。《井》二之《噬嗑》五为噬，《噬嗑》上之三为合。《传》云：“雷电合而章”[90]。

《噬嗑》是六十四卦中的第二十一卦，按照《彖传》的解释，认为“颐中有物曰噬嗑”。孔颖达《周易正义》谓：“物在于口，则隔其上下。若啮去其物，上下乃合，而得亨也。此卦之名假借口象以为义，以喻刑法也。”可见焦循取《井》卦为“先王仁复天下之成法”，实由《噬嗑》卦象辗转而来。因此他将《噬嗑》六爻辞与《井》六爻辞加以比附：初九为“罪薄受惩之人”，六二为“才德不足之官”，六三为“情法兼尽之官”，九四为“明断治强之官”，六五为“慈祥能决之主”，上九为“怙恶不改之人”。如此《噬嗑》的“去更化而成治”与《井》的“先王仁复天下之成法”也就成为两卦相辅相成的卦象。此外如诠释《讼》卦为“使民无讼之意”，《否》卦为“小人之世”，《同人》卦为“大公无私之道”，《随》卦为“臣民向化之日”，《谦》卦为“谦让之德”，《兑》卦为“太和之治也”等等。这些焦循根据自己对儒家学说的理解来比附的“人象”，虽然未必是《周易》的原意，甚至可以说是一种附会。但是焦循却通过易卦将中国的历史演绎成一个由洪荒之世、小人之世、更化之世、大同之世、天开治运之世周而复始循环的社会发展过程，这也正是何休借用《公羊传》认为社会治乱兴衰分为衰乱、升平、太平三世说的另一种说法。

又如《公羊传·桓公十一年》：“权者何？权者反于经然而有善者

也。”孟子也曾说：“非之无举也，刺之无刺也，同乎流俗，合乎污世，居之似忠信，行之似廉洁，众皆悦之，自以为是，而不可与入尧舜之道，故曰德之贼也。……君子反经而已。经正，则民兴；庶民兴，斯无邪慝矣。”焦循亦以此立论，作《说权》八篇，显示了他对“权”的关注。他说：

> 《春秋公羊传》曰：权者何？反于经然后有善者也。……《唐棣之华》“偏其反而”，注云：赋此诗者，以言权道反而至于大顺。说者疑于经不可反。经者，法也，法久不变则弊生，故反其法以通之，不变则不善，故反而有善。不变则道不顺，故反而后至于大顺。如反寒为暑，反暑为寒，日月之行，一寒一暑，四时乃为顺行。恒寒恒燠，则为咎证。礼减而不进则消；乐盈而不反则放。礼有极而乐有反，此反经所以为权也[91]。

我们知道，“反经为权”，这是儒家思想中一个难以克服的理论难题。因为“经”一直被视为长久之法，圣人言论行事的根据。权变则是需要根据不同情势的发展，不凭借任何已被确定的各项原则，从而具体判定自己的言论行事。其困难在于面对发展变化的情势不能作出合乎儒家基本精神判断的话，往往流于离经叛道，甚至有悖逆无法之嫌。南宋朱熹曾说：“天下之事有常有变，而其所以处事之术，有经有权。君臣父子定位不易，事之常也；君令臣行，父传子继，道之经也。事有不幸而至于不得尽如其常，则谓之变，而所以处之之术不得全出于经矣，是则所谓权也。”“经”是常行道理，到了常理行不通，事物发展到了非变不可的时候，就需要权变；而且“权得其中，固是与经不异”，只要权变适当，仍等同于经。这说明“经”与“权”既是对立的，又是统一的。戴震《孟子字义疏证》有论“权”一章，从理欲之辨的角度认为“人伦日用，圣人以通天下之情，遂天下之欲，权之而分理不爽，是谓理”。焦循认为“权”即意味着社会的变通。他说：“夫权者所以元亨利贞也，盈则以反经为权，失道则以制礼辨义为权，用以自救其过，即用以寡天下之过，执一则害道，变通则道不穷。行权者，变而通之也。”又说“权也者，变而通之之谓也。法无良，当其时则良。当极寒而济之以春，当极暑则和之以秋，此天道之权也。故为政者，以宽济猛，以猛济宽。《易》之道，在于趋时，趋则可以与权矣。”[92]焦循在理解经权关系时虽然认为不能偏离儒家的基本原则，但在如何运用“权”的问题上，他认为关键还在于“趋时”。

“时”是《易传》中解释卦爻象阐发卦辞与爻辞的一个重要概念，它象征着天地万物都是在一定的时间内所发生的变化，而只有这种变化，才能体现万物的永恒性，世界上没有不变的事物，不变的事物是不存在的。《系辞》说“易穷则变，变则通，通则久”，什么是“通”？《系辞》说“往来不穷谓之通”，显然，“通”不过是一个往来不穷，终则又始的循环。所以《系辞》所说的“变通者，趋时者也”的“时”，并不是指时代，时世，而是应该以《艮卦》、《彖辞》所谓的“时止则止，时行则行，动静不失其时”的“时”，即时机、机遇的意思。所以“趋时”并不意味着跟着时代向前发展，而是说要把握住终则又始的这一恰当时机。《易传》认为“变通莫大乎四时”，《系辞下》说：“日往月来，日月相推而岁成焉。”也正因此，《易传》所说的变通，就是这样一种类似四时变化的亘古不变的循环往复。而焦循的时行，是与他关于春夏秋冬四时周而复始运行的“当位”、“失道”、“大中上下应之”等联系在一起的。因此，焦循所谓的“《易》之道，在于趋时，趋时则可与权”，也就是以《易》学中“时”的理论来诠释《公羊传》论证历史是进化的，变易和变革是历史的普遍法则也颇为一致。他提倡“大一统世界”，论证他的社会理想，以易学的诠释方式，演绎他关于社会的治乱兴衰、圣人匡时济世的经世之学，被阮元赞为“有补世教”，虽然焦循的易学思想体系中始终没有形成一个崭新社会的轮廓，但是同样说明他已远离以考据为代表的汉学，而与今文学家有着相同的时代自觉，这也是焦循寻求和谐和憧憬大同世界的今文经学思想的最为直接的呈现。

也正因此，联系上面褚寅亮所说的“三传仅《公羊》为汉学”的话，从经学史的角度观察，今文经学经过十八世纪汉学家如惠栋、戴震、褚寅亮、张惠言、孔广森等人的初步探索之后，十八世纪至十九世纪初的汉学家逐渐偏离了原有的古文经学传统，汉学研究已呈现出对古文经学自身否定的态势，具有回归今文经学的取向，这也成为晚清汉学家融通今古文经学的滥觞。

第四节 整合先秦诸子的取向

在中国古代，自汉代汉武帝“罢黜百家，独尊儒术”之后，经学便成为中国古代儒家思想文化的主要表现形式，并支配着古代社会上层建筑文化的各个部分，无论是哲学与史学，还是文学与宗教，走的也都是“文以明道”、“诗正得失”为经学所左右的同一条路。经学作为官方哲学，主导了传统文化的各个层面，因此人们的研究经学，每每将先秦诸子排除在经学之外。事实上，这是一种误解。因为《六经》与诸子都出现在一个相同的时代，两者之间既有相对的独立性，也有互相之间的包容性。独立性是指诸子在阐发自己思想有别于《六经》的要义，包容性则指诸子的思想仍不可避免地汲取《六经》的要义。独立与包容是相辅相成的关系，诚如班固所说的“（诸子）其言虽殊，辟犹水火，相灭亦相生也。仁之与义，敬之与和，相反而皆相成也”[93]。从文献学的角度看，虽然《汉书·艺文志》有“六艺略”与“诸子略”的区分，但是在先秦时期，经与子的关系并没有象后人那样严格的区分。比如《墨子》可称《墨经》，《老子》可称《道德经》，《离骚》又称《离骚经》，《汉书·艺文志》还载有《老子邻氏经传》、《老子傅氏经说》、《老子徐氏经说》等。班固在总结先秦诸子思想时说：“今异家者各推所长，穷知究虑，以明其指，虽有蔽短，合其要归，亦《六经》之支与流裔。”唐代魏征在《隋书·经籍志序》中称“诸子为经籍之鼓吹”，所谓“鼓吹”，用现在的话来说就是宣扬和光大的意思，所以陆德明在《经典释文序录》中，仍将《老子》、《庄子》置于儒家经典之中。自唐以后在相当长的一段历史时期内，先秦诸子虽然仍有学者孜孜探求，但是始终被排斥在儒家经典之外，被指认为异端。十八世纪末至十九世纪初，汉学虽然独盛，但以反东汉传统而发扬西汉传统的今文经学的异军突起，学术已次临于“倒卷”式的复古，汉学更新运动虽未完全走向今文经学一路，但它希望“起而变之”的则是三代之“礼”的复兴，而他的“倒卷”却超越两汉直接先秦，从而显示出对诸子之学的人文关怀。

先秦诸子之学，在十八世纪经学研究考据化的影响下，《荀子》、《墨子》、《韩非子》、《管子》、《吕氏春秋》、《淮南子》等先秦诸子之书得到了汉学家的全面整理和考订，以子学考证经学成为当时研究经学研究的主要特征。如惠栋的《周礼古义》运用《尉缭子》、《荀子》、《管子》之文以考证古代礼制，以《荀子》解释《毛诗》、《周易》、《春秋谷梁传》，又著有《荀子微言》阐发荀子的学术思想[94]。戴震认为“荀子推崇礼义，宋儒推崇理，于圣人之教不害也。”[95]对墨子非儒学性质作了考辨。汪中的《墨子序》则认为儒、墨学术信仰不同，但可以相辅相成。孙星衍的《墨子后序》则指出“墨子之学出于禹”，钱大昕以为“《老子》五千言，救世之书也”[96]，孙星衍说：“诸子之学亦宜涉猎，儒家晏子、孟子之外有子思、曾子、漆雕子，其书不传，遗说犹可考欤。”[97]又认为“流览释、道两藏，有子书古本及字书、医学、阴阳、术数家言，取其足证儒书者，写成书麓。”[98]他编写的《尚书今古文注疏》则“《尚书》佚文见于先秦经传诸子及汉人所引有篇目可考者”[99]，这些都反映了十八世纪经学研究由独尊孔孟转向崇尚诸子和整合诸子的学术趋势。

十八世纪末至十九世纪初，汉学家不仅运用诸子考订经典，而且逐渐转向整合诸子诠释儒家经典。如阮元编撰的《十三经经郛》一书，即是整合诸子的最初尝试，陈寿祺称其为“经诸子百家为五经羽翼，以诸史志传为文章渊海，分经条列，各依家法，以类相从其事”[100]。又如焦循虽然不完全认同诸子之学，即所谓“墨子蔽于用而不知文，宋子蔽于欲而不知得，慎子蔽于法而不知贤，申子蔽于势而不知惠，庄子蔽于天而不知人”[101]，但是他又认为经学研究不能停留在儒经单一的层面，而是应该积极汲取先秦诸子的思想资源。他说：“九家之说，蜂出并作，各引一端，崇其所善，其言虽殊，辟犹水火灭亦相生。若能修六艺之术，而观此九家之言，舍短取长，可以通万方之略。然则九流诸子各有所长，屏而外之，何如择而取之？况其同为说经之言乎？老氏者，后人所斥为异端者也，孔子则就而问礼焉。”[102]他在讨论孔子在《论语》中提出的“一贯”说之后，接着又阐明孔子的“执一异端”之说：

孔子“焉不学，无常师”，“无可无不可”，异端反是。孟子以杨子为我，墨子兼爱、子莫执中为执一而贼道。执一由于不忠恕，杨子惟知为己，而不知兼爱，墨子惟知兼爱，而不知为我，子莫但知执中，而不知有当为我、当兼爱之时(事)也。为杨者必斥墨，为墨者必斥杨。杨已不能贯墨，墨已悄能贯杨。使杨子思兼爱之说不可废，墨子思为我之说不可废，则恕矣，则不执矣。圣人之道，贯乎为我、兼爱、执中者也[103]。

“异端”一说，见于《论语》的《为政》篇：“子曰：‘攻乎异端，斯害已矣。’”意思是说，抵制那些不正确的议论，它的祸害也就没有再生的市场。然而关于“异端”的解释，历代不同。何晏认为“小道为异端”，皇侃认为是有别于“五经正典”的“杂书”，宋代邢昺则提出是“诸子百家之书”，朱喜指出为杨、墨、佛、老之流。事实上，在孔子时代，还未见形成所谓的“诸子百家”，自然也谈不上有诸子的书籍，但当时与孔子思想不完全相同的主张、言论未必没有。至于是否指扬朱、墨子等诸子，也难判定。宋代学者陆九渊曾说：“孔子时，佛教未入中国，虽有老子，其说未著，却指那个为异端？盖异与同对，虽同师尧舜，而所学之端绪与尧舜不同，即是异端，何止佛老哉？”[104]孔广森《经学卮言》说：“杨、墨之属行于战国，春秋时未有攻之者。”由于孟子曾经批评过杨、墨的“为我”、“兼爱”等思想，所以朱喜不过是引伸了孟子的观点而已。然而焦循却认为“异端者，各为一端，彼此互异。惟执持不能通，则悖，悖则害矣。”这表明焦循的所谓“异端”，是指事物的两端，无论是执哪一端，都可视为异端。若按焦循的思路，儒家也仅是两端中的一端，与杨朱、墨子没有根本的区别，关键是将两端贯通，即所谓的“圣人之道，贯乎为我、兼爱、执中者也。”这显然是他主张经学研究不应执己固守、自我封闭的心态，而是应该积极地博采古今、融通各家，以整合诸子思想诠释儒家经典的理念颇为一致的。诚如他强调的“百家九流，彼此各异，使彼观于此而相摩焉，此观于彼而相摩焉，则异者相易而为同”[105]，也与他一再强调“经学者，以经文为主，以百家子史、天文术算、阴阳五行、六书七音等为之辅，汇而通之”[106]的经学理念相吻合。

十八世纪末至十九世纪初，汉学家对先秦诸子的整合莫过于《荀子》。荀子自唐代被韩愈指为“大醇而小疵”后，北宋朝廷以荀子“发明先圣之道，有益学者，久未配食”而于元丰七年(1084)下诏入祀孔庙。南宋以后，随着孟子地位的上升，荀子之学逐渐不为学者所重。理学家则将其排斥在儒家之外，朱熹说“荀卿则全是申韩”。明代嘉靖九年(1530)明世宗朱厚熜改孔庙祀典，荀子从孔庙中罢祀，至清代未有改变。明末清初虽然仍有学者如傅山、毛奇龄等人重提荀子之学，但是社会影响不大[107]。随着十八世纪对先秦诸子文本考订的全面展开，十八世纪末至十九世纪初为荀子正名成为一种思潮。如王昶的《荀子跋》，钱大昕的《跋荀子》，汪中的《荀卿子通论》，卢文弨的《书荀子后》，张惠言的《读荀子》等等。钱大昕认为，当时理学家表面上盛赞孟子的性善之说，而实际上是“暗用荀子化性之说”[108]。张惠言说：“孟子之言性善，所谓操其本也。荀子之言恶，所谓操其末也。其言殊，其所以救世之意一也。”[109]孔广森亦以“荀卿为儒宗老师”[110]。郝懿行则认为荀子之学“其学醇乎其醇 ”，甚至“颇怪韩退之谓大醇小疵”，[111]谢墉则在刊刻卢文弨的校本序言中，一反理学家尊孟抑荀的做法，认为孟子与荀子关于人性论的讨论并没有本质上的区别，他们之间的差异则缘于各自论证的视角不同，孟子偏重于人性之“善”一端，而荀子则偏重于人性之“恶”一端，所以不应该将孟子置于荀子之上。他在刊刻卢文弨的校本序言中说：

顾以嫉浊世之政，而有《性恶》一篇，且诘孟子性善之说而反之，于是宋儒仍交口攻之矣。尝即言性者论之：孟子言性善，盖勉人以为善而为此言；荀子言性恶，盖嫉人之为恶而为此言。要之，绳以孔子习相近之说，则皆为篇至之论。谓性善，则无上智也；谓性恶，则无下愚也。韩子亦疑于其义，而为三品之说，上品、下品盖即不移之旨。而中品则视习为转移，固胜于二子之言性者矣。然孟子偏于善，则据其上游；荀子偏于恶，则趋于下风，由愤世激俗之过甚，不觉其言之偏。然尚论古人，当以孔子为权衡，过与不及，师、商均不失为大贤也[112]。

谢墉的解释一反理学家尊孟抑荀的做法，认为孟子与荀子关于人性论的说法是一样的，只不过各自论证的角度不同，孟子偏重于人性之“善”一端，而荀子则偏重于人性之“恶”一端，所以不应该将孟子置于荀子之上。这种将荀子和孟子的人性学说加以等同，认为两者都有可取之处，也都有不完善之处的评价，显然也是一种进步。又如钱大昕在讨论关于法先王与法后王的问题上也说：

荀卿法后王之说，王伯厚深诋之，愚以为王氏似未达荀子之意也。孔子曰：吾学周礼，今用之，吾从周。孟、荀生于衰周之季，闵战国之暴，欲以王道救之。孟言先王，与荀所言后王，皆谓周王，与孔子从周之义不异也。荀卿岂逆料李斯之仕秦，而令其用秦法哉！……后儒好为大言，不揆时势，辄谓井田、封建可行于后代，徒为世主轻儒者藉口，是不如法后王之说为无弊矣，要非荀卿立言之本旨[113]。

当然，谢墉与钱大昕的解释并不一定符合荀子的原意，就事实而言也许是一种附会，然而这种调和荀子和孟子的学术视角，实质是对荀学的一种新的体认，也是荀学地位的提升，具有推重荀学和整合荀学的倾向，而其中最具代表的汉学家则是凌廷堪。

凌廷堪不仅推尊荀子，而且自认是接续了荀子的传礼之功。如凌廷堪认为"窃惟太史公书以孟子荀卿同传，未尝有所轩轾于其间，而孟、荀之称也，由汉迄唐无异辞。若夫罢荀卿从祀，祧七十子而以孔孟并举，此盖出后儒之意，于古未之前闻也。"[114]又声称"孟曰性善，荀曰性恶，折衷至圣，其理非凿，善固上智，恶亦下愚，各成一是，均为大儒。"[115]将人性区分上智与下愚两种，体现了凌廷堪对人性问题简单折衷而缺乏深入探究，另一方面似乎也有努力缓和当时学界尊荀与黜孟日趋激化的祈向。他说：

降而七雄并争，六籍皆阙，而礼为尤甚。纵横捭阖之说，坚白异同之辨，殽然而不可纪，杂出而不可穷，守圣人之道者，孟荀二人而已。孟子长于《诗》《书》，七篇之中称引甚广，至于《礼经》，第曰"尝闻其略"。考其父命厥子已与《士冠》相远，往送之门又与《士昏》不合，盖尽得礼之大端焉耳。若夫荀卿氏之书也，所述者皆礼之逸文，所推者皆礼之精意[116]。

如果说这种对孟荀看似不偏不倚的称颂还局限于某一经的传承，那么他在给钱大昕的一封信中则直率地告白了自己真正的祈向所在："孟子以为人性善，犹水之不下；荀子以为人性恶，必待礼而后善。然孟子言仁言义，必继炎曰'礼则即文斯二者'，虽孟子亦不能舍礼而论性也。廷堪学礼未深，管窥及此，敬质诸函丈，不知尚不谬于经义否，非与讲学家立异同也。"[117]凌廷堪又作《好恶说》上下两篇，进一步阐发荀子性恶论思想并与他的"舍礼无以言学"思想相联系。他说："好恶者，先王制礼之大原也。人之性受于天。目能视则为色，耳能听则为声，口能食则为味，而好恶实基于此。节其太过不及，则复于性矣！"这显然是荀子"目好色，耳好声，口好味，心好利，骨体肤理好愉佚，是皆生于人之性情"的引伸。他作《荀卿颂》云："卓哉荀卿，取法后王。著书兰陵，儒术以昌。本礼言仁，厥性乃复。如范范金，如绳绳木。"所谓"如范范金"、"如绳绳木"亦即确认其有法的功效。并进一步指出："夫舍礼而言道，则空无所依；舍礼而复性，则茫无所从。盖礼者，身心之矩则，即性道之所寄焉。……后人尊孟而抑荀，无乃自放于礼法之外乎！"[118]这显然溶入了荀子"制礼以分之"隆礼思想对礼学研究所提出的一种新的观念。

与焦循、凌廷堪一样，十八世纪末至十九世纪初的汉学家每每整合先秦诸子从事语言文字学的研究。如王引之的《经传释词》所引资料便是"自九经、三传及周秦、西汉之书，凡助语之文，遍为搜讨"。王引之《经传释词》自序如他解释"于"字的本义，就整合了《管子》、《吕氏春秋》、《列子》、《庄子》等子书，认为"于"即为"乎"。他说：

于，犹"乎"也。其在句中者，常语也。亦有在句末者。《管子·山国轨》篇曰："不籍而赡国，为之有道于?"（宋本如是，今本"于"讹作"予"。）于，犹"乎"也。《吕氏春秋·审应》篇曰："然则先生圣于?"高《注》曰："于，乎也。"《列子·黄帝》篇曰："今女之鄗至此乎?"《释文》曰："乎，本又作于。"《庄子·人间世》篇曰："不为社者，且几有翦乎?"《释文》曰："乎，崔本作'于'。"是也。又为叹美之词,《论语·为政》篇:“孝乎惟孝。”《释文》及《汉石经》“乎”并作“于”[119]。

又如解释傥字,就整合了《庄子》《荀子》《墨子》等子书,认为傥、党、当、尚四字同。他说:

傥,或然之词也。字或作“党”,或作“当”,或作“尚”。《庄子·缮性》篇曰:“物之傥来,寄也。”《释文》:“傥,崔本作‘党’。”《荀子·天论》篇曰:“夫日月之有蚀,风雨之不时,怪星之党见。”《史记·淮阴侯传》曰:“恐其党不就。”《汉书·伍被传》曰:“党可以徼幸。”《墨子·法仪》篇曰:“然则奚以为治法而可?当皆法其父母 奚若?”又曰:“党皆法其君奚若?”《兼爱》篇曰:“当使若二士者言行之合,犹合符节也,无言而不行也。”《非乐》篇曰:“然则当为之撞巨钟,击鸣鼓,弹琴瑟,吹竽笙而扬干戚,民衣食之财将安可得乎?”又《尚贤》篇曰:“尚欲祖述尧、舜、禹、汤之道,将不可以不尚贤。”党、当、尚,并与“傥”同[120]。

总之,十八世纪末至十九世纪初,经学研究整合诸子的取向,虽然在一定程度上还是停留在《六经》之“羽翼”,《六经》之“鼓吹”的层面,即更多的是徘徊在以子学证经学的层面,但是它却是十八世纪至十九世纪诸子学全面复兴过程中重要的学术取向。

第五节 解读宋学经典的取向

十八世纪汉学风靡一时,以道德修养为一切人生根本为命题的宋学,不但遭到学人的蔑视,而且以《论语》、《大学》、《中庸》、《孟子》为“四书”的宋学经典也为人不屑。十八世纪末至十九世纪初,汉学家在反省汉学的过程中,为了表达自己的经学理念,提出新的经学理论,寻求新的研究方式,一些被汉学家所轻视的理学经典与理论被再度重新论证。通过对道器、理气、性命、才情、仁义礼智、忠恕、一贯、经权、克己等儒学义理之学核心观念的疏证、通释及其古训的追寻,“四书”的价值得到了新的认可。如焦循编撰的《论语通释》、《性善解》、《格物解》,阮元编撰的《论语论仁论》、《孟子论仁论》、《性命古训》、《论语一贯说》、《大学格物说》、《中庸说》,凌廷堪编撰的《复礼论》、《好恶说》、《慎独格物说》等等,对宋学中关于人的自然欲望与社会道德责任的命题进行了新的解读,成为汉学研究的又一个引人注目的新取向。王国维说:“近世哲学之流,其胶浅枯涸,有甚于国朝三百年间者哉!国初承明之后,新安、姚江二派,尚相对垒,然各抱一先生之言,姝姝自悦,未有能发明光大之者也。雍、乾以后,汉学大行,凡不手许慎、不口郑玄者,不足以与于学问之事。于是昔之谈程、朱、陆、王者,屏息敛足,不敢出一语。至乾、嘉之间,而国朝学术与东汉比隆矣。然其中之巨子,亦悟其说之庞杂破碎,无当于学,遂出汉学固有之范围外,而取宋学之途径。于是孟子以来所提出之人性论,复为争论之问题。其中之最有价值者,如戴东原之《原善》、《孟子字义疏证》,阮文达之《性命古训》等,皆由三代、秦、汉之说,以建设其心理学及伦理学。其说之幽玄高妙,自不及宋人远甚。然一方复活先秦之古学,一方又加以新解释,此我国最近哲学上唯一有兴味之事,亦唯一可纪之事也。”[121]张舜徽认为阮元“顾其志犹在由训诂以阐明义理,盖欲探本索源,以佛家之说还之佛家,以宋儒之说还之宋儒,以三代之说还之三代。故其解《论语》一贯,释《大学》格物,皆推穷本谊,力破旧说。又尝集孔孟论仁之语,成《论语论仁论》、《孟子论仁论》,以祛后来附会之见”,[122]可谓有见。限于篇幅,这里主要就乾嘉之际焦循、阮元、凌廷堪等人解读《大学》中的“格物论”作一些讨论。

“格物”是儒家思想中的核心观念,一直被誉为“儒者第一要义。“格物”是中国古代儒家思想中的一个重要观念,语见《礼记·大学》“致知在格物。物格而后知至,知至而后意诚,意诚而后心正,心正而后身修,身修而后家齐,家齐而后国治,国治而后天下平”。这里格物、致知、诚意、正心、修身、齐家、治国、平天下,宋代理学家称其为“八条目”。由于“八条目”中的后七条,《大学》中都作了阐述,唯独位列首条的“格物”没有明确的解释,于是后来便产生了很多分歧,学者都按照自己的理解而作出解释。如汉代郑玄在注释《礼记》时,将“格”解释为“来”,“物”解释为

“事”之后，宋代理学家程颐则认为格物就是“就物而穷其理”，朱熹又在程颐解释的基础上，训格为“至”、为“尽”，至则谓究至事物之理；尽有穷尽之意。同时朱熹又训物为“事”、为“理”，所以“格物”也就是穷尽事物之理。程、朱对“格物”的这种解释，对后来学界影响很大，成为元明清三代理学家共同尊奉的权威解释。明清之际，颜元、吕留良、王夫之、毛奇龄等学者也各自提出了对格物含义的理解，虽然终究未能完全跳出程、朱对格物解释的框架，但是认同者不多，响应者寥寥。十八世纪，学者在从事经典考证工作的同时，对儒家的一些重要思想命题或概念都作了重新诠释。如钱大昕说：“格物，即物有本末之物。”[123]戴震说：“格之云者，于物情有得而无失。”[124]这从一个侧面表明，如何理解儒家的格物思想，始终没有一个明确的答案。诚如清人朱一新所说的“格物本无的解”[125]，徐养原所说的“释格物之义者，多至七十二家，聚讼纷纭，几如议礼”[126]。因此，对格物含义作进一步的解释仍留有很大的空间。十八世纪末至十九世纪初，对格物一词含义的界定，再度成为汉学家讨论的热点。据笔者的初步考察，其代表性的意见主要有六说：

一、程瑶田说：“格者，举其物而欲贯通乎其理。”[127]

二、孙星衍说：“格者，量度也，物者，事也。”[128]

三、焦循说：“格物者，絜矩也”。[129]

四、阮元认为：“格物者，至止于事物之谓也。”[130]

五、凌廷堪说：“《大学》之格物，皆礼器数仪节。”[131]

六、郝懿行说：“格，来也；物，犹事也。”[132]

根据这些对格物一词含义的种种界定，概括起来讲，所谓“格物”，不外乎包含了“推究”、“物情”、“物理”、“量度”、“絜矩”、“止物”、“格礼”等内涵，而物一般都解释为事。检之古代文献，格物的上述各种含义也都有依据。如“推究”之义，见于《礼记·大学》“知在格物，物格而后知至”。“量度”之义，见于《文选·鲍照〈芜城赋〉》“格高五岳，袤广三坟”，李善注引《苍颉篇》曰：“格，量度也。”“至来”之义，则见于《尔雅·释诂》“格，至也”，又《释言》“格，来也”。这也是郑玄注释《礼记·月令》“暴风来格”之格为来之由来。格有止义，则见于《小尔雅·广诂》“格，止也”。而格有治义，实际上是由止转换而来。如《山海经·北山经》“可以止衕”，注“治洞下也”。

不过，格字的含义，在古代还有很多。如表示“标准”之义，《后汉书·傅燮传》：“朝廷重其方格。”李贤注：“格，犹标准也。”再如“格”通“铬”，《淮南子·人间》：“赢弱服格于道。”于省吾《新证》：“格应读作辂，‘服格’即‘服辂’。”这里不一一枚举。而“物”字即古代“勿”字，它的初始含义是指旌旗。《说文·勿部》：“勿，州里所建旗。象其柄，有三游。杂帛，幅半异，所以趣民。”清人段玉裁解释说“经传多作物”。考《周礼·司常》“掌九旗之物名，各有属，以待国事”。孙诒让《周礼正义》引《国语·国语》“审物则可以战乎？王曰辨”，韦昭注解释说：“物，旌旗物色征帜之属。辨，别也。此物名与彼审物义同。”可见，《周礼》之“物名”与《国语》之“审物”是同义，所以辨物与审物同，审物也就是格物。在中国古代先秦时期，由于人们对于求知有种种不同的方法，因此对“审物”或“格物”的理解也有所不同。如墨子分辨“名实”，庄子提倡“齐物”就是一个明证。然而无论是审物、格物，或者是分辨名实、齐物，目的都是指致力于获取或探究相应的知识，这就是“致知”，致知而后得以充实而无虚浮，这就是“意诚”。据此，《礼记·大学》所言“格物”基本上不失格物原始意义。然而《大学》成为儒家的重要经典，特别是理学经典后，格物便被解释为古代人们入德的重要门径之一，于是歧义纷出。十八世纪末至十九世纪初，汉学家正是在上述对格物含义多元指向的界定基础上，重新诠释格物之学。

一、格物即絜矩

以儒家“絜矩”思想诠释格物之学，其代表性人物是乾嘉之际的著名学者焦循。焦循曾著有《格物解》三篇，比较完整地阐明他对“格物”的理解。首先，焦循认为格物就是恕道。他说：“格物者，絜矩也；絜矩者，恕也。所藏乎身不恕，而能喻诸人者，未之有也。不能格物，则藏乎身不恕矣。”[133]焦循将格物解释为絜矩，而絜矩即为忠恕。同时，焦循又认为如果自己没有忠恕之心，却教育别人忠恕，则不能格物。不难看出，这里焦循主要还是选用了《大学》中的相关语言来解释格物的。不过，按照《大学》的解释，絜矩实际上是一种道德方面的示范活动。它具有两个层面的含义:一是指君子为治理国家致太平而规范人的行为的作用,二是指人们自身应具有的规范人的行为的自觉意识。二者都是强调在认同修身、齐家、治国、平天下的共识前提下,人与人之间的如何实践道德规范,即以一种宽容的心态与人相处,所以说“絜矩,恕也”。

其次,既然格物就是絜矩,而絜矩又体现为人际关系,所以焦循又将格物与人的情感联系起来:“格物者,旁通情也。……旁通以情,此格物之要也。”将格物视为人的情感,在焦循之前的戴震、程瑶田等学者已有明确的表达。如戴震认为“格之云者,于物情有得而无失,思之贯通,不遗毫末,”[134]表示出格物就是对人的情感的尊重。然而焦循则更强调人与人之间以真情相与之情,“彼此相与以情,己所不欲,则勿拖于人,己欲立达,此以情求,彼以亦以情与。孔子谓之仁恕,《大学》以为絜矩”[135]。这表明,焦循所理解的格物,事实上就是根据儒家以己度人、推己及人的伦理思想所作出的解释。然而这样一种对格物的解释,与焦循同时而学宗宋学的唐仲冕即有此说。如唐氏认为“格物者,矩也,物格知至而后能絜之以亲民,亦即恕也”,并且认为“格物必非逐物穷理”[136]。因此,从根本上说,焦循将格物解释为旁通以情,人人皆能絜矩的抽象性、思辨性都与宋儒较为接近。

不过,焦循并没有沿着宋学的穷理路数来进一步论证他对格物的理解,而是汲取了《易传》的理论。他认为“格之言来也。物者,对乎己之称也。《易传》云:遂知来物。物何以来?以知来也。来何以知?神也。何为神?寂然不动,感而遂通也。何为通?反乎己以求之也。”又认为“物,谓爻有等。有等,故有本末。来物,即格物也。知来物,则知变通。”[137]“格之言来”本是汉代郑玄的解释,而焦循所据《易传》“遂知来物”的“来物”以训格物,似属牵强。然后又由来而知,由知而神,由神而通,以至寂然不动,感而遂通,这一连串的概念都借用了《系辞传》对《周易》中所含“圣人之道四焉”的解释。如《系辞传》认为君子将要有所作为,要有所行动,求问于《周易》后才知道吉凶,而蓍受人之命如应声之响,不必顾忌远近幽深,皆知未来事物变化至极神妙。易是无思无为的,寂然不动,但它能感悟而通天下之事。焦循认为“金《易》之义,惟在旁通。所谓格物、所谓絜矩,所谓忠恕也,”“易简则能变通而似续,故善。圣人明明德,新民,止于至善，是为德之至也。乾坤以变通为易简，即格物以修身，絜矩以平天下也”[138]。由此可见，焦循在论证格物时所比附的易学概念，事实上是将格物作了易学的发挥。当然，焦循的中心思想仍然是以格物为絜矩。所以他接着说：“己所不欲，勿施于人，则足以格人之好恶。已欲立而立人，已欲达而达人，则足以格人之所好。”[139]在焦循看来，人性既能“引善”也能“引恶”，所以说“从心所欲不逾矩，格物之学也”[140]。显然，焦循的格物之学虽然貌似宋儒，但是他在具体论证过程中，却与易学的“感通”理论相结合，并且回归到儒家提倡的忠恕精神作为解释格物之学的基础，这与宋儒的格物穷理可谓南辕北辙了。

二、格物与实践

以儒家“实践”思想诠释格物之学，其代表性人物是阮元。阮元与焦循不同，他认为格物之学就是儒家提倡的“实践”之学。他在《大学格物说》一文中说：“格物者，至止于事物之谓也。凡家国天下五伦之事，无不当以身亲至其处而履之，以止于至善也。格物与止善、知止止于仁敬等事皆是一义，非有二解也。必变其文曰格物者，以格字兼包至止，以物字兼包诸事。”[141]将格解释为“至”（止），物解释为“事”，这是朱熹在注释《大学》时早已作出的解释，然而朱熹在“至”外增加了一“穷”字，在“物”外增加了一“理”字，格物也就成为了“穷理”，即所谓“致知格物者，言欲致吾之知，在即物而穷其理也”，这与格物本义相去甚远。而阮元所谓的“事”，是指君臣、父子、兄弟、夫妇之间的五组关系。在儒家思想中，君臣之间有礼义之道，父子之间有骨肉之亲，夫妻之间挚爱而又内外有别，老少之间有尊卑之序，朋友之间有诚信之德，这是处理人与人之间关系的道理和行为准则的。《孟子·滕文公上》：“使契为司徒，教以人伦：父子有亲，君臣有义，夫妇有别，长幼有序，朋友有信。”所以阮元所强调的格物，事实上也就是落实在亲身践履、身体力行这五组人伦关系的实践之学。

事实上，将“实践”解释为格物，并不是阮元的首创，早在明清之际，颜元认为“格”即“手格猛兽之格”，“物”即正德、利用、厚生的“三物之物”，“手格其物，而后知至”，[142]注重实践经验对认识事物的意义。乾嘉之际，程瑶田认为格物就是寻求贯通事物之理。然而与颜元、程瑶田等学者不同，阮元不仅视“实践”为格物，而且还认为格物与孔子所说的“吾道一以贯之”相通，认为“一贯“之义“犹言一是以行事为教也”，而根据曾参的理解，孔子所说的“一贯之道”，就是孔子提倡的“忠恕”之道。也正因此，阮元虽然以“实践”为格物的指向，其实质意义与焦循将格物解释为絜矩可谓殊途同归。

不过，耐人寻味的是，阮元并没有象焦循那样从人性论的角度来阐明格物之学的，而是根据他的经学信仰所作出的选择，诚如他本人所说的“圣贤之道，无非实践。孔子曰：吾道一以贯之。贯者，行事也，即与格物同道也。曾子著书，今存十篇，首篇即名立事，立事即格物也。先儒论格物者多矣，乃多以虚义参之，似非圣人立言之本意。元之论格物，非敢异也，亦实事求是而已[143]。所以格物也就成为了“实践”之学，这与宋儒强调格物为心灵穷理之事显然是背道而驰的，表明了一种新的格物之学的理念。也正因此，其弟阮亨总结阮元的“一贯之说”时说：“实昔儒所未及啓言，故所撰之书，当以此五卷为最重。又言近人考证经史小学之书则愈精，发明圣贤言行之书则甚少，否则专以攻驳程朱为事，于颜、曾纯笃之学未之深究。兹注释五卷，不敢存昔人门户之见，而实以济近时流派之偏。”[144]

三、格物为格礼

以儒家“格礼”思想诠释格物之学，其代表性人物是凌廷堪。凌廷堪与焦循、阮元又不同，他独创新解，认为格物就是“格礼”。他说：“《礼器》：君子曰：‘无节于内者，观物弗之察矣。欲察物而不由礼，弗之得矣。故作事不以礼，弗之敬矣。出言不以礼，弗之信矣。故曰，礼也者，物之致也。’此节《大学》格物之正义也。格物亦指礼而言。礼也者，物之致也，《记》文亦明言之。然则《大学》之格物，皆礼之器数仪节可知也。后儒置《礼器》不问，而侈言格物，则与禅家之参悟木石何异?”[145]根据郑玄的解释：“节，犹验也；致之，言至也、极也。”《礼器》此节的意思是说：如果内心没有预设判断事物的准则，那么观察事物就不能分辨。想要分辨事物而不从礼出发，就不能得到正确的结论。因此做事不依礼，就不可能恭敬；说话不依礼，就不可能诚信，因此礼是分辨事物的准则。正是从这一宗旨出发，在凌廷堪看来，《礼器》这一节话就是解释《大学》所言“格物”的注脚。那是因为《礼器》曾记载礼有大、有小、有多、有少、有高、有下、有文、有素、有直、有曲、有经、有顺、有撕、有推等多种外在的表现形式，而这些礼的外在表现形式所反映的也都是“物”，即如《礼器》所言的“物者，礼之器数仪节也”。按照郑玄“器，所以操事”的解释，凌廷堪显然是从礼的实践层面来解读“格物”的，因此所谓的“格物”，实际上就是“格礼”。诚如他自己所说的“格物者，格此也。《礼器》一篇皆格物之学也”[146]。“格物者，格此也”一语，出自《法华经大意》“格物者，格此也。致知者，知此也”，这里凌廷堪借用了佛学的语言，对格物作了礼学的发挥。对此，钱穆先生提出了严厉的批评。他说：“此言似只认礼有精义，不认天地间别有事物之理矣。宋儒训格物为穷理，并非主张参悟木石也。其与《大学》原意合否可不论，然《大学》原意，决不谓致知、诚意、正心、修身、齐家、治国、平天下工夫，全在格礼之器数仪节，则断可知。”[147]其实，《礼器》一篇虽然名为“礼器”，但是它涉及礼的内容非常丰富，并不是“礼器”二字可以概括。其中虽然谈到礼的外与内、表与里的关系、制礼与行礼的准则等，然而更多的内容是谈礼的各种表现形式。如有上面所提到的有以多、大、高、文为贵的行礼，也有以少、小、下、素为贵的行礼，基本上体现了以礼的实践为指向。

事实上，早在先秦典籍中，有关于礼与仪之间的区别早已有所分辨。如《左传》昭公五年：晋侯谓女叔齐曰：“鲁侯不亦善于礼乎？”对曰：“是仪也，不可谓礼。”又如《左传》昭公二十五年：赵简子问揖逊周旋之礼，焉大叔曰：“是仪也，非礼也。”如果按照孔颖达“礼是仪之心，仪是礼之貌”的解释，凌廷堪则认为上述《左传》所提供的事例都是“言格物不能至知也，即格物之谓也”[148]。这显然是他基于“礼之仪”而作出的判断，而礼之仪亦即“礼之器”之属，所以他说：“又考古人所谓格物者，盖言礼之器数仪节，皆各有精义存乎其间，即习于礼，则当知之。”[149]这无疑是认为格物就是同等于习礼了。

凌廷堪以《礼器》来解读《大学》的“格物”，当然并不全面，因为《大学》的主旨并不局限于礼，而是强调“明德”、“亲民”、“止于至善”的学习目的和修身、治家、治国、平天下的“为政”之意，诚如郑玄在《礼记目录》中所说的“名曰《大学》者，以其记博学可以为政也”。所以钱穆先生批评凌廷堪有“断可知”的缺失是有充分理由的。不过，凌廷堪以礼来诠释“格物”，也正体现了历史上不同时期对“格物”的种种解读。如明清之际的顾炎武就提出“君臣、父子、国人之交，以至于仪三千，威仪三千，是之谓物”的见解，甚至批评前人滞留于“以格物为多识于鸟兽草木之名”而缺乏对现实社会的关怀。由此可见，凌廷堪视《礼器》为《大学》格物之正义，一方面得自顾氏的启迪，另一方面也说明他所关注的仍是礼的实践经验。如他认为《礼器》中所强调的君子之于礼“有直而行也，有曲而杀也，有经而等也，有顺而讨也，有摲而播也，有推而进也，有放而文也，有放而不致也，有顺而摭也”等不同的表现形式都是“格物之学”，甚至认为“礼之外，别无所谓学也”[150]。事实上，《礼记·礼运》也仅仅说“圣人之所以治人七情，修十义，讲信修睦，尚辞让，去争夺，舍礼何以治之?”强调依礼治秩序，提倡社会和谐，而凌廷堪却强调礼之外无所谓学，礼不仅成为一种信仰，而且表明了他所谓的“格物之学”即为礼学。

凌廷堪不仅将“格物”视为礼学，而且还用礼学来解释“慎独”。“慎独”是儒家的重要思想，也是儒家自我修养的重要方法。“慎独”一词，分见于中国古代儒家经典《礼记》的《礼器》、《中庸》、《大学》三篇中的“慎其独”一语。如《中庸》说：“道也者，不可须臾离也，可离非道也。是故君子戒慎乎其所不睹，恐惧乎其所不闻。莫见乎隐，莫显乎微。故君子慎其独也。”《大学》也说：“如恶恶臭，如好好色，此之谓自廉，故君子必慎其独也。”按照传统的解释，“慎”就是小心谨慎、随时戒备；“独”就是独处，独知、独自行事。南宋理学家朱熹说：“独者，人所不知而己所独知之地也。言幽暗之中，细微之事，迹虽未形而几则已动，人虽不知而己独知之。”[151]因此，“慎独”的意思便被后人理解为做人的道德原则，即是在没有外在监督的情况下始终不渝地、更加小心地坚持自己的道德信念，自觉按道德要求行事而不肆意妄行。对此，凌廷堪则提出疑义。他认为“慎独”一词的合理解释，应该按照《礼记·礼器》所说的“慎其独”来理解。他说：

《礼器》曰：“礼之以少为贵者，以其内心者也。德产之致也精微，观天下之物，无可以称其德者，如此，则得不以少为贵乎？是故君子慎其独也。”此即《学》、《庸》慎独之正义也。慎独指礼而言。礼之以少为贵，《记》文已言之。然则《学》、《庸》之慎独，皆礼之内心精微可知也。后儒置《礼器》不观，而高言慎独，则与禅家之独坐观空何异？[152]

凌廷堪这里所引《礼器》篇中的“礼之以少为贵者，以其内心也”，是相对于该篇中“礼之以多为贵者，以其外心者也。如此，即得不以多为贵乎？故君子乐其发也”一语而言的。文中的“内心”一词，根据郑玄的解释是“用心于内，尚其德在内”，而所谓“外心”，郑玄解释为“用心于外，其德在表”。可见内心与外心两者虽然都体现“德”，但是也有所区别。前者表现的是意念之德，所以是内；后者表现为外扬之德，所以是表。清人孙希旦说：“此篇以忠信义理言礼，而归重于忠信；以内心、外心言礼之文，而归重于内心。”[153]这说明无论是外心或者是内心，都是以礼作为考量的对象。在凌廷堪看来，《礼器》所说的“慎其独”，事实上是强调君子行礼谨慎地用少物来体现内心的诚意，即这种诚意是出自内心的意念，所以行礼则不必拘泥于外在形式的“乐而发”，而应该注重象征内心之德的意念。由于《大学》说过“诚于中，形于外”，《中庸》则说过“莫见乎隐，莫显乎微”那样的话，而《大学》、《中庸》本来就是阐明正心诚意的，所以《大学》、《中庸》与《礼器》所说的“礼以少为贵者，以其内心者”是相通的，它们不仅表现为“慎独之正义”，而且更表现为“礼之内心之精微”。

凌廷堪这种对“慎独”的礼学诠释，钱穆先生则提出了严厉的批评。他说：“此语实嫌不辞。《礼器》谓礼有以少为贵者，因天下之物，无可以称其内心之精微，故不得不以少为贵。此谓礼之器数、仪节，不足以表达其内心之精微，今反谓是礼之内心精微，内心指在人，岂在礼乎？”[154]在钱穆先生看来，礼是器数、仪节，是外在的，它不能完全表达人的内心诚意，而凌廷堪以外在的礼来解释表示内心的“德”，实际上混淆了两者的关系，所以称其为“不辞”。这表明，如何解释“慎独”的进路，至少可以有二个层面进入：一是礼的实践层面，即由原本对内心诚意外化的礼的抽象论述，如“以多为贵者”、“以少为贵者”等；二是作为价值取向的诉求，即以体现“内心”的德与表示发扬“外心”的德。其实，无论是内心之德或者是外心之德，它的指向都与礼息息相关。在中国古代，所谓“慎其独”即指一种内心意念。如七十年代出土的马王堆帛书《五行》经传就提供了这样的一种解释例证。其《五行》篇第八章云：

燕燕于飞，差池其羽。之子于归，远送于野。瞻望弗及，泣涕如雨。”能差池其羽，然而能至哀。君子慎其独也。

“燕燕于飞”句引自《诗经·国风·邶风》，对该诗旨义的诠释，歧说颇多。其中最具权威的诠释，就是毛亨《诗序》的“卫庄姜送归妾也”。然而根据《五行》传文的解释是：“差池者，言不在衰绖。不在衰绖也，然后能至哀。夫丧，正绖修领而哀杀矣，言至内者之不在外也，是之谓独。独也者，舍体也。”所谓“衰绖”，是古人服丧时所穿的丧服，是古代丧礼之中的一种仪节。古人丧服胸前当心处缀有长六寸、广四寸的麻布，名衰，故名此衣为衰；围在头上的散麻绳为首绖，缠在腰间的为腰绖。衰、绖两者都是丧服的主要部分。如《礼记·表记》：“君子衰、绖则有哀色。”可见衰、绖是服丧者表达内心悲切的外在形式。然而在传文作者看来，要做到内心的“至哀”，就必须专一于内心的哀敬而不必看重丧服的外在形式，所以强调说“言至内者之不在外也”。诚如《淮南子·本经》说：“披衰戴绖，戏笑其中。……丧者，所以尽哀，非所以为伪也。……处丧有礼矣，而哀为主。”此说正与《五行》同义。换言之，真正的“至哀”是深藏在内心的，而不是拘泥于其丧服的具体形式，这就是所谓的“独”。至于“独也者，舍体也”，“体”是指事物的形体、形状、法式，因此“舍体”也就意味着舍弃一切对外物的有意识地感受，重新返回于内在的心理状态，这也就是《五行》所解释的“君子慎其独也”。这表明，《五行》传文尽管不赞成“至哀”的外化，但是它所作解释的依据仍是以丧服之礼为视角，即“衰绖”是外，“差池”至哀是内，从这一意义上说，《礼器》以“礼之以少为贵者，以其内心也”来理解“慎独”，显然与《五行》也是一致的，这应该是“慎独”的初始含义，所以钱穆先生对凌廷堪的批评仍有商榷的余地。

“格物”之学作为中国儒学的一个重要思想，先后经历了先秦、汉唐、宋明等古代不同社会发展的时期，特别是宋明时期所发生、发展的心性之学或曰“理学”，尽管理学中有许多虚妄的成分，但也有许多合理的内核，尤其是在朱熹的“格物穷理”的学术宗旨中，正酝酿一种自然物理之学。格物之学是主体对外部世界研究的一种学问，这样的学问正有待发展、弘扬而开出近代的科学思想。但是十八世纪末至十九世纪初的“格物论”却将“格物”的命题解释为人伦纲纪或礼的器数仪节，即便是阮元的“实事求是”精神，也只是局限于“推明古训”，所以梁启超有“惜乎此种精神仅应用于考古，而未能应用于自然科学界，则时代为之也”的感叹[155]，因此非但不能继往开来，开辟出新的学术规模，反而将其回归到原始的儒学那里，其学术气象亦是有限的。在中国历史上，任何一种学术思想或学术思潮，它都不可能离开它所处的时代，它的局限性始终与它的时代紧密地联系在一起的。然而十八世纪末至十九世纪初的“格物论”，不仅映现了十八世纪末至十九世纪初的学人思维方式的转变、价值取向的推移和重建《大学》的努力，而且使汉学与宋学重新回到平等对话的元点上来，从这个意义上说，“格物论”作为汉学更新运动的一个重要内核，恰恰是乾嘉之际学者面对日趋激烈的汉宋学术之争所作出的思想回应，从而在一定程度上也就突破了乾嘉哲学经学化诠释的传统模式。

第六节　评估王学价值的取向

明代中期，王阳明的“良知”学说风靡学界，程朱学说也日趋衰敝，仅靠朝廷的支持和科举考试得以维系其地位。清初顺、康二朝倡理学，独尊程朱，重新确立朱熹学术的权威，因此抨击王阳明的学说，成为当时学界的一种时髦。如熊赐履、李光地、陆陇其、吕留良等攻击王学可谓不遗余力，尽管还有黄宗羲、孙奇逢、李颙、李绂等学者以讲学的形式对王阳明“心学”予以修正和张扬，但王学已是流风余韵。学术界一般认为，王学及其影响在清代便由此衰落而逐渐消失。然而据笔者考察，阳明心学在清代并没有消声匿迹，也没有淡出人们的视域，而是作为一种潜流仍在产生影响，十八世纪末至十九世纪初显得更为特出，汉学家分别就“致良知”说的内涵、性质、价值等三个方面对阳明心学作出了新的评估，

一、"致良知"说的内涵

重新诠释"致良知"的内涵，是十八世纪末至十九世纪初汉学家评估阳明心学的表征之一。"致良知"一语出自《孟子·尽心上》："人之所不学而能者，其良能也，所不虑而知者，其良知也。"《礼记·大学》也载有"致知在格物"一语。王阳明认为，"致知"就是致吾心内在的良知。这里所说的"良知"，是指人的道德意识，王阳明认为，良知人人具有，个个自足，是一种不需凭借外力的内在力量。"致良知"就是这种人生具有的良知推广扩充到事事物物。由于"致"包含兼知兼行的过程，因而也就是自觉之知与推致之行合一的过程，所以"致良知"也就是知行合一。"良知"是"知是非"之"知"，"致"是在事上磨炼，见诸客观实际。"致良知"即是在实际行动中实现良知，知行合一。这种忽视通过个人学习从而提高道德修养的方法，与程朱理学强调道德修养必须建立在广博的学识之上的观念完全相反，因此一直受到尊崇程朱理学家的批评。十八世纪末，翁方纲就指出："姚江之学与朱子异，人皆知之，然以所谓致良知之学与朱子异者，正以其不当以此诂《大学》之格致耳。阳明以致良知主《大学》之格致，故必欲从旧本以诚意居先，是则《大学》欲诚其意者先致其知，致知在格物，皆紊其次矣。"[156]翁方纲认为王阳明以致良知来解释《礼记·大学》中所提出的格致，实际上是违背了《礼记·大学》所确定格物、致知、诚意、正心、修身、齐家、治国、平天下的秩序，从而否定了王阳明提出"致良知"的正当性，所以后来恽敬说："夫言致则不得为良，言良则不得为致，致良知之岂可立哉！孟子兼良能言之爱敬即能也。阳明先生去能言之良知之义亦不可立矣。"[157]与翁方纲、恽敬不同，十八世纪末至十九世纪初的汉学家则根据良字的基本意义来解读王阳明的"致良知"说。如《孟子·告子上》载：

> 欲贵者，人之同心也。人人有贵于己者，弗思耳。人之所贵者，非良贵也，赵孟之所贵，赵孟能贱之。

对此，汉代赵岐解释为："人皆同欲贵之心。人人自有贵者在己身，不思之耳。在己者，谓仁义广誉也。凡人之所贵富，故曰非良贵也。赵孟，晋卿之贵者，能贵人，能贱人，人之所自有者，他人不能贱之也。”同时，赵岐又解释《尽心上》“良知”之良为“甚”，“良知”之知为“能”，这样“良知”就被解释成“甚知”、“甚能”了。对此，焦循在广征《易传》、《尚书》、《毛诗》、《韩诗》、《礼记》、《周礼》、《尔雅》、《庄子》、《公羊传》、《国语》、《吕氏春秋》、《汉书》等历史上的各家解释和参考《说文解字》、《广雅》等字书，确认“良”古训为“善”的基础上，认为赵岐所谓的“良贵”，事实上也就是针对“仁义广誉”而言的，即广为传布自己的“善”，所以“人所贵者富贵，富贵之贵，不如仁义之贵良也”，可见此“良贵”、“贵良”都含有“善”的底蕴。不过，焦循并不局限于此，他又引证《山海经·西山经》“瑾瑜之玉为良”为列，作了如下的补充。他说：

注云“良，言最善也”。最善，善之最，即善之长，善之长即善之甚，故赵氏解良知、良能为甚知、甚能，皆由善之义引申者也。人人所自有，此是解人人有贵于己者，言仁义不待外求。富贵则赵孟能贵能贱，此仁义之贵，比较富贵之贵所以为良，非良字有自有之训也。良贵犹云最贵，非良贵犹云非最贵也。自儒者误以良为自有之训，遂造为致良知之说，六书训诂之学不明，其害如此[158]。

焦循认为赵岐所说的“良知”是否可以解释为“良知”、“良能”并且引申“自有”，导致明代王阳明“致良知”学说的提出，这里暂且不论准确与否，事实上焦循是从文字学入手，提示孟子“良知”学说为“善”的精义，既是对赵岐注释的补充，同时也是对王阳明“致良知”说所提出的质疑。与焦循一样，阮元同样通过良字之义质疑王阳明的“致良知”说。他在《孟子论仁论》一文中指出：

孟子论良知、良能，良知即心端也，良能实事也。舍事实而专言心，非孟子本指也。……按，良能、良知，良字与“赵孟之所贵者非良贵也”良字相同；良，实也。无奥旨也。此良知二字，不过孟子偶然及之，与良能相同，殊非《七篇》中最要紧要之言。且即为要言，亦应良能二字重于良知，方是充仁推恩之道。不解王文成何所取而以为圣贤传心之秘也[159]。

阮元把“良”训为“实”，又将“良能”替代“良知”，目的也就是否认王阳明的“致良知”之说。其实，对王阳明“致良知”说的非议，归根结底是缘自如何理解治学与伦理修养的进路问题。如清初学者朱鹤亭就指出“吴幼清以为一主尊德性，一主道学问，二家各尊所闻，行所知，持论多龃龉不合。”[160]施闰章说：“致良知语本孔孟，姚江从万死一生中体验得来。学者循声失实，空说本体，咎在不致其知，非良知之罪也。此是朱陆之辨，其实尊德性未有不道学问者。”[161]施闰章既把“尊德性”与“道问学”视为一个事物的因果关系，也即是治学与伦理修养的进路关系，所以施闰章又进一步强调“夫不尊德性，所学何事，不道问学，德性又安在？二贤之教，未尝不相成，而卒于相反，互相訾之后，其徒又加厉焉。”[162]把“问学”视为“尊德性”的唯一途径未免太绝对化，但较之朱、陆、王各说一端，显然又有其合理的一面。又如清初被誉为“浙中三毛，文中三豪”之一的毛先舒，虽然是一个恪守古代道德的“孝子”，但在如何理解“德性”与“问学”的关系方面，他与施闰章有着明显的差异。他指出：“余谓尊德性而存心者，即去欲之属也；道问学而致知者，即穷理之属也。必先尊德性而后道问学，则去欲果当先也。此余自信说之，不背于《中庸》者也。后世文字越多，诵说越精，而人之漓性者越远。”[163]表面看，毛先舒也赞成“德性”、“问学”之间存有先后之分。然细细推敲上述文意，毛氏不但没有将两者完全等同起来，而且文末的“文字越多，诵说越精，而人之漓性者越远”之句，无疑是对“先后说”的反拨。所以，毛先舒倾向“尊德性”的个人态度十分明显。又如黄宗羲尽管在哲学立场方面是属于阳明心学系统，但他在比较朱、陆异同时并不轻视“道问学”，认为“二先生之生平自治，先生之尊德性，何尝不加功于学古笃行？紫阳之道问学，何尝不致力于反身修德？特以示学者之不入门，各有先后”[164]。私淑于黄宗羲的全祖望也认为“盖其从入之途，各有所重”[165]的不同，确认二者同为通向圣学的途径。

"尊德性而道问学",语出《礼记· 中庸》,宋代理学家将"尊德性"、"道问学"演为二种不同的治学和伦理修养方法。朱熹明确表示"尊德性"特指存心养性的道德修养,而"道问学"却是格物致知的道德学习。陆九渊则偏重"尊德性",认为"既不知尊德性,焉有所谓道间学"[166]。朱、陆对"尊德性"、"道问学"的不同理解,在著名的鹅湖之会后终于分别成为经纬分明的朱学与陆学的基本特色。明代王阳明将二者视为目的和手段的关系,他的基本倾向是"尊德性"。他在《传习录》中说"如今讲习讨论,下许多功夫,无非只是存此心,不失其德性而已"、"道问学即所以尊德性也。"明末清初的学者为追究明亡之责,几乎一致谴责阳明心学空谈误国,因此很多学者重新强调"道问学"的重要性。施闰章与黄宗羲等人的意见不尽一致,但他们都与阳明心学传统有着密切的联系。如施闰章的祖父施鸿猷曾受业于陈九龙,陈九龙是罗汝芳的高足。施闰章的父亲施察也是与"澹园"往复问学,"澹园"即明代焦竑。焦竑亦系罗汝芳的弟子,而罗汝芳师承颜山农,颜山农则"从徐波石学,得泰州之传"。对于这样一个渊源于王学传统的家庭,施闰章颇为自负,他一再声称:"闰章承流后起,宜有以告来者。夫邹罗诸公之论道详矣。守而弗失,循而日进。"[167]又如毛先舒虽无施闰章那样值得炫耀的有着阳明心学传统的家庭,但他曾是著名王学家刘宗周的弟子,也研究过"性命"之学,但他并未深入乃师的"慎独"之门,相反,他是王学现成良知派的热情鼓吹者。他认为"人生适意,书不必求甚解,多观佛书,少溺文字"[168]等,这些也正是泰州阳明心学的话头。因此,透过施闰章、毛先舒、黄宗羲等各自对"尊德性"和"道问学"的理解,其背后不正是有着 层维护王学传统的意蕴吗。虽然施闰章、毛先舒、黄宗羲没有如此直率地表达过,但他们倾心于"尊德性",实际上表达了清初学人与官方的"尊朱"已分道扬镳,其背后止有一层维护阳明心学传统的含意。

十八世纪中叶,经学研究考据化蔚成风尚,"道问学"取代了"尊德性",在儒学中占了主导地位。有的学者认为他们考据家笔下虽仍不时出现"尊德性"字样,但在绝大多数情况下都是一种空泛的门面语,实际已无所指涉[169]。这是一种误解,其实"尊德性"的讨论并未消失。如郑燮曾指出:

朱子主“道问学”，何尝不开达本原，陆子主“尊德性”，何尝不实征践履。盖学识之争辨，往往同毫厘之相差，酿成水火之不相容。足下来书，洋洋数千言，畅论黄南雷、孙苏门、顾亭林、李熬屋诸先儒学术，语语入微，丝丝入扣，仆何人斯，敢萌希贤之想所以与士林断断争辨者，只为一般推郭不开之秀才而发，若诬党同伐异，则吾岂敢[170]。

这里郑燮提供了一个事实，即陆王与程朱对待治学和伦理修养方法问题上的纷争，不仅从明代经清初以来始终没有中断，而且自清初以来占上风的“道问学”的一统局面，发展到十八世纪中叶又演变为公开的论战，而这场论战又恰恰是以“尊德性”的再度回潮作为标志，所以说雷鋐说：“尊德性、道问学为千古圣学之标准也。”[171]这种视尊德性与道问学同为圣人之学的理念，到了十八世纪末至十九世纪初便出现了合尊德性与道问学为一的新取向。如尊宋学者吴定说：“德性与问学合而道德盛，德性与问学分而道德衰。《中庸》之申释自明，诚也。曰尊德性而道问学，问学者思乎德性以徐入乎？诚也。后儒岐德性问学为二，矜尚德性者心驰空寂高言，问学者没溺于训诂词章，而《中庸》之旨失矣。”[172]秦瀛说：“尊德性、道问学二者不可偏废，或以象山为尊德性，朱子为道问学，说始元儒吴澄，前人已非之，而朱子尝自谓于道问学上做工夫居多，盖恐学者高谈性命涉于空虚，欲其由博而反诸约也。……近世谈汉学者又指斥朱子《大学集注》虚灵不昧句为禅学……昔之攻朱子者借陆学以攻朱子，今之攻朱子者又借汉学以攻朱子，要皆朱子所不与也。”[173]如果我们联系吴定所说的“矜尚德性者心驰空寂高言，问学者没溺于训诂词章”的话，就能明白秦瀛是通过尊德性与道问学的论述，刻意将汉学比喻为王学的意图也是极为明显的。余廷灿说：

批驳良知之害，至明至悉，毫无遁隐。惟王学之兴于世百年有余，其根植于人心者深，其波漫于学术者远……以予所见近世贤达，稍负材识者，尚往往阴据王氏之说于胸中，以抵牾程朱[174]。

事实上，这一点早已为龚自珍所窥破。他说："孔孟之道，尊德性、道问学，二大端而已矣。二端之初，不相非而相同，祈同所归识其初，又总其归，代不数人，或数代一人，其作则规世运为法。入我朝，儒博矣，然其运实为道问学。自乾隆初元来，儒术而不道问学，所服习非问学，所讨论非问学。比之生文家而为质家之言，非律令。小生改容为间，敢问问学优于尊德性乎？"[175]龚自珍认为儒家传统不出"尊德性"、"道问学"两途，当然不错。但他上述文字明显偏向"尊德性"，甚至认为"儒尊德性，问学次焉，德性易尊万物备与。"[176]不过，龚自珍所描述的乾嘉以后"尊德性"取代"道问学"的局面却令人生疑。因为主导十八世纪学术是那些久被世人遗忘的汉代经注和早已失传的古字古音，在这种回归汉代经学的学术取向下，学者们所尊崇的唯有"道问学"一途。也正因此，可以说焦循、阮元等汉学家根据字义对王阳明"致良知"说的批评，也同样含有对程朱理学的批评，也都体现了十八世纪末至十九世纪初汉学家对阳明心学的一种新的体认。

二、"致良知"说的性质

十八世纪末至十九世纪初，汉学家在讨论了王阳明"致良知"说的内涵后，又将"致良知"的性质作了具体的分析。阮元说：

> 阳明谓学不资于外求，但当反观内省，圣人致知之功，至诚无息。……学者试举以求之《孟子》七篇之中，有此境否？……阳明直以为佛氏之言而不之讳……阳明宗旨，直是禅学，尚非释学也[177]。

凌廷堪说：

> 后儒怖释氏之微妙，以为《六经》所未有，于是窃取其说，发挥一理以与之争胜，故无论本天本心，即事物，离事物，皆宗门之绪余也。然则洛、闽之后名为圣学，其实皆禅学也，何必金谿、余姚哉！[178]

余廷灿说：

自王氏但倡为阳儒阴释之学，乃窜取孟子良知之名……然当王氏时，弟子遍天下，咸都高位，擅声势，颛颛焉尊奉其师，不啻圣贤之复出于世，而王畿、王艮又尝挺身为其师传播绝学，所过招要，因风纵火，乃闻其所传播者，率皆言禅机，绝无忌讳[179]。

唐仲冕说：

孟子道性善，故有良知良能之说。知爱知敬，良知也。爱亲敬长，良能也。张横渠多言良能，而王阳明专主良知。前明讲学以为妙悟。宗程朱者辨驳殊甚，其实，此端开于程朱之格致，传格自古无训，穷者强经就我，此致良知之说由起也。吾以为兼良能而言之则坎弊矣。盖静坐默识一知百了，安得不谓之禅学？[180]

将王阳明的“致良知”之学说定性为禅学，这在清初早有论定。王锡阐与顾炎武讨论当时学术倾向时认为：“伊洛高弟已有背其师说，而流于禅者。至象山而溃金堤，至姚江而泛滥中国矣。”[181]著名学者王夫之也曾指出说：“朱子以格物空理为始教，而檃括学者于显道之中。乃其一再传，而后流为双峰、勿轩诸儒，逐亦蹑影，沈溺于训诂，故白沙起而厌弃，然而遂起姚江王氏阳儒阴释，诬圣邪说。”[182]以“禅语”的形式来传授学习圣人之学的心得，这本是王阳明学说的特点。如王阳明认为“禅之学与圣人之学，皆求其心也，亦相去毫厘耳”。[183]陈建批评他一生所尊信者达摩、慧能，而于孔、曾、思、孟皆有所不满。[184]王阳明再传弟子陶望龄也认为自王阳明后，学者盛谈玄虚，遍天下皆禅。[185]因此，被誉为王学殿军的刘宗周干脆直呼其为“阳明禅”[186]。当然，清初学者批评王学为禅学，并非是探讨两者之间的异同，而是针对明代中后期心学与禅悦之风吸引了众多苦于沉闷空气的士大夫从内心禁固的世界中挣脱出来，从而大胆追求尘世幸福，掀起了一股追求个性解放的异端思潮，这与清初重振儒家传统道德观念无疑是背道而驰的。因此,他们视王学为禅学,客观上是与当时“明学术,正人心”重新确立朱学权威的社会要求紧密联系在一起的。如陆陇其就强调“今之学者,必尊朱子而黜阳明,然而是非明而学术一,人心可正,风俗可醇”[187]。张烈批评王阳明是“假孔孟以文禅宗,藉友谋以标道德,破坏程朱规矩,蹂躏圣贤之门庭”[188]。对王阳明的这种批评,清初学者的态度并不一致。如黄百家在描述当时学界现状时指出:“今天下尽人讲学矣。大约其派有二,而要未有不以诋毁先儒为事者也。一则习口头之机锋,而改头换面,以主敬为叠床,以作用为见性,凡周、程以下具诋之为禅为教,而不遗余力。一则假丁豆之括帖,名为翼注,以黄口之剿说陈言,奉为耆蔡,因以谩骂象山、阳明,直指为告子邪说。嗟呼!先儒宗旨所在,实从身心体动,万死艰难中得之,此岂不入其堂,不哜其截者,所得冒昧议之乎!”[189]又如朱鹤龄指出:“理学莫粹于濂溪、明道,一再传而为考亭、象山。象山直探本原,注脚六经,考亭博极散珠,穷研著述。至无极、太极之辨,象山掊击再三,考亭亦无以难也。后世儒者多右朱而左陆,遂疑象山为禅。不知圣贤之学,皆心学也。”[190]这里,朱鹤龄将“心学”为什么被抨击为“禅学”作了简要的说明。也正因此,王士祯在《渔洋山人文略》中的《游华山记》一文中,说他与见月和尚会面时的感受说:“至是始相见山中。一灯夜尘,往复叩击,乃知浮屠之说,乃与吾儒道德仁义之旨,了然不殊。”黄宗羲在《恽仲升文集序》声称“子之学,非禅学也。此世之中而有吾两人相合,可无自伤其孤另矣”。恽仲升即恽日初,曾是刘宗周的弟子,后出家天台山,法号“明昙”,僧服讲学以终,“人皆目之禅学”。但黄宗羲却认为他不是禅学,而是儒学,并引以为知己。黄宗羲当时以大儒的身份,而王士祯则以当时文坛领袖的身份,两者都确认儒释双方思想感情的完全一致,这就不难理解他们为什么认同王学了。十八世纪中期,雷鋐也明确说:“良知发现流行光明圆莹,不即佛氏之净智妙圆光明寂照乎!”[191]此后,凌廷堪则认为阳明与朱熹都是禅学,不分轩轾。他说:“阳明学亦考亭学,窃钩窃国何讥焉,至今两派互相诟,稽之往训皆茫然。”[192]甚至认为宋明的经学研究都为禅学所代替,即所谓“悠悠七百年,禅义为经义”[193]。

需要指出的是,十八世纪末至十九世纪初,仍有学者对王阳明的“致良知”说持肯定的态度。如河南学者马平泉在《朴丽子》一文就指出说：

龙溪王氏曰：千古圣学，从一念灵明做起。保此灵明之谓学；以此触发感通之谓教，随事不昧此为格物，不欺此为诚意。朴丽子曰：一念灵明，知也，保也，触发也，不昧也，不欺也，致知也。知非他，良知也。致者，致良知也。一部《大学》，致知焉尽之矣。龙溪此言，透快精确，万古不易，使读者手舞足蹈，心花俱开[194]。

马平泉所说的“一念灵明”，也正是王阳明“致良知”说的主要精神。所以嵇文甫先生评价说：“点出那一念灵明，纵说横说，一了百当，自是王学家快论。平泉于此别有会心，竟可以使他手舞足蹈，心花俱开，原来陆王派所讲的是心学，是守提本心作主宰的。”[195]由上可见，十八世纪末至十九世纪初，汉学家与学者们对王阳明“致良知”说的定性，无疑是清初以来学者二种不同取向的延续。

三、“致良知”的价值

正是基于上述对王阳明“致良知”说两种截然不同的定性，十八世纪末至十九世纪初的汉学家又进一步对“致良知”说作出了新的历史评估。钱大昕称赞王阳明：“半壁南天一战收，蛮中更借伏波筹。功名已上麒麟阁，德望真悬泰华旒。信有文章兼道学，漫因门户快恩仇。蚍蜉撼树嗟何益，试看姚江万古流。”[196]焦循虽然对“致良知”内涵有所不满，但对它的实际功用却赞赏有加。他在《良知论》一文中说：

数百年来，人宗紫阳。自阳明表彰陆氏，而良知之学复与朱子相敌。迩年讲汉儒之学者，又以朱陆并斥而归诸于佛老。余谓：紫阳之学，所以教天下之君子；阳明之学，所以教天下之小人。紫阳之学，用之于泰宽平裕，足以为良相；阳明之学，用之于仓卒苟且，足以成大功，人心之分邪正而矣。……至若行其所当然，复穷其所以然，诵习经史之文，讲不熟乎性命之本，此唯一二读书之士能之，未可执颛愚顽梗者而强之也。良知者，良心之谓也。虽愚不肖不能读书之人，有以感发，无不动者。……余读文成全集，至檄利头，谕顽民、札安宣慰及所以与属官谋告士卒者，无浮辞，无激言，真能以己之良心感动人之良心。……当是时，从容坐论，告之以之穷理尽性之学，语之以许郑训诂之旨，可乎！[197]

这里焦循所持有的传统偏见姑且不论，他所以区别王学与朱学的界线也颇有商榷之处。但是他看到了王学与朱学的社会价值：即朱学是专对"士君子"说教的，而王学则提供了较为通俗化的一面，从而可以成为沟通上下长期脱节的媒介。所以焦循又接着说："牧民者，苟发其良心，不为贼盗，不相争讼，农安于耕，商安于贩，而后一二读书之士，得尽其穷理格物之功"。甚至认为"文成能读书，盖本乎古圣人之言，而以至诚恻怛之故能感人。学姚江者，徒拾其致良知之言而不读书、难矣哉！"[198]焦循这一种对"致良知"说社会价值的肯定，一时便在学界迅速发酵。王芑孙有诗云：

"良知寒暖验自躬，世人但识宋五子，拾宋糟粕讲异同。宋儒堂奥初未见，叩槃扪钥随群朦。神徂圣伏儒者贱，宋五子恨无终穷。兼三不朽破空出，天遣与世为晨钟。阳明不出道坠地，坐令学究成冬烘。阳明既出道在世，如晓日挂榑桑东。山人还山若无有，始觉儒者真英雄。"[199]

王芑孙对宋儒的厌恶是不言而喻的，然而他把"致良知"之学视为"道"的象征和儒家的英雄，这在当时可谓石破天惊了，所以他接着说："我言杂儒佛，阳明以为师。"这种对王阳明"致良知"说的尊崇和再三致意，在当时也屡屡见于一些文学作品中。如孙原湘在《题王文成公自书诗卷后》一诗中，赞叹王阳明的"致良知"是"为教立三字，如圣举一隅"[200]。而舒位在《阳明书院怀古》一诗则说"粹然儒者言，知能皆天良"[201]。把王阳明比喻为"圣人"，将他的"良知"之学赞为纯粹的儒家之学，无疑是对王阳明"致良知"说的一种新的评价。

其实，在清初有很多学者对王阳明"致良知"说的社会价值早就给以正面的肯定。如廖燕指出："若云先生之独言致良知，遗却格物，未免流入于禅，则当如释氏之无为矣。何先生计擒宸濠时，算无遗策，功盖天下。自北宋以来，以道学而建莫大之功者，先生一人而已。"[202]朱彝尊说："文成先生揭良知之学，投荒裔，御大敌，平大难，文章卓然成一家之言，传所称三不朽者，盖兼有之。世儒讲学寓之空言，先生则见诸行事者也。议者或肆诋其近于禅学，夫弃人伦事之常而谓之学者禅也。使禅之学能发于事业，又何病乎禅也邪！"[203]这样一种评价也正是清初学者的共识。王士祯说："王文成公为明朝第一流人物，立德、立功、立言皆居绝顶。"[204]毛先舒也认为："王守仁功名学术，卓荦光大，表表千古，而议者多贬之，谓其成功用诈。又诋其学术为异同。嗟呼！何甚甚哉。"[205]张揆方声称："居今日而论皇明儒统，以正学而兼功业文章者，必以阳明为巨擘焉。"[206]张大受干脆说："万里龙场路，斯文二百秋。良知从此僻，大业更谁侔。"[207]当然，上述清初学者对王阳明所作出的历史评价，这并不意味着他们都是王学家。而是通过上述所列材料来说明：他们并不理会清初意识形态批判王学思潮的影响，他们的思想感情更接近王学，他们所赞赏的仍然是阳明学说真正的社会价值。王源曾说："尝以为孟子没后千数百年，全体大用，才堪王佐之儒，唯诸葛忠武、王文成两人而已。"[208]王源此说，实可涵盖十八世纪末至十九世纪初汉学家对王阳明学术和事功具有典范意义价值的重新评估[209]。

总之，"致良知"说作为一种学术思想，自它产生之后，便有它自己的生命，随着时代的推移，它后来发展的路向，并不以思想家的个人意志所转移。在它传衍的历史进程中，会出现汇流或中断或歧出。如果认为某一思想只能局限于某个学派的内部传授，那就离开了历史的真实。作为清初理学的一个重要内容的"阳明学"，在清初学界"崇朱贬王"的声浪中，虽然脱离了它原来的传统，逐渐失去了在思想领域里的主导地位。但是在十八世纪末至十九世纪初，汉学家对阳明心学的批评、体认和新的历史评估，都使一度颓势的王学由此在学界陡然炽盛，它展示了世纪之交"阳明心学"的新态势。

注释：

① 钱大昕：《潜研堂文集》卷九《答问六》，上海：上海古籍出版社1989年版，第135页。

② 梁启超：《中国近三百年学术史》，《梁启超论清学史二种》，上海：复旦大学出版社1985年版，第316页。

③ 如江书：《自序》云："爰取马、郑之注及《大传》异谊，参酌而辑之，更旁采他书之有涉于《尚书》者以益之，王肃注与晚出之《孔传》本欲勿用，不得已……间亦取焉。皆以己意为之疏。"又如王书《自序》云："《尚书后案》何为作也？所以发挥郑氏康成一家之学也。余编次群书，搜罗郑注，惜已残缺，聊取马、王、传、疏益之，又作案以释郑义。马、王、传、疏与郑异者，条析其非，折衷于郑氏。名曰后案者，言最后所存之案也。"

④ 孙星衍：《尚书今古文注疏序》，清嘉庆二十年(1815)孙氏冶城山馆刻《平津馆丛书》本。

⑤ 林则徐：《礼记训纂序》，《礼记训纂》卷首，清咸丰宜禄堂刊本。

⑥ 段玉裁说："先生是年(乾隆四十二年)与玉裁书云：仆生平著述之大，以《孟子字义疏证》为第一，此正人心之要，今人无论正邪，尽以意见名之曰理而祸斯民，故《疏证》不得不作。"(《经韵楼集》七《答程易田丈书》。)焦循说："性道之谭，如风如影，先生明之，昏错得朗。先生疏之，如示诸掌。人性相近，其善不爽。惟物则殊，知识罔罔。仁义中和，此来彼往。各持一理，道乃不广。以理杀人，与圣学两。"(《雕菰楼集》卷六《读书三十二赞》)梁启超说："是书目次，理十五条(卷上)，天道四条、性九条(卷中)，才三条，道四条，仁义礼智二条，诚二条，权五条(卷下)，虽就孟子引其端，实则贯通群经，自成一家，诚哉著述之大此为第一也。"(《戴东原著述纂校书目考》)

⑦ 焦循：《孟子正义・孟子篇序》。焦氏又说："循传家教，弱冠即好《孟子》书，立志为《正义》，以学他经，辍而不为，兹越三十许年。于丙子冬，与子廷琥，纂为《孟子长编》三十卷，越两岁乃完。戊寅十二月初七日，立定课程，次第为《正义》三十卷。至己卯秋七月，草稿粗毕。间有鄙见，用'谨按'字别之。廷琥有所见，亦本范氏《谷梁》之例，录而存之。"(《孟子正义孟子篇序》)

⑧ 焦廷琥：《先府君事略》，清《焦氏丛书本》刊本。

⑨ 如《孟子・滕文公上》载："禹疏九河，瀹济、漯而注诸海，决汝、汉，排淮、泗而注之江，然后中国可得而食也。"所谓"九河"，古代黄河下游的九条支流，分别为徒骇、太史、马颊、覆釜、胡苏、简、絜、钩盘、鬲津，济、漯、汝、汉、淮、泗均为水名。意思

是说：大禹疏通了黄河下游的九条河，治理了济水与漯水，让河水流入海中，又开掘了汝水、汉水，同时也疏通了淮水、泗水，把水导入江中，于是地处中原大地的百姓才能种上庄稼得以温饱。对此，赵岐虽然也作出了解释，但是对于“排淮、泗而注之江”，即古代淮水与泗水是否均可导入江这一历史现象却没有明确说明，从而引发了汉之后许多学者的争辩，至清代乾嘉时，仍有不少学者认为历史上的淮水未尝入江。焦循认为这是赵岐《孟子章句》的一个重大缺漏。于是焦循征引《尚书·禹贡》、《史记·货殖传》、应劭的《汉书注》、郦道元的《水经注》、王象之的《舆地纪胜》、欧阳忞的《舆地广记》、王存的《元丰九域志》、南宋祝穆的《方舆胜览》所引《合肥旧志》等文献，又借鉴当时学者孙兰《舆地隅说》、孙星衍《分江导淮论》(《分淮注江论》)等的考证指出：“《孟子》言排淮、泗而注之江，今不得其解，或以为误，或以为据吴沟通江、淮之后言之。不知禹贡扬州已云沿于江海，达于淮、泗，解者又谓沿江入海，自淮入泗，此伪孔之言，本不足信。”在焦循看来，造成后人对孟子所言不解的原因是：“近世水利不修，淮、肥流断，然巢湖之水，夏间犹达合肥，古迹可寻求也。且古说大别在安丰，为今霍丘地，禹迹至此排淮，故导江有至大别之文，此又淮流与江通之证矣。”也正因此，焦循进一步指出：“夏时贡道，正可由巢湖溯施、泄、肥水之流通淮，达于菏泽，菏泽合泲、泗之流，故云达于淮、泗，从此达河，则至禹都矣。”由此得出结论“淮决于六安、安丰间入汉，与汉合入江也。孟子此文，至精至妙，补《禹贡》所未详”。焦循对赵岐这条疏漏的补充达五千余言，相当于一篇学术专题论文。对于焦循的这一结论，尽管当时学者也未必完全认同，认为是“曲为之说”。如陈澧就指出“焦氏《孟子正义》汝淮泗入江之说，澧以为未然也。古汝水在今阜阳县入淮，古泗水在今清河县入淮，焦氏于阜阳县之东，清河县之西求入淮入江，两水发源相近者而强通之。”(《东塾集》卷四《与潘聘之书》)但是却引发后来郑珍、汪士铎、王舟瑶等清代学者的也各有解说。类似的例子很多，这里不一一枚举。

⑩ 焦循：《孟子正义·离娄上》第十九章，清《焦氏丛书》刊本。

⑪ 焦循：《孟子正义·滕文公上》第一章，清《焦氏丛书》刊本。

⑫ 焦循：《孟子正义·告子上》第七章，清《焦氏丛书》刊本。

⑬ 焦循：《易通释》“寡、孤”条，清《焦氏丛书》刊本。

⑭ 焦循：《孟子正义·离娄下》第十四章，清《焦氏丛书》刊本。

⑮ 焦循：《易通释》“几”条，清《焦氏丛书》刊本。

⑯ 焦循：《孟子正义·梁惠王下》第十五章，清《焦氏丛书》刊本。

⑰ 焦循：《孟子正义·告子》第四章，清《焦氏丛书》刊本。

⑱ 上述引语皆见《孟子正义·告子》第一章，清《焦氏丛书》刊本。

⑲ ㉑ 焦循:《雕菰集》卷九《性善解》一,清《文选楼丛书》刊本。

⑳ ㉓ 焦循:《孟子正义·离娄下》第二十六章,清《焦氏丛书》刊本。

㉒ 焦循:《孟子正义·告子上》第一章,清《焦氏丛书》刊本。

㉔ 焦循:《易通释》"性·情·才"条,清《焦氏丛书》刊本。

㉕ 焦循:《孟子正义·告子上》第三章,清《焦氏丛书》刊本。

㉖ 焦循:《雕菰集》卷九《格物解二》,清《文选楼丛书》刊本。

㉗ 焦循:《孟子正义·娄离上》第二章,清《焦氏丛书》刊本。

㉘ 焦循:《孟子正义·尽心上》第三十二章,清《焦氏丛书》刊本。

㉙ 焦循:《孟子正义·离类下》第十一章,清《焦氏丛书》刊本。

㉚ ㉛ 焦循:《孟子正义·尽心上》第十九章清《焦氏丛书》刊本。

㉜ 焦循:《孟子正义·离娄下》第十二章,清《焦氏丛书》刊本。

㉝《文言·乾卦》,北京:中华书局 1982 年版。

㉞《论语·雍也》,北京:中华书局 1982 年版。

㉟ 黄承吉:《梦陔堂文集》卷五《孟子正义序》,清道光二十三年(1843)刊本。

㊱ ㊲ 梁启超:《中国近三百年学术史》十三《清代学者整理旧学之总成绩》,《梁启超论清学史二种》,上海:复旦大学出版社 1985 年版。

㊳《康熙御制文四集》卷二十一《朱子全书序》。

㊴《清世祖实录》卷十"顺治元年十月丙寅"条。

㊵《清高宗实录》卷二十一"乾隆元年丙辰六月乙卯"条。

㊶《清高宗御纂七经·御制三礼义疏序》。

㊷ 凌廷堪:《校礼堂文集》卷二十六《礼经释例序》,北京:中华书局 1998 年版,第 241—242 页。

㊸ 顾炎武:《亭林文集》卷六《广师》,朱氏槐庐校刊本。一般人都认为顾炎武的话是赞扬张尔岐精深的礼学研究,事实上是顾炎武自谦的一种表示,所以他说:"学究天人,确乎不拔,吾不如王寅旭;读书为己,探赜洞微,吾不如杨雪臣;萧然物外,自得天机,吾不如傅青主;坚苦力学,无师而成,吾不如李中孚;险阻备尝,与时屈伸,吾不如路安卿;博闻强记,群书之府,吾不如吴志伊;文章尔雅,宅心和厚,吾不如朱锡鬯;好学不倦,笃於朋友,吾不如王山史;精心六书,信而好古,吾不如张力臣。"

㊹ 阮元:《揅经室一集》卷十一《汉读考周礼六卷序》,上海:上海古籍出版社 2006 年版,第 241 页。

㊺ 焦循:《易图略》卷首《比例图序目》,清《焦氏丛书》刊本。

㊻ 凌廷堪:《校礼堂文集》卷二十六《礼经释例序》,北京:中华书局 1998 年版,第 242 页。

㊼ 段玉裁:《说文解字注》,上海:上海古籍出版社 1988 年版,第 2 页。

㊽ 段玉裁:《说文解字注》,上海:上海古籍出版社 1988 版,第 208 页。

㊾ 王国维:《观堂集林》第一册,北京:中华书局 1999 年影印本,第 291 页。

㊿ 程颢、程颐:《二程遗书》卷十五《伊川先生语一》,上海:上海古籍出版社 1995 年版,第 110 页。

51 朱熹:《论语或问》卷十二《颜渊》,《四书或问》,上海:上海古籍出版社 2001 年版,第 295 页。

52 张九成:《横浦集》卷十九《杂著》,《文津阁四库全书》刊本。

53 蔡节:《论语集说》卷一《学而第一》引,《文津阁四库全书》刊本。

54 55 朱熹:《朱子文集》卷五十九《答吴斗南》,清《正谊堂全书》刊本。

56 李塨:《中庸传注问》,民国十二年(1923)《颜李丛书》刊本。

57 戴震:《孟子字义疏证》,清《戴氏遗书》刊本。

58 59 凌廷堪:《校礼堂文集》卷十六《好恶说下》,北京:中华书局 1998 年版。

60 钱穆:《中国近三百年学术史》,北京:商务印书馆 1997 年版,第 551—552 页。

61 凌廷堪:《校礼堂文集》卷四《复礼上》,北京:中华书局 1998 年版,第 27—28 页。

62 同上卷二十四《复钱晓徵先生书》,北京:中华书局 1998 年版,第 221 页。

63 钱穆:《中国近三百年学术史》,北京:商务印书馆 1997 年版,第 547—548 页。

64 65 焦循:《雕菰集》卷十六《礼记郑氏注自序》,清《文选楼丛书》刊本。

66 焦循:《雕菰集》卷十《理说》,清道光间《文选楼丛书》刊本。

67 吕坤:《呻吟语摘》卷上《谈道》,《文津阁四库全书》刊本。

68 焦循:《雕菰集》卷十《理说》,清道光间《文选楼丛书》刊本。

69 焦循:《雕菰集》卷十六《毛诗郑笺自序》,清道光间《文选楼丛书》刊本。

70 焦循:《雕菰集》卷十五《王处士纂周易解序》,清道光间《文选楼丛书》刊本。

71 戴震:《戴东原集》卷九《与某书》,清乾隆五十七(1718)刊本。

72 戴震:《孟子字义疏证》上,清《戴氏遗书》刊本。

73 阮元:《揅经室续三集》卷三《书东莞陈氏学部通辨后》,上海:上海古籍出版社 2006 年版,第 1062 页。

⑭ 凌廷堪:《校礼堂文集》卷二十四《复钱晓徵先生书》,北京:中华书局 1998 年版,第 221 页。

⑮ 董含:《三冈识略》卷十《三吴风俗十六则》,沈阳:辽宁教育出版社 2000 年版,第 222—225 页。

⑯ 恽敬:《大云山房文稿》卷三《上曹俪笙侍郎书》,民国八年(1919)上海商务印书馆《四部丛刊》刊本。

⑰ 朱轼:《族谱解惑》,《清经世文编》卷五十八,清光绪十二年(1886)思补楼重石印本。

⑱ 皮锡瑞:《经学历史》"经学复盛时代",北京:中华书局 1959 年版,第 341 页

⑲ 杨向奎:《清儒学案新编》第三卷《三惠学案》,济南:齐鲁书社 1994 年版,第 117 页。

⑳ 江藩:《汉学师承记》卷二《褚寅亮传》,上海书店出版社 1983 年版,第 37 页。

㉑ 刘逢禄说:"皇清汉学昌明,通儒辈出。于是武进张氏治虞氏《易》,曲阜孔氏治《公羊春秋》,今文之学萌芽渐复。"(《刘礼部集》卷九《诗古微序》,清道光十年(1830)思误斋刊本)

㉒ 按:一说刘逢禄的《公羊》学研究,实暗取同乡丁履恒所著《春秋公羊释例》。丁履恒与洪亮吉、孙星衍、张惠言、庄述祖等亦相师友,据他的孙儿丁绍基说:"平生撰著甚富,于诸经中尤深《春秋》公羊学,创著《释例》,未及卒业,会刘申受先生亦治《公羊》,遂以稿本相属。"(《思贤阁文集》卷末"丁绍基跋")史载丁履恒"生性磊落慷慨,而所学又足以助之。两汉唐宋儒先之书,无不旁搜切究,居平与昆季友朋相砥砺,惟于日用寻常语默作止之间,质求真实"。(桂文灿:《经学博采录》卷十)今丁著《春秋公羊释例》不传,刘逢禄的《春秋公羊何氏释例》是否采纳丁著还有待考证。

㉓ 如刘逢禄说:"或曰通三通者,新周、故宋、以《春秋》当新王也。夫制新王之法,以俟后圣,何以必于鲁?曰:因鲁史之文,避制作之僭,祖之所逮闻,惟鲁为近,故据以为京师。张治本也。圣人在位如日之丽乎天,万国幽隐,莫不毕照,庶物蠢蠢,咸得系命,尧舜禹汤文武是也。圣人得位,如火之丽乎地,非假薪蒸之属,不能舒其光,究其用。天不生仲尼,万古如长夜,《春秋》是也。故日归于明西,而以火继之,尧舜禹汤文武之没而以《春秋》治之,虽百世可知也。"(《刘礼部集》卷四《释三科例中》,清道光十年(1830)思误斋刊本)

㉔ 阮元说:"唐、宋人每轻视汉、魏、六朝人,以为无足论。无论宋、齐疏义,断非唐以后人所能为,即如邵公之为人,绝无可议,其学如海,亦非后人所能窥,《公羊》之学与董子《繁露》相表里,今能通之者有几人哉?不能通之而一概扫之,可乎?试为

《汉何邵公赞》。”(《揅经室续三集》卷三《学海堂策问》，上海：上海古籍出版社 2006 年版，第 1068 页)

⑧⑤ 阮元:《味经斋遗书序》，光绪八年(1882)阳湖庄氏重刊本。

⑧⑥ 阮元:《揅经室一集》卷十一《诂经精舍策问》，上海：上海古籍出版社 1986 年版，第 237 页。

⑧⑦ 按：此《比》卦释义内容既不见于焦循的《易学三书》，也未曾收录于焦循其他著述，而仅见于他手批清人刘祈毂《增订苏了心周易本义补》的校本中，所以鲜为人知。本节所引焦循对各卦义的解释，均来自该批校本。

⑧⑧ 焦循:《易通释》“比”条，清《焦氏丛书》刊本。

⑧⑨ 焦循:《易章句》“井”条，清《焦氏丛书》刊本。

⑨⓪ 焦循:《易能释》“噬嗑”条，清《焦循丛书》刊本。

⑨① 焦循:《雕菰集》卷十《说权三》，清《文选楼丛书》刊本。

⑨② 胡承珙:《求是堂文集》卷四《四书管窥序》，清道光十七年(1837)刊本。

⑨③ 班固:《汉书艺文志》，北京：中华书局 1983 年版。

⑨④ 惠栋所作《荀子微言》，不见清人记载，今收入《续修四库全书》。

⑨⑤ 戴震:《孟子字义疏证》卷下，清《戴氏遗书》刊本。

⑨⑥ 钱大昕:《潜研堂文集》卷二十五《老子新解序》，上海：上海古籍出版社 1989 年版，第 418 页。

⑨⑦ 孙星衍:《岱南阁集》卷一《观风试士策问五条》，清嘉庆刊本。

⑨⑧ 孙星衍:《孙氏祠堂书目序》，清《岱南阁丛书》刊本。

⑨⑨ 孙星衍:《尚书今古文注疏》凡例，清嘉庆二十年孙氏《平津馆丛书》刊本。

⑩⓪ 陈寿祺:《与王引之书》，《昭代经师手简二篇》。

⑩① 焦循:《论语通释》“释知”条，清光绪李氏刻《木犀轩丛书》刊本。

⑩② 焦循:《论语通释》“释据”条，清光绪李氏刻《木犀轩丛书》刊本。

⑩③ 焦循:《雕菰集》卷九《攻乎异端解下》，清《文选楼丛书》刊本。

⑩④ 陆九渊:《陆九渊》卷三十四《语录上》，北京：中华书局 1980 年版，第 402 页。

⑩⑤ 焦循:《论语补疏》卷下“虽小道必有可观者焉”条，清《皇清经解》刊本。

⑩⑥ 焦循:《雕菰集》卷十二《与孙渊如观察论考据著作书》，文选楼丛书刊本。

⑩⑦ 傅山曾认为《荀子》的思想近似《墨子》。他认为“《荀子》屡有非墨之论，此篇‘大天而思之，孰与物蓄而制之？从天而颂之，孰与制天命而用之？望时而待之，孰与应时而制之？’与《墨子大取篇》之语‘为暴人语天之为是也而性，为暴人歌天之为非也’，哥天之为，即从天而颂之义，道固有至相左者，而与之少合者好此”(傅山：《荀

子评注》，上海：上海古籍出版社 1990 年版，第 237 页）。

⑱ 钱大昕在为谢墉刊刻《荀子》作序时说："《荀子》三十二篇，世所共訾謷之者，惟《性恶》一篇，然多未违其旨趣。夫子、孟子言性善，欲人之尽性而乐于善；荀子言性恶，欲人之化性而勉于善。言性虽殊，其教人以善则一也。世人见篇首云：'人之性恶，其善者伪也。'遂掩卷而大诟之，不及读之终篇。今试平心而读之，荀子所谓'伪'，只作为善之'为'，非诚伪之'伪'，故曰：'不可学，不可事而在人者谓之性。可学而能，可事而成之在人者，谓之伪。'古书'伪'与'为'通，《尧典》'平秩南伪'，《史记》作'南为'，《汉书·王莽传》作'南伪'，此其证也。若读'伪'如'为'，则其说无悖矣。后之言性者，分义理之性与气质之性而二之，而戒学者以变化气质为先，盖已兼取孟、荀二义，而所云变化气质者，实暗用荀子化性之说，是又不可不知也。"（《潜研堂文集》卷二十七《跋荀子》，上海：上海古籍出版社 1989 年版，第 475—476 页）按，这里钱氏所说的"暗用荀子化性之说"，实指戴震的哲学思想取自荀子。如程瑶田就认为戴震的人性论就是荀子性恶说的翻版。他说："今之言学者，但知修慝为大端，认修慝为即以崇德。其根由于不知性善之精义，遂以未治之身，为丛尤集愆之身。虽亦颇疑于性善，及其著于录也，不能不与荀子《性恶篇》相为表里，此说之所以不能无歧也。"（《论学小记》卷二十七《诚意义述》）章太炎在《释戴》一文中曾指出"极震所议，与孙卿若合符。以孙卿言性恶，与震意佛，故解而赴《原善》"（《太炎文录初编》卷一，《章太炎全集》四，上海：上海人民出版社 1985 年版，第 124 页）。此后钱穆也认为"东原之所指为性者，实与荀卿为近，惟东原以孟子性善之意移而为说耳"（《中国近三百年学术史》第八章《戴东原》，北京：商务印书馆 1997 年版，第 399 页）。

⑲ 张惠言：《茗苛文初编·读荀子》，上海：上海古籍出版社，1984 年，第 24 页。

⑳ 凌廷堪：《校礼堂文集》卷三十六《孔检讨诔》，北京：中华书局 1998 年版，第 322 页。

⑪ 郝懿行：《曬书堂文集》卷二《与干伯申侍郎论孙卿书》，清光绪十年（1884）东路厅署刊本。

⑫ 谢墉：《湖海文传》卷二十八《重刊荀子序》，清道光十七年（1837）刊本.

⑬ 钱大昕：《十驾斋养新录》卷十八《法后王》，上海：上海书店出版社 1989 年版，第 427 页。

⑭ 凌廷堪：《校礼堂文集》卷二十六《孟子时事考徵序》，北京：中华书局 1998 年版，页 243—244。

⑮ ⑯ 凌廷堪：《校礼堂文集》卷十《荀卿颂》，北京：中华书局 1998 年版，页 77。

⑰ 同上卷二十四《复钱晓徵先生书》，北京：中华书局 1998 年，页 221—222。

⑱ 同上卷十六《好恶说下》,北京:中华书局1998年版,页142—143。

⑲ 王引之:《经传释词》卷一"于"条,清嘉庆二十四年(1819)刊本。

⑳ 王引之:《经传释词》卷六"傥"条,清嘉庆二十四年(1819)刊本。

㉑ 王国维:《国朝汉学派戴阮二家之哲学说》,《王国维文集》第三卷,北京:中国文史出版社1997年版,第234页。

㉒ 张舜徽:《清人文集别录》卷十一"研经室一集"条,北京:中华书局1963年版,第318页。

㉓ 钱大昕:《潜研堂文集》卷二《大学论》,上海古籍出版社1989年版,第23页。

㉔ 戴震:《原善》卷下,民国二十五年(1936)《安徽丛书》刊本。

㉕ 朱一新:《无邪堂答问》卷四,北京:中华书局2000年版,第147页。

㉖ 徐养原:《诂经精舍文集》卷九《格物说》,清瑯環仙馆刊本。

㉗ 程瑶田:《论学小记》上《诚意义述》,《丛书集初编》本。

㉘ 孙星衍:《岱南阁集》卷二《呈复座主朱石君尚书》,清《孙渊如先生全集》嘉庆刊本。

㉙ 焦循:《雕菰集》卷九《格物解》一,清《文选楼丛书》刊本。

㉚ 阮元:《研经室一集》卷二《大学格物说》,上海:上海古籍出版社2006年版,第55页。

㉛ 凌廷堪:《校礼堂文集》卷十六《慎独格物说》,北京:中华书局1998年版,第144页。

㉜ 郝懿行:《晒书堂外集》卷下《大学格物解》,清光绪十年东路厅署刊本。

㉝ ㊲ ㊳ 焦循:《雕菰集》卷九《格物解》一,清《文选楼丛书》刊本。

㉞ 戴震:《原善》卷下,民国二十五年(1936)《安徽丛书》刊本。

㉟ 焦循:《雕菰集》卷十三《寄朱休承学士书》,清《文选楼丛书》刊本。

㊱ 唐仲冕:《陶山文录》卷三《大学论》,清道光二年(1822)刊本。

㊴ 焦循:《易章句》卷七,《焦氏丛书》刊本。

㊵ 焦循:《雕菰集》卷九《格物解》三,清《文选楼丛书》刊本。

㊶ ㊸ 阮元:《揅经堂一集》卷二《大学格物说》,上海:上海古籍出版社2006年版,第55页。

㊷ 颜元:《四书正误》卷一《大学》,民国《颜李丛书》本。

㊹ 阮亨:《瀛舟笔谈》卷七,嘉庆二十五年(1820)刊本。

㊺ 凌廷堪:《校礼堂文集》卷十六《慎独格物说》,北京:中华书局1998年版,第144页。

⑭6 凌廷堪:《校礼堂文集》卷四《复礼中》,北京:中华书局 1998 年版,第 55 页。

⑭7 钱穆:《中国近三百年学术史》,北京:商务印书馆 1997 年版,第 553 页。

⑭8 ⑭9 凌廷堪:《校礼堂文集》卷十六《慎独格物说》,北京:中华书局 1998 年版,第 145 页。

⑮0 凌廷堪:《校礼堂文集》卷四《复礼上》,北京:中华书局 1998 年版,第 27 页。

⑮1 朱熹:《四书章句集注・中庸章句》,上海:上海书店出版社 1998 年版,第 2 页。

⑮2 凌廷堪:《校礼堂文集》卷十六《慎独格物说》,北京:中华书局 1998 年版,第 144 页。

⑮3 孙希旦:《礼记集解》卷中,清同治七年(1868)刊本。

⑮4 钱穆:《中国近三百年学术史》,北京:商务印书馆 1997 年版,第 552 页。

⑮5 梁启超:《清代学术概论》十一,上海:上海古籍出版社 1998 年版,第 38 页。

⑮6 翁方纲:《复初斋文集》卷七《姚江学致良知论上》,清李彦章校刊本。

⑮7 恽敬:《大云山房文稿》卷二《姚江学案书后一》,民国八年《四部丛刊》刊本。

⑮8 焦循:《孟子正义》卷十一《告子上》,清《焦氏丛书》刊本。

⑮9 阮元:《揅经室一集》卷九《孟子论仁论》,上海:上海古籍出版社 2006 年版,第 196 页。

⑯0 朱鹤龄:《愚庵小集》卷十三《书阳明先生传习录后》,上海:上海古籍出版社 1979 年影印康熙刊本。

⑯1 施闰章:《学余堂文集》卷二十七《复孙仲元》,《文津阁四库全书》刊本。

⑯2 施闰章:《学余堂文集》卷二十五《朱陆异同略》,《文津阁四库全书》刊本。按,清初辨析朱陆学术之异,肇自康熙年间的编写《明史》,王士祯说:"康熙己未,开史局秉笔者,率齮龁阳明,且波及象山之学术,目为异端。其始倡于一二人,既而众喙附和……曰象山专主尊德性而略问学于不是,是蹊于禅者也。岂圣贤之旨乎!曰此非象山之意。使尊德性而道问学之道,亦非所以尊德性矣。自禅宗有不立文字之说,而曹溪之书遂满天下。有谓不必识字而可明心见性者,今谓象山为不识一字也可乎?试观象山集所载,未尝不教人读书穷理,使之埋会文字也。考亭固以道问学为事者,而言非存心无以致知,何尝不尊德性乎!"(《蚕尾续文》卷八《范先生传》)。王士祯又在《池北偶谈》中详述双方争执的最后结果说:"康熙中,开明史馆,秉笔者訾謷太甚,亡友叶文敏(方蔼)时为总裁,予与辨论,反复至于再四。二十二年(1683)四月,上宣谕汤侍荆岘(斌),令进所著诗文,且蒙招对。中有《王守仁论》一篇,上阅之,问汤意云何?汤因对以守仁致良知之说,与朱子不相刺谬,且言守仁直节丰功,

不独理学。上首肯曰：朕意亦如此。睿鉴公明，远出流俗之外，史馆从此其有定论乎！”(《池北偶谈》卷九“王文成”条，北京：中华书局1982年版，第201页)

⑯③ 毛先舒：《潠书》卷八《客难琐答》，清顺治间刊本。

⑯④ 黄宗羲：《宋元学案》卷五十八《象山学案》，北京：中华书局1989年版，第1886页。

⑯⑤ 全祖望：《鲒埼亭集外编》卷十四《淳熙四先生祠堂碑文》，清嘉庆十六年(1811)刊本。

⑯⑥ 陆九渊：《陆九渊集》卷三十四《语录上》，北京：中华书局1980年版，第400页。

⑯⑦ 施闰章：《学余堂文集》卷二十六《修葺水西书院记》。施闰章在追述自家的理学渊源时云：“先君子推本躬行，言必泽于道德，引必归于考谨，虽造次步趋，未敢斁也。故平生与人切劘，反复不能已。及其既没，亲知闻者无不流涕。尝过金陵，从焦澹园、邹南皋两先生往复论学。”(《学余堂文集》卷二十六《先考遗集书后》)

⑯⑧ 毛先舒：《潠书》卷七《与孙无言书三首》，清顺治间刊本。

⑯⑨ 余英时：《中国思想传统的现代诠释》，南京：江苏人民出版社1989年版，第241页。

⑰⓪ 郑燮：《郑板桥外集》卷一《复同年孙幼竹》，太原：山西人民出版社1987版，第17—18页。

⑰① 雷鋐：《经笥堂文钞》卷下《知行存养论》，清嘉庆十六年(1811)刊本

⑰② 吴定：《紫石泉山房文集》卷一《尊德性道问学解》，清光绪十三年(1887)刊本。

⑰③ 秦瀛：《小岘山人续文集》卷一《尊德性道问学解》，清嘉庆间刊本。

⑰④ 余廷灿：《存吾文稿》卷二《书王学质疑后》，清咸丰五年(1855)刊本。

⑰⑤ 龚自珍：《龚自珍全集》第三辑《江子屏所著书序》，上海：上海古籍出版社1999年版，第193页。

⑰⑥ 同上第三辑《南岳大师像赞》，上海：上海古籍出版社1999年版，第398页。

⑰⑦ 阮元：《揅经室一集》卷九《孟子论仁论》，上海：上海古籍出版社2006年版，202—203页。

⑰⑧ 凌廷堪：《校礼堂文集》卷二十四《复钱晓征先生书》，北京：中华书局1998年版，第221页。

⑰⑨ 余廷灿：《存吾文稿》卷二《书王学质疑后》，清咸丰五年(1855)刊本。

⑱⓪ 唐仲冕：《陶山文录》卷三《良知良能论》，清道光二年(1822)刊本。

⑱ 王锡阐:《晓庵先生文集》卷二《又答亭林书》,清光绪九年(1883)刊本。

⑱ 王夫之:《张子正蒙注序论》,清同治四年(1865)《船山遗书》刊本。

⑱ 王守仁:《王阳明全集》卷一《文录》四《重修山阴县学记》,第1页。

⑱ 陈建:《学蔀通辨》卷九,民国《丛书集成初编》本。

⑱ 陶望龄:《歇庵集》卷十六《辛丑入都寄君奭弟书》之十,台北:伟文图书出版社有限公司印行本,1976年版。

⑱ 刘宗周:《刘子全书》卷十九《答胡嵩高、朱绵之、张奠夫诸生》,清道光四年(1824)刊本。

⑱ 陆陇其:《三鱼堂文集》卷五《上汤潜庵先生书》,清同治七年(1868)刊本。

⑱ 张烈:《王学质疑》附录《读史质疑三》,清《正谊堂全书》刊本。

⑱ 黄百家:《学箕初稿》卷一《人谱补图序》,民国八年(1919)上海商务印书馆《四部丛刊》刊本。

⑲ 朱鹤龄:《愚庵小集》卷七《阳明要书序》,上海:上海古籍出版社1979年影印康熙刊本。

⑲ 雷铉:《经笥堂文钞》卷下《阳明禅学考》,清嘉庆十六年宁化伊氏秋水园刊本。

⑲ 凌廷堪:《校礼堂诗集》卷十四《姚江篇》,清道光六年(1826)刊本。

⑲ 凌廷堪:《校礼堂诗集》卷十四《元作》,清道光六年(1826)刊本。

⑲ 马平泉:《朴丽子》,清《平泉遗书》本。

⑲ 嵇文甫:《原学》第一卷第十期,北京:商务印书馆1938版,第33页。

⑲ 钱大昕:《潜研堂诗续集》卷五《王阳明祠》,上海:上海古籍出版社1989年版,第1233页。

⑲ 焦循:《雕菰集》卷八《良知论》,清《文选楼丛书》本。

⑲ 焦循曾指出:"王文成告谕顽民云:'前此官司麻免尔租税,蠲尔债负,除尔罪名,而遂谓尔可以安居复业,是终非所以生尔。吾今不然。不免租赋,不蠲尔债负,不除尔罪名,尔能听吾言,改恶从善,惟免尔一死。'"按,《书·多士》云:"今尔又曰:'夏迪简在王庭,有服在百僚。'予一人惟听用德,肆予敢求尔于天邑商,予惟率肆矜尔。"又云:"'告尔殷多士,今予惟不尔杀。'不许其简在王庭,服在百僚,而惟矜怜之不杀,即不免、不蠲、不除,而惟免尔一死也。文成能读书,盖本乎古圣人之言,而以至诚恻怛出之故能感人。学姚江者,徒拾其致良知之言而不读书,难矣哉!"(《易余籥录》卷三》,《传砚斋丛书》)

⑲ 王芑孙:《渊雅堂编年诗稿》卷一《观石庵先生所藏阳明山人铜印作歌》,清嘉

庆九年《1804》刊本。

⑳ 孙原湘:《天真阁集》卷七《题王文成公自书诗卷后》,清嘉庆五年(1800)刊本。

㉑ 舒位:《瓶水斋诗集》卷六《阳明书院怀古》,上海:上海古籍出版社 1991 年版,第 243 页。

㉒ 廖燕:《二十七松堂集》卷二《致良知辨》,台湾:中央研究院中国文哲研究所珍本古籍丛刊本,第 82 页。

㉓ 朱彝尊:《曝书亭集》卷三十六《王文成公文钞序》,上海涵芬楼《四部丛刊》刊本。

㉔ 王士祯:《池北偶谈》卷九"王文成"条,北京:中华书局 1982 年版,第 201 页。

㉕ 毛先舒:《王新建伯功名学术两论》,《类辑姚江学脉附诸贤小传》附。

㉖ 张揆方:《米堆文钞》卷六《阳明非异学辨》,清乾隆间嘉定张氏刊本。

㉗ 张大受:《匠门书屋文集》卷十《阳明书院》,清雍正七年(1729)刊本。

㉘ 王源:《居业堂文集》卷七《与朱字录书》,清道光十一年(1831)刊本。

㉙ 需要指出的是,清初文人不仅对王阳明本人加以肯定,而且对阳明后学——泰州王学也加以推崇。如施闰章在一首题为《王心斋》的诗中云:"在昔王泰州,樵鲁世贱贫。诗书不相识,鱼盐为四邻。一游阙里归,岳立东海滨。月无轩冕贵,心与孔颜亲。春风开讲席,群彦响然臻。时有朱及韩,樵客与陶人。闻声各奋迹,轩腾皆绝尘。野雀化丹凤,一举凌层云。如何缨拔士,老死转逡巡。永愧此三老,高视空八艮。"施闰章对泰州王学的肯定是不言而喻的,尽管他不是一个"以赤手搏龙蛇"或"一棒一喝"的泰州典型人物。

第七章　历史影响与历史定位

> 十八世纪末至十九世纪初的汉学更新运动不仅打破了乾嘉以来经学官本位的传统，延续了汉学自身的学术生命，而且也昭示了向近代经学形态蜕变的契机。不仅为其所置身其中的经学传统打下了新的烙印，而且也在中国经学史上留下独特的轨迹。

十八世纪末至十九世纪初的汉学更新运动，在中国经学史或者清代汉学史上尚属历史的瞬间。然而瞬间的学术变化，虽然容易被人忽略，但是它所产生的实际影响力往往是绵延不断与多方面的。晚清汉学研究地区的延伸、汉学研究的多重性品格及其学风的转向，无不与此息息相关，在一定程度上显现了清代汉学思潮的驳杂性，不仅为其所置身其中的经学传统打下了新的烙印，而且也在中国经学史上留下独特的轨迹。

第一节　对晚清汉学研究的影响

梁启超在《中国近三百年学术史》中曾说："古典考证学，总以乾、嘉两朝为全盛时期，以后便渐渐蜕变，而且大部分趋于衰退了。"就乾嘉而言，梁启超的这一观察是有历史根据的。时至晚清，乾嘉时期以江苏、安徽地区为中心的汉学研究相比，因受到战乱影响而一度消解，汉学界鲜有大师级学者的再现，诚如晚清学者陈澧所说："今海内大师，凋谢殆尽，澧前在江南，问陈石甫江南学人，答云无有。在浙江问曹葛民，答亦同。

二公语或太过，然大略可知。”[1]然而没有出现汉学大师，不等于汉学研究停滞而“趋于衰退”。事实上，汉学经过其自我更新运动后，仍然据于学术的中心地位。晚清学者桂文灿曾说：“我朝经学极盛，经师数十人，著书数千卷，阮文达公集而刻之，为《皇清经解》一千四百卷，以惠士林。三十年来，继起之士，浅深虽异，指归则同。”[2]《皇清经解》刊刻道光五年八月，至道光九年九月，全书辑刻完毕。因此，桂氏所说谓的“三十年来，继起之士”，正是指由道光中期经咸丰、同治两朝的三十间年的汉学研究在一定程度上呈现出回升的态势，而这种回升态势的形成也深受汉学更新运动的影响。

首先，汉学研究地区的延伸。众所周知，乾嘉之际，江苏的苏州地区和安徽的徽州地区无疑是汉学研究的重镇。嘉道之后，苏州地区的汉学研究虽然有所回落，但是依然强势。如吴县的江沅，其祖江声是惠栋的高足，江沅本人精于文字音韵之学，自成一家。其弟子雷浚同样“以朴学相尚”。又如吴县陈奂，他先后师事江沅、段玉裁，又曾问学高邮王念孙、王引之，与闻经学家法。毕生殚精竭虑，专攻经学。其弟子戴望，早年究心汉学，后专攻今文经学，成为晚清著名的今文经学家。潘祖荫“夙治《说文》，耽嗜汉学”。徽州地区则有胡培翚师从凌廷堪，继承了凌廷堪的礼学研究，所著《仪礼正义》，被誉为“张皇幽渺，阐扬圣绪，二千年余岁绝学也”[3]。江有诰潜心汉学，专事古代音韵学研究，多有创新，成就超过戴震、段玉裁、王念孙等汉学大师。吕飞鹏亦传凌廷堪礼学。马瑞辰、胡承珙的《毛诗传》研究，泾县包世荣、黟县俞正燮、绩溪胡秉虔治经一以汉儒为宗，昌明汉学。与苏、皖一样，嘉道以后，江苏扬州地区的汉学研究更是方兴未艾，汉学名家辈出。刘文淇的《左传》研究，刘宝楠的《论语》研究，凌曙的《公羊》学研究等都以汉学鸣于扬州，可以毫不夸张的说，其研究经学的水準也不逊色于乾嘉。

不过，晚清的汉学重心不再以江、皖地区为限，而逐渐扩展至浙江、两广、福建、江西、两湖、云贵、四川、山东、山西、河南等地，成为汉学研究新的增长地区。如浙江学术原以史学传统见长，经学研究则崇尚宋人经注。章学诚在《浙东学术》一文中说：“世推顾亭林氏为开国儒宗，然自是浙西之学。不知同时有黄梨洲氏，出于浙东，虽与顾氏并峙，而上宗王、刘，下开二万，较之顾氏，源远而流长矣。顾氏宗朱，而黄氏宗陆。……故浙东、浙西，道并行而不悖也。浙东贵专家，浙西尚博雅，各因其习而习也。”[④]又在《与阮学使论求遗书》一文中说：“浙中自元明以来，藏书之家不乏。盖元明两史，其初稿皆辑成于甬东人士。故浙东史学，历有渊源，而乙部储藏，亦甲他处。”[⑤]嘉庆六年（1801），阮元创建诂经精舍，舍内奉祀东汉许慎、郑玄两先生木主，并约请当时著名汉学家王旭、孙星衍等为讲席，据孙星衍《诂经精舍题名碑记》记载，当时讲之人达九十一人，其中荐举孝廉方正及汉学选拔之士六十三人，纂述经诂之友六人，于是“两浙人士，闻风兴起，从事训诂考订的学者，逐渐增多。”[⑥]自阮元之后，诂经精舍历经道光、咸丰、同治、光绪四朝，汉学独盛，先后涌现出黄式三、黄以周、钱仪吉、钱泰吉、俞樾、孙诒让、沈曾植等名家，其中黄以周、俞樾、孙诒让并称为晚清浙江三大汉学家，浙江成为晚清学人最为向慕的汉学研究中心。

与浙江一样，阮元继杭州创建诂经精舍之后，于嘉庆二十五年（1820）在广州城北粤秀山创办的又一个以汉学为宗旨的学海堂书院。广州地处清代僻远的岭南地区，相对于文化学术繁荣的江南而言，它在中国历史上尚属文化不发达地区。虽然在明代也出现王学先驱的陈献章和同王阳明抗衡的湛若水，但两家之学“固甚高妙，但有束书不睹，不立文字之流弊”。随着清王朝的统一，岭南的文化学术未能随着战争的结束而再现明代时期的景象，反而每况越下。康熙末年，苏州名士惠士奇出任广东学政，提倡经学，粤地文风有所改变。雍正皇帝即位后，惠士奇留任学政，学人为之雀跃欢呼，“争弃兔园册，专事经籍，而通经者愈多，其为文章，郁郁莘莘，比于浙江矣。”[⑦]乾嘉之际，经典考证之学盛于江、皖，但是汉学之风却未能进入岭南。自阮元创建学海堂后，汉学研究成为岭南学术的主旋律，如曾钊、张维屏、侯康、陈澧、谭莹、桂文灿、廖廷相、林国庚等都是晚清广东学术界最具影响的汉学家。据《九江儒林乡志》载：“粤地前人讲经术，终不出宋人窠臼。……虽岭南谈经术者，代不乏人，而以汉学为倡，断自(曾)钊始。”[⑧]孙璞亦云：“粤东经学训诂，倡于阮元，而实导于勉士。”[⑨]晚清诗人林昌彝有诗云：“学海堂开文澜峙，经生词客蒸蒸起。朴学许郑诗曹刘，士习日趋尚书履。”廖廷相在中说：“岭南承白沙、甘泉之遗，国初如金竹、潜斋诸儒，类多讲求身心性命之学。迨扬州阮文达公督粤，开学海堂以经术课士，而考据训诂之学大兴。”[10]梁启超说：“自吾之生，而乾嘉学者已零落略尽，然十三岁肄业于广州学海堂，堂则前总督阮元所创，以朴学教于吾乡者也。其规模矩矱，一循百年之旧。”[11]

除了浙江、两广之外，福建地区的汉学研究也是后来居上。福建自南宋以来，曾经是以朱熹为代表的闽学的主要活动地区，经学研究长期处于浓厚的理学氛围中。清初福建安溪李光地著有《周易通论》、《周易观象》、《诗所》，官献瑶著有《读易偶记》、《尚书偶记》、《读诗偶记》、《周官偶记》等说经之书，但是都崇尚宋明理学，以理解经。乾隆中期，福州龚海峰著有《邶风说》、《祭仪考》等，始治汉学，被誉为“皆说经者之圭臬也”。嘉道年间，闽县陈寿祺师从阮元，又与钱大昕、段玉裁等汉学大师交谊，改以汉学解释经义。其子陈乔枞著有《毛诗郑笺故字说》，该书“博采臧玉林、陈见桃、惠定宇、段茂堂诸家之说，复搜讨群书参考互证，以申明郑说，语皆精核”[12]。谢震、林一桂、瓯宁万世美俱精三礼之学，其中谢震“尤笃学嗜古，断断持汉学，好排击宋儒凿空逃虚之说”[13]。何治运洽闻强识，笃志汉学。陈庆镛少传陈寿祺经学，尤深于三家《诗》。后又及阮元之门，经学益邃。福州林昌彝、浦城黄蕙田也都以汉学自任，一时福建汉学研究可比肩浙江、两广。

晚清的云贵、四川、两湖、江西等地区也不乏精研究汉学的学者。如阮元弟子浪穹王崧，学问淹博，为滇中老宿。考孔子删《诗》及《诗》大小序，最称繁博，已刊入《皇清经解》[14]。又永平吴树声所著《歌麻古韵考》四卷，“此书于江、戴、段、王诸家言古韵者，虽不相合，然考索之功，亦勤矣”[15]。贵州莫与俦，嘉庆四年进士，出阮元门，深受阮元、王引之等人的影响，在任遵义府学教授时积极倡导汉学，认为研习汉学“恰如旱苗之得膏雨也”。其子莫友芝精通许、郑之学，实开晚清贵州研究汉学风气之先，被誉为“西南硕儒”。其门人郑珍致力于许、郑，以为明训诂为读传注通经义之阶，又认为“遵义汉牂柯地，自郡人伊珍从许慎受经以教南城，后遂无有经术发明者”，以复兴汉学为己任。又贵筑黄彭年治经以许、郑为指归，秉承汉儒家法。特别是凌廷堪弟子程恩泽出任贵州学政期间，重刊岳珂五经以训士，刊刻《春秋左氏传》，从而转变了贵州学术走向。四川则有巴县王劼，所著有《毛诗训纂》若干卷，语多精确。蒙文通说："蜀经明季丧乱，学术衰颓，晚清南皮张文襄公之洞来督学政，始以纪、阮之学为号召。"[16]蒙默说："吾蜀学术，汉宋为盛，其它各代，仅有可数，明末而后，更益衰颓，学人所知，八比而已。同治末，张之洞来主川学政，始建尊经书院于成都，以纪、阮之学相号召，以《辅轩语》、《书目答问》为入门，聘湘谭王壬秋为主讲，王未至，权以钱塘钱保塘、保宣兄弟主其事，于是吴、皖之学乃入川中。"[17]两湖则由阮元弟子吴荣光在长沙创办校经堂，倡导汉学。新化邹汉勋、邹汉纪、邹汉潢、邹汉池兄弟，互相师友，治学以汉学为宗。湘潭王闿运，长沙王先谦治经循汉学遗轨，趋重考证。汉阳叶名澧服古通经，尤究心《士丧礼》、《丧服》。刘传莹雅好经学，著有《禹贡锥指刊误》若干卷，考证精深。江西自宋代之后，学坛素称沉寂。自阮元《十三经注疏》刻于江西后，汉学稍为士人所习。南城王聘珍作《大戴礼记解诂》恪守汉法，"礼典器数，墨守郑义，解诂文字，一依《尔雅》、《说文》及两汉经师训诂。有不知而阙，无杜撰之言"。南丰吴嘉宾，服古通经，尤究心《士丧礼》、《丧服》，所著《丧服会通说》四卷、《读四书说》六卷，咸丰初，刻于扬州。

以上这些活跃在晚清各地区的汉学研究，不仅影响着当时的学术走向，而且在很大程度上彰显了乾嘉之际汉学更新运动后汉学仍然处于回升的态势。诚如刘禺生所说："自阮芸台总督两广，创学海堂，课士人以经史百家之学，士人始知八股试帖之外，尚有朴学，非以时艺试帖取科名为学也。陈兰甫创菊坡精舍继之，浙江俞阴甫掌诂经书院。及南皮督学湖北，创经心书院；后督两湖书院；督学四川，创尊经书院；督两广，创广雅书院。于是湖南有校经堂，江苏有南菁书院，苏州有学古堂，河北有问津书院等，皆研求朴学，陶铸学人之地。士人不复于举业中讨生活，皆力臻康、乾、嘉、道诸老之学，贱视烂墨卷如敝屣，光绪中叶以前之风气如此。"[18]谢国桢在《近代书院学校制度变迁考》中也说"张之洞督学四川，创尊经书院，王先谦督学江苏，创南菁书院，黄彭年于直隶重整莲池书院，于吴中正谊书院内设学古堂。凡此诸事，其宗旨虽有不同，而兴学施教则同导源于阮氏，清代考据之风所由养此一时也。"[19]由此可见，晚清汉学的回升，深受晚清各地区新式书院教育的影响，而这些新式书院的教育宗旨，又每每以阮元提倡汉学为理念，而阮元提倡汉学办学的理念，恰恰是乾嘉之际汉学更新运动的一个重要环节，所以晚清汉学的延伸与回升深受汉学更新运动的影响也极为明显。

其次，晚清的经学研究也延续了汉学更新运动的学术取向，在编撰诸经新疏、语言文字学研究及荟萃汉学研究成果等多方面形成了新的特色。

一、晚清汉学继承了乾嘉之际汉学更新运动编撰新疏的学术传统。继乾嘉之际孙星衍的《尚书今古文注疏》、焦循的《孟子正义》、郝懿行的《尔雅义疏》等之后，嘉道年间汉学家继承了编撰新疏传统，并一直延续到晚清。史载道光八年，仪征刘文淇、宝应刘宝楠、江都梅植之、泾县包慎言、丹徒柳兴恩、句容陈立等人就曾经相约各专治一经，重撰十三经新疏就是一例[20]。事实上，晚清汉学家编撰新疏数量远远超越乾嘉时期。如《周易》有李道平的《周易集解纂疏》三十六卷，其《自序》称该书"聊以备讲汉学者采择焉尔"。《尚书》有简朝亮的《尚书集注述疏》三十五卷，《自序》亦称"取诸马、郑古文本者二十八篇，其窜之者甚微，今幸犹有所据，皆复其始"，旨在恢复马融、郑玄古文。《诗》学有马瑞辰的《毛诗传笺通释》与陈奂的《诗毛氏传疏》。马书三十二卷，贯串小学，发明毛、郑之奥，独抒己见。陈书三十卷，认为《诗序》为孔子弟子子夏所作，《毛诗故训传》的作者毛亨之学源自子夏，是孔门正传。郑玄虽宗毛而为之笺，但其中间杂齐、鲁、韩三家诗义，并参以己意，已远离《毛诗》的诣趣。因此他将《郑笺》删去不用，而存《毛诗序》。《毛传》下直接是他自己的疏文，藉此表示他"宗毛"的原则。从而剖析同异，订正阙讹，专毛废郑，多以经证经、以《传》证《传》，被誉为"精心孤诣，冰解的破"之作[21]。《仪礼》有胡培翚的《仪礼正义》四十卷，围绕郑玄对《仪礼》所作的注解，进行补充、修证、阐发。认为《仪礼》为周公所作，有残阙而无伪托，郑注以后便成绝学。而盛行的贾公彦疏"解经而违经旨，申注而失注意"[22]，因此广集前人对《仪礼》的校勘成果，对郑注补充、发明、修正。诚如胡培翚自己所说的"撰《正义》，约有四例：一曰疏经以补注，二曰通疏以申注，三曰汇各家之说以附注，四曰采他说以订注。"《周礼》有孙诒让的《周礼正义》四十六卷，“以发郑注之渊奥，裨贾疏之遗阙”。梁启超将该书与黄以周的《礼书通故》同列为清代经师殿后的二部名著。章太炎称其谓“古今言《周礼》者，莫能先也”㉓。《春秋》有刘文淇《春秋左氏传旧注疏证》八十卷，先取贾逵、服虔、郑玄三家注疏通证明，凡杜预所排击者纠正其误。上稽先秦诸子，下考唐以前史书，皆取为证，实事求是。可惜刘氏生前未能完成此书，梁启超赞其为“此事若成，价值或为诸家新疏之冠”。陈立的《春秋公羊义疏》七十六卷，详于考辨典礼制度，多引《左传》比证《公羊传》，认为“《左氏》得其事而不知其义，《公羊》得其义而不详其事。每以《左氏》事证《公羊》之义，乃益决《公羊》之可信矣”㉔。梅植之的《谷梁集解正义》、柳兴恩的《谷梁大义述》等也都显示出晚清汉学家研究今文经学的特色。《论语》有刘宝楠的《论语正义》二十四卷，先疏经文，次及注义，不专注一家，陈立称之为“视江、孙、邵、焦诸疏义，有过之无不及”。此外尚有简朝亮的《论语集注补正述疏》十卷等等㉕。

晚清这些由个人独立完成编撰的新疏，不仅突破了传统旧疏成于众人之手的旧框架，而且在诠释方面也有重要的建树。如马瑞辰解《诗·伐檀》“河水清且沦漪”，《毛传》解释的为“小风水成文转如轮也”。马氏据《释文》引《韩诗》“顺流而风曰沦，沦，文貌”，又据《广雅·释诂》“伦，顺也”，指出《韩诗》训沦为顺流而风，正与伦义近。顺流则波恒小，亦与《尔雅》“小波为沦”义合。又考《释名》“沦，伦也。水文相次，有伦理也”，其理亦为顺，其义正与《韩诗》同，相较于《毛传》“文转如轮”，显然更为精善。又如陈奂解释《葛覃·传》“父母在”以下九字，认为《笺》语窜入，引《泉水·笺》为证，与《我行其野》篇“宣王之末”以下十九字为《传》误入《笺》者，皆确不可易。

晚清汉学家所编撰的以上这些新疏，不仅被梁启超称为“清代经学的结晶体”，而且还有一个明显的共同特征，那就是深受焦循编撰《孟子正义》的影响。如其中刘文淇的《春秋左氏传旧注疏证》㉖、刘宝楠的《论语正义》、梅植之的《谷梁集解正义》、柳兴恩的《谷梁大义述》等新疏的编撰方法，也都采纳了焦循编写《孟子正义》的范式，先作“长编”，根据“长编”而拟写作提纲，然后“博采经史传注及本朝通人之书”“逐日稽考”，即所谓“自是屏弃他务，专精致思，依焦氏作《孟子正义》之法，先编长编，得数十巨册，次乃荟萃而折衷之。”[27]阮元在《镇江柳孝廉春秋谷梁传学序》一文中盛赞柳书说：“道光十六年，始闻镇江柳氏学《谷梁》之事。二十年夏，柳氏兴恩挟其书渡江来，始得读之，余甚惜见之之晚也。亟望礼堂写定，授之梓人，补学海之缺文，与海内学者共之，是余年老之一快也。兴恩为余门生之门生，贫而好学，镇江实学敦行之士也。”[28]黄以周的《礼书通故》更是直接继承了凌廷堪、焦循、阮元等提出礼学即理学的主张。可以说这些晚清所作的新疏，无疑是体现了汉学更新运动编撰新疏学术取向下的一种延展。

二、晚清汉学继承了乾嘉之际汉学更新运动语言文字学的学术传统。语言文字是汉学家研究经学的根底。乾嘉之际，段玉裁的《说文解字注》与桂馥的《说文解字义证》，前者被誉为“千七百年来无此作”。后者为“许氏功臣”。李慈铭曾描述晚清学术界的实况时指出：“道光以后，其风愈下，《尔雅》、《说文》不能读而讲宋版矣，金石目录不能考而讲古器矣。至于今日，则诋郭璞为不学，许君为蔑古，偶得一模糊之旧椠，亦未尝读也，瞥见一误字，以为足补经注矣。间购一缺折之赝器，亦未尝辨也，随模刻划，以为足傲汉儒矣。我金石则欧、赵何所说，王、洪何足道，不暇详也，但取黄小松《小蓬莱阁金石文字》数册，而恶《金石萃编》之繁重，以为无足观矣！目录则晁、陈何所受，焦、黄何所承，不及问也，但取钱遵王《读书敏求记》一书，而厌《四库提要》之浩博，以为不能诘矣！若而人者，使足抗衡公卿，傲睨人物，游谈废务，奔竞取名，然已为铁中之铮铮，庸中之佼佼，可不痛乎！”[29]李慈铭对嘉庆以后汉学的批评可谓尖刻，但却也描绘了晚清汉学家对语言文字学研究的热情依然不减乾嘉之际的实情。如王筠的《说文释例》、《说文句读》专订许慎与段玉裁的之误，多有创获。特别是《说文释例》与凌廷堪《礼经释例》相似，归纳《说文》义例，最称闳通。朱骏声的《说文通训定声》自称：“自二徐以后至本朝段、钱、严、桂，推衍已极精密，而六书中转注假借二义究未有确诂。因独创义例，以为转注者，即一字而推广其义，非合数字而雷同，其训通其所可通者为转注，通其所不可通者为假借。假借不异声而役异形之字，可以悟古人之音语，转注不异字而有无形之字，可以省后世之俗人书。”胡适认为该书“是一部有创见的辞书”、“为字典学上的一大进步”[30]。事实上，“六书转注”之说，清代以前众说纷纭，乾嘉之际则有程廷祚撰写的“六书原起论”、唐仲冕作有“六书转注说”、胡琨作有“六书叚借转注说”、马征麇作有“六书转注说”等。[31]戴震又分别言之谓象形、指事、谐声、会意四者乃古人造字之法，转注、假借二者则用字之法，始为定论。然而晚清学者刘昌龄《说文转注假借说》则别出新见，认为“六书之法，专为教人识字，若初作字时，则依类象形与形声相益二者而巳。象形、指事相类而教人识字，则必教以画成与不画成；转注、形声相类而教人识字，则必教以同意与不同意。依类象形之中，画成者为象形，不画成者为指事。形声相益之中，形与形相益者为会意，形与声相益者为形声。相益而各为一意者为形声，相益而仍同一意者为转注。此五者之所以分也。”[32]陆氏的这一见解，被认为“所言转注，浅学者多未能明，此论明辨以精，尤发前人所未发也。”[33]从而凸显出晚清汉学的语言文字学研究自身价值所在。

三、晚清汉学继承了乾嘉之际汉学更新运动荟萃汉学精华的学术传统。

乾嘉之际，即嘉庆二十三年，阮元通过编撰《畴人传》、《十三经注疏校勘记》后，曾与许乃济、刘彬华、谢兰生、张维屏、江藩等学人酝酿编撰一部“聚本朝解经之书，以继《十三经注疏》之迹”的大书，由于当时众人对编撰此书的意见未能达成一致，加上阮元因政事繁忙，无暇他及，而他认定有资格领衔主持此事的海内学友中，也仅有江藩和顾广圻等少数几个人，所以一时尚未定议。不久江藩以他故离开广州，而顾广圻也去了扬州，帮助吴山尊整理孙星衍遗稿。至于曾为阮元信赖的陈寿祺，这时已退居故里，不再复出。臧庸、洪震煊等老友都已相继谢世，所以此事使被搁置，始终未能如愿。早在康熙十四年(1675)纳兰性德曾汇辑宋元以来解经之书刻有《通志堂经解》一书，其中收书一白三十八种，多为宋元时期理学家的说经之作，虽然“搜罗宏富，而不尽精粹”，但是“多数罕传之籍，得以其巨力以行世。”然而遗憾的是清初以来的的解经著作都有很多遗漏[34]。道光五年，阮元委托夏修恕、严杰担任主编，编撰《皇清经解》，并于道光九年刻成，共计一千四百十卷，收书一百八十三种，学者七十四家。《皇清经解》作为清代汉学全盛时期的经学研究成果，历经道、咸、同、光四朝，一直被誉为“汉学之钜观，经生之鸿宝”。《皇清经解》刊刻后，晚清学者荟萃汉学精华的热情持续升温。咸丰七年七月，英军攻入广州，炮击文澜阁，所藏书版为兵燹所毁坏，虽经多方搜求，《皇清经解》原藏已缺过半。咸丰十年，继任两广总督劳崇光，自捐白银二千一百两，并请当地官绅捐资补刻，由郑献甫、谭莹、陈澧、孔广镛四人总领其事，增刻冯登府著作七种，汉魏唐蜀北宋清《石经考异》各一卷，《三家诗异文疏证》二卷，于同治元年（1862）完工，此即所谓的"咸丰庚申补刊本"。同治九年（1870），广东巡抚李福泰又将许鸿磐《尚书札记》补入《皇清经解》予以重刊，此即所谓的"同治庚午续本"。

由于《皇清经解》刊刻时间较为匆忙，又成于众人之手，因此讹误脱漏，随处可见。仅《拜经日记》就脱去一页。今点石斋石印本后附有《正讹记》一卷，可勘误的达四千条之多。其中如翟灏的《四书考异》，原本总考、条考各三十六卷，严杰则删去总考，仅刻条考。任大椿的《弁服释例》，原本卷首有《天子诸侯卿大夫弁服表》一卷，严杰亦删去不刻。甚至所编《经义丛钞》，不顾掠美之嫌而自署己名。顾栋高《春秋大事表》，书以表名，其学术价值就因为此表而得以彰显，可是严杰尽删其表。当时学者就提出疑义。如桂文灿就认为"凡若此类，更仆未终，世多非之，洵公论也。"[35]同时，自道光以后随着汉学研究的回升，经学著作不断面世，因此学界要求续刊《皇清经解》的呼声渐高。如俞樾就表示："仪征阮氏所定《皇清经解》，实集大成。文达至今又五十余年，说经之书愈出愈盛。同治初，余尝与戴子高茂才商定续刻《皇清经解》目录。"[36]正是鉴于这样的一种情况，光绪十一年（1885）八月，王先谦出任江苏学政，开设南菁书局，仿阮元所刊《皇清经解》体例，"汇刻先哲笺注经史遗书"，刻《皇清经解续编》，一名《南菁书院经解》或《续皇清经解》，计一千四百三十卷，收书二百零九种，作者一百十一家。晚清学者皮锡瑞认为《皇清经解》、《续皇清经解》二书的刊刻，"于国朝诸家搜辑大备"。李慈铭《复王益吾祭酒书》："辱示《经解续编目录》，编凡二百一十六部，皆近代经学大师微言秘籍。"[37]王先谦身处乾嘉汉学的兴盛的尾声，《续皇清经解》的刊刻已在光绪年间，此时汉学研究由盛走向衰弱而日趋淡化。因此，《皇清经解》、《续皇清经解》的刊刻，既是对晚清汉学研究对乾嘉汉学的回应，又是对汉学更新运动荟萃汉学精华的传承。

与晚清荟萃汉学研究成果相适应的是，嘉道之际以谨守汉学门户，不容一字出入著称而倍受学界争议的《汉学师承记》得到了晚清学者的青睐，不仅一印再印，势头强劲。有学者考证，自嘉庆末至光绪中期，出版的各种不同版本的《汉学师承记》就达二十一种之多[38]。而且续作不断，甚或另辟蹊径而编撰新著。如赵之谦的《国朝汉学师承续记》、曾文玉的《国朝汉学师承续记》编写体例一依江书，梅毓的《续汉学师承记商例》"确宗汉学"、张星鉴的《国朝经学名儒记》"以汉学为宗"、李慈铭的《国朝儒林小传》"惟载汉学名家"、曹允源的《国朝经师譔述略》"独以汉学为宗"等等。特别是同光年间桂文灿编写的《经学博采录》最为学人推崇，被誉为"学术源流之所汇，大之可补国史，次之亦可代学案"[39]。

桂文灿字子白，号皓庭，又号昊庭，广东南海人，晚清学者。生于清道光三年(1823)，卒于清光绪十年(1884)，终年六十一岁。道光二十七年(1847)，他"以解经拔第一，补第子员"。道光二十九年(1849)考中举人。同治元年(1862)，他将所著《经学丛书》呈献朝廷，"奉旨留览"。这年的十二月十七日，上谕："该举人所呈各种笺注考证，均尚详明。《群经补证》一编，于近儒惠栋、戴震、段玉裁、王念孙诸经说，多所纠正，荟萃众家，确有依据，具见潜心研究之功。"对桂文灿在经学研究方面的水准及贡献，给予高度的肯定和评价。此后，曾国藩两次聘请他校刊《殿本十三经注疏》和《通志堂经解》等儒家经典，赞誉他"不独为粤中翘楚，抑不愧海内硕彦"。光绪十年(1884)，桂文灿被任命为湖北郧县知县，不久病逝。

《经学博采录》全书分为十二卷[40]，以采集整理清代汉学家轶行著述为主旨，记录了乾隆、嘉庆、道光、咸丰四朝的经学传衍和著述，重点是晚清。其中收入经学家近千余人，介绍经学著作达一千三百余部。其中经学家的传记或单立一人，或数人并立不等，经学著述则不限于某书某事。所立传主，每每详其爵里行事兼及轶闻。所取之书，每每详其撰述原委或整篇、整节移植，基本上沿用了江藩《汉学师承记》剪辑当时学者著述中所撰写的行状、墓志铭、传记及其各类序跋而重新组合的方式。同时还用了相当多的篇幅，不遗余力地摘录汉学家考据精深的成果并加以"语皆精核"的评说。如摘录广东连平州学者练恕所著的《多识录》称其为“考证精核，体例严明”[41]。林乔荫讨论田制，辨正沈彤的《周官禄田考》是“最为精确”[42]，时称“书笼”的郑天锢，“说经之文甚多，考证精确”[43]。又如程恩泽的《肇十有二州说》，认为《尧典》“肇十有二州”，马融、郑玄注及《晋书·地理志》皆以在禹功后，《汉书·地理志》、《汉书·谷永传》、皇甫谧《帝王世纪》、《宋书·州郡志》皆以为在禹功前。程氏考证：“下浚川之文，则在禹功前之说是也。《禹贡》云‘九川涤源，九泽既陂’，《皋陶谟》云‘予决九川，距四海，浚畎浍距川’，盖禹功告成之后，其利可百世，岂甫疏凿即又有浚通之役耶！《汉书·地理志》云‘尧遭洪水，怀山襄陵，天下分绝，为十二州，使禹治之。水土既平，更制九州岛’，《帝王世纪》云‘尧遭洪水，分为十二州’，今《虞书》是也。及‘禹平水土，还为九州岛’，今《禹贡》是也。”桂氏认为“其言甚晰，足正马、郑之误，论者咸称精确”。[44]从桂文灿的这些按语中，可知尊崇汉学的立场。也正因此，《经学博采录》每每全文转录汉学家对宋儒经学的批评。如广州学者黄以宏著有《诗中篇名解》三篇，如其上篇云：

宋儒谓《小宛》、《小弁》、《小明》言小以别于《大雅》，其说非也。且即其说而详辨之，其不可信者有五。作《诗》者不一人，故《大雅》有‘明明在下’，《小雅》有‘明明上天’，词同意异。若谓恐篇名相同而加大小于明上以别之，则作者何不删改明明二字而别为篇名乎！其不可信者一也。《诗》篇名有《小宛》、《小弁》、《小明》，又有《大明》，初不闻有《大宛》、《大弁》，因《大明》与《小明》相同，遂并强《小宛》、《小弁》以迁就其词，其不可信者二也。彼知《宛》、《弁》为《大雅》所无，而又云其在《大雅》者，必是孔子删之，故无闻耳。又何据而知《大雅》之有《宛弁》？且何据而知孔子删之？其不可信者三也。明字可兼大小之训，故《小明》、《大明》于义皆通。若宛字毛训小，弁字毛训要，皆不训为大，加大字于弁上为大弁，义犹可通，若加大字于宛上为大宛，则义不可通矣。其不可信者四也。如以《小宛》、《小弁》、《小明》为《小雅》之小，《大明》为《大雅》之大，不连下《宛》、《弁》为说，则《秦风》有《小戎》，岂亦《小雅》诗乎？《小雅》有《大田》，

《王风》有《大车》，岂亦《大雅》诗乎？其不可信者五也。是则宋儒谓言小以别于《大雅》之说，乃穿凿附会，漫无考据者也。[45]

凡此种种，在桂书中堪称瞩目。可以毫不夸张地说，《经学博采录》事实上就是江藩《汉学师承记》的续篇，如叶昌炽认为《经学博采录》一书“命意略如《汉学师承记》”[46]，伦哲认为“其体例，视《汉学师承记》较宽，视张星鉴《经学名儒记》较详”[47]。郭则沄说：“是书体制略如《汉学师承记》，而攟拾闻见加详。”[48]因此，晚清诸多《汉学师承记》续作，虽然名称不同，体例与《皇清经解》、《续皇清经解》也有别，但是在荟萃晚清汉学成果的基础上从而彰显汉学，其意义与汉学更新运动的学术取向可谓一脉相承。

第二节　对晚清学风的影响

十八世纪末至十九世纪初的汉学更新运动的学术取向，也直接影响到晚清学术风气的转向。大体上说，主要体现为由乾嘉时期的汉宋对立，到乾嘉之际的调和汉宋学术，遂渐转向兼采汉宋；由古文经学与今文经学的对峙，遂渐转向今古融通；由经子整合，遂渐转向经世致用等三重学风的特征。

一、汉宋兼采

嘉庆以后，倡导经学研究汉宋兼采的汉学家遂渐增多。当时任广州学海堂学长达数十年，晚年又主讲菊坡精舍的岭南学者陈澧认为“盖百年以来，讲经学者训释甚精，考据甚博，而绝不发明义理，以警觉世人，其所训释考据，又世人所不能解。故经学之书，汗牛充栋，而世人绝不闻经书义理。此世道所以衰乱也。”而且给予宋儒极高评价：“宋儒持论好高，是其狂也；立身多介，是其狷也。其过中失正，而或陷于异端者有之矣，未得圣人以裁之耳，固无愧于圣门也。近人诋宋儒者，未之思也。”[49]因此他不讳言自己对“汉学”“宋学”的同等尊崇，认为自己的学问除汉学之外“唯详于朱子之学，大旨在不分汉宋门户”[50]。陈澧在总结清代学术时指出:“合数百年来学术之弊而细思之,若讲宋学而不讲汉学,则有如前明之空陋矣。若讲汉学而不讲宋学,则有如乾嘉以来之肤浅矣。况汉宋各有独到处,欲偏废之,而势有不能者。故余说郑学则发明汉学之善,说朱学则发明宋学之善,道并行而不相悖也。”[51]郭则沄说:“道咸间士崇实学,始复有通汉、宋之邮者,番禺陈兰甫先生其著也。”[52]叶德辉说:“近世所谓汉宋兼采一派者,至澧而始定其名。”[53]事实上,晚清不仅仅是陈澧提倡汉兼采,当时浙江学者黄式三、黄以周父子非常认同阮元、凌廷堪等人主张由训诂通义理的学术取向,《清儒学案》称:“儆居博综群经,尤长三《礼》,谨守郑学而兼尊朱子。尝谓读书而不治心,犹百万兵而乱之。以周少承家学,以为三代下之经学,汉郑君宋朱子为最。……东南称经师者,必曰黄氏盛矣。”[54]章太炎说他“为学不拘汉、宋门户,《诗》、《书》、《春秋》皆条贯大义”,成就远在钱大昕、阮元之上[55]。其弟子林颐山、陈庆年、曹元弼皆传其学。此外如许宗彦治学“务求六经大义,持汉宋学者之平,不屑屑校雠文字辨析偏旁”[56],金鹗的《求古录礼说》,“莫不推阐汉宋先儒诸说,辅翼群经,发前人所未发;无墨守门户之见、矜奇标异之情”。黄式三的《约礼说》、《复礼说》、《崇礼说》,“皆以为汉宋持平之书,”其子黄以周的百卷本《礼书通故》,更是以“欲挽汉宋之流弊,其惟礼学乎”。对此,黄侃曾批评为“有不分师说之病,至于笃守专家,按文究例,守唐人疏不破注之法者,亦鲜见其人也。”[57]俞樾也认为:“世谓汉儒专攻训诂,宋儒偏主义理,此犹影响之谈,门户之见”。[58]章太炎本人也认为“汉学二字,不足为治经之正轨。昔高邮王氏,称其父熟于汉学之门径,而不囿于汉学之藩篱。此但就训诂言耳。其实论事迹,论义理,均火海刀山如此。”[59]再如福建陈寿祺虽然专攻汉学,但不排斥宋学,认为汉学、宋学关系密切,不可偏废:“夫说经以义理为主固也,然未有形声训诂不明,名物象数不究,而谓能尽通义理者也。”[60]其子陈乔枞,秉承家学,亦为晚清东南经学巨擘。其门下弟子如孙经世、陈庆镛、林昌彝、王捷南、张冕经学研究特点是以宗汉学为主,而道德修养兼学程朱。如陈庆镛自书楹语云“六经宗孔郑,百行学程朱”[61],林春溥也是“得宋学之酉昌,而兼汉学之博者”[62]。道光中叶以后,贵州郑珍“深研许郑,不背程朱”[63],黄彭年认为:“今之言学者,曰考据曰训诂曰义理。义理者,道也;考据,此道也；训诂，此道也。无考据、训诂，则义理何以出？考据、训诂不衷于义理，则学何以成？”[64]江苏丁晏治经汉宋兼采，认为“汉学、宋学之分，门户之见也。汉儒正其诂，诂正而义以显，宋儒析其理，理明而诂以精，二者不可偏废”[65]。苏州陆元纶少颖敏，从吴中骏游，致力于经学。中年于《三礼》义疏用力最深，自马、郑、贾、孔而下，及清代江永、戴震、惠士奇、惠栋、段玉裁诸家说礼之书，无不研讨。仿陈奂研究六书奇训，学术源流。晚更究心宋五子书，以为立身事亲之法[66]。平湖学者朱壬林认为“汉学、宋学，不宜偏重，学以穷经求道，一而已矣。本无所谓汉宋之分。”[67]安徽学者胡承珙主张“治经无训诂、义理之分，为学亦无汉宋之分”[68]。湖南邹汉勋考据力尊汉学，而谈心性则宗程朱。

正是随着这种学风的转变，晚清汉学家不仅从学理上强调汉宋兼采的合理性，而且在经学研究的实践中也始终将其视为衡量学术价值的準绳。如江苏江阴学者包彬所著的《易玩》“研穷义理，兼综象数，不为汉宋门户。其河洛、大衍诸说，俱精心独辟，发前人所未发。”[69]又如江苏溧阳学者狄子奇所著的《经学质疑》、《经学质疑》、《孔子编年》、《孟子编年》、《四书释地辨疑》、《乡党图考辨疑》共若干卷，所说“皆融汉宋而一，使《周礼》、《孟子》可相通，尤为发从来未发之覆。”[70]再如武进郑环深于《周易》“尚调停汉宋之间，又喜探异说，绝无门户之见。视近世之以说经名高眩鼓聋聩者，相去远矣。”[71]等等。

晚清汉学的汉宋兼采学风的形成，由其特殊的历史原因。一方面，自乾嘉至晚清，学术界对汉宋学术异同的讨论，一直持续发酵。如管世铭作有“汉学说”，程廷祚作有“汉宋儒者异同论”，胡培翚作有“答赵生炳文论汉学宋学书”，张成孙作有“答方彦闻书”，黄式三作有“汉宋学辨”，姚椿作有“汉宋儒者论”，林昌彝作有“汉宋学术论”等等[72]，可以说晚清汉宋兼采的学风正是这种学术语境中的集中体现。另一方面，它与汉学更新运动调和汉宋学术的取向有着密切地联系。如广东的陈澧、福建的陈寿祺、贵州的莫与俦、浙江的许宗彦、金鹗、徐养原、丁晏等都是阮元的门生、弟子或肄业于学海堂与诂经精舍的学生，他们的学术取向直接或间接地都深受阮元调和汉宋学术取向的影响。林昌彝曾言：“是两汉名教，得儒经之功，宋、明讲学，得师道之益，皆于周、孔之道，如日之中天，未可偏讥而互消也。”[73]此话显然是重复了上述阮元强调学术研究应该调和汉宋的理念。陈澧认为“凌次仲著《复礼》，阮文达著《性命古训》、《论语论仁论》、《孟子论仁论》，讲经者未尝不讲性理也”[74]，陈澧的弟子桂文灿直言自己的汉学研究是“追述阮元遗言，谓周公尚文，范之以礼；尼山论道，教之以孝。苟博文而不能约礼，明辨而不能笃行，非圣人之学也。郑君、朱子皆大儒，其行同，其学亦同，因著《朱子述郑录》，推崇朱子”[75]。陈寿祺写信给阮元，希望阮元前来主持和扭转福建学术风气，即所谓“士子读书，患在学无师法，墨守讲义，猎取浮华而不知为通经复古之业，望有以提唱而裁成之”，后来因为阮元拒绝夺情督闽而不果[76]。由此可见，晚清学者的汉宋兼采学风，事实上就是乾嘉之际汉学更新运动淡化考据重新理解汉宋学术理念的反映。

需要指出的是，汉学更新运动的重新理解汉宋学术的理念，不仅影响了晚清汉学家的学风，同时也影响了晚清宋学家的学风。嘉道以后，较有成就的宋学家者也提倡汉宋兼采。如当涂夏炘、夏炯兄弟，虽然他们对乾嘉之际凌廷堪的《复礼论》，阮元的《论语论仁论》等重释宋学主题都持否定性的态度，但是其学术研究并不墨守宋学，同样也是汉宋兼采。如夏炘编写的《檀弓辨诬》一书，尽管走的仍是宋人怀疑《檀弓》真实性的路数，然而在进行论证过程中，却汲取了汉学家的考据方法，被认为可以与清初阎若璩的《尚书古文疏证》相匹敌的考据成果。如曾国藩称其为“《檀弓辨诬》发千古之覆，成一家之言，足以与阎氏《尚书疏证》同为不刊之典。”[77]吴大廷称夏炘为“海内名人不少，然未有通汉宋为一家，身行心得，集朱子之大成如我先生者也。”[78]甚至认为伪《古文尚书》不可废弃，他说：“古文之伪，在乎来历之暗昧，筋脉之缓弛，文气之散漫，而非谓古昔之格言正论不藉是以存也。”[79]此外，张崇兰的《古文尚书私议》、谢庭兰的《古文尚书辨》、吴光耀的《古文尚书正辞》等都力挺伪孔之说。这与晚清汉学家对伪《古文尚书》认识完全一致。如陈澧研究《尚书》认为“伪孔善于郑注者，焦氏（焦循）所举之外，尚颇有之。今不必伪古文经传可废，二十八篇伪传不可废”，对此，其弟子桂文灿又作了进一步的发挥：“儒者治经如折狱，然当究其是非。是非已定，当有以处治之。东晋古文《尚书》经注，至今日而伪迹昭著，无庸再辨，惟处治之道未得其宜。乾隆中，有奏请废其伪经者，以武进庄侍郎存与议谓篇中多精理名言，以之进讲最为有益中止。番禺陈先生云：'天下古今，精理名言尚多，若以其精妙遂可以与二帝三王典谟并传不朽，虽作伪亦不可废，是何言欤！'文灿请以处治之方，先生乃言曰：'今文二十八篇，本二帝三王之书，《孔传》亦晋人经注，是当存之，以为东晋艺文之一。其古文自《大禹谟》以下十五篇附列卷末，而以惠定宇《古文尚书考》注之，以明其捃遮之迹，且使书中精理名言，各还本真。'先生此语，洵为万世定论矣。"[80]可见，夏炘等人为维护社会秩序和人心风俗，力辨伪《古文尚书》的权威，与晚清汉学家如同一辙。然而这一观念，同样可以追溯到乾嘉之际阮元、焦循等人在汉学更新运动中对伪古文《尚书》的基本评价，如焦循指出："东晋晚出《尚书孔传》，至今日稍能读书者皆知其伪。虽然其增多二十五篇，伪也。其《尧典》以下，至《秦誓》二十八篇，固不伪也。则试置其伪作之二十五篇，而专论其不伪之二十八篇，且置其为假托之孔安国，而论其为魏晋间人之传，则未尝不与何晏、杜预、郭璞、范宁等先后同时，晏、预、璞、宁之传注，可存而论，则此传亦何不可存而论？"[81]因此，无论是晚清汉学家抑或宋学家，他们对伪《古文尚书》的评价，深受乾嘉之际汉学更新运动的影响也极为明显，事实上也是一种对汉宋兼采的认同。

晚清宋学家提倡汉宋兼采学风的代表人物是曾国藩。曾国藩他在总结清代学术时也指出：

> 乾嘉以来，士大夫为训诂之学者，薄宋儒为空疏；为性理之学者，又薄汉儒为支离。鄙意由博乃能返约，格物乃能正心，必从事于礼经，考覆于三千三百之详，博稽于一名一物之细，然后本末兼该，源流毕贯，虽极之军旅、战争、食货凌杂，皆礼家所应讨论之事，故尝谓江氏《礼书纲目》、秦氏《五礼通考》，可以通汉宋二家之结，而息顿渐诸说之争[82]。

浙江学者朱一新（1846－1894）少好濂关闽之书，但主张学术研究应该"汉宋学术，务持其平"。他说：

“汉学家以汉儒专言训诂，此浅陋之说，不足信也。以宋儒为不讲训诂，此矫诬之说，尤不足信也。汉宋诸儒，无不学贯天人，门径不同，及其成功则一。”[83]

曾国藩和朱一新的上述意见，可归纳为三点：一是汉宋学术各有弊端，二是汉宋学术不能偏废，三是汉宋学术都体现圣贤之道。这种汉宋兼容的学术态度，虽然在乾嘉之际阮元、焦循等学者提出，但他们往往局限于汉宋学术异同的辨析。曾国藩与朱一新则不同，他们之所以主张“汉宋兼容”，事实上与汉学家一样，都是提倡一种新的学风。陈澧认为乾嘉汉学家一味主张读经必须先识文字音读，以求训诂，以至皓首穷经而不解世事。要改变这种学风，就应该提倡读经而求其义理，以义理来弥补汉学的不足。即所谓“今人考古者少，已大不如国初以来之渊博，断不可顺其风气而空之也，但当取义理以补之耳。”[84]不拘守汉儒章句训诂的路数，另辟蹊径，以义理说经，本是宋学的传统。对此，朱一新也认为“东塾（陈澧）读书谓读书穷理，即实事求是，其说甚确”[85]，他批评当时学者光读书而不穷理，虽实事却不求是，以至本末脱节，并进一步表彰宋学能阐发义理，“义理者，躬行实践，明辨慎思”，“义理者，从考证中更进一层”[86]。这就表明，朱一新与陈澧一样，虽主张“汉宋兼容”但却将探求“义理”为治经的唯一标准。也正因此，陈澧和朱一新尽管表面上仍尊重“实事求是”的汉学而强调“汉学兼容”，然实际立场却已站到汉学的对立面—宋学方面去了。另一方面，从学术发展的内在逻辑看，陈澧和朱一新之所以不满意讲究一字一句，一名一物考证的朴学，正是希望汉学家由致力于某一局面的研究扩展到对经学本身的整体研究，从而进行归纳，提倡理论。所以陈澧说：“经学者贵乎自始至末，读之思之，整理之，贯穿之，发明之。”[87]朱一新也认为：“不通群经，不足以论一经。”并指出：“经义隐奥，故疏注释之，专读正文，须经义已通者方可，不然安能领会也。”[88]这说明陈澧和朱一新的经学研究是兼顾经学和理学、宋学和汉学的，强调汉学与宋学的互补，昭示了晚清学术正由汉宋兼采遂渐走上汉宋合流一途。道光末年，曾国藩又“始好高邮王氏父子（王念孙、王引之）之说”，盛赞王氏父子的朴学研究，甚至在给他儿子曾纪泽的信中明确表示："望尔为怀祖先生，为伯申氏"[89]。冯桂芬说："汉儒何尝讳言义理，宋儒何尝尽改汉儒考据，汉儒、宋儒皆圣人之徒也。汉古而宋今，汉难而宋易，毋蔑乎古，毋薄乎今，毋畏乎难，毋忽乎易，则学者之为之也。"[90]张之洞认为"汉宋两家不可偏废，其余一切学术亦不可废。"[91]可见，晚清宋学家提倡汉宋兼采，虽然有对当时汉学研究趋于回升态势的一种回应的动机，但是在学术路向的选项上，汉宋学者是颇为一致的，所以徐世昌在《清儒学案》中说："道咸以来，儒者多知义理、考据二者不可偏废，于是兼综汉学者不乏其人。"

二、今古融通

与汉宋兼采学风一样，晚清汉学的学风还表现在由古文经学转向今文经学的研究。如陈奂虽然以汉学名家，但是他研究《春秋》则取《公羊传》以知其例，《谷梁传》以明其礼。又告戒其弟子张星鉴说："为学当从西汉人。东汉人名物象数，言之非不精确，然此有意说经也。西汉人无意流露一二语，已胜东汉人千百言。此即微言大义也，子其识之。"[92]凌曙、陈立、戴望等人早年都从汉学，后治今文经学。凌曙初治《礼》，主郑玄，后读刘逢禄《春秋公羊何氏释例》，又为阮元校辑《经郛》，得尽睹魏晋来诸家《春秋》说，于是转宗今文经学，博稽旁讨，承意仪志。凌曙著有《春秋公羊礼疏》与《公羊礼说》，更是以礼来疏解《公羊传》，走的是古文经学与今文经学相结合的路数。他在《春秋公羊礼疏序》中说："《公羊》其治经之梯航也乎？吾以为治是经者，由声音训诂而明乎制度典章，以进求夫微言大义。"所谓"治经之梯航"，即可视为刘逢禄将《春秋》比喻为疏解"五经"之"筦钥"理论的引申；而"由声音训诂而明乎制度典章"，则是汉学家治经的基本立场。所以凌曙研究今文经学的这一特点，引起了后来两种绝然不同的评价。刘文淇称之为"独理何氏，方诸前贤，如合符契"[93]，甚至还认为他是"实为何氏功臣"。现代学者则从今文经学与政治密切关联的角度，批评他为"论义理无发挥，论考据不精辟，论材料不丰富，唯唯诺诺，虚实故事，很难说他是及格的公羊学家"[94]。事实上，对凌曙公羊学研究的两种截然不同的评价都偏于一端，但是恰恰可以证明晚清汉学家由专尊古文经学到崇尚今文经学的融合。陈寿祺、陈乔枞父子辑佚今文经学不遗余力，所作《三家诗遗说考》、《今文尚书经说考》、《尚书欧阳夏侯遗说考》、《齐诗翼氏学疏证》等皆为今文经学的研究提供了较为详实的文本依据。陈寿祺辑《尚书大传定本》就是“伤古经之淆乱，闵今学之沦亡”而撰写的。陈寿祺曾说：“苟能钩考佚文，得其单辞片义，以寻三家今文千百年不传之绪，使百世之下，犹知当日幸有三家今文赖以维持圣经于不坠。”又指出“凡古文《易》、《诗》、《礼》、《论语》、《孝经》所以传，悉由今文为之先驱，今文所无辄废古。”[95]他认为：“郑君笺《诗》，其所易《传》之义，大抵多本之齐、鲁、韩三家。如读‘素衣朱绣’为‘绡’，读‘他人是愉’为‘偷’，解‘艳妻’为‘厉王后’，解‘阮徂共’为‘三国’，此鲁说也。读‘邦之媛也’为援助之‘援’，读‘可以乐饥’为‘饥’，此韩说也。以‘十月之交’为‘夏之八月’，此齐说也。如斯之类，皆证据显明者。间有不言其读，而但于训释中改其字以显之。亦有仍用其字，而但于训释中改其义以显之。盖当时齐、鲁、韩并立学官，家习户诵，故《笺》所采摭不烦具征，诸家而治《诗》者无不知之。今三家《诗》亡，不能尽考，然举一反三足以征信。郑君深明于文字、声音、训诂、通假之源，折采微言，择善而从，囊括宏通，其学之卓出诸儒者在是也。”[96]所以后来廖平说：“陈氏父子《诗》、《书》遗说，虽未经排纂，颇伤繁冗，然独取今文，力追西汉，魏晋以来，无此识力。”[97]江藩的《公羊先师考》追溯和疏理公羊学的渊源等，也都具有重新审视今文经学学术价值的祈向。戴望是汉学家陈奂的弟子，通声音训诂之学。后转向今文经学研究，其《论语注》认为今文的《齐论》与《公羊》近似，故以《春秋公羊传》的“三统”、“三世”说疏解《论语》，自称继“先汉齐学所遗，邵公所传”[98]。黄以周、胡承珙，柳兴恩、陈澧、曾钊等人虽然重古文经学，但是也兼取今文。如陈澧研究《春秋》，主张三传并重，认为“（三传）各有得失，不可偏执一家尽以为是，而其余尽非耳”[99]。曾钊则认为“何氏公羊学，古义例奥，读者往往疑之，如黜周王鲁，婴齐称兄，卫辄拒父，邾娄叔术妻嫂，其尤也。然以钊测之，人言盖诬妄焉”[100]。刘逢禄赞其为：“笃学若勉士，吾道东矣”[101]。刘宝楠《论语正义》不仅汉宋兼采，同样不别分古今，其子刘恭勉《何休注训论语述》则专宗何休，书中多证引何休《春秋公羊解诂》、《谷梁废疾》、《左氏膏肓》，《清史稿》称其“晚年治《公羊春秋》，发明新周之义，辟何邵公之谬说，同时通儒皆违之”[102]。俞樾晚年崇尚今文经学，认为“西汉经师之绪论，已宝贵，况又在其前欤?”[103]“何氏公羊解诂引论语文极多，是何氏论语注虽亡而遗说犹见于公羊解诂中，欲求论语义，舍此何以哉?”[104]于是作《何邵公论语义》，对何休《春秋公羊解诂》大加赞赏。章太炎称他为“治《春秋》颇右公羊氏”[105]。王闿运汉学虽不如俞樾精深，他“张公羊，申何学，遂通诸经”，[106]叶德辉认为他继承了常州今文经学的传统，即所谓“今日恢刘、宋之统者，湘绮也”。[107]事实上，王闿运虽然推崇公羊学，但是也不完全排斥谷梁学，认为《春秋谷梁传》才是“儒者之论，可为世范”，章太炎说“王闿运不专取《公羊》，亦杂采古今文”，又认为“其说经虽简，而亦兼采古今，且笺《周官》。此但于惠、戴二派外独树一帜，而亦不肯服从常州也。”[108]这说明王闿运的今文经学代表了晚清咸丰、同治年间汉学融通今文经学的学风。

三、经世学风

晚清汉学的兼采汉宋、融通今古经学的学风，在一定程度上消解与淡化了自乾嘉以来经学研究汉宋、今古的纷争与对立，从根本上颠覆了原有的经学传统，走上经术补益于时务的经世一途。如嘉道年间被称为吴学后劲的丁晏，他早期弘扬汉学，晚期转向宋学，认为“自汉宋之学分，党同伐异，经学与理学歧而二之，非通儒之学也”，盛赞《伊川易传》是“明白正大，切于持身之用”[109]。刘宝楠诠释《论语》，颇多关于社会变革与关注现实政治的话题。汪喜孙为乾嘉之际著名汉学家汪中之子，他治经不分汉宋、今古，主张“经明行修，经通致用”，自称“二十年来，废寝忘食，惟于经世之学”[110]。陈澧长期担任学海堂学长与主讲菊坡精舍时期，培养出一大批关注现实社会、注重学术经世的人才，认为经学就是“惟求有益于身，有用于世，有功于古人，有裨于后人，此之谓经学也”[111]。陈寿祺把培养经世人才作为育人目标，他在主鳌峰书院时，专列经济书籍一门，让学生潜心研读，以期开阔视野，掌握经世致用之学。他在其“学规”写到：“不徒专恃讲章时艺，经解策问，尤使学者平日探索典训，辨核是非，讨论古今，通知时务，处可以立言传世，出可以敷政而佐时也。”[112]冯桂芬曾表示“窃有志焉，愿偕诸生相劝勉，于通经致用之途不欲以流俗自画。”[113]张之洞认为“读书宜读有用书，有用者何？可用以考古，可用以经世，可用以治身心三等”，[114]（《辅轩语》语学第二）张之洞曾经说，阮元刊行《皇清经解》“既已表彰先正，亦以鼓舞来学，于是海内通经致用之士接踵奋兴，迨今六十余年，通人著述，日出不穷。”[115]

此外，随着晚清汉学家经世意识的不断增强，他们的学风也由纯粹的经学研究转向而整合子学的研究。陈乔枞的《今文尚书经说考》也强调“凡所采摭经史、传注及诸子百家之说，实事求是，必溯师承，沿流以讨源，务随家法而参详考校，则亦有取于马郑之传注为之旁证而引伸之。”[116]罗焌说：“以古诸子书，关联经传，可以佐证事实，可以校订脱讹，可以旁通音训。故乾嘉以还学者皆留意子书，用为治经之功。”[117]张之洞则提倡“以经学家实事求是之法读子，其益无限”[118]。又如陈澧自称除经学之外“惟详于诸子”，他在谈到自己读“子书”时的感受说：“《隋书·经籍志》、《唐书·艺文志》，梁庾仲容、沈约皆有子钞；《直斋书录解题》有司马温公《徽言》，温公手抄子书也；皆所谓舍短取长者也。澧读子书，亦节而钞之于左。”[119]同时，他对诸子作了全面的评价：“诸子之学皆欲以治天下，而杨朱之计最疏，墨翟之计最密。杨朱欲人不贪，然人贪则无如之何。老子欲人愚，然人诈则无如何。商鞅、韩非皆欲人畏惧，而自祸其身。墨翟兼爱、非攻，人来攻则我坚守。何以坚守？蕃其人民，积其财货，精其器械，而又志在必死，则可以守矣。此墨翟之所长也。”[120]俞樾说：“圣人之道，具在《六经》，而周秦诸子之书，亦各有所得。虽以申、韩之刻薄，庄、列之怪诞，要各本其心之所独得者而著之书，非如后人剽窃陈言，一倡百和者也。且其书往往可以考证经义，不必称引其文，而古言古义居然可见”[121]。孙诒让说：“但使圣教不灭，汉文常存，则经、史、子诸古籍，必有悉心研治之人。”如陈澧的《东塾读书记》，俞樾的《诸子评议》，孙诒让的《墨子间诂》、《老子注》、俞樾的《老子评议》、《墨子评议》、陈奂的《荀子异同》、王先谦的《荀子集解》、《庄子集解》，王闿运的《墨子注》，王筠的《管子正音》、戴望的《管子校正》等等，无不带有经世致用的意蕴，并且一直绵延至章太炎、刘师培等近代汉学家对诸子学的研究。

综上所说，晚清学风虽然与乾嘉时期的考据学风已大异其趣，但是他们强调汉宋兼采、今古融通、经世学风，与十八世纪、十九世纪之交的汉学更新运动的经学理念可谓一脉相承。

第三节　汉学更新运动的历史评价

在中国古代，学者利用经典而崇奉经典、解释经典，总是立足于现实的需要，往往是从自己特定的文化视角出发的。而经学的发展总随着社会发展而演变的，许多新的观念也是通过众多新的理论的诠释才得以确立，而许多新的问题则必然依赖于新的思想去解释。如果不去触动旧经典，撰写新论著，就必须在解释经典的过程中，利用经典的表达特征，运用特定的解释方法，阐述出新的思想。十八世纪末至十九世纪初的汉学更新运动，在一定程度上显现了当时汉学思潮的驳杂性，虽然有一些汉学家在十八世纪的汉学史上并不完全是出类拔萃的人物，但他们却以自己的学识与风格，为其所置身其中的经学传统打下了新的烙印，从而在中国经学史上留下独特的轨迹，其学术史意义是多方面的。

首先，十八世纪末，清王朝开始由乾嘉盛世向嘉道衰世迅速滑落，不仅白莲教，天理教和回、苗、黎等少数民族暴动遍及全国，而且边疆战争频仍，加之西方殖民主义者入侵，造成"海警猋忽，军问沓到"的局面。这种格局，使一些以天下国家为念的志士仁人呼请人们注意时局"殆将有变"。与上个世纪的自信对照，我们注意到一个强烈的对比：那就是一种正在走下坡路的感情，代替了达到顶峰的骄傲感；一种失望和厌倦的感情，一种对将要来临的大灾难的预感，代替了对已取得的成就的自豪欢乐和对新的理想伟大事业的快乐希冀。十八世纪末至十九世纪初的汉学更新运动，无疑是社会变化的晴雨表。经学作为社会变化的一种特殊表现形态，也同样可以在学术变迁中寻求其内在的逻辑联系。陈澧曾指出："盖百年以来，讲经学者训释甚精，考据甚博，而绝不发明义理以警觉世人。其所训释考据，又皆世人所不能解。故经学之书，汗牛充栋，而世人绝不闻经书义理。"[122]

正是在这种一切待变的情势下，经学研究走出汉学传统，弥补了汉学家重学轻德、思想与言行分离的弊端，并无视汉学所自持的训诂考据方法的特有价值坐标，走上一条调和汉宋学术的坦途，即由考据形式和宋学以义理诠释儒家原典两种不同学术取向的融通，客观上是对十八世纪宋学挑战汉学的回应。然而他们以原始儒学与汉代经学立论，诚如阮元告戒其子所说的："余之学多在训诂，甘守卑近，不敢矜高以贤儒自命，故《论仁》、《论性命古训》皆不过训诂而已。"这就说明，他们更新汉学，事实上是企图由宋学来改造朴学。他们对汉宋学术的理解，也始终未能翻出宋儒注重儒家道德理想的单一阐发的旧模式，继承的依然是宋明以来儒学自身发展的传统而未能有所超越。然而他们调和汉宋学术的努力，却超越了重铸汉学的意义，最终成为晚清的"汉宋兼采"的纽带。嘉庆以后，无论汉学或宋学，经学研究的重心纷纷转向汉宋兼采，其目的是重新确立儒学"经世"的学术方向，晚清则再度出现了经学经世的社会思潮，殆无一不深受其汉学更新运动的启迪。

其次，十八世纪末至十九世纪初的汉学更新运动，它所关注的毋宁说是经学的汉宋异同议题，还不如说是通过学术更新来论证现实社会关系之上寻找人生的意义和存在的价值。众所周知，清代经康熙、雍正父子的励精图治和严厉整肃，至乾隆时，呈现出一派升平日久，海内殷富的社会景象。士大夫对经典孜孜不倦的研习，致力于文字训诂、版本考证，其成就虽足以炫世，但普遍缺乏关切社会现状的热情，士大夫道德意识的淡薄已成为普遍的社会现象。这种极度偏执的价值心态，终使做人处事与读书明道二分。因此并不局限于汉学与宋学的纯学术之争，而是由于当时整个社会伦理所呈现出的病态和价值心态的失衡。在中国古代社会，礼与风俗人情是融为一体的，而风俗人情又是衡量社会秩序和伦理价值观念的尺度。阮元、焦循、凌廷堪等汉学家以"絜矩"、"实践"、"格礼"为特点的"格物论"，虽然他们的思想基础并不完全一致，但是都以儒家的基本思想来诠释格物之学的，其根本目的是在当时的文化背景下，创出一种综合汉学与宋学的思想优点、适应社会思潮、满足学者精神需要的新思想。他们极度关注礼学的践履意义，既是他们更新汉学的直接动因，也是他们试图通过对道德求世与精神信仰的强调，既为社会提供了一种值得效法的新的人生观，而且也为经典诠释提供了新的解释形态。

最后，十八世纪末至十九世纪初的汉学更新运动，虽然终结了十八世纪那种"凡古皆真，凡汉皆好"的纯汉学研究，但也加剧了经今古文学的分化。十九世纪以后的所谓汉学，尽管仍然受到学者的极端崇拜，但是实际上已是阮元等人所提倡的新汉学。它不仅打破了乾嘉以来经学官本位的传统，延续了汉学自身的学术生命，而且也昭示了向近代经学形态蜕变的契机。从这一意义上说，汉学更新运动虽然时间短暂，并迅即为以汉宋兼采为特征的近代经学所替代，但是它在清代汉学史上所扮演的重要角色、所产生的社会与学术的双重效应，却是衔接十八世纪汉学向近代经学转换过程中不可缺失的重要环节，值得我们研究。

注释：

① 陈澧：《东塾续集》卷四《与徐子远书二十一首》，台北：文海出版社 1972 年版，第 174 页。按，曹葛民，浙江仁和人。父出金氏，寄食于曹，曹无子，遂为曹后。数十年间，金氏子孙无一存者，乃复姓曹金氏，名籀，故亦称曹金籀，一字竹书，又号台笠子。著有《易微言》、《书大义》、《齐鲁韩三家诗传诂》、《毛诗异义》、《仪礼礼器制度考》、《周官官仪解诂》、《礼运阐微》、《夏时释》等。《春秋谷梁传微》、《春秋谷梁经传释例》、《论语古注疏证》、《四书知新录》、《图室宝典甲子篇》、《古文原始》、《说文订讹》、《说文古音表》、《史记天官书补注》、《汉书艺文志证义》、《春秋繁露注》、《说苑注》、《南水纲目》、《江皋杂记》、《天台法乳记》、《灵台秘录文佚》、《籀书》等三十种，总名《石屋丛书》。

② 桂文灿：《经学博采录》卷首《自序》，桂林：广西师范大学出版社 2011 年版，第 1 页。

③《清史稿》卷四百八十三《儒林三》，北京：中华书局 1996 年版，第 43 册，第 13273 页。

④ 章学诚撰、叶瑛校注：《文史通义校注》，北京：中华书局 1985 年版，第 523 页。

⑤ 章学诚：《章学诚遗书》，北京：文物出版社 1985 年版，第 332 页。

⑥ 张舜徽：《清儒学记》，武汉：华中师范大学出版社 2005 年版，第 190 页。

⑦ 钱仪吉：《碑传集》第四册，北京：中华书局 1993 年版，第 103 页。

⑧ 冯栻宗：《九江儒林乡志》卷十四，清光绪九年(1883)刊本，第 7 页。

⑨ 孙璞：《粤风》，许衍编《广东文征续编》第 2 册，香港：广东文征编印委员会，1987，第 528 页。

⑩ 廖廷相：《饬书室遗集·序》，光绪二十一年(1895)刻本。

⑪ 梁启超：《清代学术概论》第十七，上海古籍出版社 1998 年版，第 61 页。

⑫ 桂文灿:《经学博采录》卷三,桂林:广西师范大学出版社 2011 版,第 62 页。

⑬《清史稿》卷四百八十三《儒林传》三,北京:中华书局 1996 年版。

⑭ 按,阮元有"正月二十日偕刘、王二叟竹林茶隐"诗有"浪穹老年七十九,手批经解讲六艺"句,阮福谓:"家大人己未门生王乐山大令者,名崧,榜名藩,浪穹人,年七十九,学问淹博,为滇中老宿,总纂滇省通志,精神步履亦强健。"《研经室续集》卷九,《研经室集》下,北京:中华书局 2006 年版,第 1173 页。

⑮ 桂文灿:《经学博采录》卷十一,桂林:广西师范大学出版社 2011 年版,第 245 页。

⑯ 蒙文通:《廖季平先生传》,《经学抉原》,上海人民出版社 2006 版,第 196 页。

⑰ 蒙默:《蜀学后劲——李源澄先生》,《经学研究论丛》第十五辑,第 315 页。

⑱ 刘禺生:《世载堂杂忆》"清代之教育",北京:中华书局 1997 年版,第 14 页。

⑲ 谢国桢:《近代书院学校制度变迁考》,台北:文海出版社 1974 年版,第 2 页。

⑳ 刘恭冕:《论语正义·后序》称:"道光戊子,先君子应省试,与仪征刘先生文淇、江都梅先生植之、泾包先生慎言、丹徒柳先生兴恩、句容陈丈立始为约,各治一经,加以疏证。"

㉑ 桂文灿:《经学博采录》卷五,桂林:广西师范大学出版社,2011 年版,第 113 页。

㉒ 罗惇衍:《仪礼正义序》,《仪礼正义》卷首,道光二十九年(1849)木犀香馆家刊本。

㉓ 章太炎:《太炎文录初编·孙诒让传》,《章太炎全集》(四),上海:上海人民出版社 1985 年版,第 212 页。

㉔ 陈立:《公羊义疏》卷九,清光绪十四年(1888)南菁书院刻《皇清经解续编》本。

㉕ 梁启超在《中国近三百年学术史》列举了九部最具学术价值与代表性的清人新疏著:孙星衍的《尚书今古文注疏》、孙诒让的《周礼正义》、胡培翚的《仪礼正义》、刘文淇的《左传旧注疏证》、陈立的《春秋公羊义疏》、刘宝楠的《论语正义》、焦循的《孟子正义》、郝懿行的《尔雅义疏》、邵晋涵的《尔雅正义》。今中华书局在上述九部的基础上,又增加了李道平的《周易集解纂疏》、皮锡瑞的《今文尚书考证》、王先谦的《尚书孔传参证》、陈奂的《诗毛氏传疏》、马瑞辰的《毛诗传笺通释》、王先谦的《诗三家义集疏》、朱彬的《礼记训纂》、孙希旦的《礼记集解》、黄以周的《礼书通故》、孔广森的《大戴礼记补注》(附王树楠校正、孙诒让斠补)、王聘珍的《大戴礼记解诂》、洪亮吉的《春秋左传诂》、廖平的《谷梁古义疏》、钟文烝的《谷梁补注》、皮锡瑞的《孝经郑注

疏》等十五部，共二十四部，汇刊为《十三经清人注疏》。

㉖ 如刘文淇的《春秋左氏传旧注疏证》，先编得《长编》八十卷，晚年据《长编》仅纂写《春秋左氏传旧注疏证》一卷便辞世。据《清史稿·儒林传》云："文淇治《左氏春秋》长编数十巨册，晚年编辑成书疏，甫得一卷而没。毓崧卒思基业未果，寿曾乃发愤以继志述事为任。检系列崧遗著及传记，亦未有言及续纂《左传》疏事。独惜《长编》十巨册，久不知下落何所耳。"刘师培《读左劄记序》云："昔先曾父孟瞻公（按：指刘文淇）昌明《左氏》之学，《长编》甫具，纂辑未成，伯父恭甫公（按：指刘寿曾）赓续之，至襄公后成绝笔。"

㉗ 刘恭冕：《论语正义·后序》，清同治刻本。

㉘ 阮元：《镇江柳孝廉春秋谷梁传学序》，《研经室再续集一》，清道光刊本。

㉙ 李慈铭：《越缦堂读书记》卷十二《札记》，北京：中华书局 1963 年版，第 1283 页。

㉚ 胡适：《胡适文存》四集《辞通序》，合肥：黄山书社出版社 1996 年版，第 436 页。

㉛ 上述几说，分见程廷祚《清溪集》卷三、唐仲冕《陶山文录》卷二、胡琨《诂经精舍文续集》卷二、马征麐《淡园文集》卷一，可参考。

㉜ ㉝ 桂文灿：《经学博采录》卷一，桂林：广西师范大学出版社 2011 年版，第 10 页。

㉞《通志堂经解》一名《九经解》，它的编刊者署名纳兰性德，但历来学者都认为实际的编刊者为徐乾学。如姚元之有明确说："《通志堂经解》，纳兰性德校刊，实则昆山徐健庵家刻本也。"（《竹叶亭杂记》卷四）不过，称徐乾学编撰此书也同样不确，他主要依靠其幕宾顾湄。《国朝耆献类征初编》卷 417《顾湄》云："《通志堂经解》纳兰性德所刻，而徐乾学延顾湄校正之。"顾湄字伊人，江苏太仓州人，以诗古文著称，与黄与坚等称"娄东十子"。

㉟ 桂文灿：《经学博采录》卷五，桂林：广西师范大学出版社 2011 年版，第 108 页。

㊱ 俞樾：《经学丛书初编序》，清光绪十二年(1886)刊本。

㊲ 李慈铭：《越缦堂文集》卷五，国立北平图书馆王重民校本。

㊳ 参见漆永祥《江藩与汉学师承记研究》第五章"《汉学师承记》版本考"，上海：上海古籍出版社 2006 年版，第 109 页。

㊴ 郭则沄：《经学博采录序》，《经学博采录》卷首，桂林，广西师范大学出版社，第 1 页。

㊵ 桂文灿的《经学博采录》的版本较多，据笔者所知，目前通行的主要有以下八种：一、咸丰七年(1857)开雕的《桂氏经学丛书》十二卷家刻本，二、《南海桂子白先生遗稿》十一卷稿本(现藏中国科学院图书馆)，三、光绪年间广雅书局十二卷校抄底本(现藏辽宁省图书馆)，四、刻于民国三十一年(1942)郭则沄的《敬跻堂丛书》十二卷本(已收入《续修四库全书》)。五、王大隆改编的《辛巳丛编》六卷本，即《丛书集成续编》的六卷本。六、香港龙门书店1969年影印出版的六卷本。七、台湾明文书局1992年影印的《敬跻堂丛书》十二卷本，八、上海古籍出版社2005年出版的十二卷国学古籍本。在这些不同的版本中，尤以《辛巳丛编》本最为学人认可，诚如王大隆在自序中所说的"原本纸敝墨渝，传钞又多脱讹，谨校除重复，条次先后，复位为六卷"。《辛巳丛编》本虽然给我们今天阅读桂书提供了很多帮助，但是经过王氏的删繁就简和重新编排，由体系到内容，都没有突破原著，却使桂书原貌全非，如原著卷二尽为王氏所删就是一例。本文取郭则沄的《敬跻堂丛书》十二卷本。

㊶ 桂文灿：《经学博采录》卷四，桂林：广西师范大学出版社2011年版，第82页。

㊷ ㊸ 同上卷五，桂林：广西师范大学出版社2011年版，第107页。

㊹ 同上卷五，桂林：广西师范大学出版社2011年版，第110页。

㊺ 桂文灿：《经学博采录》卷二，桂林：广西师范大学出版社2011年版，第41页。案，桂书中所谓《诗中篇名解》上中下三篇，黄以宏总题为"诗中篇名相同解"，收录《学海堂三集》，可参考。

㊻ 叶昌炽：《桂氏遗书序》。

㊼《续修四库全书总目提要》(稿本)，第15册，第25页。

㊽ ㊾ 郭则沄：《经学博采录序》，《经学博采录》卷首，桂林：广西师范大学出版社2011年版，第1页。

㊾ 陈澧：《东塾读书记》(外一种)，钱钟书主编：《中国近代学术名著》，三联书店1998年版，第55页。

㊿ 陈澧：《东塾集》卷四《复刘叔俛书》，光绪十八年(1892)菊坡精舍刊本。

51 陈澧：《陈兰甫先生遗稿》，《岭南学报》卷二，第三期。

53 徐珂编：《清稗类钞》第8册，北京：中华书局1986年版，第3805页。

54 徐世昌：《儆居学案》，《清儒学案》三，北京：中国书店1990年版，第793页。

55 章太炎：《太炎文录初编黄先生传》，《章太炎全集》四，上海：上海人民出版社1985年版，第214—215页。

56 徐世昌：《仪征学案》中，《清儒学案》三，北京：中国书店1990年版，第

302 页。

㊼ 黄侃:《黄侃论学集》,北京:中华书局 1964 年版,第 453 页。

㊽ 俞樾:《春在堂杂文续编》卷七《梁蔷莀林先生〈论语集注旁证〉序》,《春在堂全书》,清光绪二十八年(1902)刊本。

㊾ 章太炎:《经学略说》,章氏国学讲习会讲演记录第三期,民国二十四年(1935)版。

㊿ 陈寿祺:《左海全集》卷四《答翁覃谿学士书》,清道光年间陈氏刻本。

61 陈庆镛:《籀经堂类稿序》,清刻本。

62 林春溥:《竹柏山房十五种》卷首《墓志铭》,清道光十五年竹柏山房刊本。

63 徐世昌:《巢经学案》,《清儒学案》四,北京:中国书店 1990 年版,第 130 页。

64 黄彭年:《陶楼文钞·杂著》卷十《息争书杨湘筠叙交书后》,民国十二年(1923)章钰等刊本。

65 66《清史稿》卷四百八十三《儒林传》三,北京:中华书局 1996 年版,第 13278 页。

67 朱壬林:《小云庐晚学文稿》卷二《与顾访溪徵君书》,清咸丰六年(1856)刊本。

68 胡承珙:《求是堂文集》卷四,清道光十七年(1837)求是堂刊本。

69 桂文灿:《经学博采录》卷二,桂林:广西师范大学出版社,2011 年版,第 46 页。

70 同上卷五,桂林:广西师范大学出版社,2011 年版,第 111 页。

71 同上卷十,桂林:广西师范大学出版社,2011 年版,第 226 页。

72 上述几说,分见管世铭《韫山堂文集》卷二、程廷祚《青溪集》卷三、胡培翚《研六室文钞》卷五、张成孙《端虚勉一居文集》卷一、黄式三《儆居经说》卷三、姚椿《晚学斋文集》卷一、林昌彝《小石渠阁文集》卷一,可参考。

73 林昌彝:《林昌彝诗文集》卷十一《汉宋学术》,上海:上海古籍出版社 1989 年版,第241—242 页。

74 陈澧:《东塾杂俎》卷十一《国朝》,《敬跻堂丛书》本。

75《续碑传集》卷七十五《桂文灿传》,第 4 页。上海:上海书店出版社 1988 年《清碑传合集》本。

76 陈寿祺:《 左海文集》卷五《上阮侍郎夫子书》,清道光年间陈氏刻本。

77 78 夏炘:《景紫堂全书》卷首《苔芩尺牍》,清同治元年(1862)刊本。

79 夏炘:《景紫堂文集》卷三《古文尚书不可废说》,清同治元年(1862)刊本。

⑧⓪ 桂文灿:《经学博采录》卷一,桂林:广西师范大学出版社 2011 年版,第 12 页。

⑧① 焦循:《雕菰集》卷十六《尚书孔氏传自序》,清道光间《文选楼丛书》本。

⑧② 曾国藩:《曾文正公全集·复夏韬甫》,线装书局 2012 年版。

⑧③ 朱一新:《佩弦斋杂存》卷下,清刊本。

⑧④ 钱穆:《中国近三百年学术史》,北京:商务印书馆 1997 年版,第 679 页。

⑧⑤ 朱一新:《无邪堂答问》卷五,清光绪二十一年(1895)刊本。

⑧⑥ 朱一新:《无邪堂答问》卷三,清光绪二十一年(1895)刊本。

⑧⑦ 陈澧:《东塾集》卷四《复王峻之书》,清光绪十八年(1892)刊本。

⑧⑧ 朱一新:《无邪堂答问》卷四,清光绪二十一年(1895)刊本。

⑧⑨ 曾国藩:《谕纪泽》,《曾文正公全集·家书一》,线装书局 2012 年版。

⑨⓪ 冯桂芬:《显志堂稿》卷三《阙里致经堂记》,校邠庐刊本。

⑨① 张之洞:《劝学篇》,北京:商务印书馆 1984 年版。

⑨② 张星鉴:《仰萧楼文集·书陈硕甫先生》,清光绪六年(1880)刊本。

⑨③ 刘文淇:《青溪旧屋文集》卷五《凌氏丛书序》,清光绪九年(1883)刊本。

⑨④ 杨向奎:《清代的今文经学》,《绎史斋学术文集》,上海:上海人民出版社 1983 年版,第 353 页。

⑨⑤《清史稿》卷四百二十八《儒林传》三,北京:中华书局 1996 年版,第 13428 页。

⑨⑥ 桂文灿:《经学博采录》卷三,桂林:广西师范大学出版社 2011 年版,第 62 页。

⑨⑦ 廖平:《廖平学术论著选集》,成都:巴蜀书社 1989 年版,第 210 页。

⑨⑧ 戴望:《谪麐堂遗集》卷首《注论语叙》,风雨楼铅印本。

⑨⑨ 陈澧:《东塾读书记》卷十《春秋三传》,《东塾读书记》(外一种),北京:三联书店出版社 1998 年版,第 213 页。

⑩⓪ 曾钊:《面城楼集钞》卷三《何邵公赞并序》,清光绪二年(1876)学海堂丛刊本。

⑩① ⑩②《清史稿》卷四百二十八《儒林传》三,北京:中华书局 1996 年版。

⑩③ 俞樾:《诸子平议序》,《春在堂全书》,清光绪二十八年(1902)刊本。

⑩④ 俞樾:《曲园杂纂》卷七《何邵公论语义》,《春在堂全书》,清光绪二十八年(1902)刊本。

⑩⑤ 章太炎:《太炎文录初编俞先生传》,《章太炎全集》四,上海:上海人民出版社

1985 年版，第 211 页。

⑩⑥《清史稿》卷四百二十八《儒林传》三，北京：中华书局 1996 年版，第 13300 页。

⑩⑦ 叶德辉：《与戴宣翘校官书》，《郎园书札》。《郎园全书》刊本，1935 年。

⑩⑧ 支伟成：《清代朴学大师列传》卷首《章太炎先生论订书》，长沙：岳鹿书社 1998 年版。

⑩⑨ 丁晏：《书程子易传后》，《周易述传》卷二《书后》，清同治元年(1862)《颐志斋丛书》本。

⑪⓪ 汪喜孙：《从政录》卷一《文稿自序》，《汪氏丛书》本。

⑪① 陈澧：《东塾集》卷四《与王峻之书五首》，清光绪十八年(1892)刊本。

⑪② 陈寿祺：《左海文集》卷十《鳌峰崇正讲堂规约八则》，清道光年间陈氏刻本。

⑪③ 冯桂芬：《显志堂集》卷二《惜阴书舍戊申课艺序》，清光绪二年(1876)校邠庐刊本。

⑪④ 张之洞：《輶轩语一·语学第二》，《书目答问二种》，北京：三联书店出版社 1998 年版，第 307 页。

⑪⑤ 张之洞：《开设书局刊布经籍说》，《张之洞全集》第一册，石家庄：河北人民出版社 1998 年版，第 614 页。

⑪⑥ 陈乔枞：《今文尚书经说考》，清《左海续集》刊本。

⑪⑦ 罗焌：《诸子学述》第五章《诸子学之研究》，民国三十四年(1945)刊本，第 54 页。

⑪⑧ 张之洞：《輶轩语·语学第二》。又云："子有益于经者三：一、证佐事实，一、证补诸经伪文佚文，一、兼通古训古音韵，然此为周秦诸子言也。汉魏亦颇有之。至其义理，虽不免偏驳，亦多有合于经义，可相发明者。"《书目答问二种》，北京：三联书店出版社 1998 年版，第 299 页。

⑪⑨ 陈澧：《东塾读书记》卷十二《诸子书》，《东塾读书记》(外一种)，北京：三联书店出版社 1998 年版，第 260 页。

⑫⓪ 陈澧：《东塾读书记》卷十二《诸子书》，《东塾读书记》(外一种)，北京：三联书店出版社 1998 年版，第 243 页。

⑫① 俞樾：《诸子平议序》，《春在堂全书》，清光绪二十八年(1902)刊本。

⑫② 陈澧：《陈兰甫先生澧遗稿》，《岭南学报》第二卷，1931 年版，第 183 页。

主要参考文献

[1] 《汉书》,北京:中华书局1983年版。

[2] 《宋史》,北京:中华书局1986年版。

[3] 周敦颐:《周子全书》,北京:商务印书馆,《国学基本丛书》刊本。

[4] 张载:《张载集》,北京:中华书局1985年版。

[5] 程颢、程颐:《二程遗书》,上海:上海古籍出版社1995年版。

[6] 张九成:《横浦集》,《文津阁四库全书》刊本。

[7] 朱熹:《朱子语类》,北京:中华书局1988年版。

[8] 朱熹:《四书或问》,上海:上海古籍出版社2001年版。

[9] 朱熹:《朱子文集》,清《正谊堂全书》刊本。

[10] 陆九渊:《陆九渊集》,北京:中华书局1980年版。

[11] 朱鉴:《文公易说》,《文津阁四库全书》本。

[12] 蔡节:《论语集说》,《文津阁四库全书》刊本。

[13] 王守仁:《王阳明全集》,上海:上海古籍出版社1992年版。

[14] 陈建:《学蔀通辨》,民国《丛书集成初编》本。

[15] 吕坤:《呻吟语摘》,《文津阁四库全书》刊本。

[16] 汤显祖:《汤显祖诗文集》,上海:上海古籍出版社1980年版。

[17] 冯梦龙:《冯梦龙全集》,南京:江苏古籍出版社1993年版。

[18] 刘宗周:《刘子全书》,清道光四年(1824)刊本。

[19] 左懋第:《左忠贞公集》,《乾坤正气集》刊本。

[20] 张溥:《七录斋集》,明崇祯间刊本。

[21] 冯班:《钝吟文稿》,民国刊本。

[22] 王夫之:《张子正蒙注》,清同治四年(1865)《船山遗书》刊本。

[23] 黄宗羲:《南雷文约》,《四部丛刊》刊本。

［24］ 黄宗羲：《宋元学案》，北京：中华书局1989年版。

［25］ 方以智：《通雅》，清光绪六年（1880）桐城方氏刊本。

［26］ 朱鹤龄：《愚庵小集》附录，上海：上海古籍出版社1979年影印康熙刊本。

［27］ 陆世仪：《复社纪略》，《续修四库全书》本。

［28］ 陆世仪：《桴亭先生文集》，清光绪二十五年（1899）刊本。

［29］ 张尔岐：《蒿庵集》，清乾隆三十八年（1773）胡德琳刻本。

［30］ 张履祥：《杨园先生全集》，清同治十年（1871）江苏书局刊本。

［31］ 施闰章：《学余堂文集》，《文津阁四库全书》刊本。

［32］ 顾炎武：《日知录》，上海：上海古籍出版社1985年影印《日知录集释》本。

［33］ 顾炎武：《亭林文集》，朱氏槐庐校刊本。

［34］ 毛先舒：《潠书》，清顺治间刊本。

［35］ 李文胤：《杲堂诗文集》，杭州：浙江古籍出版社1988年版。

［36］ 朱彝尊：《静志居诗话》，清嘉庆二十四年（1819）扶荔山房刊本。

［37］ 朱彝尊：《经义考》，《文津阁四库全书》刊本。

［38］ 朱彝尊：《曝书亭集》，上海涵芬楼《四部丛刊》刊本。

［39］ 张烈：《王学质疑》，清《正谊堂全书》刊本。

［40］ 毛奇龄：《古文尚书冤词》，《文津阁四库全书》刊本。

［41］ 毛奇龄：《西河合集》，清书留草堂刻本。

［42］ 费密：《弘道书》，《怡兰堂丛书》刊本。

［43］ 吕留良：《吕晚村先生文集》，清雍正三年（1725）吕氏天盖楼刊本。

［44］ 陆陇其：《三鱼堂文集》，清同治七年（1868）刊本。

［45］ 陈锡嘏：《兼山堂集》，济南：齐鲁书社1997年影印本。

［46］ 梅文鼎：《绩学堂文钞》卷首《传》，清乾隆刊本。

［47］ 王士祯：《池北偶谈》，北京：中华书局1982年版。

［48］ 张揆方：《米堆文钞》，清乾隆间嘉定张氏刊本。

［49］ 张大受：《匠门书屋文集》，清雍正七年（1729）刊本。

［50］ 颜元：《四书正误》，民国十二年（1923）《颜李丛书》本。

［51］ 叶梦珠：《阅世编》，台北：木铎出版社1982年版。

［52］ 黄百家：《学箕初稿》，《四部丛刊》刊本。

[53] 廖燕:《二十七松堂集》,台北:“中央研究院”中国文哲研究所珍本古籍丛刊本。

[54] 潘耒:《遂初堂集》,清康熙间刊本。

[55] 李塨:《恕谷后集》,清《畿辅丛书》本。

[56] 李塨:《中庸传注问》,民国十二年(1923)《颜李丛书》刊本。

[57] 王源:《居业堂文集》,清道光十一年(1831)刊本。

[58] 万言:《管邨文钞》,民国二十六年(1937)鄞县张氏约园刊本。

[59] 田雯:《璜川吴氏经学丛书》,清道光十年(1830)宝仁堂刊本。

[60] 臧琳:《经义杂记》,清嘉庆四年拜经堂刻本。

[61] 何焯:《义门读书记》,北京:中华书局 1987 年版 。

[62] 朱筠:《笥河文集》卷首,清嘉庆二十年(1815)刊本。

[63] 朱轼:《清经世文编》,光绪十二年(1886)思补楼重石印本。

[64] 雷鋐:《经笥堂文钞》,清嘉庆十六年(1811)刊本。

[65] 杭世骏:《道古堂文集》,清乾隆四十年(1775)汪氏振绮堂刊本。

[66] 袁枚:《小仓山房诗文集》,上海:上海古籍出版社 1988 年版。

[67] 蔡世远:《二希堂文集》,清《文津阁四库全书》本。

[68] 惠栋:《松崖笔记》,清光绪间《聚学轩丛书》刊本。

[69] 惠栋:《九曜斋笔记》,清光绪间《聚学轩丛书》刊本。

[70] 惠栋:《古文尚书考》卷上,清乾隆五十七年(1792)刊本。

[71] 全祖望:《鲒埼亭文集选注》上编,济南:齐鲁书社出版社 1982 年版。

[72] 全祖望:《鲒埼亭集外编》,清嘉庆十六年(1811)刊本。

[73] 梁玉绳:《清白士集》卷二十八《寄弟处素书》,清白士集刊本。

[74] 程晋芳:《勉行堂文集》,嘉庆二十五年(1820)刊本。

[75] 王昶:《春融堂集》,清嘉庆十二年(1807)青浦王氏塾南书舍刊本。

[76] 王昶:《湖海文传》,清道光十七年(1837)刊本。

[77] 江声:《尚书集注音疏述》,光绪十七年(1891)上海鸿宝斋石印本。

[78] 王鸣盛:《尚书后案序》,清乾隆四十五年(1780)礼堂刊本。

[79] 王鸣盛:《西庄始存稿》,乾隆三十一年(1766)刊本。

[80] 戴震:《孟子字义疏证》,北京:中华书局 1982 年版,第 155 页。

[81] 毕亨:《九水山房文存》,清杨氏海源阁刻本。

[82] 程瑶田:《论学小记》,《丛书集初编》本。

［83］ 余廷灿:《存吾文稿》,清咸丰五年(1855)刊本。
［84］ 纪昀:《阅微草堂笔记》,上海:上海古籍出版社1982年版。
［85］ 钱大昕:《潜研堂文集》,上海:上海古籍出版社1989年版。
［86］ 钱大昕:《廿二史考异序》,上海:上海古籍出版社1989年版。
［87］ 姚鼐:《惜抱轩文集》,清嘉庆三年(1798)刻增修本。
［88］ 姚鼐:《惜抱轩诗集》,清嘉庆三年(1798)刊本。
［89］ 翁方纲:《复初斋文集》,清道光十六年(1836)刊本。
［90］ 段玉裁:《说文解字注》,上海:上海古籍出版社1981年版。
［91］ 段玉裁:《经韵楼集》,上海:上海古籍出版社2008年版。
［92］ 章学诚:《章氏遗书》,清嘉业堂刊本。
［93］ 崔述:《崔东壁遗书》,上海:上海古籍出版社1983年版。
［94］ 王念孙:《王石臞先生遗文》,民国十四年(1925)高邮王氏遗书刊本。
［95］ 秦瀛:《小岘山人续文集》,清嘉庆间刊本。
［96］ 吴定:《紫石泉山房文集》,清光绪十三年(1887)刊本。
［97］ 汪中:《述学》,北京:中国书店影印《汪氏丛书》刊本。
［98］ 洪亮吉:《北江诗话》,光绪三年(1877)授经堂刊本。
［99］ 洪亮吉:《卷施阁文甲集》,清光绪三年(1877)洪氏授经堂刊本。
［100］ 孙星衍:《岱南阁集》,清嘉庆刊本。
［101］ 唐仲冕:《陶山文录》,清道光二年(1822)刊本。
［102］ 凌廷堪:《校礼堂文集》,北京:中华书局1998年版。
［103］ 王芑孙:《渊雅堂编年诗稿》,清嘉庆九年(1804)刊本。
［104］ 洪榜:《二洪遗稿》,北平通学斋据原刊影印本。
［105］ 恽敬:《大云山房文稿》,民国八年(1919)上海商务印书馆《四部丛刊》刊本。
［106］ 恽敬:《大云山房文稿初集》,民国八年(1919)上海商务印书馆《四部丛刊初编》本。
［107］ 姚文田:《邃雅堂集》卷二《书爱日臧君传后》,清道光元年(1821)刊本。
［108］ 孙希旦:《礼记集解》卷中,清同治七年(1868)刊本。
［109］ 汪廷珍:《实事求是斋遗稿》,清光绪八年(1882)刊本 。
［110］ 郝懿行:《曬书堂文集》,清光绪十年(1884)东路厅署刊本。

[112] 孙原湘:《天真阁集》卷二十六《鸿儒歌》,清嘉庆五年(1800)刊本。

[113] 张惠言:《茗柯文编》,清同治八年(1869)刊本。

[114] 江藩:《汉学师承序》,上海:上海书店 1983 年根据商务印书馆 1935 年影印版。

[115] 江藩:《经解入门》,天津:天津古籍书店出版社,1990 年版。

[116] 焦循:《雕菰集》,道光年间《文选楼丛书》刊本。

[117] 焦循:《孟子正义》,清《焦氏丛书》刊本。

[118] 阮元:《周易注疏校勘记》,北京:中华书局 1979 年影印《十三经注疏》本。

[119] 阮元:《揅经室集》,上海:上海古籍出版社 2006 年版。

[120] 阮元:《畴人传》,清嘉庆四年(1799)刊本。

[121] 阮元:《诂经精舍文集》,清瑯環仙馆刊本。

[122] 张问陶:《船山诗草》卷九《论文八首》,清道光二十九年(1849)增修本。

[123] 舒位:《瓶水斋诗集》卷九《杂诗》,光绪十二年(1886)刊本。

[124] 王引之:《王文简公文集》,清高邮王氏遗书本。

[125] 王引之:《经传释词》,清嘉庆二十四年(1819)刊本

[126] 顾广圻:《思适斋集》,清道光二十九年(1849)刊本 。

[127] 许宗彦:《鉴水斋集》,清嘉庆二十四年(1819)许氏家刊本。

[128] 李兆洛:《养一斋文集》,清道光二十三年(1843)刊本。

[129] 黄承吉:《梦陔堂文集》,清道光二十三年(1843)刊本。

[130] 陈寿祺:《左海文集》,清刊本。

[131] 方东树:《汉学商兑》,清道光十一年(1831)刊本。

[132] 昭梿:《啸亭续录》,北京:中华书局 1980 年版。

[133] 刘逢禄:《刘礼部集》,道光十年(1830)家刻本。

[134] 胡承珙:《求是堂文集》,清道光十七年(1837)刊本。

[135] 宋翔凤:《过庭录》,上海:上海书店出版社 1988 年版。

[136] 任兆麟:《有竹居集》,清嘉庆二十四年(1819)两广节署刊本。

[137] 胡培翚:《研六室文抄》,清光绪四年(1878)世泽楼重刊本。

[138] 刘文淇:《青溪旧屋文集》,清光绪九年(1883)刻本。

[139] 黄式三:《儆居集杂著》,清光绪十四年(1888)刊本。

[140] 汪喜孙:《刘氏遗书跋》,清《刘端临先生遗书》刊本。

[141] 龚自珍:《龚自珍全集》,上海:上海古籍出版社 1999 年版。

[142] 沈垚:《落帆楼文集》,清嘉业堂刊本。

[143] 马平泉:《朴丽子》,清《平泉遗书》本。

[144] 冯桂芬:《显志堂集》,清光绪二年(1876)校邠庐刊本。

[145] 曾国藩:《曾文正公文集》,清同治十三年(1874)刊本。

[146] 郭嵩焘:《郭嵩焘诗文集》,长沙:岳麓书社 1984 年版。

[147] 李元度:《国朝先正事略》,长沙:岳麓书社 1991 年版。

[148] 谭献:《复堂日记》,清光绪十一年(1885)刊本。

[149] 张之洞:《书目答问二种》,北京:三联书店出版社 1998 年版,第 299 页。

[150] 李慈铭:《越缦堂读书记》,北京:中华书局 1963 年版。

[151] 刘寿曾:《传雅堂文集》》,1937 年徐乃昌刊本。

[152] 陈康祺:《郎潜纪闻二笔》,《清代史料笔记丛刊》本。

[153] 张星鉴:《仰萧楼文集》,清光绪六年(1880)刊本。

[154] 朱一新:《无邪堂答问》,北京:中华书局 2000 年版,第 147 页。

[155] 马其昶:《桐城耆旧传》,宣统三年(1911)刊本。

[156] 丁有铭:《苏州丁氏宗谱》,清光绪年间刊本。

[157] 钱馥:《小学庵遗稿》,清光绪十一年(1885)海宁钱保塘清风室四川什邡校刊本。

[158] 王筠:《说文释例序》,清光绪九年(1883)成都御风楼重刊本。

[159] 《大清高宗纯皇帝实录》,华文书局 1968 年版。

[160] 《清史列传》,北京:中华书局 1987 年版。

[161] 《世宗宪皇帝圣训》,《文津阁四库全书本》刊本。

[162] 桂文灿:《经学博采录》,桂林,广西师范大学出版社 2011 年版。

[163] 徐世昌:《清儒学案》,1939 年中楷斋刻印本。

[164] 皮锡瑞:《经学历史》,北京:中华书局 1981 年版。

[165] 章梫:《一山文存》,民国七年(1928)嘉业堂刊本。

[166] 叶德辉:《书林清话》,沈阳:辽宁教育出版社 1998 年版。

[167] 章太炎:《章太炎全集》,上海:上海人民出版社 1984 年版。

[168] 罗振玉:《昭代经师手简》二编,民国间罗振玉影印墨迹本。

[169] 梁启超:《梁启超论清学史二种》,上海:复旦大学出版社 1985 年版。

[170] 闵尔昌:《清碑传合集》,上海:上海书店出版社 1988 年版。

[171] 王国维:《观堂集林》,北京:中华书局 1999 年影印本。

[172] 汪辟疆:《目录学研究》,台北:文史哲出版社 1983 年版。

[173] 刘师培:《左盦外集》,1936 年宁武南氏排印本。

[174] 刘师培:《刘师培论学论政》,上海:复旦大学出版社 1990 年版。

[175] 刘师培:《经学教科书》,上海:上海古籍出版社 2006 年版。

[176] 黄侃:《黄侃论学集》,北京:中华书局 1964 年版。

[177] 钱穆:《中国近三百年学术史》,北京:商务印书馆 1997 年版。

[178] 钱穆:《中国学术思想史论》,合肥:安徽教育出版社 2004 年版。

[179] 钱穆:《国学概论》,商务印书馆 1997 年版。

[180] 蒋逸雪:《张溥年谱》,《民国丛书》刊本。

[181] 钱玄同:《古史辨》,上海:上海古籍出版社 1982 年版。

[182] 陈寅恪:《金明馆丛稿初编》上海:上海古籍出版社 1982 年版。

[183] 胡适:《胡适哲学思想资料选》下册,上海:华东师范大学出版社 1981 年版。

[184] 胡适:《胡适文集》,北京:北京大学出版社 1998 年版。

[185] 谢国祯:《明清之际党社运动考》,沈阳:辽宁教育出版社 1998 年版。

[186] 支伟成:《清代朴学大师列传》,长沙:岳麓书社 1998 年版。

[187] 汤用彤:《汤用彤学术论文集》,北京:中华书局 1983 年版。

[188] 刘禺生:《世载堂杂忆》,北京:中华书局 1997 年版。

[189] 侯外庐:《中国思想通史,北京:人民出版社 1956 年版。

[190] 嵇文甫:《原学》,北京:商务印书馆 1938 版。

[191] 张舜徽:《清人文集别录》,北京:中华书局 1980 年版。

[192] 杨向奎:《清儒学案新编》,济南:齐鲁书社出版社 1994 年版。

[193] 余英时:《中国思想传统的现代诠释》,南京:江苏人民出版社 1989 年版。

[194] 林庆彰:《经学研究论丛》第二辑,台北:圣环图书有限公司 1994 年版。

[195] 《四库全书总目提要》,海口:海南出版社 1990 年版。

[196] 汤志钧:《近代经学与政治》,北京:中华书局 1989 年版。

[197] 朱维铮:《走出中世纪》,上海:复旦大学出版社 2007 年版。

[198] 朱维铮:《求索真文明》,上海:上海古籍出版社 1997 年版。

[199] 姜广辉:《经学今诠四编》,沈阳:辽宁教育出版社 2004 年。

[200] 姜广辉:《郭店楚简研究》,沈阳:辽宁教育出版社 1999 年版。

[201] 王章涛:《阮元年谱》,合肥:黄山书社出版社 2003 年版。

[202] 王章涛:《王念孙王引之年谱》,扬州:广陵书社出版社 2006 年版。

[203] 陈居渊:《焦循阮元评传》,南京:南京大学出版社 2006 年版。

[204] 陈居渊:《清代朴学与中国文学》,南昌:江西百花洲文艺出版社 2010 年版。

[205] 陈居渊:《焦循儒学思想与易学研究》,济南:齐鲁书社出版社 2000 年版。

[206] 陈居渊:《清代诗歌与王学》,台北:文津出版社 1996 年版。

[207] 《武阳县志序》,台北:学生书店印行本。

[208] 《光绪武进阳湖县志》,江苏古籍出版社、上海书店出版社、巴蜀书社出版社 1995 年版。

后　记

从上个世纪八十年代撰写硕士、博士论文开始，或研究经学，或研究文学，对清代学术的关注，不知不觉，已经持续了近三十个年头，其间虽然相继出版了诸如《焦循儒学思想与易学研究》、《清代朴学与中国文学》等专论清代学术的单薄小书不无有见，但是对清代学术的整体思考尚未中断。本书则融入了笔者近几年对清代学术的新探索，尝试对清代学术作一新的评估，即所谓的"拾遗补艺"，愚者一得而已。

本书为2005年度国家社会科学规划基金资助项目，书名原称作《清代学术与思想的转折——十八、十九世纪之交的汉学更新运动研究》，颇觉冗长，且与全书内容也不完全相符。承蒙凤凰出版社韩凤冉先生的盛意，建议改题为《汉学更新运动研究——清代学术新论》，以凸显主题。同时，他又认真负责地通审了全部书稿，并且提供了许多极富价值的修改意见，使我受益良多，拙稿也因此得以更加完善。美编姜嵩老师为封面费思不少，在此一并表示衷心的感谢。

陈居渊

2013年4月1日于复旦大学